sieh mich an ! look at me!

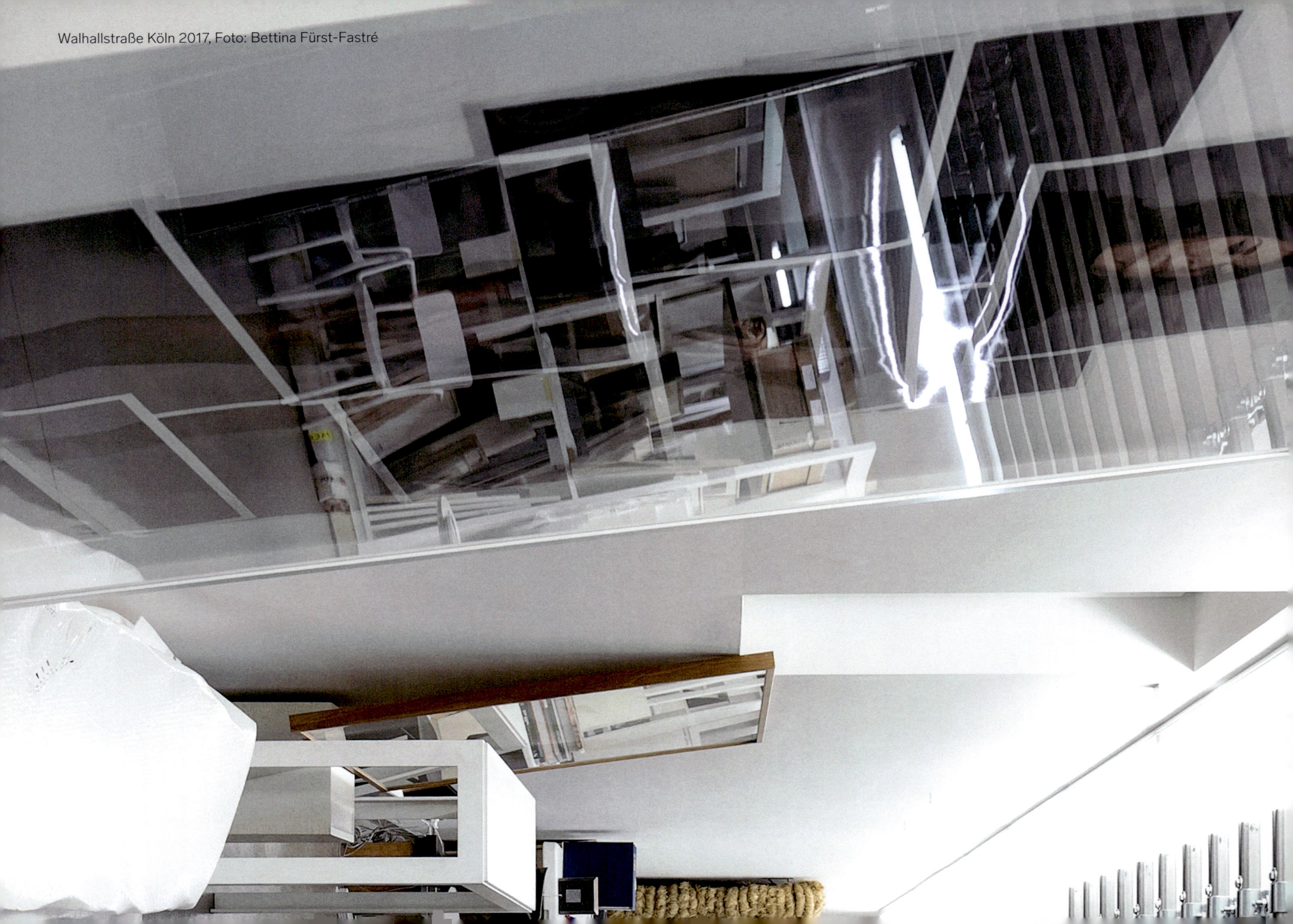

Walhallstraße Köln 2017, Foto: Bettina Fürst-Fastré

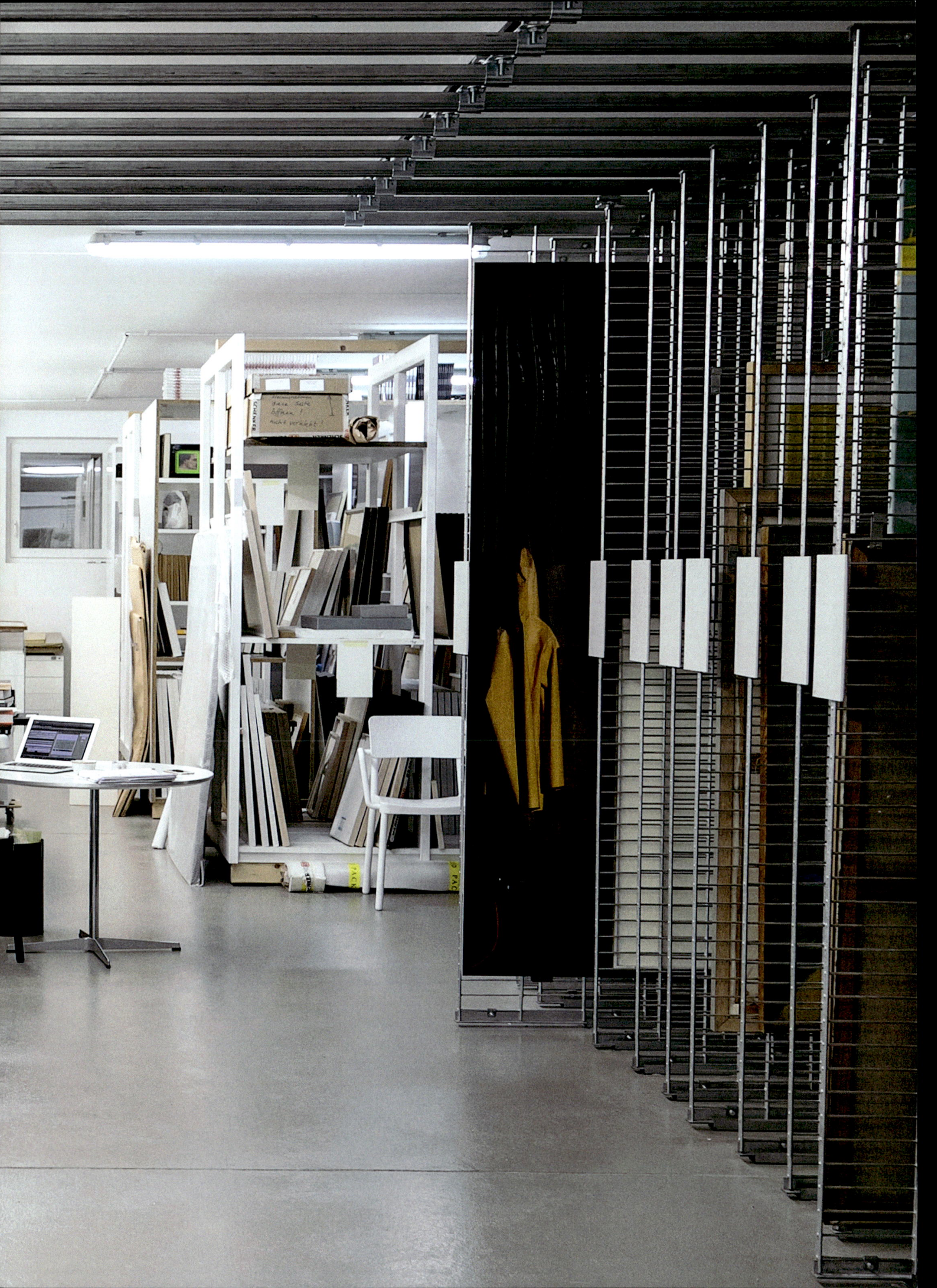

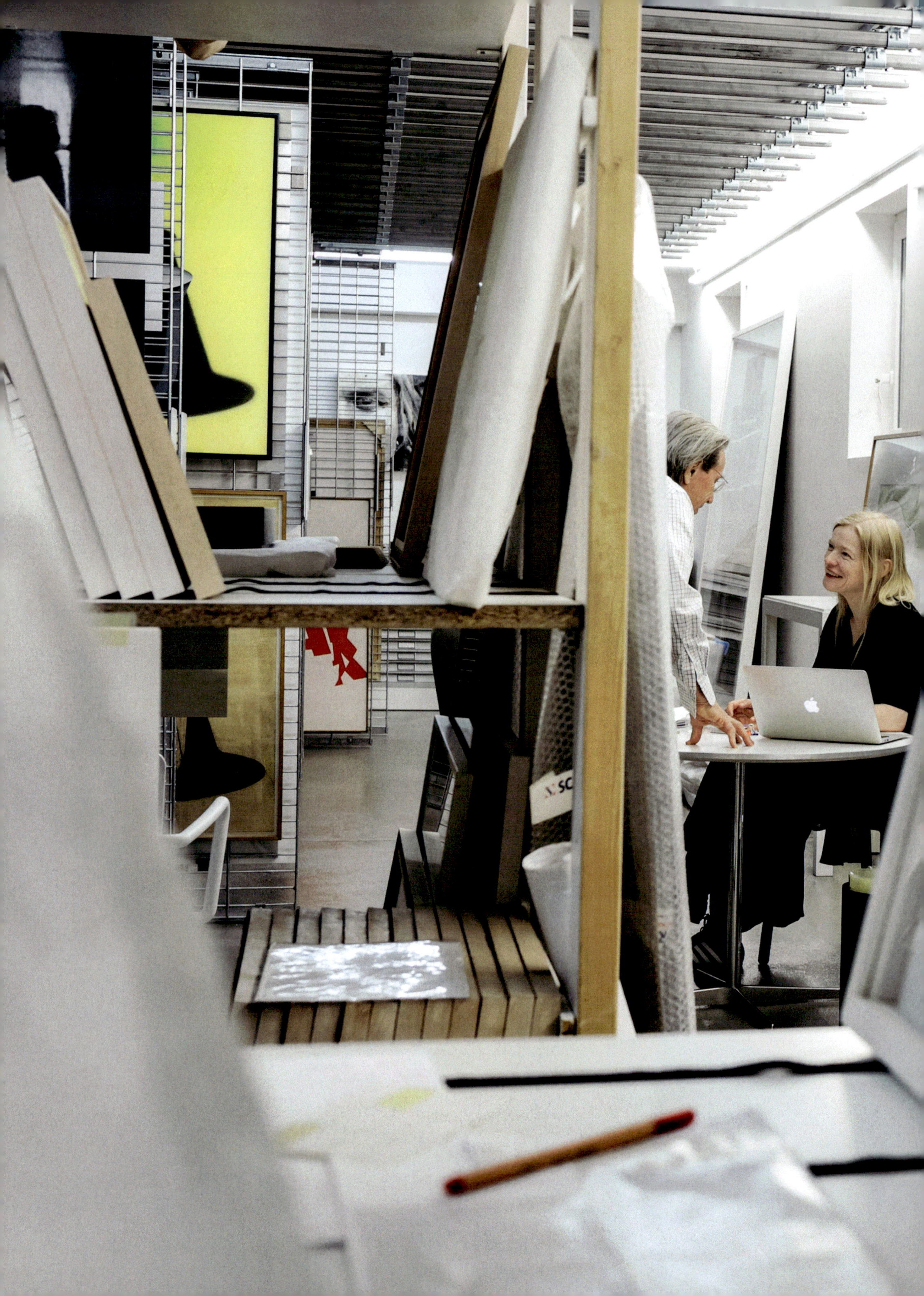

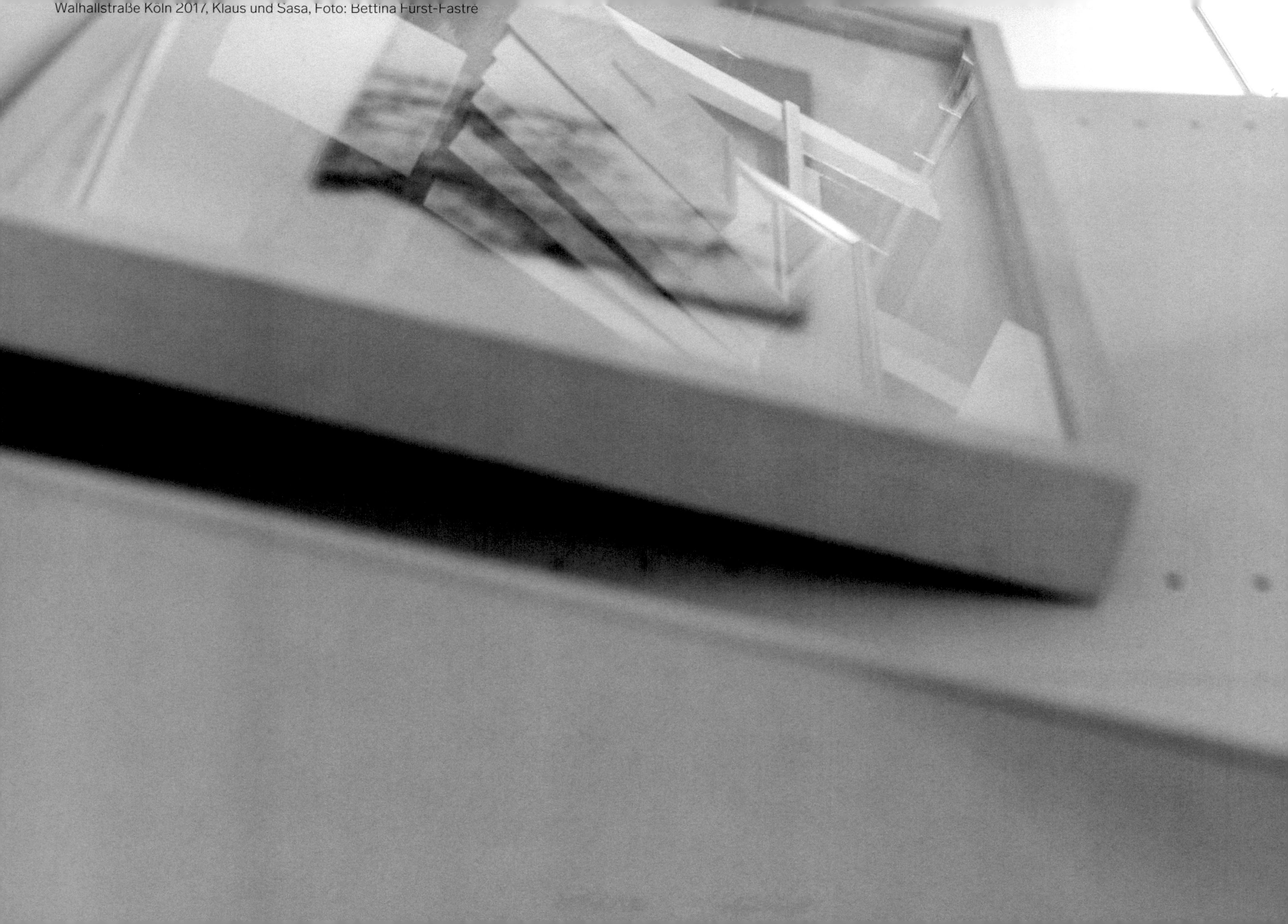
Walhallstraße Köln 2017, Klaus und Sasa, Foto: Bettina Fürst-Fastré

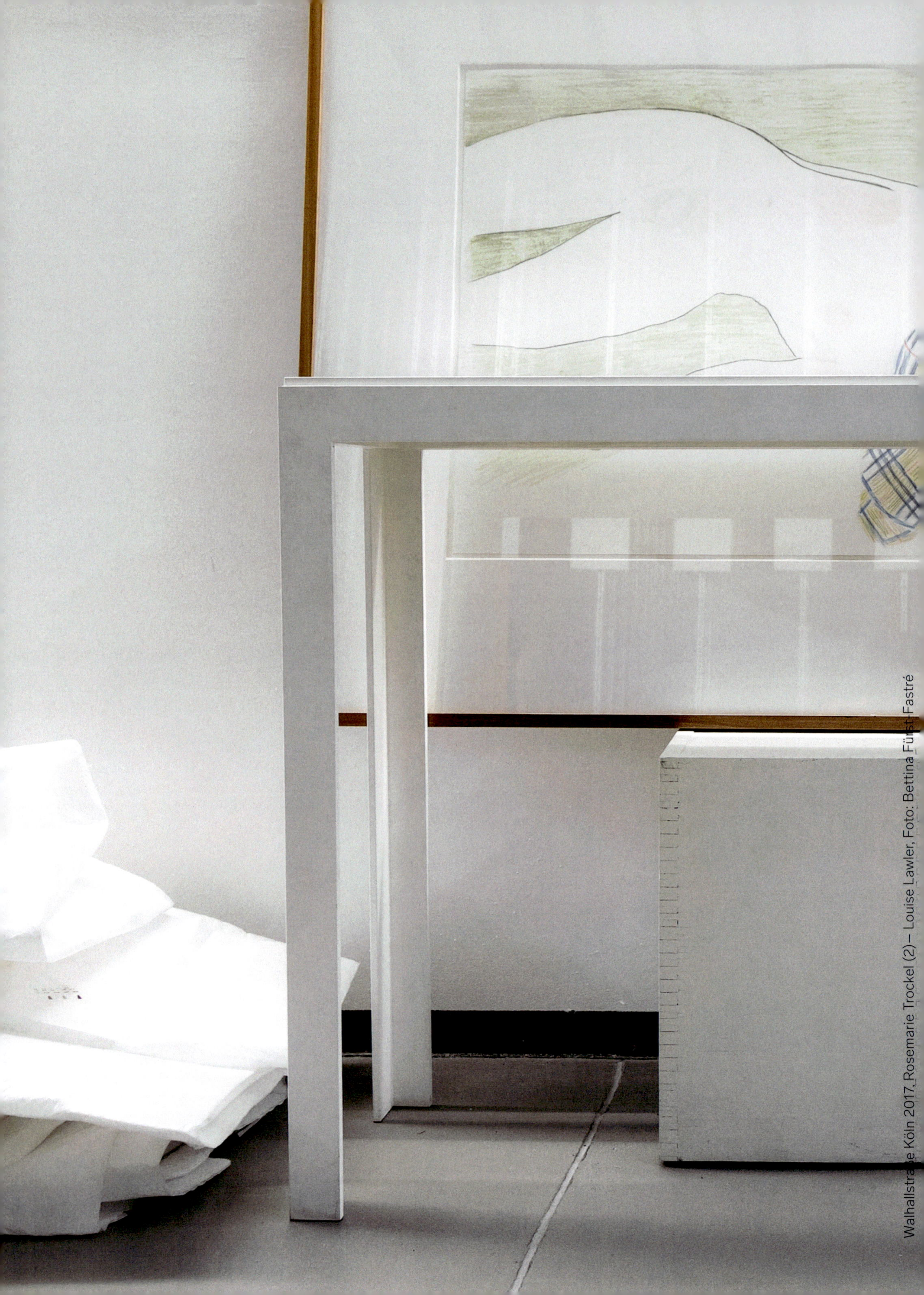

Walhallstraße Köln 2017,_Rosemarie Trockel (2) – Louise Lawler, Foto: Bettina Fürst-Fastré

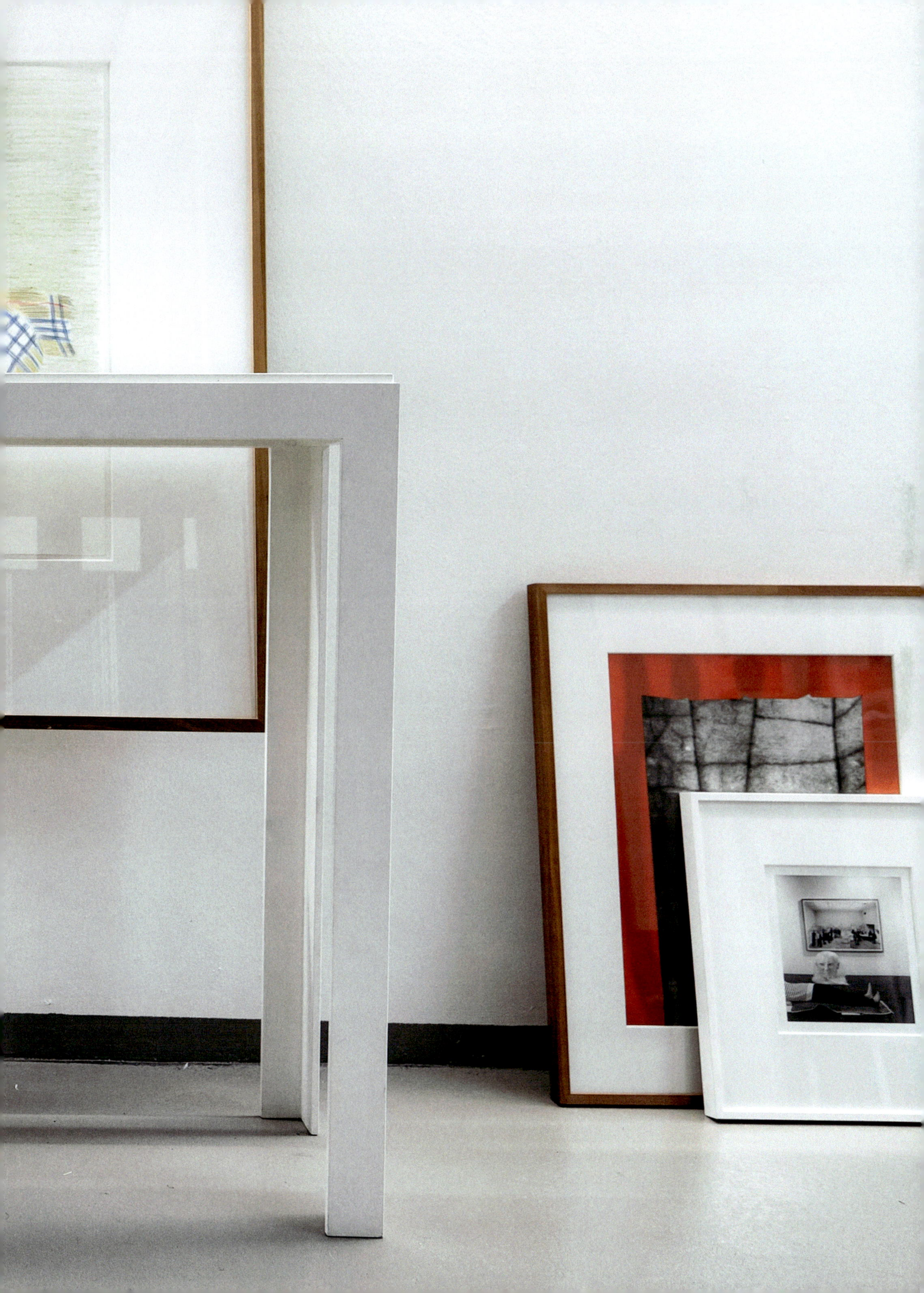

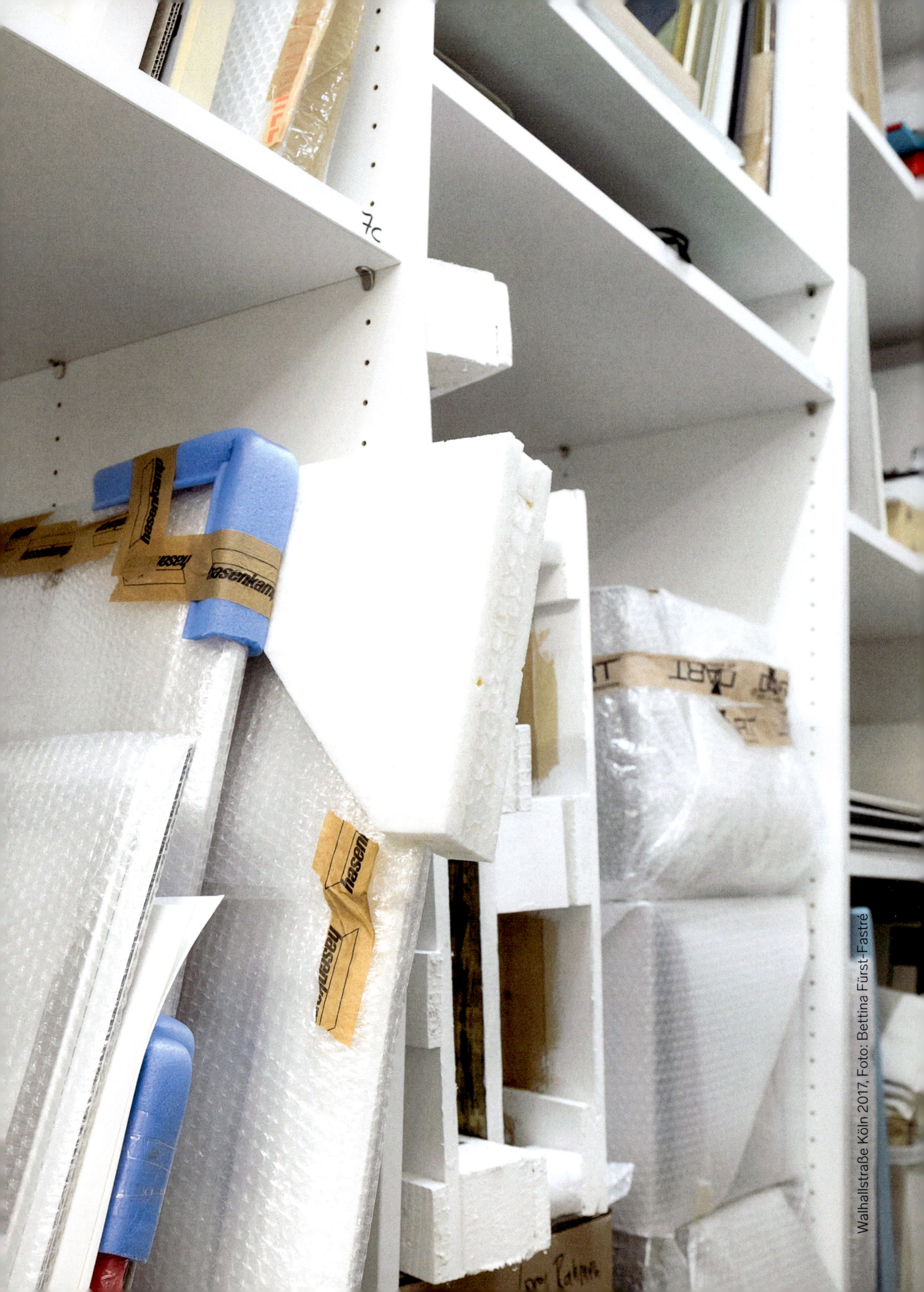

Walhallstraße Köln 2017, Foto: Bettina Fürst-Fastré

sieh mich an ! look at me!

Schlüsselmomente einer Sammlungsgeschichte

Checkpoints of an art collection

Hgg./Eds. Sasa Hanten-Schmidt Wolfgang Ullrich

Spector Books

In einem Aufsatz über Kunstsammler unterscheidet der langjährige Direktor der Hamburger Kunsthalle Alfred Lichtwark (1852–1914) mehrere Typen von Sammlern. Sein Hauptinteresse gilt dabei „Sammlern aus Lebenspolitik" Alfred Lichtwark, „Der Sammler"; in: Jahrbuch der Gesellschaft Hamburgischer Kunstfreunde 17 (1911), 5–20, hier 13. Mit diesem Begriff wird eine kunstsoziologische Betrachtung nahegelegt, klingt in ihm doch an, wie viel jede Sammlung mit der gesellschaftlichen Stellung, dem Selbstverständnis und den Lebenszielen des jeweiligen Sammlers zu tun hat. So unabhängig Kunst von Fragen nach Eigentum und Repräsentation im Museum betrachtet werden kann und so sehr sie dort daher vor allem Kunst von Künstlern ist, so sehr sind Werke in privaten Häusern immer auch Kunst von Sammlern und durch deren Interessen und Möglichkeiten definiert. Dem wird in den meisten Publikationen über Kunstsammlungen jedoch zu wenig Rechnung getragen; vielmehr stellt man diese allein in den Kategorien herkömmlicher Kunstgeschichtsschreibung dar, in der es viel um Stile und künstlerische Konzepte, um Einflüsse und historische Brüche geht — aber nicht darum, welche berufliche, finanzielle und familiäre Situation, welche Sehnsüchte oder emotionalen Bedürfnisse jemanden dazu geführt haben, etwas zu sammeln. Das alles aber steckt in Lichtwarks Begriff ‚Lebenspolitik'.

Die ‚Lebenspolitik' steht in diesem Buch nun endlich im Zentrum. Es schlägt damit einen neuen Weg der Beschäftigung mit Kunstsammlungen ein. Exemplarisch soll die Entstehung einer Kunstsammlung — der Sammlung ‚Hanten + Schmidt' — nachvollzogen werden. Sie hat sich aus zwei vorausgehenden Sammlungen konstituiert, die so ungleich waren wie die Personen, die sie verantwortet haben. Verschiedenen Generationen angehörend und in unterschiedlichen Berufen tätig, hatten Klaus F. K. Schmidt und Sasa Hanten ein jeweils anderes Verhältnis zur Kunst sowie ein anderes Selbstverständnis als Sammler. Nachdem sie sich 2014 begegnet waren und ein Jahr später geheiratet hatten, wurde „Sieh mich an!" als Versuchsanordnung begonnen, um aus Werken beider Sammlungen eine neue und eigenständige Sammlung zu erarbeiten.

Das vorliegende Buch bietet neben der Genealogie speziell der Sammlung Schmidt und den Perspektiven der beiden Sammler eine kunstsoziologische Außensicht, die den Einzelfall der Genese der Sammlung ‚Hanten + Schmidt' in größere mentalitätshistorische und allgemeinere lebenspolitische Zusammenhänge einordnet. Vor allem wird dabei deutlich, dass sich mit jedem gesellschaftlichen Wandel auch die Rolle von Sammlern und die Art des Sammelns ändern. Das kann zum Problem, zumindest jedoch zu einer Herausforderung werden, sofern eine Sammlung vererbt oder in eine andere Rechtsform überführt wird. Da aber gerade in den nächsten Jahren für viele der in den 1970er- und 1980er-Jahren begonnenen Kunstsammlungen eine solche Transformation ansteht, versteht sich dieses Buch als erster — erfolgreicher — Praxistest. Außerdem verbinden die Herausgeber damit die Hoffnung, die Diskussion sowohl unter Sammlern und ihren Angehörigen zu entfachen als auch den kunstwissenschaftlichen Diskurs über das Sammeln zu beleben.

Wir sind dankbar für die vertrauensvolle, inspirierende und produktive Zusammenarbeit aller an diesem Projekt Beteiligten. Unser besonderer Dank gilt Klaus F. K. Schmidt für seine Offenheit, Andreas Hanten für seine unverzichtbare Hilfe bei der Erarbeitung der Genealogie der Sammlungen, Rita Sander für die fachliche Unterstützung und zahlreichen Weggefährten und Interviewpartnern, die freigiebig Einblick in ihre Arbeit, ihre Erfahrungen oder ihre eigene Sammlungsgeschichte gewährt haben.

Sasa Hanten-Schmidt
Wolfgang Ullrich

PREFACE

In an essay about art collectors, the longstanding director of the Hamburger Kunsthalle, Alfred Lichtwark (1852–1914), distinguishes between several types. His chief interest lies in "Sammler aus Lebenspolitik" [Collector as a conscious life choice] Alfred Lichtwark, "Der Sammler," 'Jahrbuch der Gesellschaft Hamburgischer Kunstfreunde' 17 [1911], 5–20, esp. 13. This concept suggests reflection in terms of the sociology of art, since what resonates is how much any collection has to do with the various collectors' social standing, self-concept, and goals in life. As much as art in a museum can be looked at independently from questions of ownership and representation, and as much as it is therefore primarily art by artists that is on display there, so too are works in private homes always the art of collectors and defined on the basis of their interests and possibilities. However, this is not sufficiently taken into account in most of the publications on art collections; instead, they are portrayed solely within the categories of conventional art historiography, which is very much about styles and artistic concepts, influences and historical ruptures—but not about the professional, financial, and familial circumstances, or the longings or emotional needs, that have led someone to begin collecting. However, all of this is inherent in Lichtwark's concept of 'Lebenspolitik.'

In this book, finally, the focus is on 'Lebenspolitik.' It takes a fresh approach to addressing art collections, tracking the evolution of an art collection—the Hanten + Schmidt Collection. This is compiled from two previous collections that were as distinct as the individuals responsible for them. Members of different generations and active in different professions, Klaus F. K. Schmidt and Sasa Hanten had a very different relationship to art as well as a different self-image of themselves as collectors. After meeting in 2014 and getting married a year later, they started 'Look at Me!' as a trial arrangement in order to develop a new and independent collection out of works from both collections.

Besides the genealogy of the Schmidt Collection in particular and the perspectives of the two collectors, this book provides an outside view, based on the sociology of art, that places the individual case of the genesis of the Hanten + Schmidt Collection into wider contexts, in terms of the evolution of mental attitudes and more general life choices. In the process, what becomes abundantly clear is that the role of collectors and modes of collecting shift with every social change. However, that can become a problem, or at the very least a challenge, inasmuch as a collection is bequeathed or converted to another legal form. But because just such a transformation is what lies ahead in the coming years for many of the art collections begun in the 1970s and 1980s, this book sees itself as an initial—successful—field trial. The editors hope it will also spark discussion among collectors and their families, as well as stimulating the discourse on collecting in the fields of aesthetics and art history.

We are grateful for the trusting, inspiring, and productive collaboration of all of those who participated in this project. Our special thanks go to Klaus F. K. Schmidt for his openness, to Andreas Hanten for his indispensable assistance in researching the genealogy of the collections, to Rita Sander for her professional support, and to all of our numerous companions along the way, and interview partners who afforded generous insight into their work, their experience, or the history of their own collections.

Sasa Hanten-Schmidt
Wolfgang Ullrich

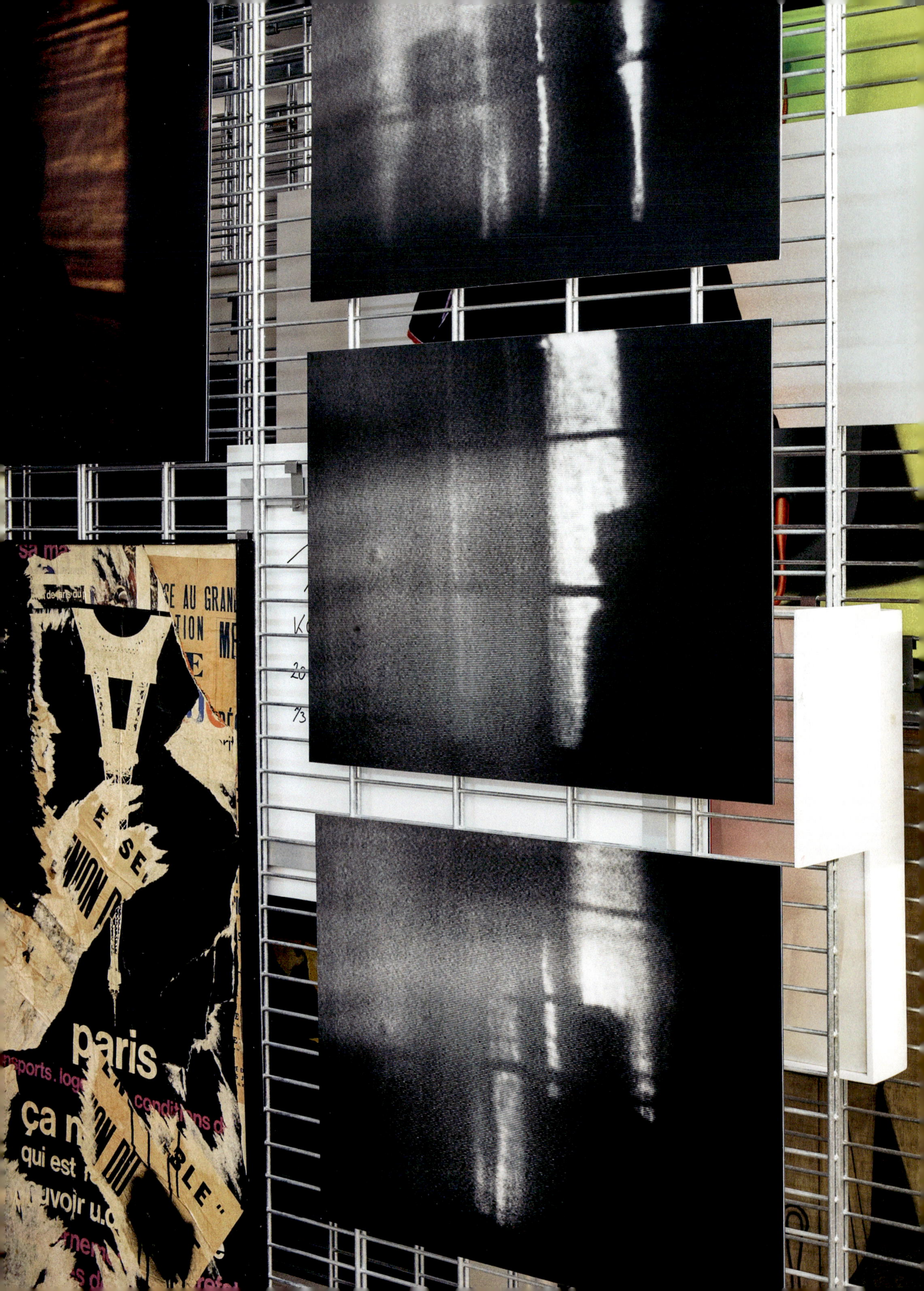

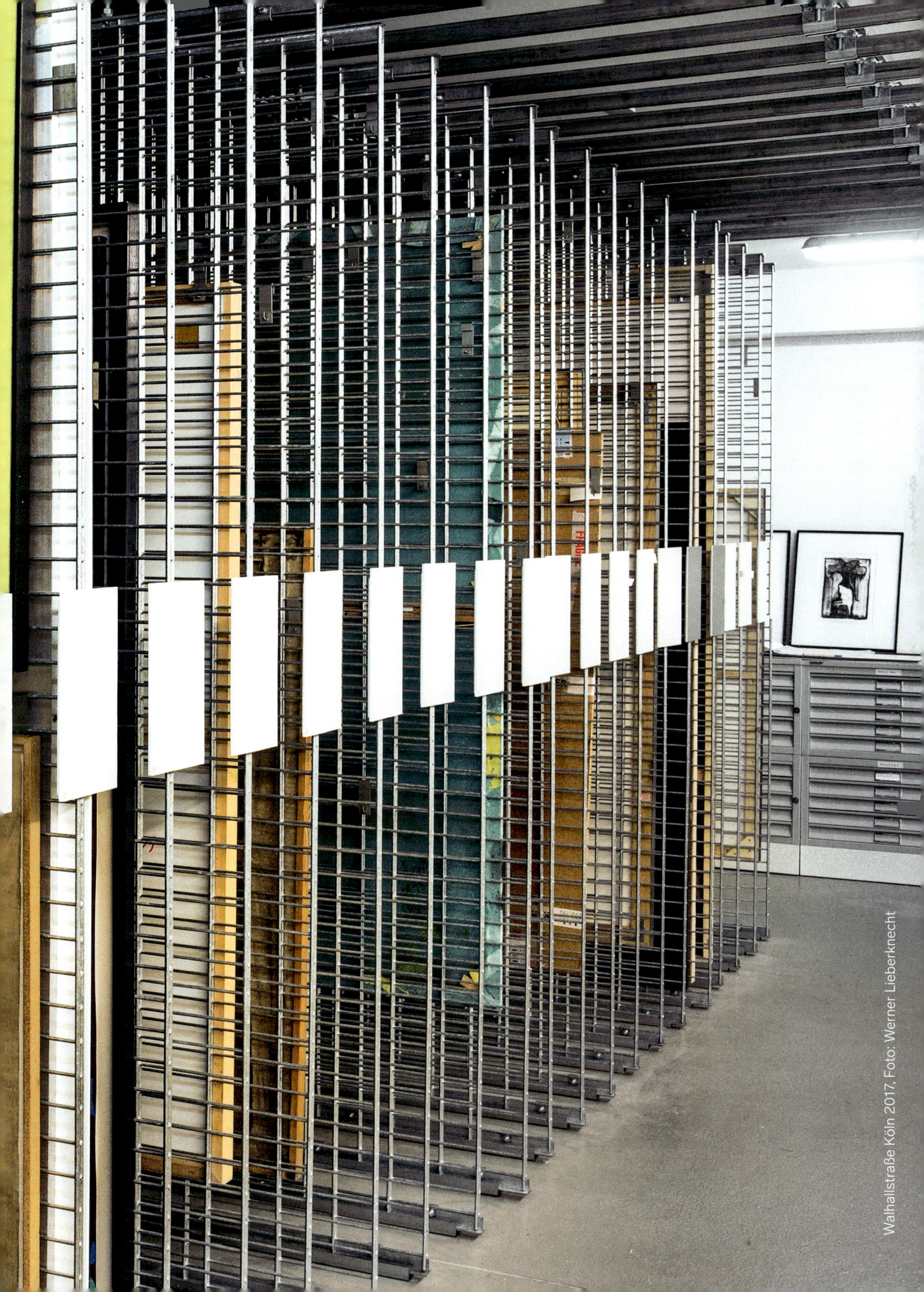

Walhallstraße Köln 2017. Foto: Werner Lieberknecht

VOM ‚OPUS‘ ZUM ‚CORPUS‘:
Über den Statuswandel von Kunstsammlungen
Wolfgang Ullrich

Um zu verstehen, warum in den letzten Jahrzehnten gerade viele Unternehmer und Selbstständige zu Kunstsammlern geworden sind, genügt die Lektüre eines einzigen Texts. Er stammt aus dem Jahr 1973 und ist die Druckfassung einer Rede von Jürgen Ponto, dem damaligen Vorsitzenden der Dresdner Bank. Er hielt sie bei der Jahrestagung des Kulturkreises der Deutschen Wirtschaft im BDI, der sich in jenem Jahr in Hannover traf, und sie trägt den Titel „Begegnung von Kunst und Wirtschaft in unserer Zeit“.

Leitmotiv von Pontos Ausführungen ist, dass eine solche Begegnung nicht deshalb reizvoll oder gewinnbringend für beide Seiten sein kann, weil sie so unterschiedlich sind, sondern — im Gegenteil — weil sie einander in vielem ähneln. Eine solche These musste und sollte damals überraschen, gar provozieren, schien in den Jahren nach 1968 doch klarer denn je zu sein, dass Künstler genauso wie Wissenschaftler und Intellektuelle links stehen, sich aber insbesondere in ebenso strikter wie selbstverständlicher Opposition zu Kapitalismus und Wirtschaft befinden. Unbeirrt davon nahm Ponto — vier Jahre bevor er selbst ein Terroropfer der RAF werden sollte — in seiner Rede das von ihm behauptete Näheverhältnis zwischen Kunst und Wirtschaft auf drei Ebenen in den Blick, „nämlich auf einer handwerklichen Ebene, auf der Ebene einer geistigen Beziehung und schließlich auf einer sehr persönlichen Ebene des Zusammentreffens von Menschen, von Künstler und Wirtschaftler.“ Jürgen Ponto, „Begegnung von Kunst und Wirtschaft in unserer Zeit“ (1973); in: Walter Grasskamp / Wolfgang Ullrich (Hgg.), „Mäzene, Stifter und Sponsoren. Fünfzig Jahre Kulturkreis der deutschen Wirtschaft im BDI. Ein Modell der Kulturförderung“, Ostfildern-Ruit 2001, 78–83, 78.

Während er hinsichtlich der ersten Ebene ziemlich vage bleibt und davon spricht, wie sich technische Fortschritte und Modernisierung auf die Arbeitsprozesse in Kunst und Wirtschaft ausgewirkt haben, wird er ausführlicher, wenn es um die „geistige Beziehung“ geht. Ausgehend von dem noch allgemeinen Befund, Unternehmer und Künstler seien jeweils dazu berufen, „die Dinge zu gestalten“, benennt Ponto einige Eigenschaften, derer beide unbedingt bedürften. So stünden sie jeweils unter „dem Zwang zur Entscheidung“, sie „müssen abschließen können“; „am Ende“ stehe also „das Handeln, das Bekennen, das Verantworten“. Darauf folgt die markanteste Passage der gesamten Rede:

„Dem Zwang zur Tat entspricht das Risiko, das Risiko des Widerstandes, das Risiko der Nichtanerkennung, das Risiko des Versagens. Es spricht viel dafür, dass die Risiken für den Künstler genauso gewachsen sind wie für den Unternehmer, und dass ihm der Mut, aus der Kontemplation herauszutreten, in der Zukunft nicht weniger abverlangt werden wird als in der Vergangenheit, eine Courage übrigens, die die Brutalität gegen sich selbst einschließen muss, sich von dem eigenen Werk abzuwenden, ja es zu zerstören. So haben sich der Künstler und auch der Mann der

FROM 'OPUS' TO 'CORPUS':
On the Change of the Status of Art Collections
Wolfgang Ullrich

The reading of a single text is sufficient in order to understand why especially many entrepreneurs and self-employed persons have become art collectors in recent decades. It dates from 1973 and is the printed version of a speech by Jürgen Ponto, the chairman of the Dresdner Bank at the time. He delivered it at the annual conference of the Kulturkreis der deutschen Wirtschaft im BDI [Cultural Group within the National Association of German Industries], which met in Hannover that year, and it bears the title "Begegnung von Kunst und Wirtschaft in unserer Zeit" [The Encounter between Art and the Economy in Our Day and Age].

The leitmotif of Ponto's remarks is that such an encounter can be of interest to and profitable for both sides, not because they are so different but—on the contrary—because they are similar in many respects. At the time, a statement of this kind must have been, and was meant to be, provocative, as in the years after 1968 it seemed to be even clearer than ever that, just like scholars and intellectuals, artists lean toward the left, yet are in particular opposed to capitalism and the economy in a way that is as strict as it is self-evident.

Undeterred by that, in his speech, Ponto—four years before he would himself fall victim to the terror of the Red Army Faction—took into account what he maintained was the close relationship between art and the economy on three levels, 'namely on a technical level, on the level of an intellectual relationship, and finally on the very personal level of the encounter between individuals, between artist and economist.' Jürgen Ponto, "Begegnung von Kunst und Wirtschaft in unserer Zeit" (1973), in Walter Grasskamp and Wolfgang Ullrich, eds., "Mäzene, Stifter und Sponsoren: Fünfzig Jahre Kulturkreis der deutschen Wirtschaft im BDI. Ein Modell der Kulturförderung" [Patrons, Donors, Sponsors: Fifty Years Kulturkreis der deutschen Wirtschaft im BDI. A Model of Cultural Funding], Ostfildern-Ruit 2001, 78–83, esp. 78. [own translation]

While he remains rather vague with respect to the first level and speaks about how technical progress and modernization have impacted the working processes in art and the economy, he goes into more detail where the 'intellectual relationship' is concerned. Based on the still rather general finding that entrepreneurs and artists are each called on 'to shape things,' Ponto addresses several characteristics that are indispensable to both. Hence they are 'forced to make decisions,' they have to 'be able to conclude things,' 'in the end' they 'take action, confess, take responsibility.' This is followed by the most striking passage in the entire speech:

'The pressure to take action corresponds to risk, the risk of resistance, the risk of disapproval, the risk of failure. There are many indications that the risks for the artist have grown just as much as for the entrepreneur, and that in the future the courage to step outside of contemplation will not be exacted from him any less than in the past, courage, by the way, that has to include brutality against oneself, turning away from one's work, indeed, and destroying it. This is the way that the artist and the man of the economy are to prove themselves. And by nature they are both united by suspicion and distance in the face of dilettantism, in the face of blathering amateurs.' Ibid., 79. [own translation]

Wirtschaft an der Sache zu erweisen. Und von der Sache her vereint sie beide Argwohn und Distanz gegenüber allem Dilettantischen, gegenüber den geschwätzigen Amateuren." Ponto, a. a. O., 79.

Auf einen Begriff gebracht, betreibt Ponto eine Heroisierung der Akteure aus Wirtschaft und Kunst: Sie seien gleichermaßen mutig wie kompromisslos, von Ernst und Leidenschaft getrieben, anspruchsvoll anderen und sich selbst gegenüber. Was sie tun, soll den Charakter eines Werks haben: als etwas Einzigartiges herausstechen und auf Dauer angelegt sein. Zugleich beschreibt Ponto Künstler und Unternehmer, wie früher Feldherren beschrieben wurden: Ihr Ethos gebietet ihnen, alle Verantwortung auf sich zu nehmen und selbstverständlich zu Opfern bereit zu sein. Das heißt auch, dass Ponto sich die geistige Beziehung zwischen Künstlern und Unternehmern als eine Beziehung strikt unter Männern denkt – unter Männern, die stolz auf ihre Männlichkeit, auf ihren Willen zum Kampf und eine von Pflicht und Ehre gekennzeichnete Gesinnung sind. Für sie ist alles im Leben eine Frage von ‚Sieg' und ‚Niederlage'.

Da mit Ponto ein ‚Mann der Wirtschaft' dieses Bild zeichnet, darf man unterstellen, dass die von ihm suggerierten Ähnlichkeiten zwischen seinesgleichen und Künstlern vor allem auch etwas über seine eigenen Wünsche und Projektionen verraten. Es scheint ihm wichtig zu sein, sich im Typus des Künstlers wiederfinden zu können, und er ignoriert deshalb die näherliegende Perspektive, die Beschäftigung mit Kunst als Form von Exotismus oder als Chance zu einer kritisch-distanzierten Reflexion der eigenen Identität zu beschreiben. Von Künstlern erwartet er vielmehr eine Bestätigung und Stärkung seines Zugangs zur Welt.

Auch in seinen Ausführungen zur dritten Ebene, der „persönlichen Begegnung zwischen dem Künstler und dem Mann der Wirtschaft", bleibt Ponto dabei, in beiden Pendants zu sehen, die er gleichermaßen heroisiert. So hätten „Wirtschaft und Kunst" nach den Jahren von Nationalsozialismus und Krieg „in die verwüsteten Provinzen das Leben zurückgebracht"; sie hätten dies „gemeinsam" vollbracht, und „dieses auf gegenseitige Anregung bezogene Verhältnis des Künstlerischen zum Wirtschaftlich-Technischen" sei „eine durchaus beglückende Erfahrung unserer Zeit" Ponto, a. a. O., 79 f.

Deutet Ponto damit einen deutschen Sonderfall an, so ließe sich weitergehend davon sprechen, dass er Künstler deshalb so nachdrücklich als vital-mutige Tatmenschen beschreibt, weil sie sich in einer Gesellschaft, in der das Militär sein Ansehen verspielt hat und in der sich tradiert männliche Institutionen wie Burschenschaften politisch-weltanschaulich diskreditiert haben, als Identifikationsfiguren einer sonst heimatlos gewordenen Virilität eignen. Künstler füllten in den 1970er-Jahren somit gerade in Deutschland die Lücke, die durch eine ‚vaterlose Gesellschaft' entstanden war, die der Psychoanalytiker Alexander Mitscherlich 1963 erstmals beklagt hatte. Sie wurden insbesondere von Menschen, denen es an männlichen Vorbildern mangelte, als besonders stark, entschlossen, risikofreudig und durchsetzungsfähig idealisiert.

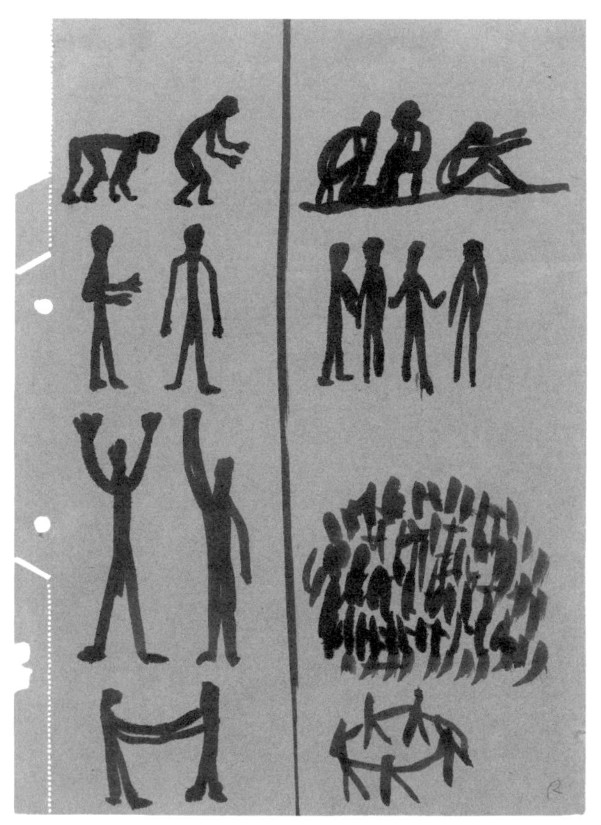
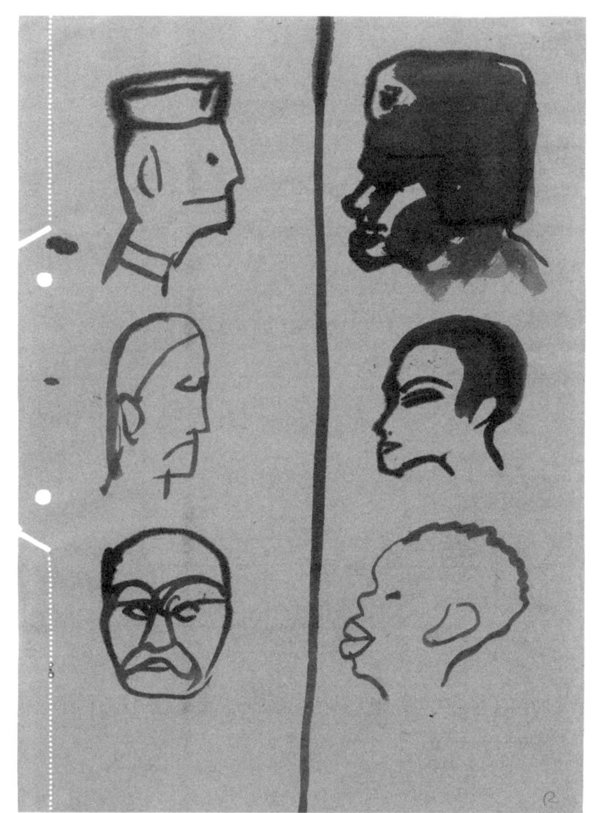
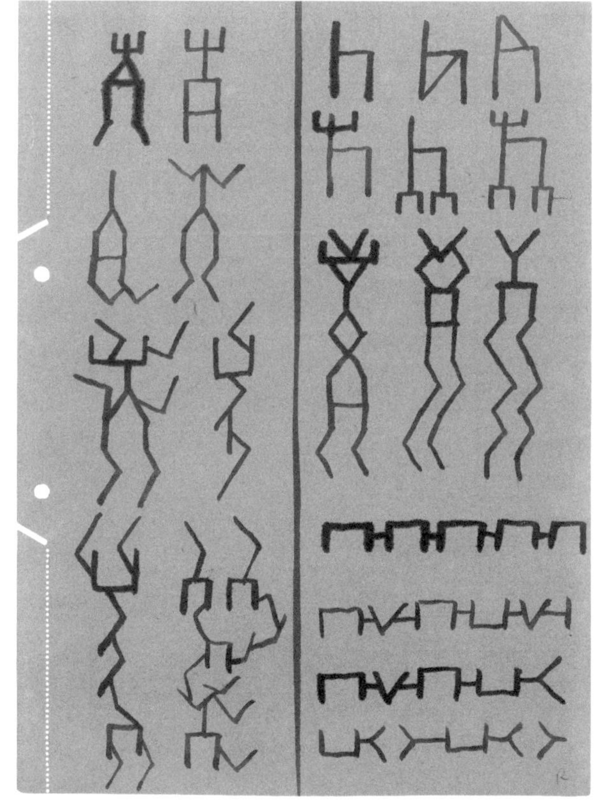
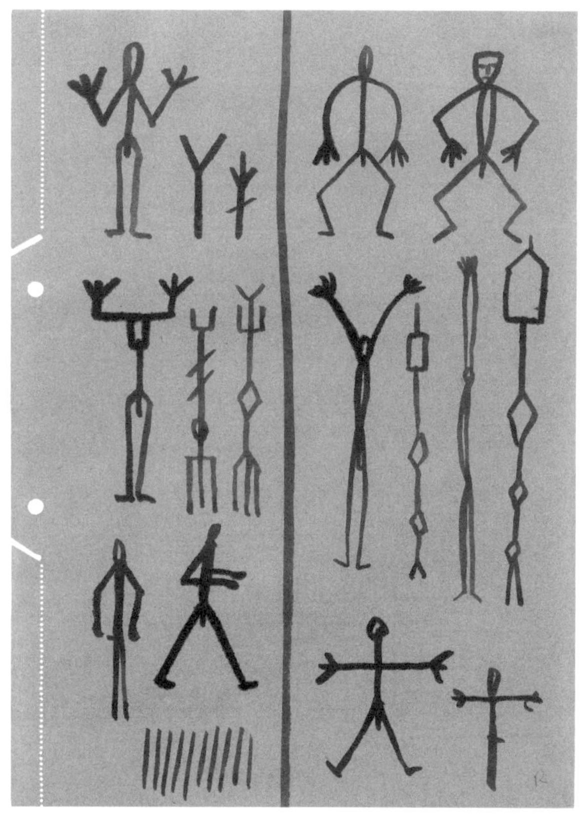

A. R. Penck, **o. T.**, 1969

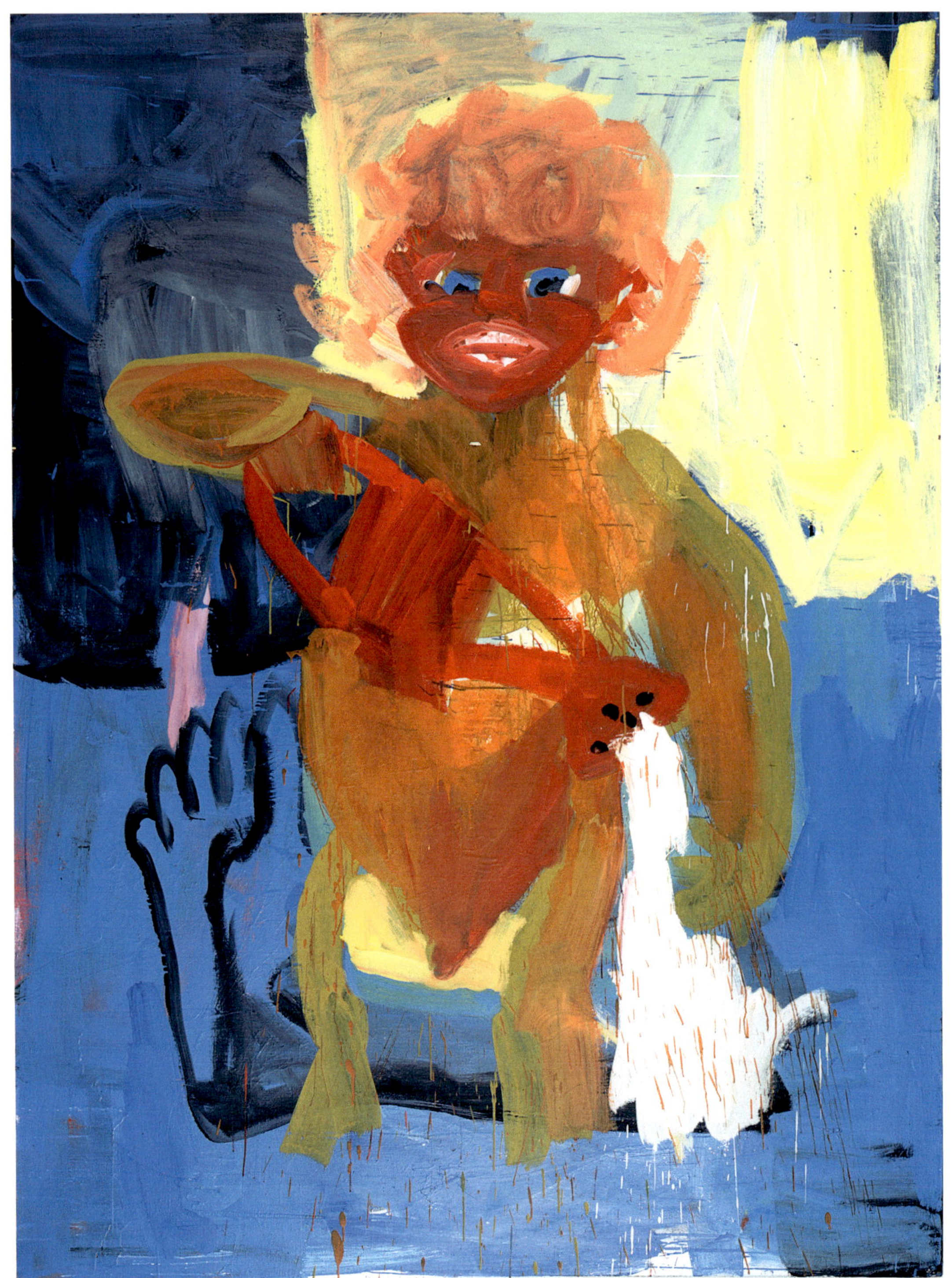

Karl Horst Hödicke, *Jonas*, 1988

In sum, Ponto is pursuing a heroization of the players from the economy and art: they are equally courageous and uncompromising, driven by solemnity and passion, demanding of others and of themselves. What they do is meant to have the character of a work: to stand out as something unique and enduring. At the same time, Ponto describes artists and entrepreneurs in much the same way as commanders in battle used to be described: their ethos demands that they assume all of the responsibility and are willing to make sacrifices as a matter of course. That also means that Ponto believes that the intellectual relationship between artists and entrepreneurs is a relationship strictly among men—among men who are proud of their masculinity, of their will to fight, and of a cast of mind characterized by duty and honor. For him, everything in life is a question of 'victory' and 'defeat.'

Since with Ponto it is a 'man of the economy' who is portraying this image, one may assume that the similarities he suggests between his peers and artists above all reveal something about his own desires and projections as well. It seems to be important to him to be able to identify himself with the artist, and he therefore ignores the more obvious perspective of describing involvement with art as a form of exoticism or as an opportunity for critical, distanced reflection on his own identity. What he expects of artists is instead the confirmation and reinforcement of his take on the world.

In his remarks on the third level, the 'personal encounter between the artist and the man of the economy,' Ponto also holds fast to seeing counterparts in both, which he heroizes in equal measure. Thus in the years following National Socialism and war, 'the economy and art … had brought back life to the ravaged provinces'; they had achieved this 'together,' and 'this relationship based on mutual motivation between the artistic and the economic and technical' is 'a thoroughly exhilarating experience of our day and age.' Ibid., 79. [own translation]

Hence, if Ponto is suggesting a special German case, one could go further and say that the reason he so emphatically describes artists as energetic, courageous go-getters is that in a society in which the military has lost its reputation and in which traditional male institutions such as student fraternities have politically and ideologically discredited themselves, they lend themselves to being role models of a virility that has otherwise become homeless. In the 1970s, artists filled the gap, especially in Germany, that had developed due to the "Society Without the Father", which the psychoanalyst Alexander Mitscherlich had lamented for the first time in 1963 (published in English in 1969).

They were idealized as particularly strong, resolute, venturesome, and assertive, above all by people who lacked male role models.

An entire generation of art collectors thus developed out of the desire to experience masculinity as something pleasant and positive, which could find hardly any other way to fulfillment. Accordingly, the collections begun at the time primarily contained works by artists and art movements that stood out through their gestures of power, forms of resoluteness, rebellious acts, martial subject matter, or radical breaks. Georg Baselitz, Horst Antes, Anselm Kiefer, Markus Lüpertz, A. R. Penck, and above all the "Neue Wilden" defined numerous collections. Abstract painters such as Max Bill, Josef Albers, Imi Knoebel, or Blinky Palermo were also popular, as they embodied different characteristics qualifying as masculine: control, efficiency, austerity.

Eine gesamte Generation von Kunstsammlern entwickelte sich somit aus dem sonst kaum erfüllbaren Wunsch, Männlichkeit als etwas Schönes und Positives zu erleben. Entsprechend waren in den damals begonnenen Sammlungen vornehmlich Werke der Künstler und Strömungen vertreten, die mit Gesten der Kraft, Formen der Entschiedenheit, rebellischen Akten, martialischen Themen oder radikalen Brüchen auffielen. Georg Baselitz, Horst Antes, Anselm Kiefer, Markus Lüpertz, A. R. Penck, vor allem auch die „Neuen Wilden" wurden für viele Sammlungen prägend; abstrakte Maler wie Max Bill, Josef Albers, Imi Knoebel oder Blinky Palermo waren ebenfalls beliebt, verkörperten sie doch andere als männlich qualifizierte Eigenschaften: Kontrolle, Effizienz, Nüchternheit.

Dass auf einmal Hunderte von Unternehmern, Bankern, Managern und Selbstständigen anfingen, zeitgenössische Kunst zu sammeln, weil sie sich am liebsten, wie der Sammler Harald Falckenberg freimütig zugab, in „heroischen Kategorien der Herausforderung, des Kampfes, der Risikofreude, Offenheit und Entschiedenheit" sehen wollten, dürfte auch nicht ohne Rückwirkung auf die weitere Kunstentwicklung geblieben sein Harald Falckenberg, „Ersatzproblem Bohne. Überlegungen zum Machtdiskurs in der Kunst" (2002); in: Ders., „Aus dem Maschinenraum der Kunst. Aufzeichnungen eines Sammlers", Hamburg 2007, 295–315, 297. Vielleicht wäre mancher aggressive Künstlerhabitus und manche performative Machtinszenierung nicht weiter genährt worden und wäre die ein oder andere forsche und präpotente Faktur unterblieben, hätte es nicht gerade danach immer wieder die stärkste Nachfrage gegeben. Die Sammler erwarteten, dass in Kunstwerken Stärke zum Ausdruck kommt und sie dadurch motiviert, ja dazu legitimiert werden, selbst knallharte Entscheidungen zu treffen oder ihre Ellbogen auszufahren, um Konkurrenten loszuwerden. In diesem männerbündlerischen Klima gediehen erste Formen dessen, was sich etwas später zur Gattung der Siegerkunst auswachsen sollte: Werke, mit denen Macht, Überlegenheit, Coolness zu demonstrieren ist – die keinen oppositionellen Geist und keine Empathie mit Schwachen und Unterdrückten erkennen lassen und die deshalb nichts mehr mit dem Selbstverständnis der Künstler von 1968 zu tun haben vgl. Wolfgang Ullrich, „Siegerkunst. Neuer Adel, teure Lust", Berlin 2016.

Um ihre Identifikation mit den Künstlern und dem vital-virilen Charakter von deren Werken ausleben zu können, hätte es den ‚Männern der Wirtschaft' nicht genügt, Ausstellungen zu besuchen oder Monografien zu lesen, sich also als Kunstrezipienten weiterzubilden und zu profilieren. Das wäre ihnen zu unverbindlich, gar unaufrichtig erschienen: Als ginge es um eine bloße Affäre, zu der man sich nicht einmal richtig bekennt. Aus ihrer Sicht verhielt sich das Sammeln zum Rezipieren also wie das Heiraten zum In-wilder-Ehe-Leben. Es war genauso wie eine Familiengründung Ausdruck von Mut und Entschiedenheit, ja wer echtes Geld in die Hand nahm, um Kunst zu erwerben, machte keine halben Sachen, sondern Nägel mit Köpfen. Und erwarb man gar noch besonders teure Kunst, konnte man sich ein weiteres Mal als männlich erfahren – nicht nur, weil das viele Geld zum Potenzbeweis wurde, sondern auch, weil einem solchen Kauf, mit dem man vielleicht sogar an ein finanzielles Limit ging, etwas besonders Riskantes und damit etwas Irrationales anhaftete, man sich dann also, wie der Philosoph Lambert Wiesing analysiert hat, „unangepasst" und „provozierend" verhielt: Nur wer Kunst

The fact that suddenly hundreds of entrepreneurs, bankers, managers, and self-employed people began to collect contemporary art because they wanted to see themselves, as the collector Harald Falckenberg candidly admitted, most of all in 'heroic categories of challenge, battle, risk-seeking, openness, and resoluteness' surely did not remain without repercussions for the future development of art. Harald Falckenberg, "Ersatzproblem Bohne: Überlegungen zum Machtdiskurs in der Kunst" [Ersatz Problem Bohne: Reflections on the Discourse of Power in the Arts] (2002), in Falckenberg, "Aus dem Maschinenraum der Kunst: Aufzeichnungen eines Sammlers" [From within the Engine Room of the Arts: Records of a Collector] (Hamburg 2007), 295–315, esp. 297. [own translation] The aggressive attitude of many an artist and many a performative staging of power would perhaps not have been further fueled, just as some brash, pre-potent posturing might have been avoided, had there not been such a strong and consistent demand for precisely such an attitude. Collectors expected strength to find its expression in works of art, using this to motivate themselves, and indeed justify to themselves, their own uncompromising decisions or ruthlessness in getting rid of their competitors. Initial forms of what would later grow into the genre of "Siegerkunst" flourished in this fraternal climate: works with which power, superiority, coolness can be demonstrated—that do not bespeak any oppositional spirit or any empathy with the weak or the oppressed, and that therefore no longer have anything to do with the self-conception of the artists of 1968. Cf. Wolfgang Ullrich, "Siegerkunst": Neuer Adel, teure Lust [Siegerkunst: New Nobility, Expensive Pleasure] (Berlin 2016). "Siegerkunst" is art by very successful, rich, prominent, powerful artists produced for very successful, rich, prominent, powerful people.

In order to be able to live out their identification with the artists and the vigorous, virile character of their works, it would not have been enough for the 'men of the economy' to visit exhibitions or to read monographs, hence to further educate and distinguish themselves as recipients of art. That would have seemed too noncommittal, even insincere: as though it were merely an affair one does not even admit to. From their point of view, collecting is to receiving as committing to marriage is to noncommittal living together. Just like starting a family, it was an expression of courage and resoluteness; indeed, those who pulled out their money to buy art did not do things by halves but made a real job of it. And if one acquired particularly expensive art, one could once more experience oneself as masculine—not only because that kind of money became proof of one's potency, but also because inherent in a purchase of that kind, with which one perhaps even went to one's financial limit, was something especially bold and thus something irrational; hence one's behavior, as analyzed by the philosopher Lambert Wiesing, was 'nonconformist' and 'provocative': only those who buy and collect art, not those who merely receive it, can experience themselves as especially cool, since one can only do something crazy as a collector, and not as a beholder. Lambert Wiesing, "Luxus" (Berlin 2015), 192. [own translation]

Since each purchase expressed a claim to exclusivity, an art collection could only belong to the collector himself, and only ever represent him alone. It was his achievement, which he could regard with the same sort of pride as he would feel for founding a business. Even, and especially, their wives were mostly just onlookers, while the collections grew year by year. The fact that the spouse had always been there often only became apparent decades later, namely when it was necessary to plan the continuity

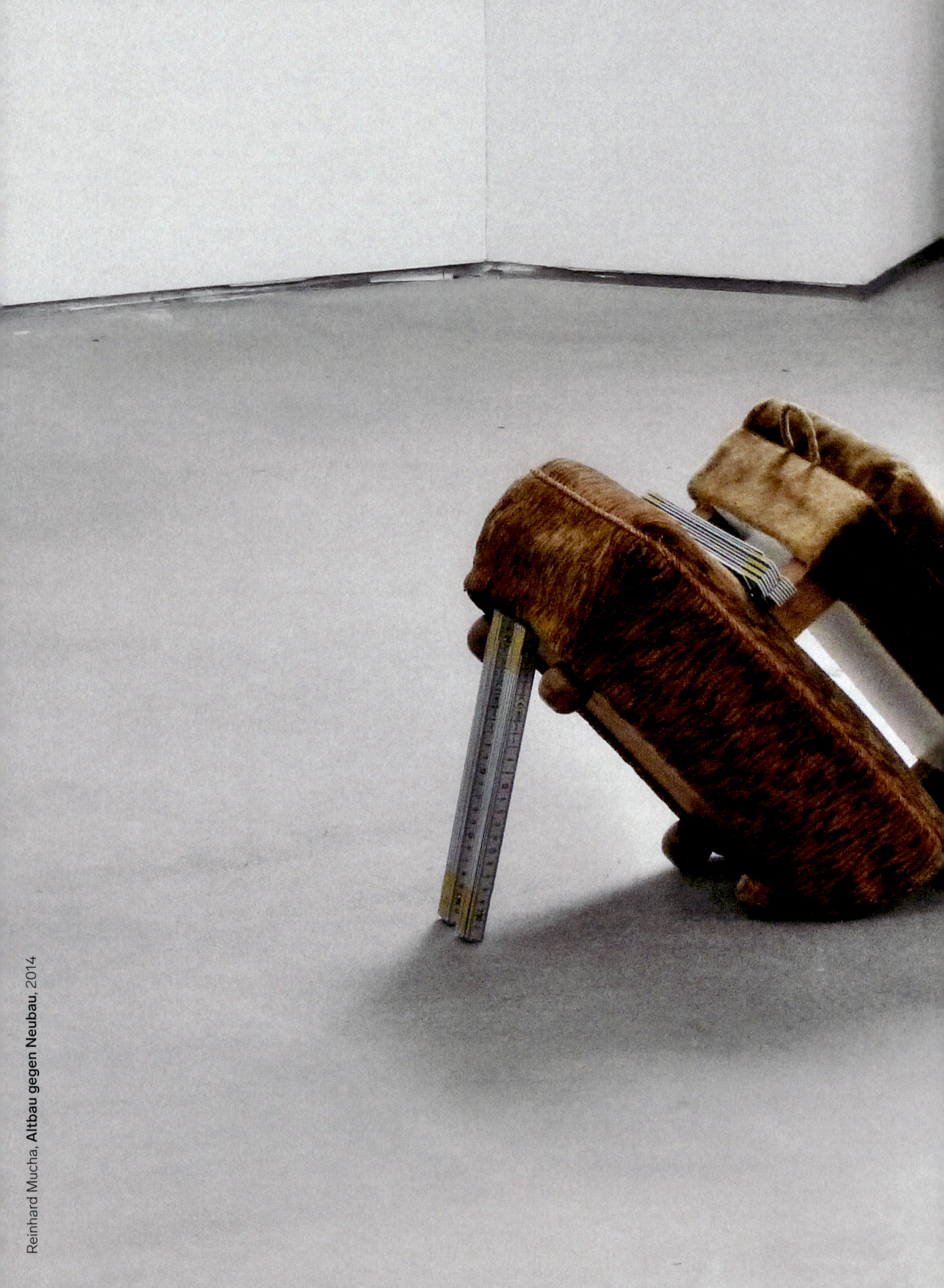

Reinhard Mucha, Altbau gegen Neubau, 2014

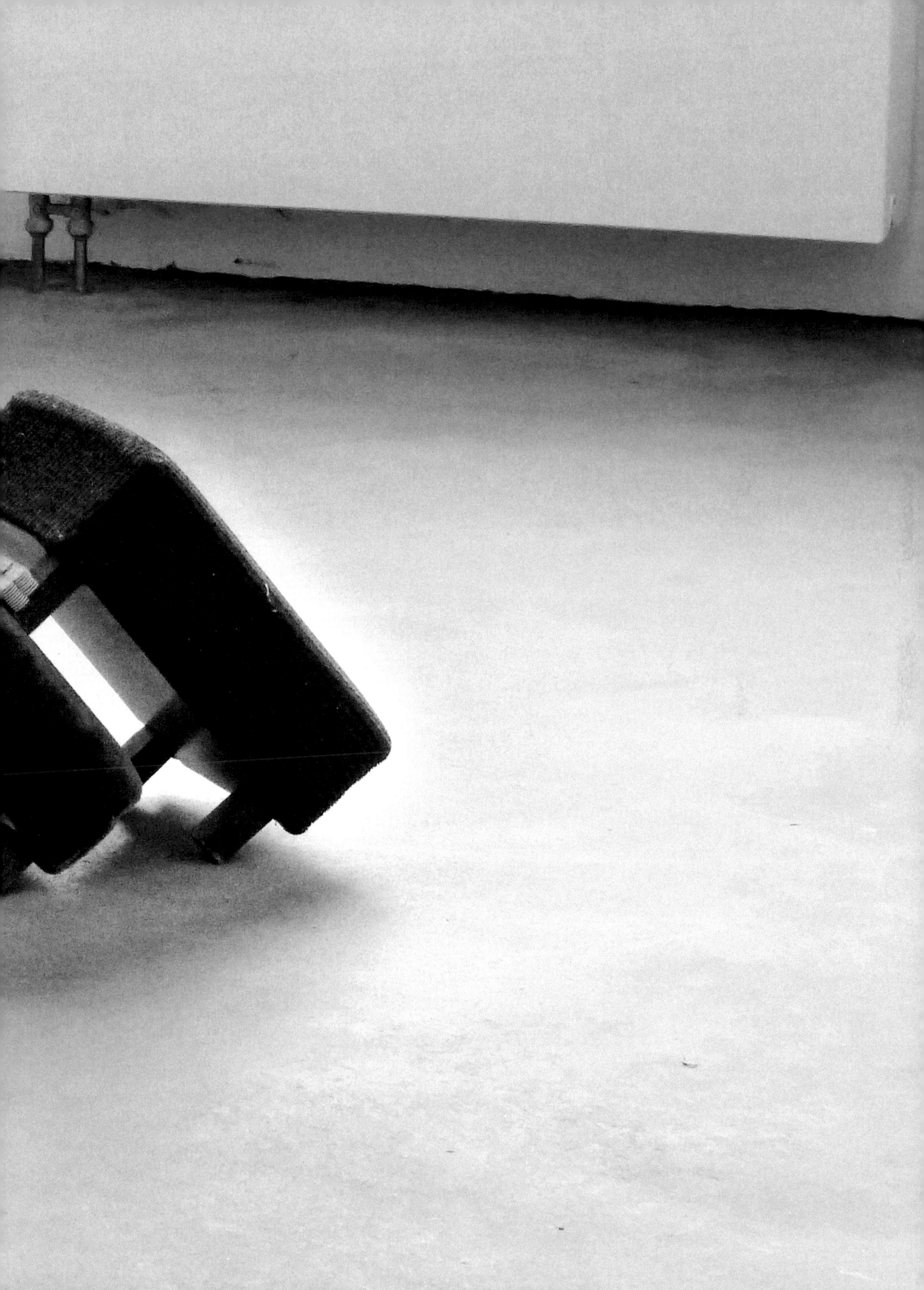

kauft und sammelt, nicht wer sie bloß rezipiert, kann sich als besonders cool erleben, denn nur als Sammler und nicht als Betrachter kann man etwas Verrücktes tun Lambert Wiesing, „Luxus", Berlin 2015, 192.

Da mit jedem Kaufakt zugleich ein Anspruch auf Ausschließlichkeit bekundet wurde, konnte eine Kunstsammlung immer nur dem Sammler selbst gehören, immer nur ihn allein repräsentieren. Sie war sein Werk, auf das er mit ähnlichem Stolz blickte wie auf eine Unternehmensgründung. Selbst und gerade die eigenen Ehefrauen waren meist nur Zaungäste, während die Sammlungen Jahr um Jahr wuchsen. Dass es die Gattin die gesamte Zeit über gab, wurde oft erst Jahrzehnte später offenbar, nämlich wenn der Fortbestand einer Sammlung über den Tod ihres Gründers hinaus zu planen war. Als potenzielle Erbin oder Mitglied einer eigens ins Leben gerufenen Stiftung kommt der Ehefrau dann große Bedeutung zu; und damit es nicht so aussieht, als sei sie nur aus pragmatischen Gründen eingesetzt worden, gibt man sich nach außen hin plötzlich so, als habe das Ehepaar immer schon gemeinsam gesammelt.

Zudem bringt es in Zeiten, in denen die Sensibilität für das Verhältnis zwischen den Geschlechtern deutlich höher entwickelt ist als noch in den 1970er-Jahren, ein besseres Image, wenn die Sammlung nicht nur als Produkt männlicher Selbstbehauptungsbedürfnisse erscheint. Bei Sammlern passiert also dasselbe, was bei etlichen Künstlern ebenfalls passiert ist: Ihre Frauen werden auf einmal als genauso relevant erachtet wie sie selbst. Wie der Name von Christo irgendwann nicht mehr ohne den von Jeanne-Claude erwähnt wurde oder wie Werke, die früher allein Edward Kienholz zugesprochen wurden, mittlerweile genauso als Werke seiner Frau Nancy gelten, treten also auch immer mehr Sammlergattinnen ins öffentliche Bewusstsein. Irene Ludwig als Gattin von Peter Ludwig war die erste, der diese nachträgliche Gleichstellung widerfuhr, die in diesem Fall allerdings eher als verspätete Wiedergutmachung erscheint, da das Geld für die Kunstsammlung ursprünglich aus ihrer — nicht aus seiner — Familie stammte. Doch erst als der Patriarch alten Stils an Reputation einbüßte, durfte so etwas auch kommuniziert werden. Nun ist Teamwork statt Einzelkämpfertum, zumindest aber eine harmonisch-fruchtbare Partnerschaft das neue Ideal, dessen Erfüllung es zu demonstrieren gilt.

Folgt man hier dem Zeitgeist, stehen die Inhalte und die Ausrichtung der jeweiligen Sammlung auf einmal aber ebenfalls zur Disposition. Es offenbart sich, wie schwierig es ist, mit etwas, das unter speziellen, gewiss auch idiosynkratischen Bedingungen entstanden ist, angemessen umzugehen, nachdem diese sich verändert haben. Egal ob eine in den 1970er- oder 1980er-Jahren begonnene Sammlung nun an die nächste Generation vererbt, ob sie in eine Stiftung umgewandelt und vielleicht sogar in eigenen Räumlichkeiten der Öffentlichkeit zugänglich gemacht oder ob sie ganz oder in Teilen in ein staatliches Museum überführt werden soll, bedeutet dies eine Herausforderung. In jedem Fall müssen die Sammlung und ihre Werke fortan ohne den Sammlungsgründer bestehen — müssen also andere Funktionen übernehmen können. Statt einem einzelnen Menschen Rückendeckung zu bieten und als Identitätsbooster zu wirken, haben sie auf einmal möglichst repräsentativ für ein Kapitel der Kunstgeschichte zu sein oder sollen bei Rezipienten Assoziationen

of a collection beyond the death of its founder. As the potential heir or member of a specially initiated foundation, a wife is then assigned substantial importance, and toward third parties one now behaves as if the married couple had always collected together so that it does not look as if she were appointed for purely pragmatic reasons.

Moreover, at a time when sensitivity about the relationship between the sexes is clearly more highly developed than it was in the 1970s, it looks better to external parties if the collection does not only seem to be the product of a male need for self-affirmation. So collectors go the same way as quite a few artists have done: their wives are suddenly considered just as relevant as them. In the same way that Christo's name at some point was no longer mentioned without that of Jeanne-Claude, or that works that used to be attributed to Edward Kienholz alone are now likewise regarded as works by his wife Nancy, more and more collectors' wives are also gaining public awareness. As the spouse of Peter Ludwig, Irene Ludwig was the first to experience this retroactive equality, which in this case seems more like a belated rectification, since the money for the art collection originally came from her—and not his—family. Yet, it was not until the old-style patriarch suffered a loss of reputation that anything like this could even be communicated. Now teamwork instead of the lone fighting spirit—but at the very least a harmonious, productive partnership—is the new ideal, and its fulfillment needs to be demonstrated.

If one follows the zeitgeist, however, the contents and orientation of the respective collection are also suddenly open to question. It becomes evident how difficult it is to deal appropriately with something that developed under specific, even idiosyncratic circumstances after these have changed. This involves a challenge, regardless of whether a collection begun in the 1970s or the 1980s is to be handed down to the next generation, whether it is converted into a foundation and perhaps even made available to the public in its own museum, or whether it is to be entirely or only partially transferred to a public museum. In any case, the collection and its works have henceforth to exist without the man who started the collection—therefore they have to be able to take on other functions. Instead of offering backing to a single individual and acting as an identity booster, they now suddenly have to be as representative as possible of a chapter of art history or arouse associations among their recipients, whet one's appetite for interpretation, trigger strong feelings; they have to offer art educators a reason to work with them in workshops and during guided tours in order to still the fear of the unknown among a public that has little to do with art. And above all, of course, they have to seem relevant and current, even though the general taste has changed in the decades since they were created.

Never before were so many art collections started as in the period from the 1970s on—particularly in Germany—and so it is to be expected that the problems associated with the transfer of collections will be discussed more consciously and even publicly in the coming years. Many people will be interested in whether and how collections can assert themselves in the future, especially in the case of collections whose founders have gained prominence in the art world or even beyond. Will they be preserved, will they be continued, will they merge into other, larger collections? In the future, will there even be super-collectors who concentrate on taking over existing collections? The Ströher

wecken, Lust auf Interpretationen machen, starke Gefühle auslösen; Kunstvermittlern müssen sie Anlass bieten, in Workshops und bei Führungen mit ihnen zu arbeiten, um selbst einem an sich kunstfernen Publikum Schwellenängste zu nehmen. Und vor allem anderen müssen sie natürlich relevant und aktuell erscheinen, auch wenn sich der allgemeine Geschmack in den Jahrzehnten, seit sie entstanden sind, verändert hat.

Da wohl noch nie so viele Kunstsammlungen neu begonnen wurden wie seit den 1970er-Jahren — in Deutschland im Speziellen —, ist zu erwarten, dass die Probleme, die mit Sammlungstransfers einhergehen, in den nächsten Jahren viel bewusster und auch öffentlich diskutiert werden. Gerade im Fall von Sammlungen, deren Gründer in der Kunstwelt oder sogar darüber hinaus Prominenz erlangt haben, wird es viele interessieren, ob und wie sie sich in der Zukunft behaupten können. Bleiben sie erhalten, werden sie fortgeführt, gehen sie in anderen, größeren Sammlungen auf? Gibt es künftig gar Supersammler, die sich auf die Übernahme bereits bestehender Sammlungen konzentrieren? So hat die Sammlerfamilie Ströher etwa große Teile der Sammlung von Hans Grothe gekauft, und die Sammlung von Reiner Speck ist ebenso wie die Sammlung Rheingold bei den Gebrüdern Viehof gelandet. Die Hintergründe und Konditionen solcher Übernahmen werden dabei meist diskret behandelt. Aber auch wenn staatliche Häuser private Sammlungen aufnehmen — zum Beispiel die Münchner Pinakotheken die Sammlung Brandhorst oder die Wiener Albertina die Sammlung Essl —, bemüht man sich um Intransparenz, einigt sich also auf Regelungen, die so kompliziert sind, dass sie in ihren juristischen Details für Laien kaum durchschaubar sind. Keiner der Vertragspartner hat Interesse an zu simplen Konstruktionen, riefe das doch nur Kommentatoren auf den Plan, die den Deal bewerteten und letztlich wohl immer schlechtredeten.

Tatsächlich dürften einige staatliche Institutionen in der ersten Phase von Sammlungsübernahmen — in den Jahren nach 2000 — zu großzügig gewesen sein, zumal damals kaum absehbar war, wie viele Sammler noch mit ähnlichen Angeboten und Interessen kommen würden. Mittlerweile greift hingegen immer mehr die Sorge um sich, dass gerade für die Kunst, die in den privaten Sammlungen der letzten Jahrzehnte am häufigsten vertreten ist, bald schon nicht mehr genügend Publikumsnachfrage besteht, es also wenig Sinn ergibt, immer noch Weiteres davon zu zeigen. Dass die öffentlichen Museen zunehmend auch Konkurrenz von Sammlermuseen bekommen, in denen nochmals ganz Ähnliches zu sehen ist, verschärft das Problem zusätzlich und hat schon zu ersten Forderungen geführt, gerade kleinere Museen auch wieder zu schließen. So sprach sich Christiane Lange, Direktorin der Staatsgalerie Stuttgart, 2015 dafür aus, der kapitalistisch konditionierten Wachstumslogik, der zufolge es immer „mehr Museen, mehr Anbauten, mehr Ausstellungen" zu geben habe, endlich zu entsagen, keine weiteren Privatsammlungen mehr aufzunehmen und sogar darüber nachzudenken, ob das „Entsammeln" nicht genauso die Aufgabe eines seriösen Museums sein könnte wie das Sammeln. „Vielleicht gibt es einfach zu viele Museen. Christiane Lange im Gespräch mit Julia Voss", FAZ vom 10.10.2015, auf: http://www.faz.net/aktuell/feuilleton/kunst/ein-gespraech-mit-christiane-lange-13844184.html?printPagedArticle=true#pageIndex_2; abgerufen am 05.09.2017.

collector family, for instance, bought large parts of Hans Grothe's collection, and like the Rheingold Collection, the collection of Reiner Speck also wound up in the possession of the Viehof brothers. The background and conditions of such takeovers are for the most part dealt with discreetly. However, even when private collections are absorbed by public institutions—for example the Brandhorst Collection by the Pinakothek museums in Munich, or the Essl Collection by the Albertina in Vienna—there is a need for non-transparency, hence agreements are made on provisions that are so complicated that their legal details can hardly be understood by lay persons. None of the contractual partners is interested in constructions that are too simple, as that would only bring into the arena commentators who would assess the deal and ultimately probably speak ill of it.

In fact, several public institutions may have been too generous in the first phase of collection takeovers—in the years after 2000—especially since it could hardly have been predicted at the time how many collectors with similar offers and interests were still to come. Meanwhile, by contrast, concern has been growing that there will soon no longer be sufficient public demand for precisely the kind of art that is most frequently represented in the private collections of recent decades, hence that it makes little sense to continue presenting more of it. The fact that public museums are also increasingly competing with collectors' museums, in which again very similar works can be seen, further aggravates the problem and has already led to initial demands to once again close smaller museums in particular. In 2015, Christiane Lange, the director of the Staatsgalerie Stuttgart, spoke out in favor of finally renouncing the capitalistically conditioned logic of growth, according to which there have to be 'more and more museums, more extensions, more exhibitions'; she suggested no more private collections should be absorbed; and even that consideration should be given to whether "Entsammeln" [de-collecting] might be just as much the responsibility of a serious museum as collecting. "Vielleicht gibt es einfach zu viele Museen: Christiane Lange im Gespräch mit Julia Voss" [Maybe There Are Just Too Many Museums: Christiane Lange in Conversation with Julia Voss], "FAZ", October 10, 2015, www.faz.net/aktuell/feuilleton/kunst/ein-gespraech-mit-christiane-lange-13844184.html?printPagedArticle=true#pageIndex_2. [own translation]

It will therefore presumably soon be the exception for public museums to completely take over and exhibit collections. Then, citing an insufficient number of visitors, people will want to argue and thus also to convince policymakers that the democratic justification for further support of private collectors is lacking. Parts of formerly private collections will end up in depositories or be sold, and with a good dose of class-struggle rhetoric it will be pointed out that the interests of a broad public of recipients is ultimately stronger than the will of the former founder of a collection.

Yet all that will cause younger or more active collectors to think more intensely about the meaning and goals of collecting. And if museums are already considering strategies of conscious de-collecting, it will also perhaps no longer be taboo for collectors to sell in the same way they buy. It may even become a matter of course to view a collection as something that does not only work in one direction and continues to grow, but that can equally experience phases of concentration and reduction. And whereas collections were considered as strictly analogous to works, in particular in that male-dominated epoch—as if they could be gradually completed and are committed to an ideal of finality and duration—in the future it may become common to perceive them

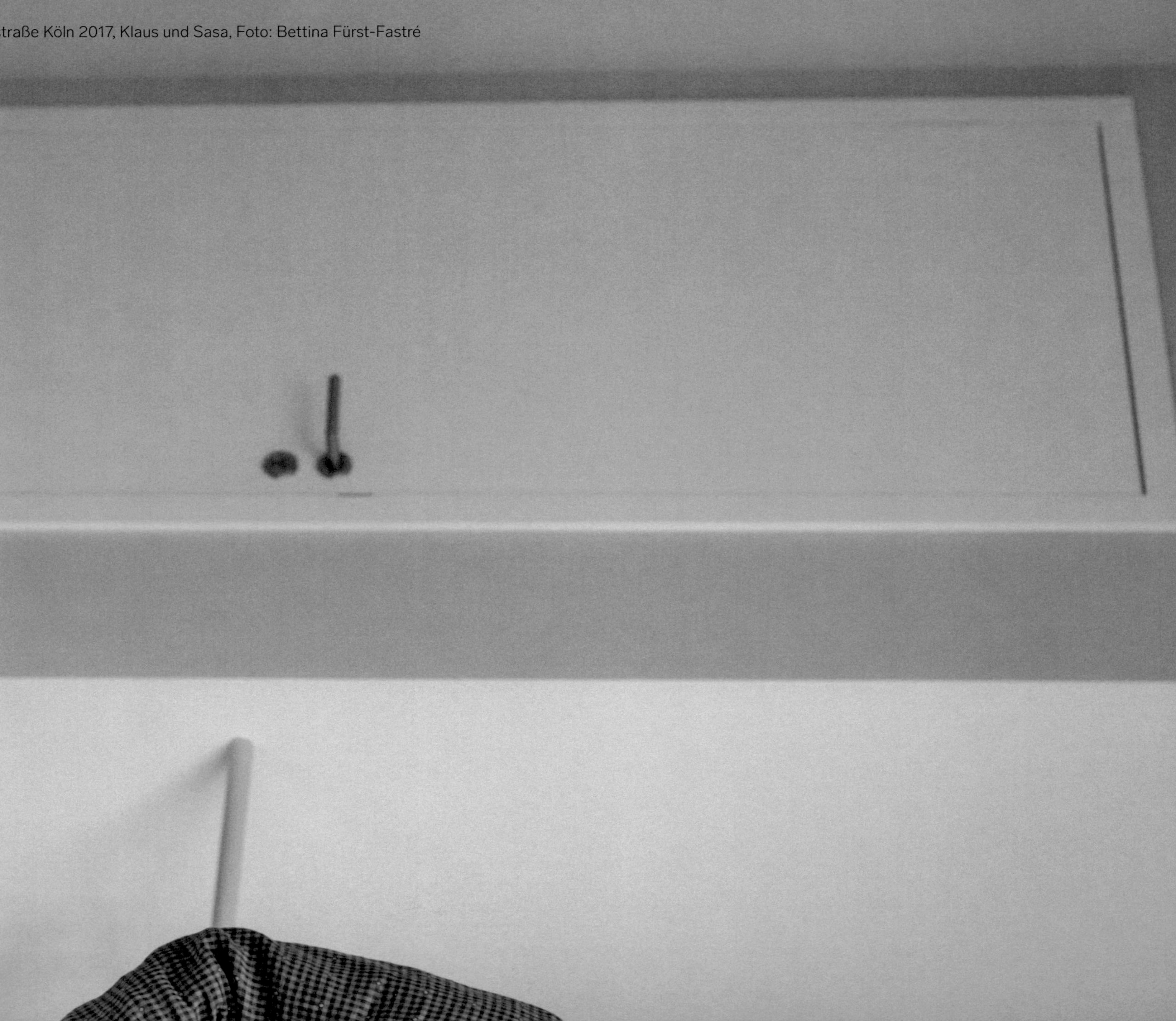

Walhallstraße Köln 2017, Klaus und Sasa, Foto: Bettina Fürst-Fastré

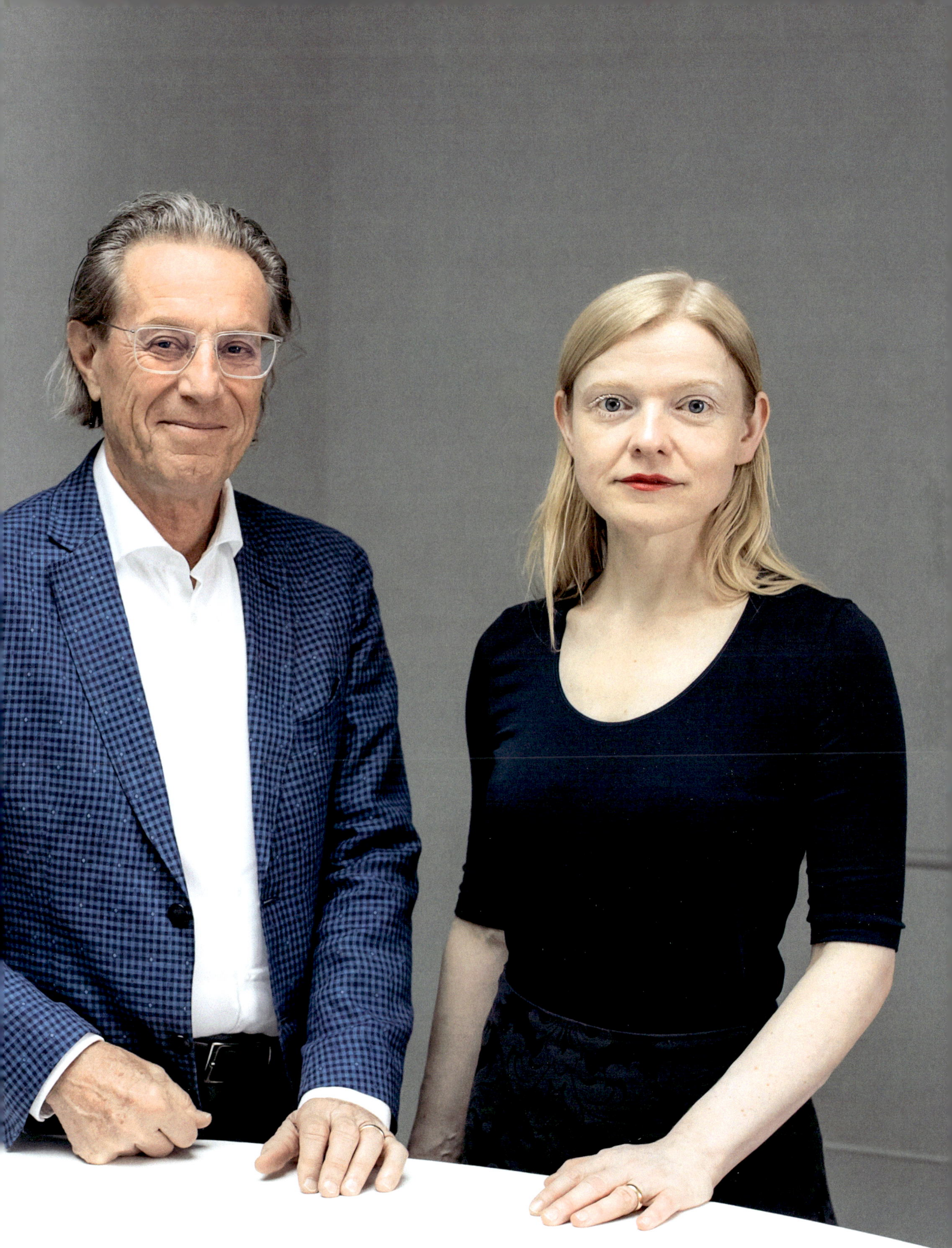

Daher wird es vermutlich schon bald die Ausnahme sein, dass öffentliche Häuser Sammlungen komplett übernehmen und ausstellen. Gern wird man dann mit mangelnden Besucherzahlen argumentieren und damit auch die Politik davon überzeugen, dass für eine weitere Unterstützung privater Sammler nicht genügend demokratische Legitimation vorhanden ist. Teile ehedem privater Sammlungen werden in Depots landen oder abgestoßen werden, und mit einer guten Portion Klassenkampfrhetorik wird man darauf verweisen, dass die Interessen einer breiten Rezipientenöffentlichkeit letztlich stärker sind als der Wille eines einstmaligen Sammlungsgründers.

Das alles wird aber noch aktive sowie jüngere Sammler dazu bringen, ihrerseits verstärkt über Sinn und Ziele des Sammelns nachzudenken. Und wenn schon Museen Strategien des Entsammelns erwägen, wird es vielleicht auch nicht länger ein Tabu sein, dass Sammler genauso verkaufen wie sie kaufen. Es wird eventuell sogar selbstverständlich werden, eine Sammlung als etwas anzusehen, das nicht nur eine Richtung kennt und immer größer wird, sondern das genauso Phasen der Konzentration und Reduktion erlebt. Und dachte man Sammlungen gerade in jener männlich dominierten Epoche in strenger Analogie zu Werken — so als ließen sie sich nach und nach vervollkommnen und seien einem Ideal von Endgültigkeit und Dauer verpflichtet —, dürfte es künftig üblich werden, sie nach dem Modell von Körpern wahrzunehmen: als etwas, das sich fortwährend im Stoffwechsel befindet, mal fitter und mal angeschlagen ist, unerwartete Entwicklungen vollzieht und während des gesamten Lebens höchst unterschiedliche Perioden durchläuft, das aber auch sterben darf, nachdem es lange genug gelebt hat. Lateinisch formuliert, geht es um den Unterschied zwischen ‚opus' und ‚corpus': zwischen einer Sammlung, die stark an ihren Gründer gebunden ist, der sich wie ein Schöpfer begreift und besondere Fähigkeiten für sich in Anspruch nimmt, und einer Sammlung, bei der die Sammlungsstücke zwar jeweils einer gemeinsamen Leitidee folgen, diese aber nicht auf einen einzelnen Urheber bezogen ist, sondern viel offener und pragmatischer gedacht wird.

Die öffentliche Wahrnehmung von Kunstsammlern und ihren Sammlungen ist auf einen solchen Paradigmenwechsel von ‚opus' zu ‚corpus' aber noch nicht zureichend eingestellt. Vor allem fehlen Rollenmodelle oder ‚Best-Practice-Beispiele'. Doch das könnte sich ändern — und ändert sich mit vorliegendem Buch. Erstmals haben es sich mit Klaus F. K. Schmidt und Sasa Hanten-Schmidt zwei Sammler zur Aufgabe gemacht, Genese und Charakter ihrer jeweiligen Sammlungen zu analysieren und diesen Prozess zu publizieren. Dieses Buch fungiert dabei im besten Sinne als ein Medium — oder gar als ein Mediator? —, können und wollen die beiden Sammler, die erst seit 2014 ein Paar und seit 2015 verheiratet sind, doch mit seiner Hilfe entscheiden, welche Werke Teil ihrer künftigen gemeinsamen Sammlung sein werden. Mit dem Buch soll also aus zwei Sammlungen eine werden, womit das Sammeln nicht zuletzt als Entsammeln praktiziert wird.

Umso spannender wird der Fall dadurch, dass es sich um zwei höchst unterschiedliche Sammler und Sammlungen handelt. Klaus F. K. Schmidt ist einer jener Unternehmer, die in den 1970er-Jahren damit begannen, zeitgenössische Kunst zu

more like the model of a body: as something that is in a permanent metabolic state; that is sometimes fitter, at other times ailing; that develops in unexpected ways and experiences very different periods throughout its life, but that is also allowed to die after it has lived long enough. Couched in Latin, this is about the difference between 'opus' and 'corpus': between a collection that is closely linked with its founder, who sees himself as a creator and claims to have special abilities, and a collection in which the items may follow a common central theme, yet which is not related to a single initiator but is conceived much more openly and pragmatically.

However, the public perception of art collectors and their collections is not yet sufficiently geared toward such a paradigm shift from 'opus' to 'corpus'. What is lacking in particular, are role models or best-practice examples. But that could change—and does with the book at hand. For the first time, with Klaus F. K. Schmidt and Sasa Hanten-Schmidt, two collectors have expressly made it their task to analyze the genesis and character of their respective collections and to publish this process. This book serves, in the best sense of the term, as a medium—or even as a mediator?—as with its help the two collectors, who have only been a couple since 2014 and have been married since 2015, can and want to decide which works will be part of their future joint collection. Hence with this book, two collections are to be turned into one, through a process whereby collecting is practiced not least as de-collecting.

This case is all the more exciting because they are two extremely different collectors and collections. Klaus F. K. Schmidt is one of those entrepreneurs who began collecting contemporary art in the 1970s in order to reflect on and justify their own position as men and movers. For her part, his wife Doris assumed the role of a collector's spouse that was common at the time: she was there on the spot when it came to representative functions and the hanging of exhibitions, but she left the collecting decisions largely to her husband. After she unexpectedly passed away in 2013 (with the result that part of the collection was inherited by the couple's children), Klaus F. K. Schmidt met his second wife in Sasa Hanten: more than a generation younger than him, professionally active in the art world, likewise a collector. For her, personal acquaintance with artists is as natural as collecting itself, which is likewise not understood as something idealized but as a lifelong practice. In this case, the collection is understood more as a 'corpus' than as an 'opus'.

With Harald Falckenberg, who developed a collector typology several years ago, one could in this case also speak of a 'collector collector' (Sasa) encountering a 'collection collector' (Klaus). What is important to the former is 'the process of collecting and one's own intellectual, emotional examination of fine art'; the 'collector collector' is typically 'rooted in the scene, maintains close contact with discourse-influencing gallerists and young artists, supports projects, and is involved in local art institutions'. By contrast, the mark of a 'collection collector' is the concentration on 'important works of art ... that endure and are of high value': collection collectors understand 'art as a transgenerational investment', 'often collaborate with advisers and maintain personal relationships with important artists and the directors of prominent national and international museums'. Harald Falckenberg, "Kunstsammeln jenseits messianischer Erwartungen" [Collecting Art Beyond Messianic Expectations] (2006), in Falckenberg, 2007 (see note 4), 13–39, esp. 26f. [own translation]

sammeln, um darin ihre eigene Position als Mann und Macher zu reflektieren und
zu rechtfertigen. Seine Frau Doris nahm ihrerseits die damals übliche Rolle einer
Sammlergattin ein: Sie war zur Stelle, wenn es um repräsentative Funktionen und
um Ausstellungshängungen ging, aber sie überließ die Sammelentscheidungen weitgehend ihrem Mann. Nachdem sie 2013 unerwartet gestorben war (sodass ein Teil
der Sammlung als Erbe an die gemeinsamen Kinder ging), lernte Klaus F. K. Schmidt
mit Sasa Hanten seine zweite Frau kennen: mehr als eine Generation jünger, beruflich in der Kunstwelt tätig, ebenfalls Sammlerin. Die Nähe zu Künstlern ist für sie
ebenso selbstverständlich wie das Sammeln selbst, das entsprechend auch nicht
überhöht, sondern als lebensbegleitende Praxis verstanden wird. Von vornherein
wird die Sammlung hier eher als ‚corpus' denn als ‚opus' begriffen.

Mit Harald Falckenberg, der vor einigen Jahren eine Sammler-Typologie
entwickelt hat, könnte man auch davon sprechen, dass hier eine „Sammler-
Sammlerin" auf einen „Sammlungs-Sammler" getroffen ist. Für Erstere ist „der
Prozess des Sammelns und die eigene geistige, emotionale Auseinandersetzung
mit der bildenden Kunst maßgeblich", sie ist „typischerweise in der Szene ver-
wurzelt, hält engen Kontakt zu Programmgaleristen und jungen Künstlern, fördert
Projekte und engagiert sich in den lokalen Kunstinstitutionen". Dagegen zeichnet
sich ein „Sammlungs-Sammler" dadurch aus, auf „wichtige Kunstwerke" konzen-
triert zu sein, „die Bestand und einen hohen Wert haben"; er begreift „Kunst als
eine Generationen überschreitende Anlage", arbeitet „oft mit Beratern zusammen und pfleg[t] persönliche Beziehungen zu wichtigen Künstlern und zu Leitern
renommierter in- und ausländischer Museen" Harald Falckenberg, „Kunstsammeln jenseits messianischer Erwartungen" (2006); in: Ders., „Aus dem Maschinenraum der Kunst. Aufzeichnungen eines Sammlers", Hamburg
2007, 13–39, 26 f.
Dürfte Sasa Hanten-Schmidt die treibende Kraft dafür gewesen sein, dass
das Sammlerpaar den Vereinigungsprozess der beiden Sammlungen öffentlich
vollzieht und dabei alte Muster einer Marginalisierung des weiblichen Teils aus-
drücklich hinter sich lässt, so ist es jedoch auch im Selbstverständnis von Klaus
F. K. Schmidt als Sammler durchaus schon angelegt, die eigene Sammlung
zugleich von außen, also unabhängig von Besitzerstolz, in den Blick zu nehmen.
Noch zusammen mit seiner ersten Frau formulierte er als Motto „Wir sammeln,
um zu kuratieren" und signalisierte damit Neugier auf einen Perspektivwechsel:
Alles wird, nachdem es erworben wurde und damit offenbar den Bedürfnissen des
Sammlers genau zu entsprechen vermag, nochmals auf die Probe gestellt. Es wird
daraufhin geprüft, ob es auch unabhängig vom Sammlungsgründer und seinem
Sammlungswerk bestehen kann, ja welche Erfahrungen und Erkenntnisse sich
ergeben, wenn es mit kuratorischen Anliegen betrachtet und in wechselnde Kon-
stellationen gebracht wird. Doris und Klaus Schmidt, „Wir sammeln, um zu kuratieren"; in: Peter Herbstreuth,
„Dresden privat. Die Kunst des Sammelns", Dresden 2002, 87.
Gewiss ist jenes Motto auch Dokument einer Zeit, in der viele Sammler noch
in einer defensiven Position waren, weshalb sie es nicht als opportun empfanden,
nach außen hin als Eigentümer aufzutreten, sondern mit dem Verweis auf das
Kuratieren lieber einen intellektuelleren Umgang mit Kunst für sich behaupteten.

While Sasa Hanten-Schmidt may have been the driving force behind the collector couple's decision to carry out the unification process of the two collections publicly, and in doing so expressly leaving behind the old pattern of a marginalization of the female share, it is also inherent in Klaus F. K. Schmidt's self-conception as a collector to likewise consider his collection from outside, thus independent of the pride of ownership. Already with his first wife, his motto was "We Collect to Curate", and in doing so he signaled his curiosity about a shift in perspective: after being acquired and thus apparently capable of answering exactly to the needs of the collector, everything is once again put to the test. It is looked at with respect to whether it can exist independently of the founder of the collection and his collection, indeed, what experiences and insights come about when it is looked at with a curatorial objective and is placed in shifting constellations. Doris und Klaus Schmidt, "Wir sammeln, um zu kuratieren" [We Collect to Curate], in Peter Herbstreuth, "Dresden privat: Die Kunst des Sammelns" [Dresden in Private: The Art of Collecting] (Dresden 2002), 87.

That motto is surely also a document of an era in which many collectors were still in a defensive position, which is why they did not feel it appropriate to present themselves as owners to the outside world, but by pointing toward curating rather claimed an intellectual approach to art. Yet, in the present book the motto experiences striking confirmation and interpretation. While the works in the Schmidt Collection as well as those in the Hanten Collection are subjected to new perspectives and contexts, the two collectors manifest as curators on their own account. The book is their 'musée imaginaire': a laboratory in which their two collections can be analyzed, refined, reassembled until a new, coherent collection—the Collection Hanten + Schmidt—comes about; one which, however, no longer represents a great work (opus) but a variable arrangement (corpus). That paradigm shift is carried out publicly in an exemplary way, and thus it can finally be opened up for discussion.

Doch erfährt das Motto mit vorliegendem Buch eine eindrucksvolle Bestätigung und Interpretation. Werden die Werke der Sammlung Schmidt wie auch die der Sammlung Hanten darin neuen Perspektiven und Zusammenhängen ausgesetzt, so erscheinen die beiden Sammler wie Kuratoren in eigener Sache. Das Buch ist ihr ‚musée imaginaire': ein Labor, in dem sich ihre beiden Sammlungen analysieren, reinigen, wieder zusammensetzen lassen, bis eine neue einheitliche Sammlung — die Sammlung Hanten+Schmidt — entsteht, die aber nicht länger ein großes Werk (opus), sondern eine variable Anordnung (corpus) darstellt. Mustergültig wird jener Paradigmenwechsel öffentlich vollzogen und lässt sich daher endlich auch diskutieren.

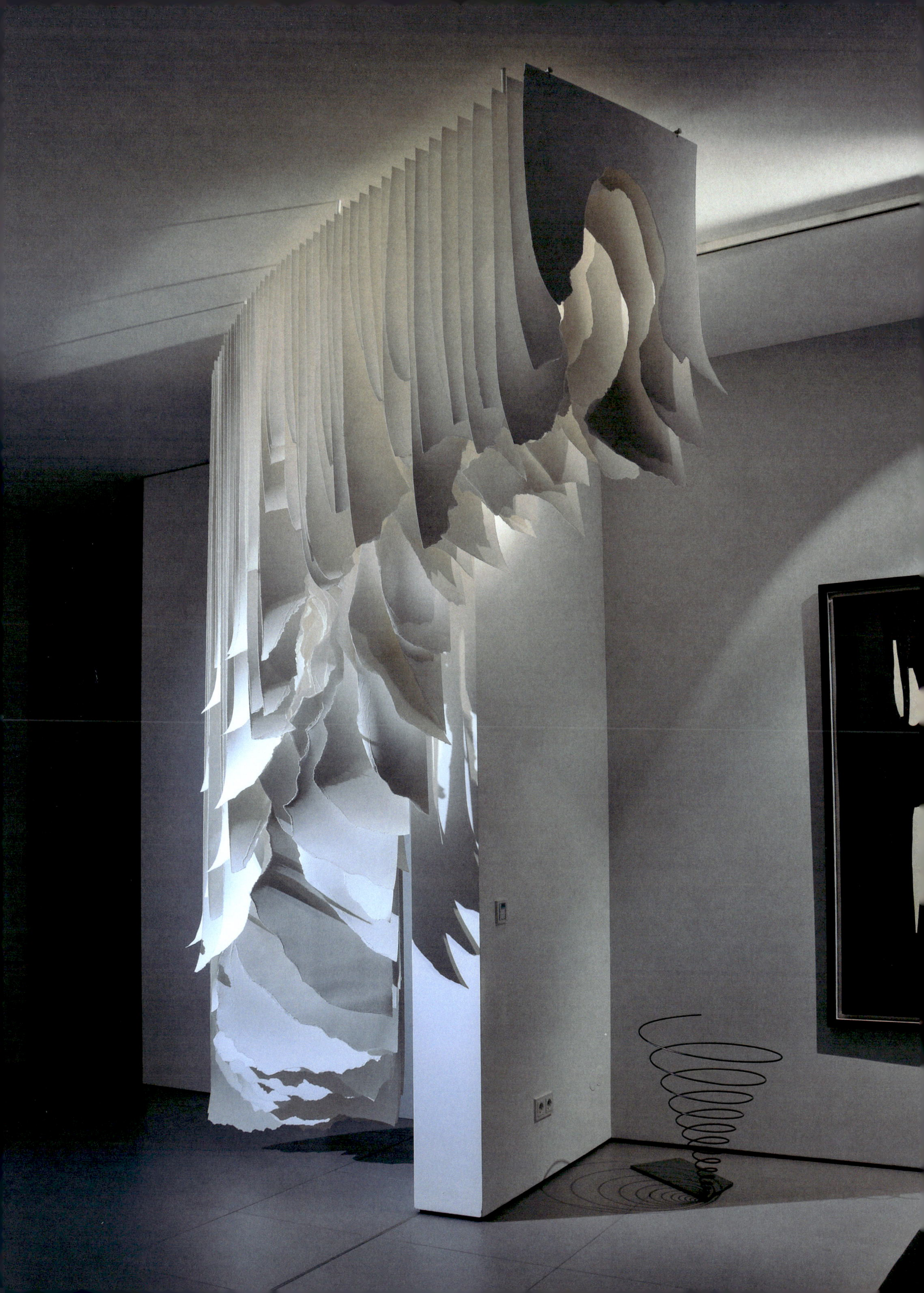

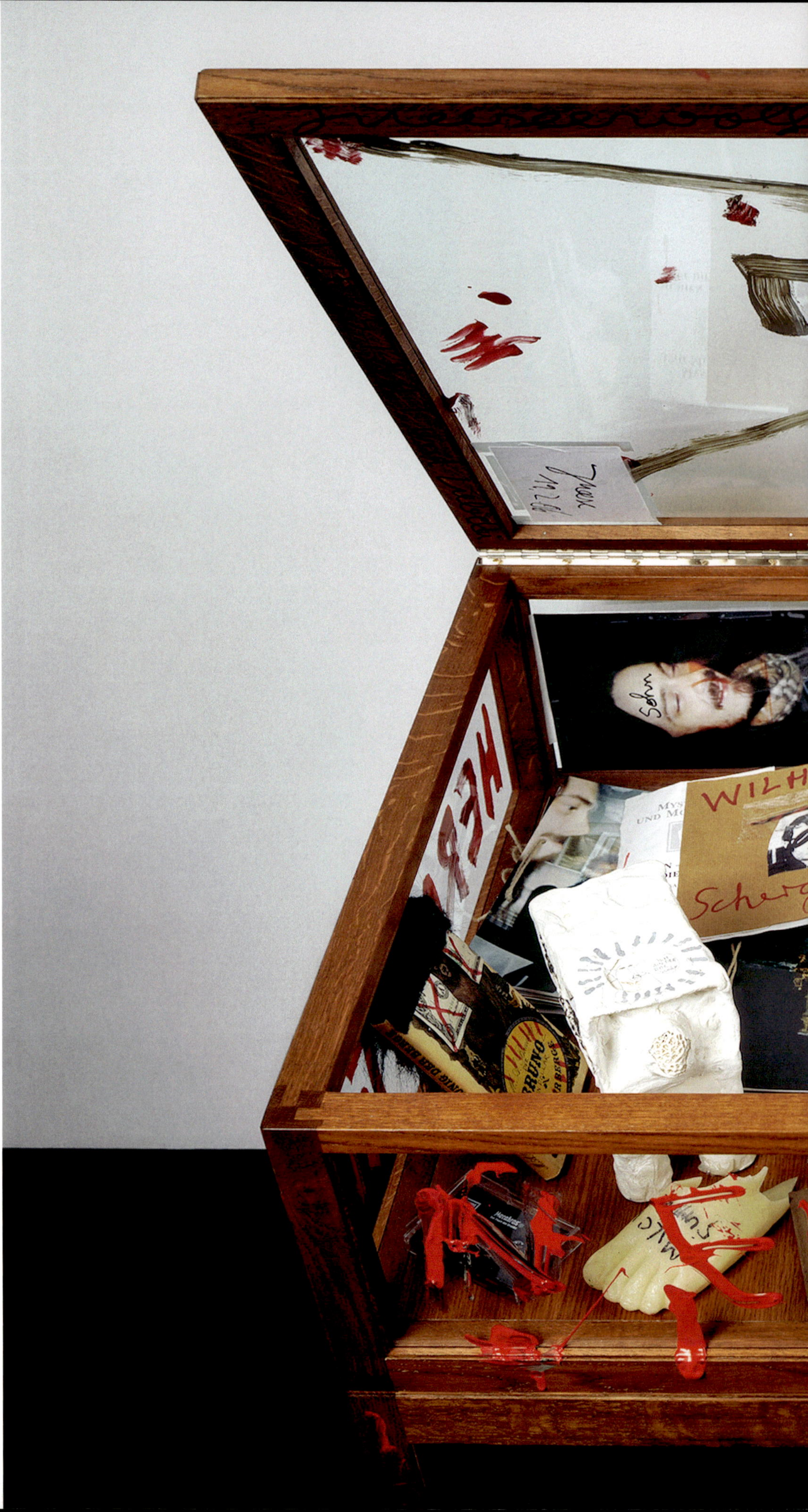

Jonathan Meese, **Die Erzvitrinerz**, 2005/2006

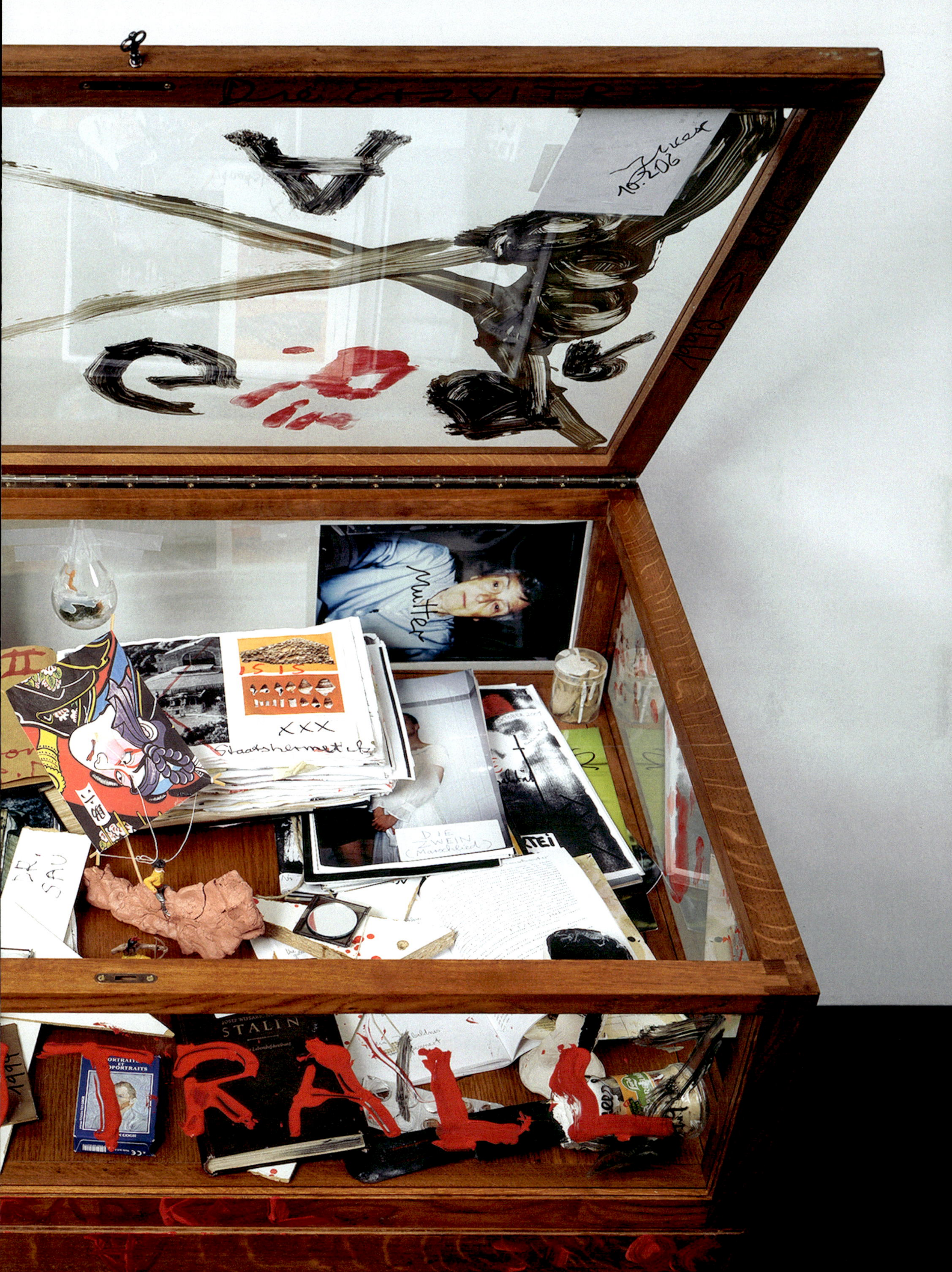

Alle privaten Sammlungen sind von Diskontinuität gekennzeichnet. Auch wenn die Kunst die bestimmende Leidenschaft ist, so gibt doch das Leben des Sammlers Takt und Rhythmus vor.

Für gewöhnlich werden private Sammlungen — im Unterschied zu institutionellen — mit einer Sammlerpersönlichkeit oder einem Sammlerpaar in Verbindung gebracht. Entstehen und Wachsen werden entsprechend von einer individuellen oder einer Paarbiografie bestimmt. Die erste eigene Wand und das erste eigene Bild gehen in eins. Private Sammlungen beginnen regelmäßig als dieses Ausstatten des Wohnumfeldes und wachsen an zu einer Ansammlung von Objekten, die aufgrund ihrer Anzahl oder des darin verkörperten Wertes nicht mehr unreflektiert bleiben kann. Die Ansammlung entwickelt eine Eigendynamik, sie will ausgerichtet und benannt werden, um nicht als schlichter Konsum, als „entgleiste Vorratshaltung" Walter Grasskamp, Merkur, 2011, Heft 746, 640 ff. zu erscheinen.

Sammlung wird in Nachschlagewerken häufig als eine größere Anzahl gleichartiger Dinge bezeichnet, die aus Neigung und/oder zu einem bestimmten Zweck zusammengetragen wird. Die Bezeichnung ‚Sammlung' ist, genau wie der Begriff ‚Museum', nicht kodifiziert oder geschützt. Das Etikett ‚Sammlung' geben sich die Akteure im Ergebnis selbst. Zu welchem Zeitpunkt das geschieht, hängt entsprechend ausschließlich vom Selbstverständnis der beteiligten Personen ab. Das, was sich in privaten Häusern zusammengefunden hat, als Sammlung zu bezeichnen, ist also ein wertender Vorgang mit Wirkungen nach innen und außen. Weniger ist es ein beschreibender Vorgang, der nur das Faktische benennt.

Bei Freundeskreisen von Museen stehen Hausbesuche in Privatsammlungen hoch im Kurs. Sammler laden dazu ein oder lassen sich charmiert dazu überreden. Die Beweggründe, Haus und Depot zu öffnen, sind vielfältig und oszillieren zwischen Sendungs- und Geltungsbedürfnis, zwischen Vergewisserungsversuch und erhoffter Selbstwirksamkeitserfahrung. Bisweilen spielen auch profane steuerliche Gründe eine Rolle, weil man Öffentlichkeit zulassen muss, um bestimmte Steuervorteile in Anspruch nehmen zu können. Eine erbschaftsteuerfreie Übertragung auch größerer Sammlungen ist in Deutschland unter bestimmten Voraussetzungen möglich, öffentliches Zugänglichmachen der Kunst ist eine von mehreren Voraussetzungen dafür. Hierzu ausführlich: Sasa Hanten-Schmidt (Hg.), „Der Kunst einen Wert zuweisen", Köln 2017.

Dem Erfindungsreichtum im Hinblick auf Euphemismen, die den Sammler bescheiden und das Unterfangen als dem Gemeinsinn verpflichtet erscheinen lassen, sind kaum Grenzen gesetzt: kulturelle Verantwortung übernehmen, Anstiften zum Sammeln, unwiderstehliche Überredungskunst von Museumsdirektoren etc.

THE FUTURE or
Understanding doesn't mean disenchantment
Sasa Hanten-Schmidt

All private collections are characterized by discontinuity. Even though art is the defining passion, the collector's life determines beat and rhythm.

Normally private as opposed to institutional collections are closely connected with a collector's personality or a collector couple. Accordingly emergence and growth are determined by the biography of such an individual or a couple. The first owned wall and the first owned picture go hand in hand. As a rule, private collections begin as the furnishing of the living environment and become an accumulation of objects, the sheer number or monetary value of which cannot remain unacknowledged. This accumulation of artworks develops a dynamic of its own; it requires organization and classification in order for it not to appear as representative of mere consumption, as 'obsessive stock-piling.' Walter Grasskamp, Merkur, 2011, 746, 640 ff. [own translation].

In reference works the process of collecting is frequently referred to as the accumulation of a number of related objects, gathered because one likes them and/or for a particular purpose. The title "collection," like the term "museum," is not one that is codified or protected. The actors themselves assign the label "collection." At what point this happens depends exclusively on the self-conception of the participants. To name what has come together in private homes a collection is an evaluative process with both internal and external implications. It is far less an objective descriptive process.

Among members of museum friends associations, visits to private collections are very popular. Invitations are extended by collectors, who may enjoy having been courted to do so. Reasons to open house and art store to visitors are manifold and may oscillate between a sense of purpose and a need for recognition, between the need for (personal) reassurance and the hope that one will experience one's own self-efficiency.
Occasionally, profane tax reasons may also play a role; in order to receive certain tax benefits, one has to allow public access. (In Germany, a transfer even of larger collections free of inheritance tax is possible under certain conditions, one of which is the availability of public access to the artworks. In detail: Sasa Hanten-Schmidt, ed. "Der Kunst einen Wert zuweisen" [Assigning a Value to Art], Cologne 2017.)

There are few limits to the range of inventiveness at play in terms of euphemisms used to laud the public-spirited nature and modesty of the collector, and they may include the assumption of cultural responsibility regarding the availability of art to the public, the wish to incite collecting in others, and the flattering acknowledgment of museum directors, etc. Talks given by the man of the house during home visits may often flirt with the idea of it not being a "collection" as such; this may be an indication that the collectors are at least partly aware of the tensions inherent in this area.

Bei solchen Hausbesuchen von Fremden wird in den Ansprachen der Hausherren regelmäßig damit kokettiert, keine Sammlung im Sinne der Definition zu sein — das ist vielleicht ein Hinweis darauf, dass den Beteiligten wenigstens am Rande ihres Bewusstseins klar ist, in welchem Spannungsfeld sie sich bewegen:

**Die Kunst als eine Sammlung zu bezeichnen,
nobilitiert den Konsum der Vergangenheit,
macht aber angreifbar.**

Wo liegt die Gleichartigkeit der zusammengetragenen Dinge? Kann ein Alleinstellungsmerkmal identifiziert werden? Findet sich eine inhaltliche Klammer, die nicht trivial ist? Wie schafft man es, nicht als ein Abziehbild der eigenen sozialen Klasse gesehen zu werden? Wer möchte hören, dass die eigene Sammlung assoziativ, disparat und „ein Kind ihrer Zeit" sei? Der Kunstsammler scheint parallel zum Künstler ein Alleinstellungsmerkmal in seiner Beschäftigung anzustreben siehe hierzu ausführlich Wolfgang Ullrich, in diesem Buch, 16 f. Man steht vor einem Dilemma: Einerseits will man sich im Umgang mit Kunst eine Möglichkeit eröffnen, sich als spontan und lustbetont zu erfahren; gleichzeitig soll auch hier etwas Einzigartiges erschaffen werden.

Wenn Sammler ihre Beschäftigung als „kreativ" vgl. hierzu Wolfgang Ullrich, „Der kreative Mensch", Salzburg 2016 empfinden, stellt sich bei Sammlerpaaren die Frage, inwieweit schöpferische Prozesse überhaupt von einer Personenmehrheit geleistet werden. Unter Galeristen hält sich beharrlich die Ansicht: Einer — meistens der Mann — sammelt, und weitere Beteiligte — meistens die Gattin — verhindern, dulden, steuern oder unterstützen so ähnlich, wie sie das bei der beruflichen Tätigkeit tun.

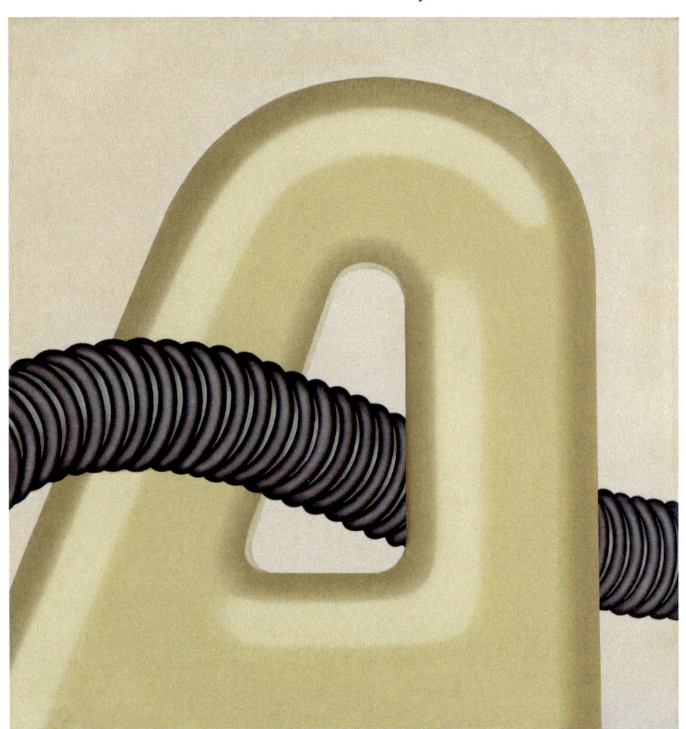

Damit wird das Bild des erfolgreichen Mannes gezeichnet, dem im Brotberuf — ob als Unternehmer oder Freiberufler — wie auch in seiner Beschäftigung mit dem Sammeln von Kunst der Rücken von der Gattin freigehalten wird — sanfte Kurskorrekturen inklusive. Manche Kunstkäufer verheimlichen Anschaffungen vor ihren Partnern. Die Werke verschwinden dann im Büro oder werden mit großem zeitlichen Abstand und mit heruntergespielten Kaufpreisen vorgestellt. Die Leidenschaft für die Kunst wird vom Lebenspartner, der sie nicht mitträgt, oft kritisch gesehen: Sie kostet Zeit und Geld. Mitunter wird die Kunst in Konkurrenz um emotionale Zuwendung empfunden. Es wird ihr dann mit Eifersucht begegnet. Hier gibt es eine Schnittmenge mit der Haltung von Kindern.

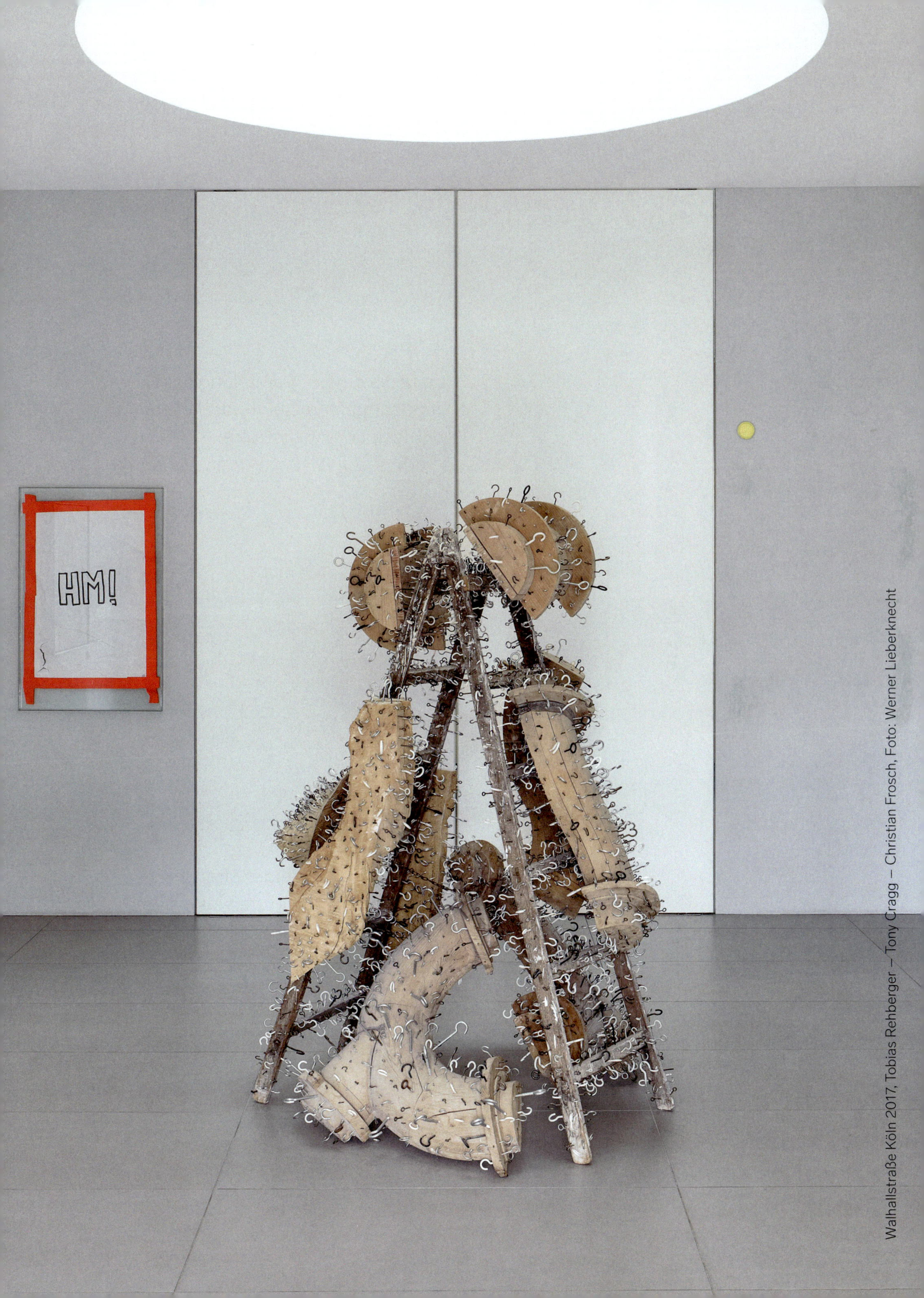

Walhallstraße Köln 2017, Tobias Rehberger – Tony Cragg – Christian Frosch, Foto: Werner Lieberknecht

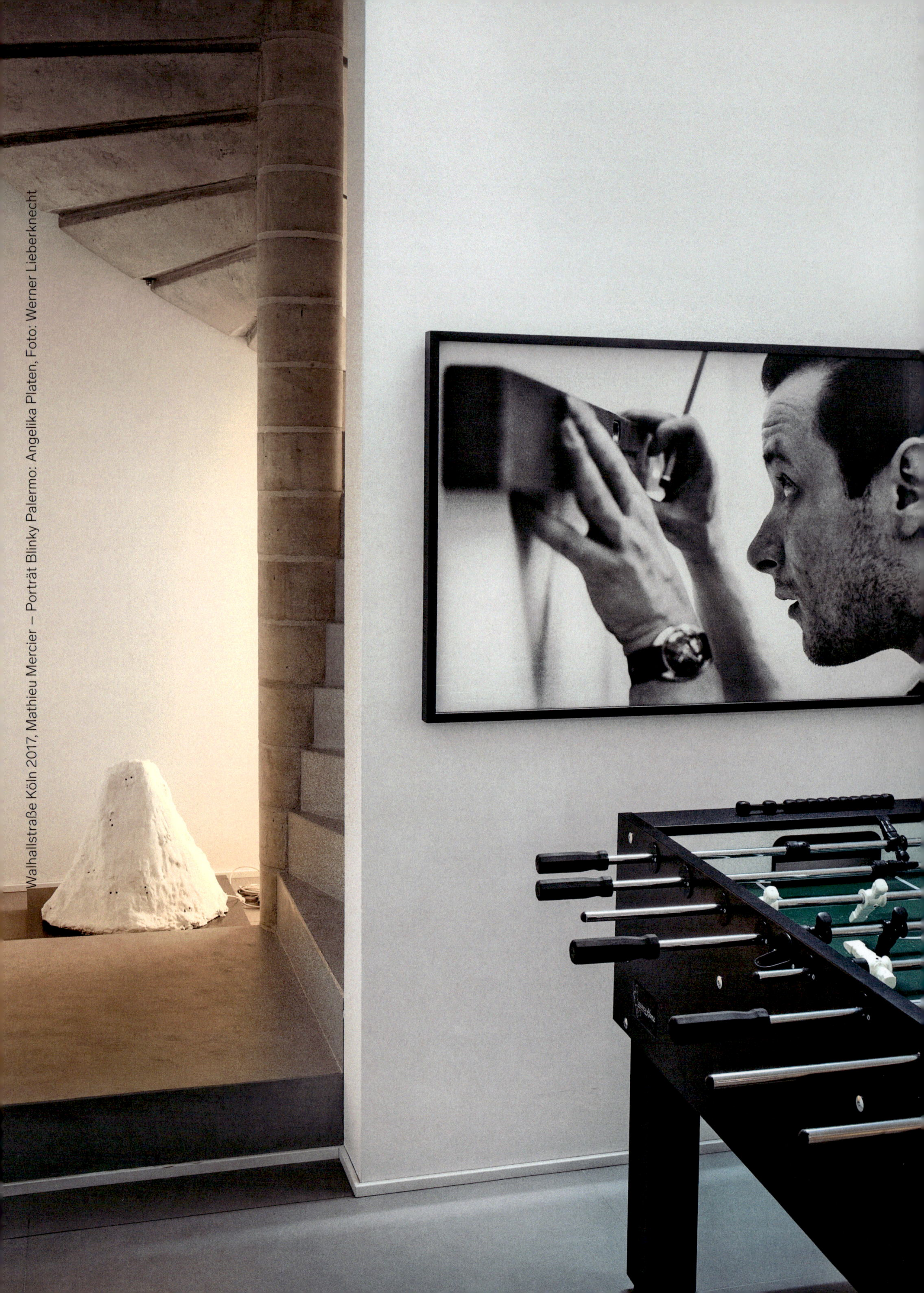

Walhallstraße Köln 2017, Mathieu Mercier – Porträt Blinky Palermo: Angelika Platen, Foto: Werner Lieberknecht

To describe art as a collection
ennobles past consumption, while at the same time
exposing it to attack.

Wherein lies the point of comparison between the collected items? Can a unique characteristic be identified among them? Can some overarching connection among the contents be found, one that is not trivial?

How, as a collector, does one avoid being typecast as a member of a specific social class? Who wants to hear one's own collection being referred to as 'associative', 'disparate', or 'a child of its time'? Like the artist, the art collector appears to strive for a unique characteristic in his pursuit. Cf. Walter Ullrich's discussion in this book, in a wider context, 17. Collectors are faced with a dilemma: while seeking the possibility of experiencing themselves as spontaneous and sensual by engaging in art, they are simultaneously aspiring to the creation of something exceptional.

When collectors experience themselves as 'creative', Cf. Wolfgang Ullrich, „Der kreative Mensch" [The Creative Man], Salzburg 2016 [own translation]. the question arises regarding collector couples to what extent the creative processes are the result of collective action. Among gallerists, the consensus is that in most cases the husband is the principal collector, and when this is the case, the wife is more likely to tolerate, direct, obstruct, and support, much in the way she does in regard to the spouse's professional life.

Of course, this presents the image of a successful entrepreneur who, in his pursuit of collecting art, is most likely supported by his loving wife—gentle corrective nudges included. Some art buyers hide their acquisitions from their partners. The artworks are first installed in the office, or are introduced much later with a downplayed purchase price. The life partner, who does not share in the other's passion for art, often takes a skeptical position: art costs time and money. Sometimes art is experienced as a competitor for emotional attention. It is then met with jealousy. There is a certain overlap with the position of the couple's children.

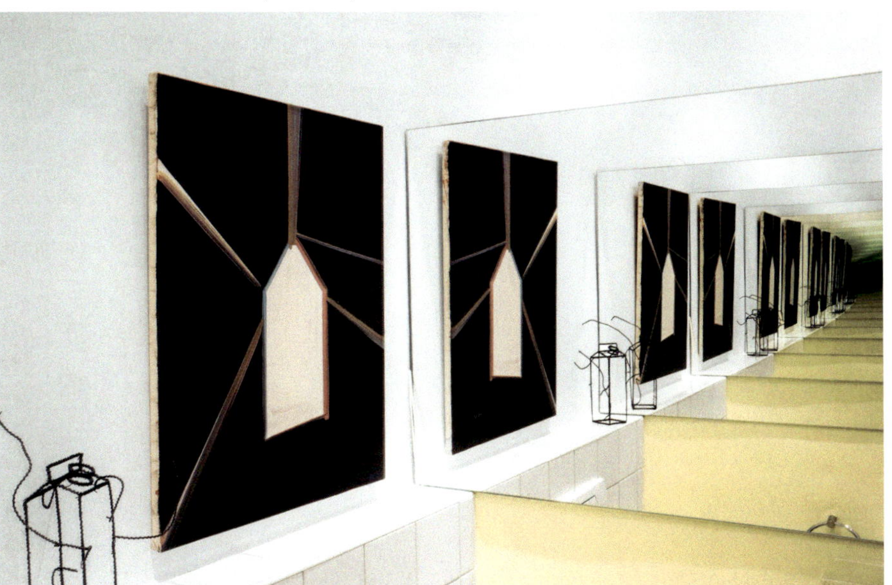

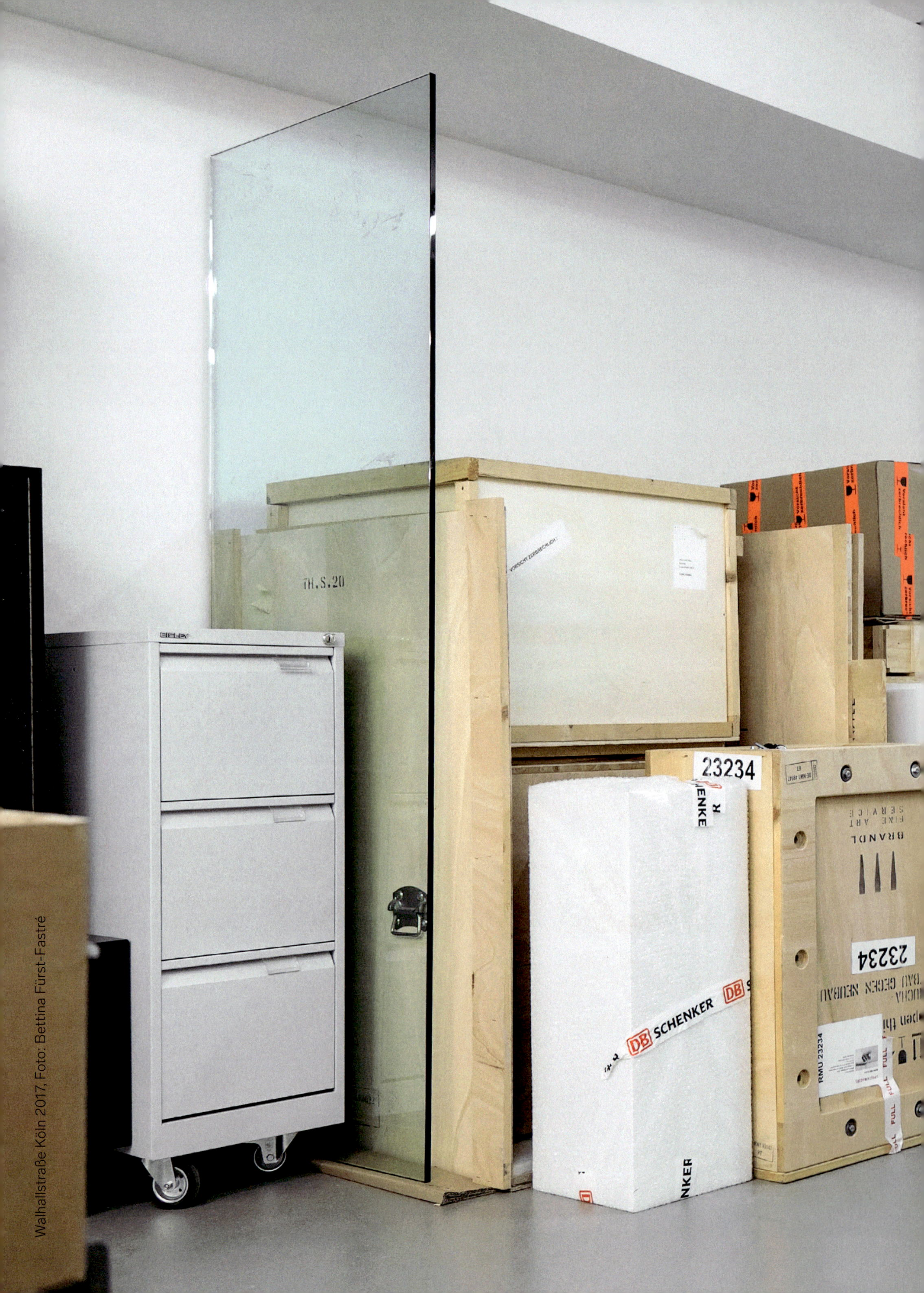

Walhallstraße Köln 2017, Foto: Bettina Fürst-Fastré

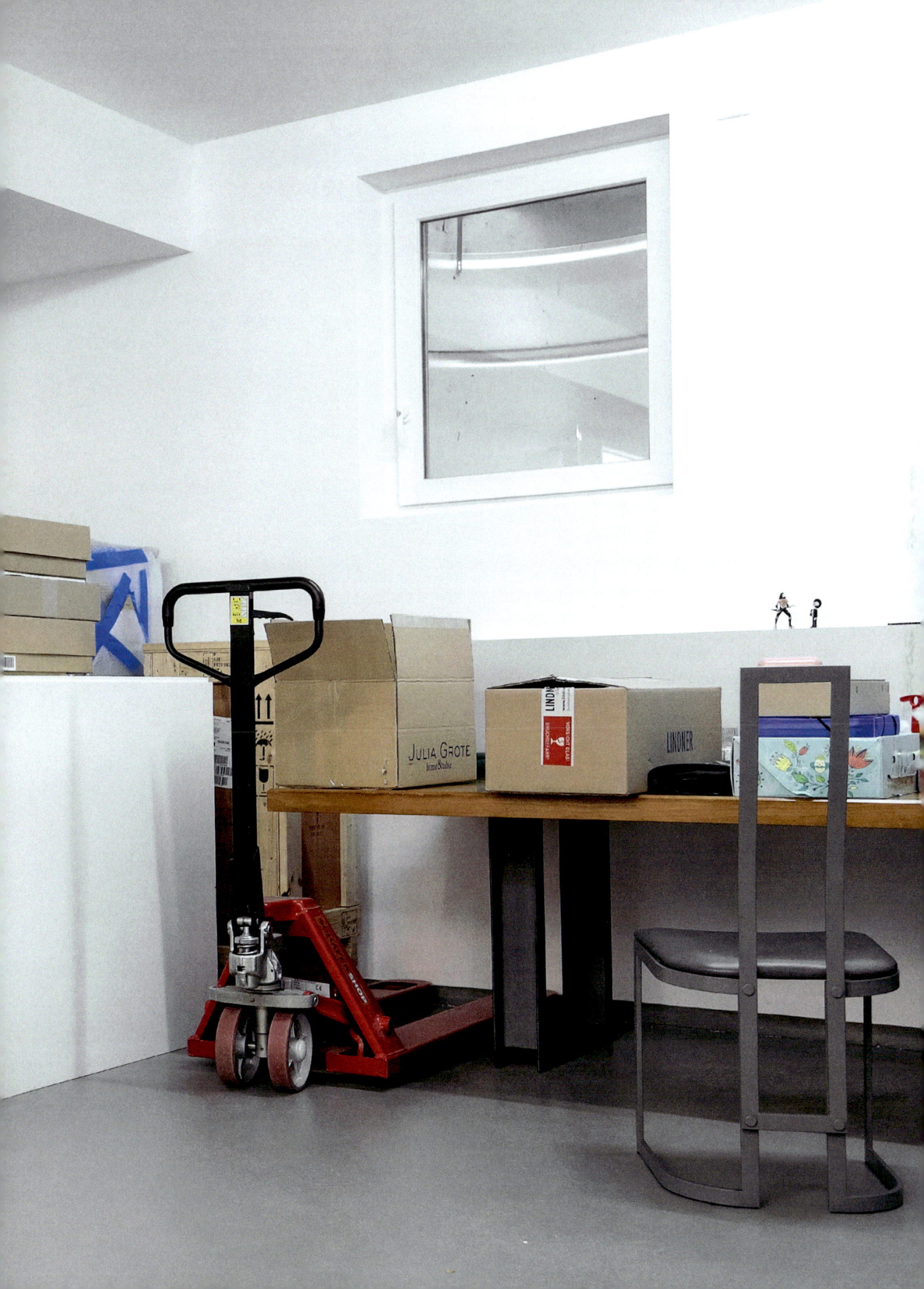

Sammler und Künstler hegen regelmäßig einen vagen Wunsch: Sie hoffen, dass die Kinder hingebungsvoll und mit Respekt Verantwortung für ihre Kunst übernehmen werden. In den meisten Fällen stehen sie mit dieser Idee jedoch ratlos vor dem Desinteresse ihrer Kinder.

Kinder von Sammlern und Künstlern haben es schwer. Der Umgang mit einem Künstlernachlass oder einem Kunstnachlass birgt Konfliktpotenzial. Zitat des erwachsenen Kindes eines Sammlers:

> „Mir wurden vier Tage Disneyland Paris versprochen.
> Ich bekam drei Stunden Disneyland
> und vier Tage Louvre."

Die Kunst wird oft als Konkurrent um die Aufmerksamkeit der Eltern wahrgenommen, oder sie erscheint schlicht als nervige und dabei kostspielige Schrulle. Bisweilen spielt auch Scham eine Rolle und Sammlerkinder/Künstlerkinder reagieren so befremdet auf die Leidenschaft für die Kunst wie Teenager auf eine Konfrontation mit der Sexualität der Eltern. Selbst wenn das Grundinteresse an bildender Kunst geweckt wird oder die Vorstellung existiert, eine Familientradition entstehen zu lassen, wird die erfolgreiche Fortführung der privaten Sammlung durch das Trauma oder durch den Wunsch, nach eigenem Geschmack mit der Kunst umzugehen, behindert.

In der öffentlichen Diskussion ist die Erbengeneration zwar präsent. Allerdings wird diese Diskussion häufig verkürzt geführt. Denn es wird vornehmlich an schieres Geld gedacht. Geld ist unpersönlich. Es verschafft Möglichkeiten. Man kann es auch einfach ignorieren, es zu Vorhandenem hinzutun, es leicht verschenken. Geld muss den bisher gelebten Stil nicht beeinflussen, Geld ist nur eine Option vgl. Julia Friedrichs, „Wir erben: Was Geld mit Menschen macht", München 2015. Einen Sammler oder Künstler zu beerben, bedeutet etwas grundlegend anderes. Es bedeutet, einer dysfunktionalen Menge von Dingen gegenüberzustehen. Neben den Kunstgegenständen gehören Dinge wie Dokumente, Kataloge und Transportkisten zum Erbe dazu. Gerade in der zeitgenössischen Kunst sind schon

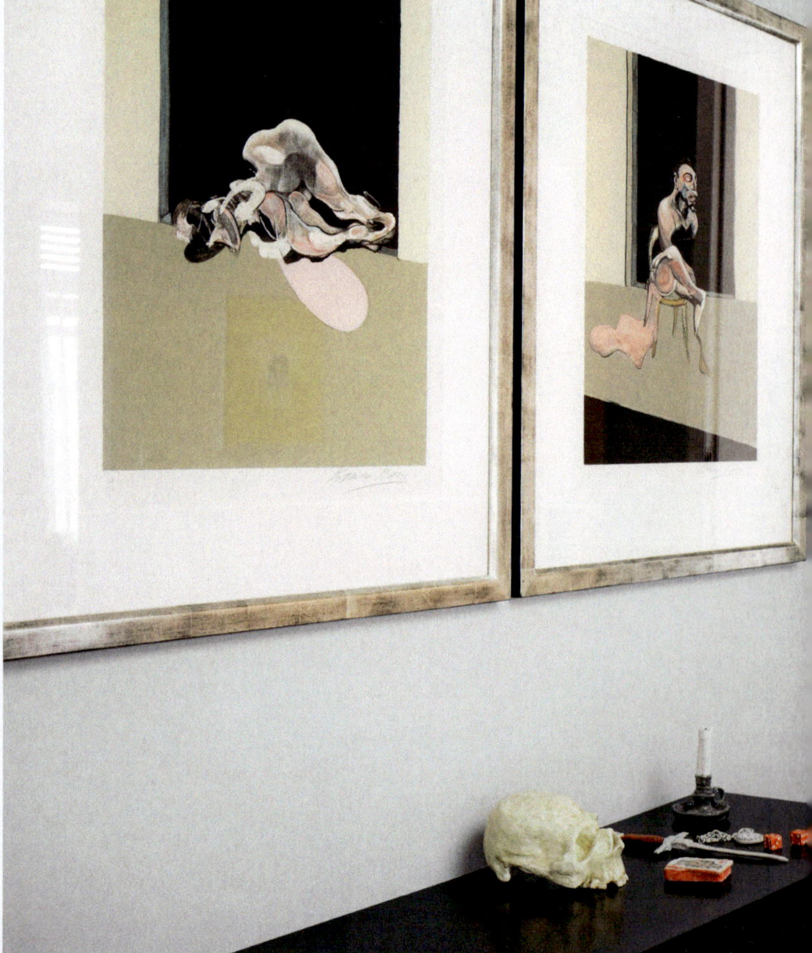

COLLECTOR'S CHILD AND ARTIST'S CHILD

Both collectors and artists often hold the vague hope that their children will care for their works with devotion and respect. In many cases they are perplexed and disappointed to find themselves faced with their children's lack of interest.

It's not easy being an artist's or a collector's child. Dealing with an artist's estate or an art estate holds potential for conflict. Here is a quote from a grown-up child of a collector:

'I was promised four days at Disneyland, Paris. I got three hours of Disneyland and four days at the Louvre.'

Art is often experienced as a competitor for the parents' attention, or it appears merely as an annoying and costly quirk. Often shame plays a role and collectors'/artists' children react with embarrassment to this passion for art, like teenagers confronted with their parents' sexuality. Even if a basic interest in fine art is kindled, or the idea of initiating a family tradition exists, the successful continuation of the private collection is impaired by the trauma or the desire to handle art according to one's own taste.

Although the "generation of heirs" is present in the public debate, this discussion is often cut short because it is merely reduced to money. Money is impersonal. It creates opportunities. One can also simply ignore it and add it to what is already there; one can give it away easily. Money does not have to influence one's lifestyle; it is only an option. Cf. Julia Friedrichs, "Wir erben: Was Geld mit Menschen macht" [We Inherit: What Money does to Man], Munich 2015 [own translation]. To inherit a collector's or an artist's estate means something fundamentally different. It means to be faced with a dysfunctional bulk of things. Besides the art objects, things like documents, catalogs, and transport crates belong to the legacy. Especially with regard to contemporary art, the works themselves are often difficult to handle. This applies to installative works, large formats, and works that are very challenging from the perspective of conservation. The household effects of artists and collectors are neither practical nor unobtrusive. The estates

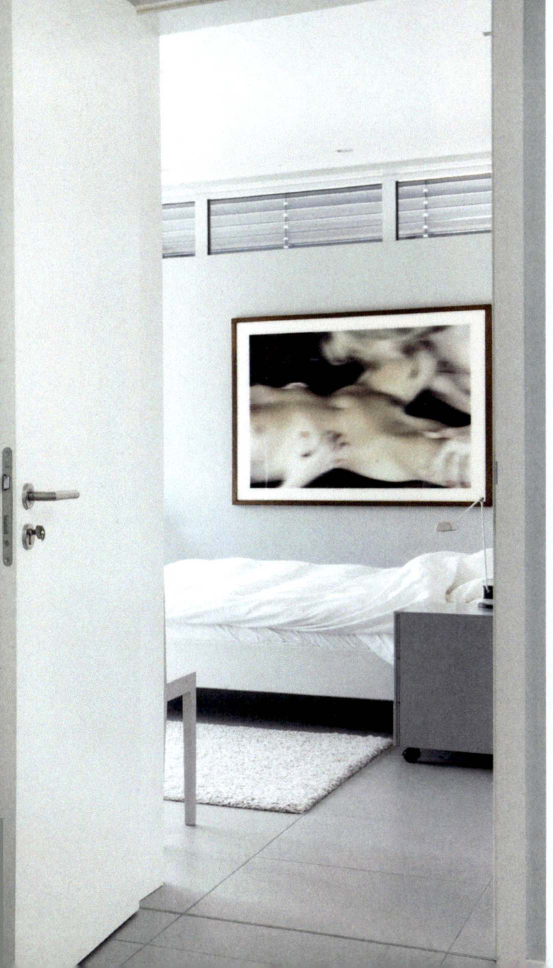

die Arbeiten selbst mitunter schwer zu handhaben. Zu denken ist hier an installative Arbeiten, große Formate und konservatorisch Anspruchsvolles. Der Hausrat von Künstlern und Sammlern ist weder praktisch noch unsichtbar. Nachlässe von schöpferischen/wohlhabenden Menschen, weit gereist und mit einem bebilderten Leben ausgestattet, sind behäbig, raumgreifend und vielteilig. Die zu Lebzeiten sorgfältig aufgebaute exquisite Bekanntheit der Vorfahren ist dazu angetan, Druck auf die Erben auszuüben. Hier ist der Vergleich zum Broterwerb des Sammlers zu ziehen. Am Ende ist die Erwartungshaltung ähnlich. Ob man die Firma erbt und reüssieren soll oder ob man die Sammlung weiterzuführen hat, bleibt sich gleich. Künstlernachlässe sind Kunst und Betrieb in einem. Entsprechend sehen sich die Erben des Künstlers vor ähnliche Probleme gestellt wie die Nachkommen des sammelnden Unternehmers. Auch sie müssen entscheiden, ob und wie sie das Erbe annehmen und wie sie es für sich gestalten sollen.

„Wenn es um ihre Rolle in der Familie geht, sind viele Erben sehr sensibel. Sie wissen nicht, wie sie sich neben ihren Eltern und Großeltern definieren sollen (…) denn sie wissen, sie können niemals das erreichen, was ihre Eltern und Großeltern aufgebaut haben (…) es ist ein großes Glück, wenn man das Vermögen in die nächste Generation bekommt, ohne dass es zu (…) Dramen führt." Stefan Viskorf in der ZEIT vom 27.07.2017, „Die da oben", 20.

Im Sammlernachlass ist zu trennen zwischen Gefälligkeitssignatur, Barmherzigkeitskauf und relevantem Sammlungsbestand. Beim Künstlernachlass ist zu entscheiden, was Skizze und unfertig und was der zentralen Aussage des Werkes zuzuordnen und im kommerziellen Umfeld zu präsentieren ist. Für die Erben von Künstlern ist immerhin klar, dass sie sich in den Dienst des Werkes stellen sollen. Es versteht sich von selbst, dass das Werk des Künstlers mit dem Tod vollendet ist und der Bestand nicht erweitert wird — von umstrittenen posthumen Auflagen abgesehen. Der Galerist und Nachlassbetreuer von Ernst Ludwig Kirchner — Wolfgang Henze — fasst es so zusammen, dass im Künstlernachlass die unmittelbare Verpflichtung steckt, dass es so weitergeht wie zu Lebzeiten. Das Werk muss gesehen werden. Die Zusammenarbeit mit Galerien und Museen muss intelligent weitergeführt werden. Bei den Erben von Sammlern bestünde nach seiner Ansicht diese unmittelbare Verpflichtung gerade nicht. Hier ist das Selbstverständnis also erst auszuloten. Sammlerkinder müssen für sich die Frage beantworten, ob die Sammlung bestehen oder sogar erweitert werden soll oder ob man seinen Weg im Akzentuieren und Verschlanken sieht. Die Frage, ob Sammeln eine kreative Tätigkeit ist, die mit dem Tod des Akteurs endet, ist persönlich zu beantworten.

Am Ende finden sich die Erben von erfolgreichen Sammlern und Künstlern in einer Konstellation wieder, die man aus dynastischen Verhältnissen kennt.

In der Sozialisierung der Erben im Kunstsektor mangelt es allerdings weitgehend an einer Vorbereitung auf diese Rolle. Die bürgerliche Erziehung der letzten Jahrzehnte hält dafür zumeist kein Rüstzeug bereit. Die Väter bauten das Unternehmen auf und fungierten als Phantom im Arbeitszimmer.

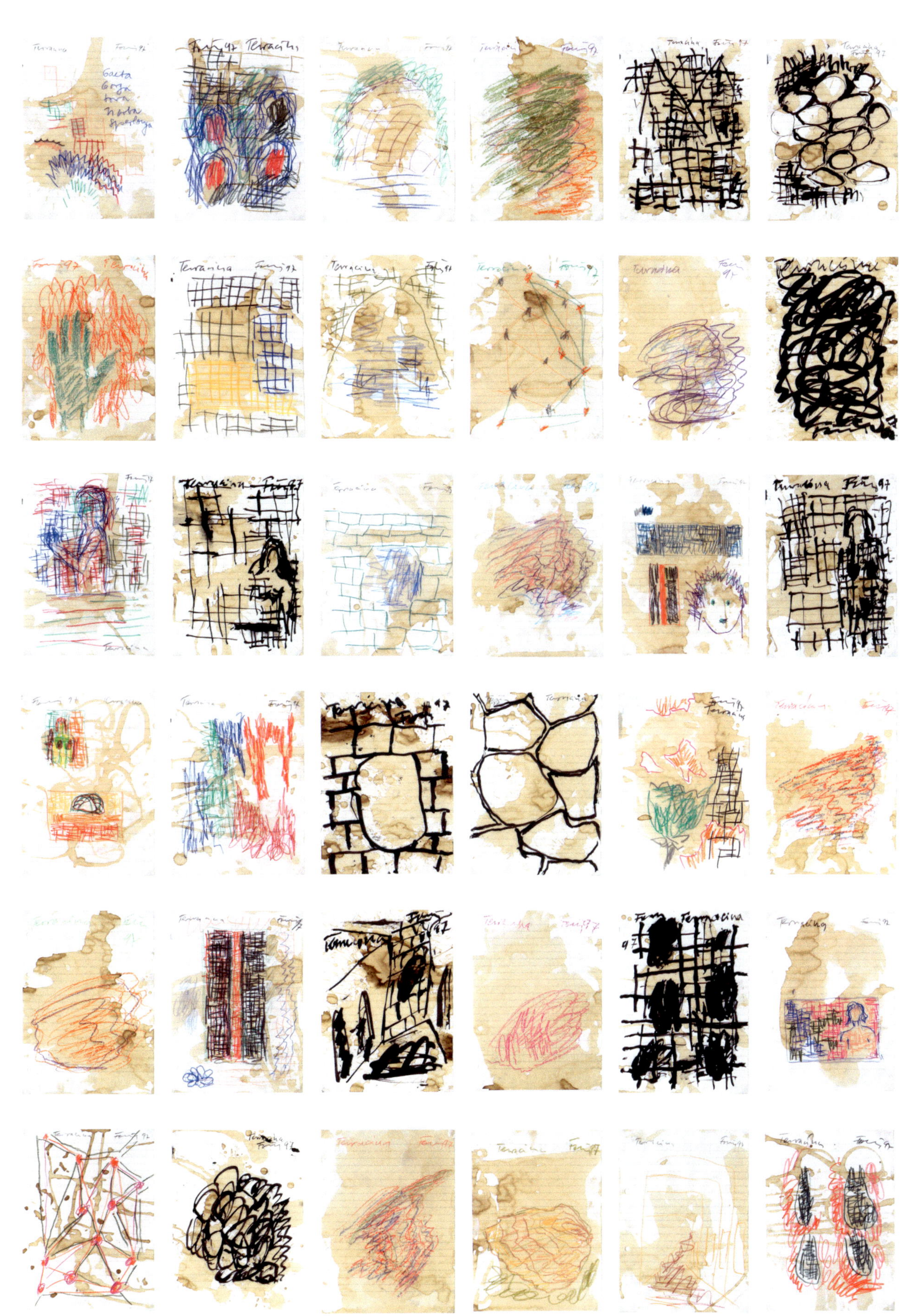

Günther Förg, **Terracina**, 1997 (Konvolut von insgesamt 72 Papierarbeiten)

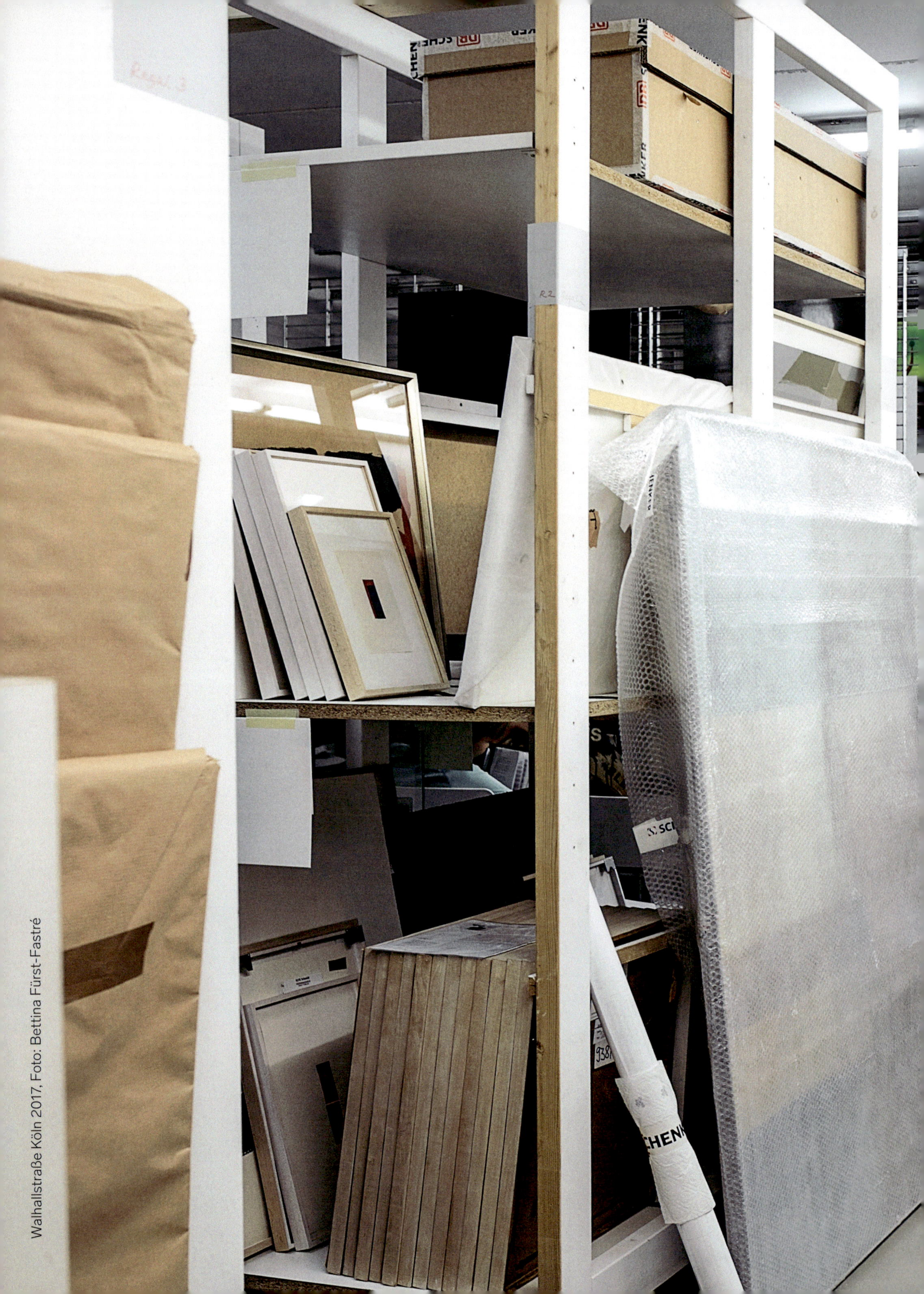

Walhallstraße Köln 2017, Foto: Bettina Fürst-Fastré

of creative/wealthy people, widely traveled and with a storied life, can be ponderous, space-consuming, and multipartite. The distinguished prominence of their progenitors, carefully built up during their lifetime, is likely to exert pressure on the heirs. Here a comparison to the collector's role as breadwinner may be made. Ultimately, the expectation is similar. Whether one inherits a company and must strive to succeed, or whether one is obliged to maintain a collection, makes no difference. Artists' estates are both art and businesses. Accordingly, the heirs of an artist see themselves confronted with similar problems to those faced by the descendants of a collecting entrepreneur. They, too, have to decide whether they wish to accept the inheritance and how they will manage it.

'Where their role in the family is concerned, many heirs can be extremely sensitive. They don't know how to define themselves in relation to their parents and grandparents (…) or they know that they can never achieve what their parents and grandparents have achieved (…) one is very fortunate if one can transfer wealth to the next generation without creating a drama (…).' Stefan Viskorf, "Die da oben" [The Powers That Be], DIE ZEIT 07/27/ 2017, 20 [own translation].

The collector's estate is divided into 'complimentary signatures', 'mercy purchases', and relevant collection. In the artist's estate it has to be decided what constitutes sketches and unfinished work, and what can be assigned to the main body of the oeuvre and is to be presented in a commercial setting. The heirs of artists are aware that they have to serve the work. It is clear that the oeuvre is terminated with the death of the artist and is not extended further—except for controversial posthumous editions. Ernst Ludwig Kirchner's gallerist and estate manager, Wolfgang Henze, summarizes this by saying that the artist's estate implies the immediate obligation that things will continue as they did during the artist's lifetime. The oeuvre has to be seen. The collaboration with galleries and museums must be continued intelligently. The heirs of collectors, in his opinion, don't have this immediate obligation. Here, the self-conception has still to be defined. Collectors' children have to decide whether the collection should be maintained or even expanded, or whether the focus should be on accentuation and reduction. The question of whether collecting is a creative process, which ends with the collector's life, has to be answered personally.

Eventually, heirs of successful collectors and artists find themselves in situations similar to dynastic constellations.

The socialization of heirs in the art sector does not prepare them adequately for this role, however. The bourgeois education of past decades does not usually provide the tools for such a venture. The fathers built up the enterprise and functioned as phantoms in the office. The mothers wanted to be the children's friends and, in the worst-case scenario, struggled with jealousy toward the art. If the aspiration to achieve something lasting and to set up a personal memorial is not specified, it is difficult to assign responsibility. An administrator of artists' estates observed that the subsequent generation may often lack an overall knowledge of the artists represented in the

Die Mütter wollten Freundinnen der Kinder sein und hatten im schlechtesten Fall selbst mit der Eifersucht auf die Kunst zu kämpfen. Wenn der Anspruch nicht benannt wird, in der Sammlung Bleibendes zu schaffen und sich ein Denkmal zu setzen, ist es schwer, für Verantwortung dafür zu werben. Ein Nachlassbetreuer von Kunstnachlässen beobachtet, dass die nachfolgende Generation oft nur wenige bekanntere Namen der Sammlung überhaupt benennen kann, von inhaltlichem Verständnis ganz zu schweigen. Es werde offenbar schlicht zu wenig konkret mit den Kindern gesprochen. Die Sammlung bleibe über den Tod hinaus ein unverständliches Geheimnis der Eltern. Der Wert, der in der Sammlung liegt, wird deswegen je nach Bekanntheit der aufgeschnappten Namen exzessiv über- oder unterschätzt, was eine sachliche Auseinandersetzung erschwere.

<u>Wer nicht eingebunden wird, kann nicht in eine Rolle hineinwachsen.</u> Sammler scheuen oft die als autoritär empfundene Geste, klare Erwartungen zu formulieren, weil sie selbst lieber ‚echte' Künstler wären. Der klassische Sammler als erfolgreicher Unternehmer ist mit seiner Rolle als Bestandteil der Leistungsgesellschaft vielfach unausgesöhnt und erträumt für seine Kinder, dass sie freier sein sollen. In kleinbürgerlichen Milieus würde man sagen, dass die Kinder es besser haben sollen. In vermögenden Familien ist das jedoch kein passender Wunsch mehr für die Nachkommen. Selbstverwirklichung und demütiges In-den-Dienst-Stellen passen aber nicht zusammen.

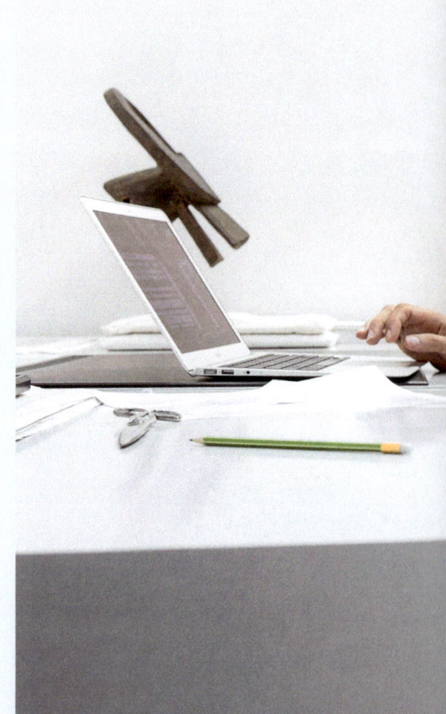

Während Sammler Fremden Zutritt zu ihrem Haus gewähren, Museen bauen, um zu lehren, für die Kunst zu werben und zu begeistern, gelingt dieses Sprechen über Kunst am heimischen Küchentisch oft nicht. Diese Beklommenheit setzt sich fort, wenn es darum geht, die Nachfolge explizit anzusprechen. Von der Rollenzuweisung erfahren Kinder bisweilen durch Interviews ihrer Eltern, also gleichsam aus der Zeitung. <u>Indirekte Kommunikationsversuche neigen allerdings dazu, ins Leere zu laufen, oder sie zementieren den Konflikt sogar.</u>

Zu beobachten ist in Sammlerfamilien, dass zwar hier und dort die Liebe zur Kunst entfacht wird, aber eben nicht zu der Kunst der Eltern. Der Umgang mit der Kunst als zutiefst privater Vorgang Franz-Josef Sladeczek, „After Collecting", Zürich 2013, 81. soll die eigene Handschrift tragen. Im Grunde wiederholt sich hier das Bedenken, ob Sammeln in Personenmehrheiten möglich ist. Eine Sammlung zu übernehmen und im Sinne des Vorgängers weiterzuführen, ist eine ähnliche Aufgabenstellung, wie gemeinsam mit jemandem zu sammeln. Immer dann, wenn Sammeln als kreativer Prozess, als schöpferischer Akt angesehen wird, dürfte das in der westlichen Welt mit einer Einzelperson assoziiert werden. Mehr aus politischer Korrektheit

collection, recognizing only a few of the more well-known names, in addition to having no real understanding of the overall content. Evidently, too little is shared with the children, and after their parents' deaths the collection remains a mystery that was known only to them. Objectivity is clouded because the imagined value of the collection is excessively over- or underrated depending on the level of prominence of the names the children have overheard.

<u>Whoever is not integrated cannot grow into a role.</u> Collectors often shy away from the seemingly authoritarian gesture of formulating clear expectations because they would rather be "real" artists themselves. The typical collector is often unreconciled with his role as a member of the meritocracy and wants his children to be freer. In a petty bourgeois milieu one might express a wish for children to have a better life than their parents. However, in affluent families this is not an appropriate wish for one's descendants. But self-realization and submissively putting oneself into the service of others are not compatible.

While collectors grant strangers access to their house, or build museums in order to educate, to promote art, and to excite, attempts to talk about art over dinner often fail. This uneasiness continues when succession is to be defined. The children often learn about their roles via interviews their parents have given, that is to say, from the newspaper. <u>Indirect communication attempts are either ineffective or likely to cement the conflict.</u>

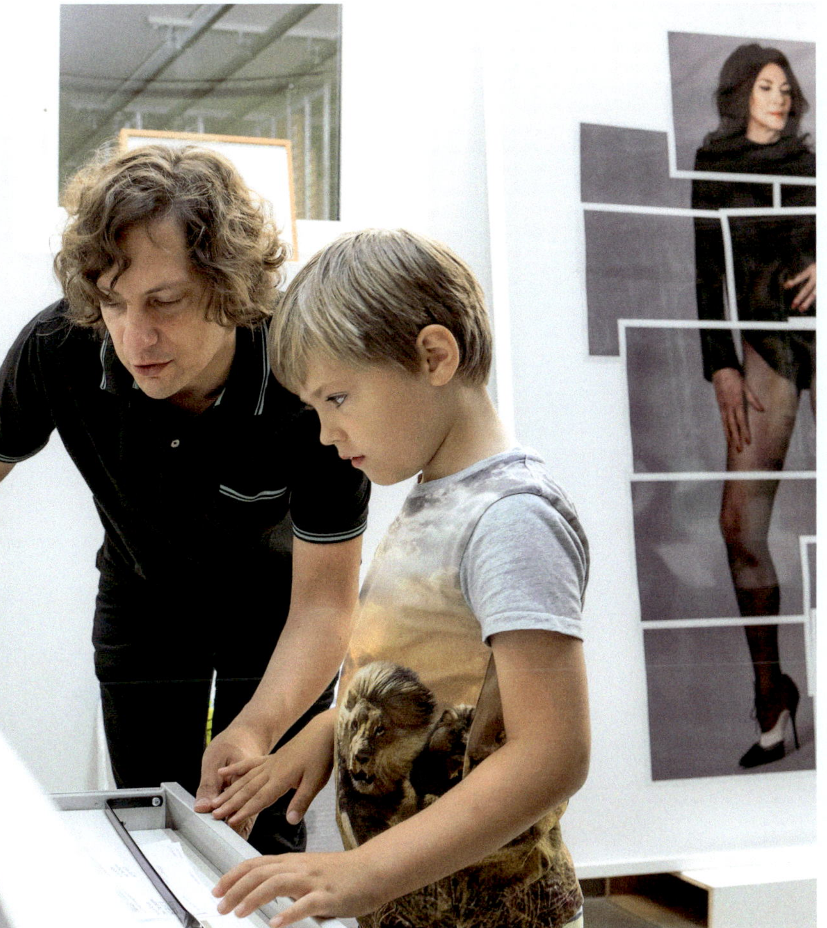

Walhallstraße Köln 2017, Andreas und Konrad – Ulay, Foto: Bettina Fürst-Fastré

In collectors' families it can be observed that here or there a love of art is kindled, but this is not necessarily for the parents' art. Dealing with art is a profoundly private process, Franz-Josef Sladeczek, "After Collecting"; Zurich 2013, 81. and should bear one's personal stamp. Again, the concern is whether joint collecting is possible. To take over a collection and continue it in the sense of the predecessor is a task similar to collecting jointly with someone else. If collecting is perceived as a creative process, in the Western world it is likely to be associated with an individual person. Rather from political correctness, the name of the spouse, the co-owner in life, is also stated. For the most part, a semi-authoritative and rather vague 'we' is used, which—alongside the marital partner—

wird auch der Name des Ehepartners, des Miteigentümers zu Lebzeiten genannt. Zumeist behilft man sich mit einem halb herrschaftlichen, halb unbestimmten ‚wir‘, in das die Kinder oft schon mit einbezogen werden. <u>Nachfolger für die eigene Sammlung in denen zu sehen, die allgemein an Kunst interessiert sind, geht fehl.</u> Die Begeisterung für Kunst, wenn sie entsteht und die Kinder nicht traumatisiert sind, ist etwas anderes, als sich für das Lebenswerk und die Gedankenwelt eines anderen einzusetzen. Sammlungen werden zudem als statisch empfunden. Gerade wer sich für zeitgenössische Kunst begeistert, nimmt sich selbst lieber als dynamisch wahr. Wenn man annimmt, dass Künstler in ihrer Arbeit ihr Erleben reflektieren und Sammler im Umgang mit der Kunst ihr Leben bewältigen, fällt es nicht schwer, zu begreifen, wie schwer Dritte dafür zu gewinnen sind, sich mit den Hinterlassenschaften fremder Obsessionen zu befassen. Wenige Sammler entscheiden deshalb, dass die Sammlung nicht überdauern, sondern planmäßig zerschlagen werden soll. Inwieweit das mit den Kindern oder möglichen Erben besprochen oder ebenso narzisstisch motiviert ist, bleibt unbekannt. Zumeist besteht jedoch die Vorstellung vom sinnhaften Fortleben der Sammlung.

Michael Cahn: „Das Sammeln ist für andere,
oft genug für eingebildete andere.“

In: „Das Schwanken zwischen Abfall und Wert“,
Merkur, 1991, Heft 45 [509], 674, 687.

Der Sohn eines Sammlers: „Mein Vater hat immer gesagt, die Kunst sei eine Flucht in die Sachwerte. Er mache das, um uns in der Zukunft ein besseres Leben zu ermöglichen. Natürlich war das eine Schutzbehauptung und schlicht verkehrt.“

Nachkommen begreifen das mitunter nur vorbewusst, ohne ein sozialadäquates Ventil für ihren Zorn zu haben. Sie fühlen sich alleingelassen und überfordert von einem unzugänglichen Nachlass. Zu Lebzeiten Ordnung zu schaffen, erfordert unterdessen auch die Bereitschaft zuzugestehen, dass man eben nicht „alles im Kopf hat“.

Bei allen Mustern, die sich erkennen lassen, müssen individuelle Lösungen für die spezifische Konstellation gefunden werden. Da die Wege selten an die Öffentlichkeit dringen, ist es schwer, von den Überlegungen anderer zu profitieren. Frieder Burda jedenfalls scheint für seine Sammlung eine bemerkenswerte Lösung gefunden zu haben. Seine Stieftochter Patricia Kamp hat eine konturierte Position in der Sammlung übernommen, die als vielschichtiges Konstrukt zwischen Museum, Stiftung und anderen Teilen aufgestellt ist. Diese Konstellation scheint von gewählter Nähe geprägt zu sein, ohne jedoch den Druck der Verpflichtung in sich zu tragen.

often already includes the offspring. <u>Recognizing successors for one's own collection among those who have a general interest in art will fail.</u> An enthusiasm for art, when it develops and the children are not traumatized, is different from promoting the life's work and world of ideas of another individual. Collections are seen as static, yet those who are enthusiasts, particularly about contemporary art, perceive themselves as dynamic. In considering the supposition that artists reflect their life experience in their work and collectors cope with their life through art, it is not difficult to understand how hard it is to win over a third party's willingness to deal with a legacy that fundamentally reflects another person's obsessions. But few collectors therefore decide that the collection will not survive but should be systematically disassembled. It remains unknown to what extent this view is discussed with the children or other potential heirs, or whether its motivation is rooted in narcissism. Nevertheless, for the most part the intention is that the collection will continue to live on in a meaningful way.

Michael Cahn: 'Collecting is for others,
often enough for imagined others.'

Michael Cahn, "Das Schwanken zwischen Abfall und Wert" [Swaying between Waste and Value],
Merkur, 1991, issue 45 [509], 674, 687 [own translation].

A collector's son: 'My father always said art is a flight into material assets and that he was doing it in order to facilitate a better life for us in the future. This was certainly just a self-serving assertion and simply wrong.'

Descendants often understand this in only a partially conscious way and lack a socially adequate outlet for their anger. They feel abandoned and overwhelmed by an inaccessible legacy. To create order in one's lifetime requires a willingness to admit that one does not have "everything in one's head."

Looking at all the patterns that are recognizable, individual solutions have to be found for each specific constellation. Since these ways rarely leak out publicly, it is difficult to benefit from the deliberations of others. Nevertheless, Frieder Burda seems to have found a remarkable solution for his collection. His stepdaughter Patricia Kamp has taken over a contoured position in the collection, which functions as a multilayered construction of museum, foundation, and other parts. This constellation seems characterized by deliberate closeness without entailing the pressures of obligation.

Im internationalen Vergleich zeigt sich, dass sich die Muster der Biografien hinter den Sammlungen zeitgenössischer Kunst gleichen. Franz-Josef Sladeczek mahnt, die Frage der Sammlungsnachfolge könne nicht früh genug thematisiert werden Sladeczek, a. a. O., 77. Seine Forschung, speziell für die Schweiz, hat ergeben, dass das Thema schon „Unlust" erzeugt, wenn es nur angesprochen wird. Gespräche mit Nachlassbetreuern in Deutschland und im deutschsprachigen Ausland, aber auch in den USA ergeben keinen abweichenden Befund. Es erscheint als ein Spezifikum der hoch individualisierten Gesellschaft, dass die Zeit nach dem eigenen Leben unscharf imaginiert wird — als geprägt von ehrendem Andenken, ohne dass daraus eine aktive Förderung dieses ‚Andenkens‘ zu Lebzeiten resultieren würde. Das vorher Gesagte trifft im persönlichen und professionellen Umfeld auf reflexhaften Widerspruch. Doch Gegenbeispiele finden sich schwerlich. Rollentausch kommt vor, etwa in der Konstellation der sammelnden Erbin oder der Unternehmerin. Es fehlen echte Gegenbeispiele, bei denen nicht der Partner eine bestimmte Rollenzuweisung hat wie etwa die Spezialisierung auf ein bestimmtes Genre oder eine Technik (häufig: Fotografie) oder aber eine Ausrichtung auf eine spezifische Domäne, das Hängen von Ausstellungen oder das Gestalten von Empfängen. Der Sammler Franz Wojda stellt fest, „grundsätzlich sollte aber jedes Sammlerpaar entsprechende Aufgaben- und Funktionsverteilungen festlegen (…) um nicht laufend Konfliktpotenziale zu haben" Franz Wojda, „Das Sammeln zeitgenössischer Kunst", Wien 2015, 132. In der „gemeinsamen" Sammlung habe seine Gattin als „Scout" ebenda, 131. fungiert. Der Begriff ‚gemeinsam‘ wird in einer Weise verwendet, die geeignet ist, Widerspruch hervorzurufen.

Gerda Ridler hat über das öffentliche Ausstellen privater Sammlungen geforscht und bestätigt die Erfahrung des Handels: Der klassische Sammler ist e i n e Person, männlich, mittleren Alters und unternehmerisch erfolgreich vgl. auch Larry's List, „Private Art Museum Report", Hongkong 2016, 11 und 51.

Der so beschriebene deutsche Unternehmer ist es gewohnt, von ‚wir‘ zu sprechen, wenn ‚ich‘ nicht zielführend ist. Dieses Tableau scheint sich aber langsam zu wandeln. So wie Unternehmensführungsstrukturen und Entrepreneurship sich verändern und der Patriarch, der nach dem Zweiten Weltkrieg ‚mit nichts‘ anfing, ein Auslaufmodell zu sein scheint, wandelt sich auch die private oder halböffentliche Tätigkeit des Sammelns. Der Typus Sammler entwickelt sich so, wie sich die Künstler entwickeln, vom romantischen Heroen zum empathischen Kommunikationsexperten, zum Grenzgänger zwischen den Disziplinen, zum partizipierenden Gestalter.

Andererseits erscheinen die privaten Museen, die von Sammlern gegründet werden, noch auf bekannten Wegen zu wandeln. Selbst die Sammlerpersönlichkeit der jüngeren Generation, Julia Stoschek, benennt ihr Haus und ihre Sammlung schlicht nach sich und setzt sich ihr Denkmal genau wie viele Sammler der Generation davor (Burda, Brandhorst, Hoffmann, Ritter, Würth …). Neu ist jedoch, dass Julia Stoschek offen damit umgeht, das Haus zunächst einmal für sich selbst geschaffen zu haben. Die Öffentlichkeit kommt an zweiter Stelle. Zunächst, sagt sie, sei es für sie darum gegangen, für ihre eigene Beschäftigung mit der Kunst einen Ort zu haben. Dadurch, dass sie zudem in Arbeiten ihrer Künstler zu sehen ist, greift sie offen ins Geschehen ein vgl. Gerda Ridler, „Privat gesammelt — öffentlich präsentiert", Bielefeld 2012, 211 und 311.

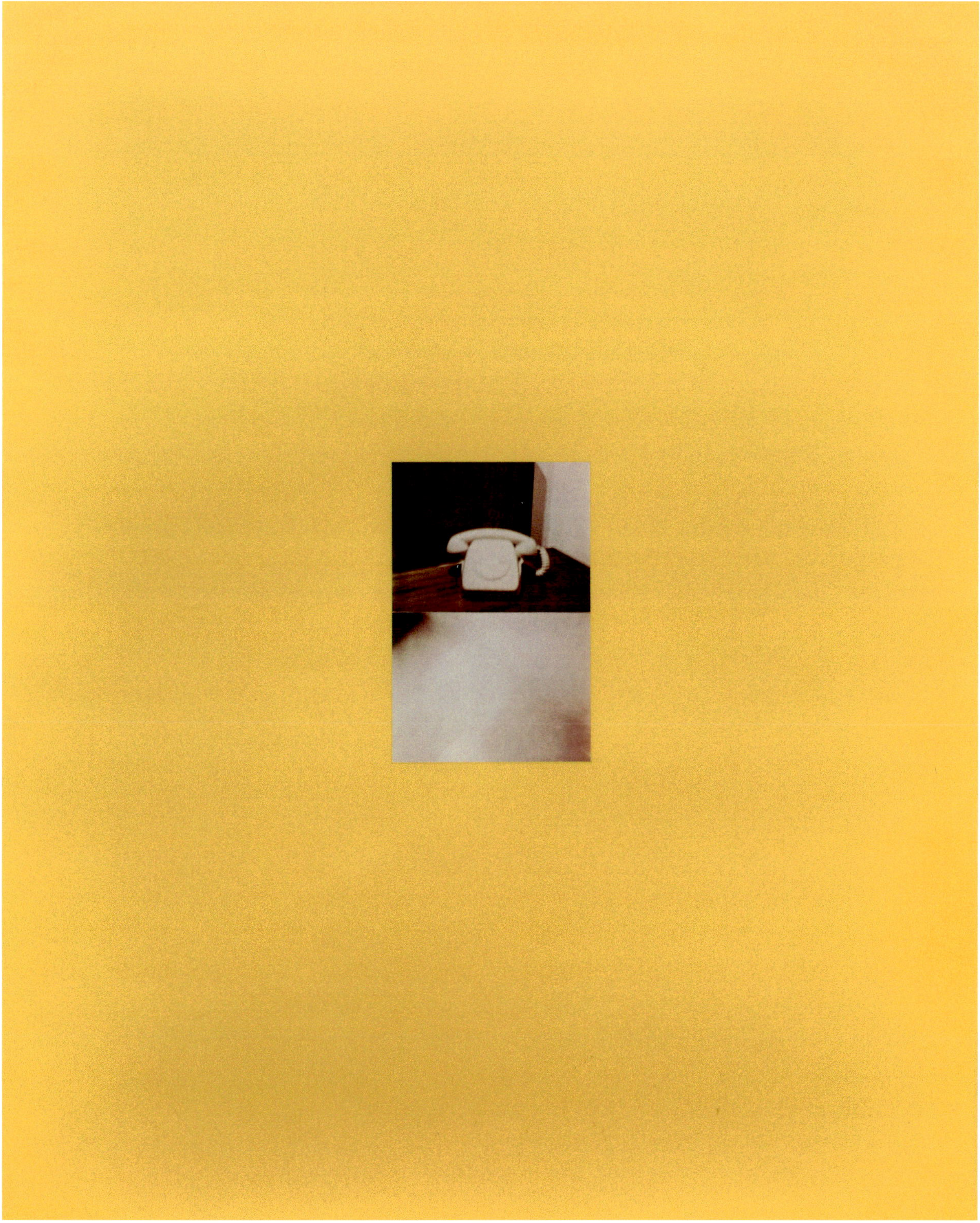

Blinky Palermo und Gerhard Richter, **Telefon**, 1971

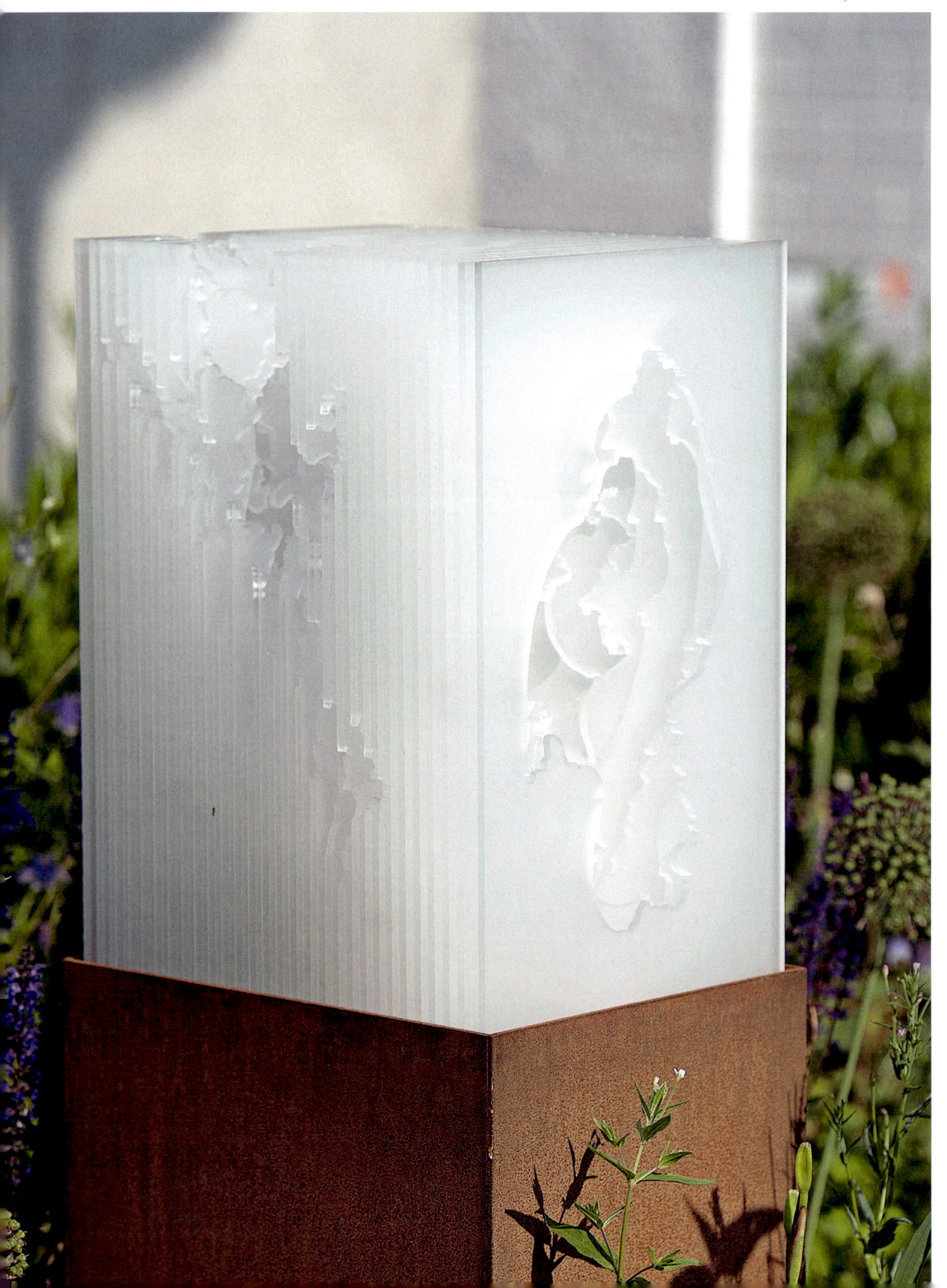

Angela Glajcar, **Lumen 2015-005**, 2015

Walhallstraße Köln 2015, Sasa, Foto: Urs Jäggi

International comparison shows that the patterns in the biographies behind the collections of contemporary art resemble each other. Franz-Josef Sladeczek warns that the question of the successor to a collection cannot be addressed early enough. Sladeczek, "After Collecting", op. cit., 77. His research, particularly for Switzerland, has shown that the topic triggers "aversion" when it is merely touched upon. Conversations with estate managers not only in Germany and in the German-speaking countries but also in the United States all provide similar evidence. It seems to be specific to highly individualized societies that the time after one's own life is blurred in the imagination—as characterized by respectful remembrance without resulting in an active promotion of this "remembrance" in one's lifetime. Such an assertion comes up against reflex opposition in both the personal and the professional environment. But examples that prove the opposite are difficult to find. Exchanges of roles occur, as they do in the constellation of the collecting heiress or female entrepreneur. There is a lack of real examples to prove the opposite, in which the partner is not assigned a specific role—like specialization in a specific genre or technique (often photography) or a focus on a specific domain, the hanging of exhibitions or organization of receptions. The collector Franz Wojda notes: 'Essentially each collector couple should determine the respective distribution of tasks and functions between them (…) in order to avoid potential conflict.' Franz Wojda, "Das Sammeln zeitgenössischer Kunst" [Collecting Contemporary Art], Vienna 2015, 132 [own translation]. In the "joint" collection his wife had functioned as a scout. Ibid., 131. The term "joint" is used in a way that generates disagreement.

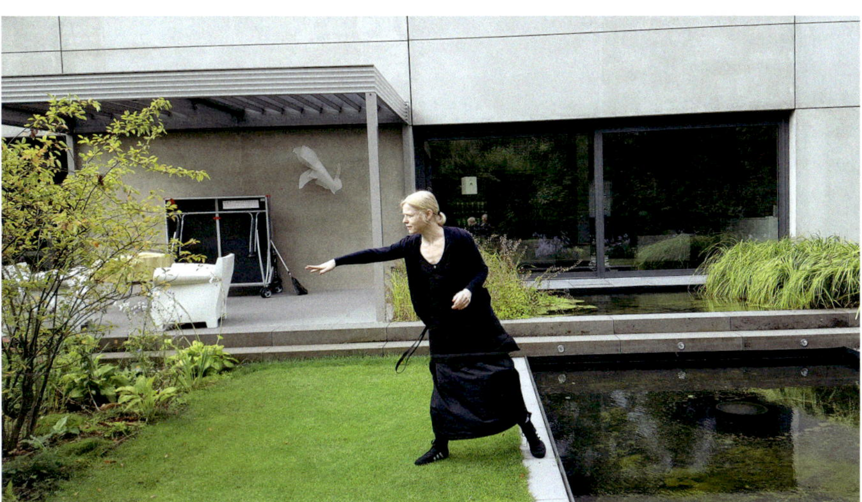

Gerda Ridler has done research on the public exhibiting of private collections and confirms what has been experienced in the market: the typical collector is one person, male, middle-aged, and a successful businessman. Cf. Larry's List, "Private Art Museum Report", Hong Kong 2016, 11, 51.

This German collector is used to speaking of "we" when "I" is not expedient. This picture seems to be changing gradually. In the same way that structures in corporate governance and entrepreneurship are changing and the patriarch who started out after World War II "with nothing" seems to be an outdated model, so too the private or semi-public action of collecting is changing. The collector is developing in a similar way to the artist, from romantic hero to empathetic communicator, then to border-hopping commuter between disciplines and finally to participating creator.

On the other hand, the private museums established by collectors still seem to tread familiar paths. Even a collector personality of the younger generation, Julia Stoschek, names her house and her collection simply after herself, creating her

Bei der älteren Generation werden stereotyp Vorbildfunktion und gesellschaftliche Verantwortung in den Vordergrund gestellt: Künstler zu unterstützen, meinte bisher finanzielle Zuwendungen. Julia Stoschek verwendet also kein ‚wir', wenn sie ‚ich' meint, und nimmt durch diese offensive Art einer gesellschaftlichen Entwicklung in Bezug auf die eigene Person die Brisanz. Denn der Leumund von sichtbar agierenden Sammlern verschlechtert sich. Die Präsenz von privaten Sammlungen in öffentlichen Häusern wird kritisch als Vereinnahmung diskutiert, Koketterien werden entlarvt. Das Zurückziehen von großen Leihgaben wird als despotischer Alleingang von Sammlern gebrandmarkt vgl. Niklas Maak, „Was wollt ihr denn noch von der Kunst?", FAZ, 08.01.2017: „Im Künstler sieht der Unternehmer sein schmeichelhaft-abenteuerliches Spiegelbild". Der Bundesfinanzhof entwickelt in seiner Rechtsprechung zur Gemeinnützigkeit von Stiftungen, die privaten Sammlungen assoziiert sind, eine Linie, die darauf abzielt, offensichtlich überwiegend von egoistischen Motiven getragenen Stiftungen die Gemeinnützigkeit abzusprechen BFH 24.05.2016 – V B 123/15; veröffentlicht am 27.07.2016. Vor Jahren waren ‚Stiftung' und ‚Foundation' Modeworte in der Sammlerszene. Eine Stiftung galt neben dem eigenen Museum als glanzvoller Endpunkt einer privaten Sammlungstätigkeit. Das Institut hat nicht zuletzt durch Foundations, die Künstlernachlässe unseriös betreuen, an Glanz verloren. Das Salongespräch über die eigene Sammlung ist nicht mehr grundsätzlich positiv besetzt, sondern erscheint als vulgäres Sammlungsquartett, in dem das Gegenüber übertrumpft werden soll. Während die Sammlergeneration der heute etwa 70-Jährigen die zeitgenössische Kunst noch als Anlass zum Skandal und zum möglichen Konventionsbruch erlebte, ist für die heutige Wahrnehmung weder die Kunst selbst noch das Renommieren damit ein Aufreger. Der Versuch, mit persönlicher Habe angeben oder schockieren zu wollen, zündet nicht mehr. Die Waffe der Jugend ist das wohlwollende Belächeln der Generation davor als drolliges Relikt einer anderen Zeit.

Das Vehikel der Kunst an den Wänden, das es erlaubt, Gäste, sogar Fremde, mit Besitzerstolz durch das eigene Haus zu führen, also auch durch die privaten Räume wie Schlafzimmer und Bad, beginnt zu lahmen. Max Jakob Friedländers Ondit verfängt nicht mehr: „Kunstbesitz (...) ist so ziemlich die einzige anständige und vom guten Geschmack erlaubte Art Reichtum zu präsentieren" zitiert nach Kuhrau, „Der Kunstsammler im Kaiserreich", Kiel 2005, 56. Wer sich ein Haus baut, das über den gewöhnlichen Bedarf an Quadratmetern und Geschosshöhen hinausreicht, muss sich zunehmend die Bemerkung gefallen lassen, dass die Kunst schlicht den imperialen Stil des Hausherrn kaschieren soll.

In diesem soziologischen Umfeld
entsteht (die Sammlung) Hanten + Schmidt
als professionell begleitetes Experiment.

memorial in exactly the same way as many collectors of the previous generation (Burda, Brandhorst, Hoffmann, Ritter, Würth …). What is new, however, is that Julia Stoschek admits openly that she has created the house primarily for herself. The public is of secondary importance. She says that at first it was about having a place for her art. The fact that she can also be seen in the works of her artists means that she intervenes openly. Cf. Gerda Ridler, "Privat gesammelt – öffentlich präsentiert" [Collected in Private – Presented in Public], Bielefeld 2012, 211, 311 [own translation]. The older generation stereotypically stresses model function and social responsibility: until now, supporting artists meant the provision of financial contributions. Julia Stoschek doesn't use "we" when she means "I", removing all potential for social criticism regarding her own person by taking a straightforward approach. The reputation of collectors who act visibly is going down. The presence of private collections in public galleries is critically discussed as appropriation; all coquettish behaviour is unmasked. The withdrawal of substantial loans is stigmatized as an act of despotism on the part of collectors. Cf. Niklas Maak, "Was wollt ihr denn noch von der Kunst?" [What else do you want from art?], FAZ [01/08/2017]: 'The entrepreneur sees in the artist his flatteringly adventurous mirror image.' [own translation]. In its jurisdiction regarding the nonprofit status of foundations associated with private collections, the German Federal Finance Court developed a line that tries to deny nonprofit status to foundations that are obviously predominantly sustained by egoistical motives. BFH 05/24/2016 – V B 123/15; published 07/27/2016. Years ago, 'Stiftung' and 'Foundation' were fashionable words on the collector scene. After a museum of one's own, a foundation was considered the pinnacle of private collecting. The institute has—not least through foundations that managed estates dubiously—lost much of its glamour. Casual conversations at social events about one's own collection are no longer appreciated as generally positive; rather they are regarded as a vulgar competition for prestige with the sole purpose of outshining others. While the generation of collectors now in their seventies may still experience contemporary art as scandalously provocative and potentially as violating conventions, in today's perception neither the art itself nor boasting about it is likely to provoke discomfort. The inclination to ostentation or to shock through personal possessions is a thing of the past. Youth casts a benevolent and perhaps condescending smile on the previous generation, regarding it as an amusing relic from a different time.

The vehicle of art on the walls, which allows guests who may even be strangers to be guided through one's home, even through bedrooms and bathrooms, with the pride of ownership, is flagging. Max Jakob Friedländer's witticism 'Holding art (…) is almost the only decent and tasteful way to present wealth' As quoted in Kuhrau, "Der Kunstsammler im Kaiserreich" [Art Collectors in the German Empire], Kiel 2005, 56 [own translation]. no longer applies. Those who build a house going beyond the ordinary need of square meters and stories areincreasingly confronted with the comment that art has the function to conceal the imperial style of the owner.

In this social environment
(the collection) Hanten + Schmidt originates as a professionally
accompanied experiment.

(Die Sammlung) Hanten + Schmidt ist nicht rhizomartig, ungeplant und assoziativ gewachsen. Das Konzept „Sieh mich an!" dient also nicht dem Blick durch das Schlüsselloch eines privaten Kunstlagers. Vielmehr geht es um Überlegungen zum Auftakt eines reflektierten Umgangs mit der Kunst, die dispositiv sowohl auf der Seite Schmidt als auch auf der Seite Hanten vorhanden ist.

Sammlungen entstanden in den letzten Jahrzehnten in großer Zahl. Viele davon werden mehr oder weniger planmäßig vergehen. Welche werden bleiben? Warum? Ist das Bleiben ein Erfolg an sich? Soll die Kunst gehalten oder soll sie auf ein einfaches Dekorieren des Wohnumfeldes zurückgefahren werden? Soll, wenn die Kunst über diesen Bedarf hinaus behalten wird, von einer Sammlung gesprochen werden und soll diese halböffentlich agieren?

Was folgt daraus nach innen für die unmittelbar Beteiligten und nach außen für mittelbar Betroffene wie die weiter gefasste Familie, den Leihverkehr, Ehrenämter? Soll die Sammlung als statisch und abgeschlossen betrachtet, soll ein Kern herausgearbeitet werden, auf den hin alles gestrafft wird, oder geht es auch um eine Bestandserweiterung?

„Sieh mich an!" benennt den Prozess, jede einzelne vorhandene Arbeit auf ihre Eignung hin zu prüfen, Teil des künftigen Bestandes zu sein.

„Sieh mich an!" lädt dazu ein, die in diesem Projekt behandelten Fragen als von allgemeinem Interesse in Betracht zu ziehen. Jeder Sammler, Künstler und Galerist kann sich die Frage stellen, wie es nach ihm weitergehen soll. Jeder potenzielle Nachfolger, jedes Sammler- und Künstlerkind, jeder Angehörige und — in den meisten Fällen — auch jeder Galerienachfolger kann sich angesprochen fühlen zu überlegen, welche Rolle er für sich jeweils in Bezug auf vorhandene Kunst sieht.

Kunst durchläuft viele Stufen der Auswahl. Sammler, Künstler und Galeristen gestalten das Jetzt und die Zukunft. Jede Arbeit, die öffentlich gezeigt wird, wurde zunächst vom Künstler für veröffentlichungswürdig angesehen und durchlief dann mehrere Stationen, bis sie (zum Beispiel im Museum) ausgestellt wird. Im aktuellen Zeitgeschehen wird selten mitgedacht, dass die Geschichte der bildenden Kunst vor allem durch die Auswahl von Herrschern geprägt ist.

Institutionelles Sammeln ist ein gedankliches Konstrukt. Die Realität im Museum ist geprägt von den Entscheidungen Einzelner. Museen sind keine Parlamente — sie haben eine Hierarchie. Direktoren, bisweilen sogar Generaldirektoren, entscheiden — der alte Herrschaftsanspruch klingt mit —, und ihre fachlichen Entscheidungen sind im Ergebnis nicht justiziabel. Die Vorstellung, dass Museumsbestände nur am Rand von privaten Geschenken geprägt sind, ist unrichtig. 75 Prozent der Museumsbestände beruhen auf den Mitteln und damit der (Mit)entscheidung von Privatleuten Deutscher Bundestag, Schlussbericht der Enquete-Kommission „Kultur in Deutschland" Drucksache 16/7000, 11.12.2007, Berlin, 121. Wo steht der Sammler (oder Galerist), der die dem Strom des Marktes entnommene Kunst zeigt — für sich und als Stellvertreter der institutionellen Sammlung, die ihre Ressourcen nicht binden muss?

Im Museum ist die Aufgabenstellung klar. Es soll gesammelt werden.

(The collection) Hanten + Schmidt has not developed rhizome-like, unplanned, and from associative processes. The concept "Look at me!" is therefore not about a peek through the keyhole of a private art store. It is rather about finding a considered approach to art. In this case both Schmidt und Hanten can decide, whether it will be retained, and what is to be done with it.

In recent decades, collections have emerged in large numbers. Many of them will more or less systematically vanish again. Which will remain and why? Is survival success per se? Is art to be held as something of substance or is it to be reduced to simple décor in the home environment? If art is held beyond this need, should it be addressed as a collection and function semi-publicly?

What are the implications for the inner circle and those only indirectly involved, such as the wider family, lending museums, and the honorary positions held by the collectors? Should the collection be considered static and complete, should a core remain and everything else be streamlined, or should the inventory be increased?

"Look at me!" describes the process of evaluating each individual work for its sustainability in remaining part of the future collection.

"Look at me!" is an invitation to reflect upon and consider the questions dealt with in this project as issues of general interest. Collectors, artists, and gallerists must ask themselves what happens when they are gone. Each potential successor, child of a collector and artist, each family member and—in most cases—even each successor in a gallery should feel they too can participate in reflecting on the role they see for themselves regarding the existing art.

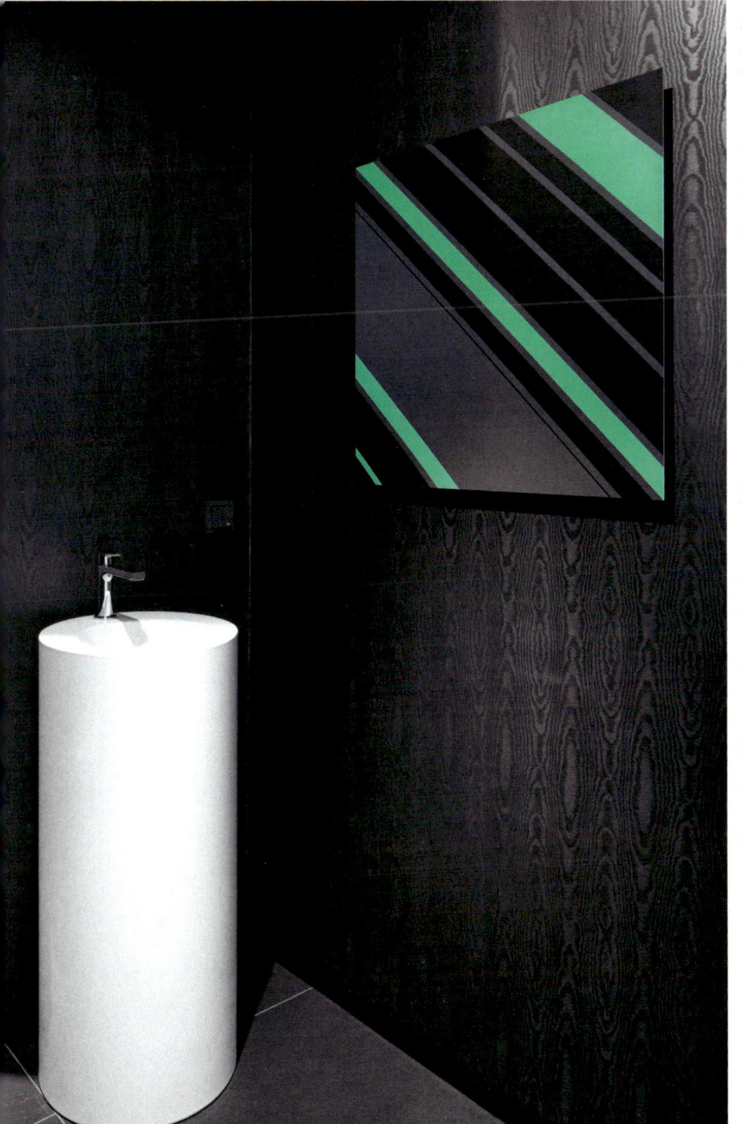

Art passes through many stages of selection. Collectors, artists, and gallery owners arrange the present and the future. Each work that is presented in public was tested by the artist as being worthy of being put on public view and had then to pass through various checkpoints until it was eventually exhibited (for example in a museum). Today the fact that the history of the fine arts has been predominantly determined by the selection made by sovereigns is rarely considered.

Institutional collecting is a theoretical construct. In reality the holdings of museums are determined by the decisions of individuals.

Iwona Blazwick sagt im Katalog der Sammlung Ackermans eher feststellend als problematisierend, die private Sammlung sei im Unterschied zur institutionellen Sammlung durch die Lebensspanne des Sammlers begrenzt in: Julian Heynen (Hg.), „Sammlung Ackermans", Düsseldorf 2002, 34.

Mein Mann sagt, er habe bei allem, was er anfasst, ein Bedürfnis nach Ewigkeit. Genauso, wie das Unternehmen Bestand haben soll, möchte er die Sammlung eben nicht auf seine Lebensspanne begrenzt sehen. Das deckt sich mit den Erkenntnissen der Forschung, dass Sammler bemüht sind, ihre Kunst zusammenzuhalten, öffentlich zu machen, dem ganzen einen Namen zu geben und dabei eine Relation zum eigenen Leben herzustellen vgl. Ridler, a. a. O.

Kaum ein Sammler hat jedoch eine belastbare, konkrete Vorstellung davon, wie es nach ihm weitergehen soll.

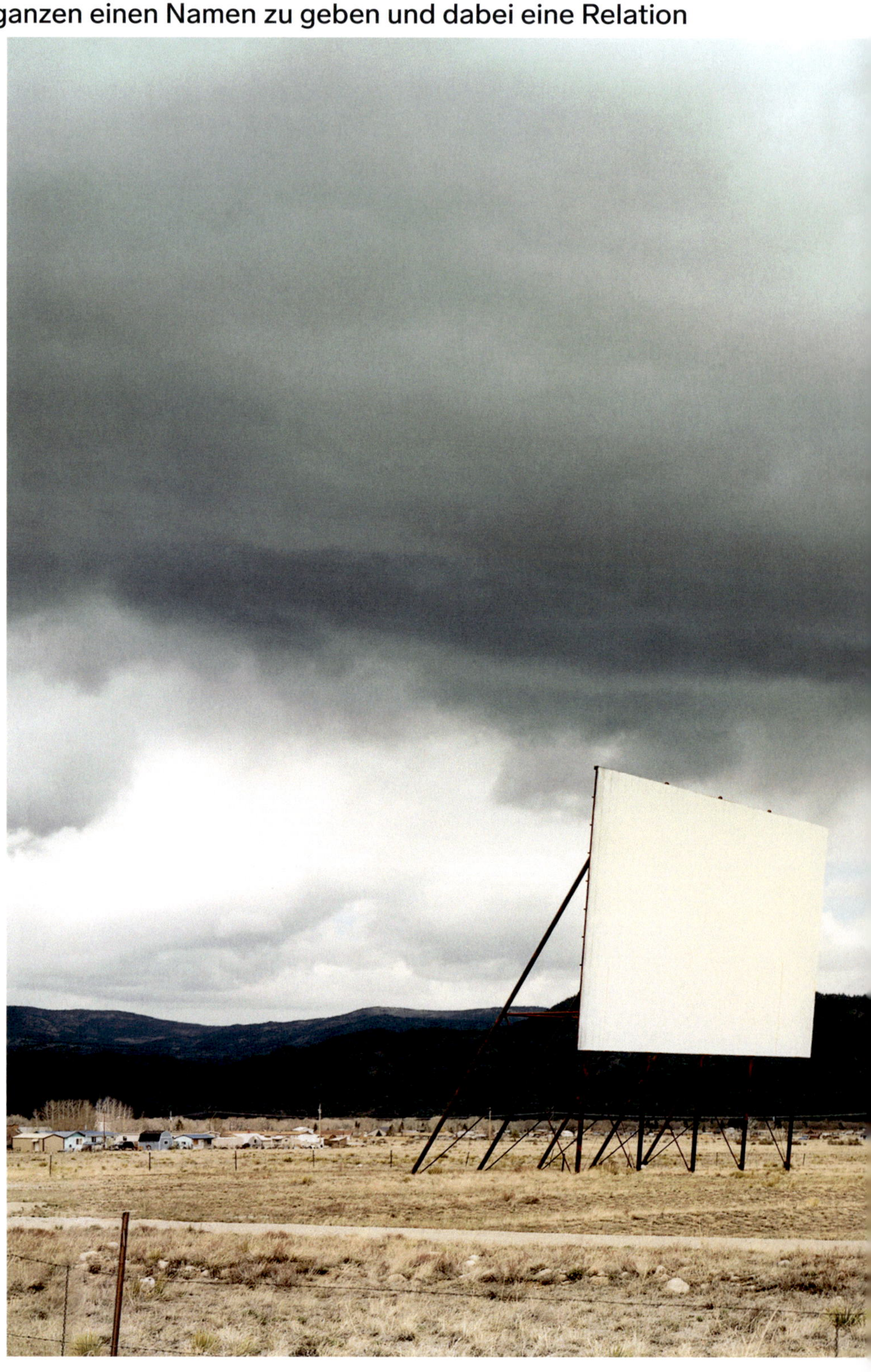

Museums are not parliaments—they are hierarchical. Directors, sometimes even general directors/presidents, decide—the old claim to power lingers—and the results of their professional decisions are not justiciable. The idea that museum holdings are only marginally characterized by private donations is not correct. 75 percent of museum holdings are based on the funds and therefore (co-) decisions of private citizens. Deutscher Bundestag, Schlussbericht der Enquete-Kommission "Kultur in Deutschland" Drucksache 16/7000, 11.12.2007 [German Parliament, concluding report of the committee of inquiry "Culture in Germany", parliament's paper 16/7000, 12/11/2007], Berlin, 121.

What is the standpoint of the collector (or gallerist), who presents art taken from the stream of the market—both for himself and as a representative of the institutional collection that doesn't have to tie up its resources?

<u>The remit of museums is clear. They should collect.</u>

Iwona Blazwick, in the catalog of the Collection Ackermans, states—in a declaratory manner, rather than problematizing it—that the private collection is limited by the lifespan of the collector. Julian Heynen (ed.), "Sammlung Ackermans" [Collection Ackermans], Düsseldorf 2002, 34.

My husband says that he has the need for eternity in everything he touches. Just as the company should be stable over time, he wants to see the collection as not limited to his own lifespan. This tallies with research results showing that collectors make every effort to hold their collections together, open them to the public, give them a name, and in that process to establish a relationship to their own lives. Cf. Ridler, "Privat gesammelt – öffentlich präsentiert", op. cit.

Hardly any collector has a reliable, concrete idea of how his collection is to continue after him.

Die Gründungen von Stiftungen und privaten Museen können als Zeichen dafür gelesen werden, dass bei grundsätzlicher Abneigung, die eigene Endlichkeit ins Visier zu nehmen, Versuche unternommen werden, die private Sammlung zu institutionalisieren. Da schließt sich der Kreis. Ob eine private Sammlung in einer Stiftung oder einem Museum fortlebt, hängt wieder davon ab, ob Einzelpersonen führen, entscheiden und bewahren. <u>Eine gemeinnützige Stiftung zu gründen, greift also denkbar kurz. Die Aufgabe wird nur scheinbar versachlicht.</u> Die Vorstände von gemeinnützigen Stiftungen in Deutschland müssen ehrenamtlich arbeiten. Wer ist motiviert, das zu tun, und wie wird die Aufgabe ausgefüllt? Stiftungen müssen aus eigenem Vermögen existieren können. Kunstgegenstände als Stiftungsvermögen erfüllen diesen Zweck nicht. Geldmittel bzw. Quellen für den fortlaufenden Betrieb müssen eingelegt oder zugespendet werden. Stiftungen können deswegen als das Leerschenken des Nachlasses angesehen werden, weil ihnen der in der Kunst verkörperte Geldwert als Erbe verloren geht. Erben nehmen hier vielleicht wahr, dass zusätzlich zur bizarren Geldvernichtung durch das Sammeln zu Lebzeiten darüber hinaus weitere Werte für die Pflege und den Erhalt der Kunst nach dem Erbfall auf lange Sicht verzehrt werden. Die Kunst als die Leidenschaft der Elterngeneration tritt damit weiter als Konkurrent in Erscheinung, auch wenn die Kinder erwachsen sind und sogar, wenn die Eltern schon nicht mehr leben. Das allgemeine Nachfolgeproblem, das der Mittelstand geschäftlich hat, findet so eine besondere Entsprechung im persönlichen Vorlass. Im Unternehmen gelingt

die Nachfolge mitunter leichter. Wenn ein Führungswechsel aus Altersgründen ansteht oder ein Unternehmen vererbt wird, sind Familienmitglieder oft bereit, in der Familienstiftung oder einer Beteiligungsgesellschaft Verantwortung zu übernehmen, sodass sie an den Entscheidungen beteiligt sind und der Fortbestand gesichert ist. Verständnis dafür, dass der Broterwerb Zeit und Aufmerksamkeit kostet, wird meistens aufgebracht. Überschaubarer persönlicher Einsatz, um Wohlstand zu sichern und auszubauen, erscheint als hinnehmbar. Die Frage, ob für die Kunst Verantwortung übernommen werden soll, wird in einem ganz anderen Wahrnehmungszusammenhang und sehr viel weniger pragmatisch beantwortet vgl. Sammlerkind/Künstlerkind, 48.

FOUNDATION AND PRIVATE MUSEUM

Setting up foundations and private museums can be interpreted as a sign that collectors, despite a fundamental disinclination to look at their own finite nature, take steps to institutionalize private collections. This is where we come full circle. The survival of a private collection in a foundation or a museum is dependent on someone who takes the lead, makes the decisions and manages it. <u>Establishing a non-profit foundation does not go far enough. The task is only seemingly objectified.</u> The executive boards of non-profit foundations in Germany have to work voluntarily. Who is motivated to do so? How is this task performed? Foundations must exist on the basis of their

own capital. As assets, artworks cannot function as liquid capital. Monetary funds or resources for the daily operations have to be complemented by donations. Foundations can thus be thought of as prematurely shrinking one's estate, because the financial value embodied in the art is lost as inheritance. Heirs may therefore perceive, not without resentment, that in addition to the bizarre squandering of money through the lifetime of collecting, additional funds are consumed in the care and preservation of the art for a long time after inheritance. Art as the passion of the parent generation continues to appear as a competitor, even when the children are grown-up and the parents are no longer alive. The general problem that 'German Mittelstand' [medium-sized] enterprises have with succession in terms of business finds a particular resonance in such

Imi Knoebel, **An meine grüne Seite**, 2009

personal premature legacy. Succession is usually easier in companies. When a peaceful transition of power for reasons of age is pending or a company is transferred from one generation to the next, family members are often ready to take on responsibility in the family foundation or a holding so that they are participating in the decisions, and continuation is secured. There is in the main an understanding that earning a livelihood costs time and attention. A manageable personal commitment to secure and expand the wealth seems acceptable. The question of whether responsibility has to be taken for the art is being answered in a quite different perceptual context, and one that is much less pragmatic. Cf. Collector's Child and Artist's Child, 49.

Da es ein Leben nach dem Beruf geben soll, treten Sammler im Unternehmen bisweilen sogar recht früh in die zweite Reihe zurück. Die Sammlung ist die Leidenschaft, für die man nun endlich genug Zeit hat. Entsprechend erleben viele Sammlungen zum Ende der beruflichen Tätigkeit der Akteure eine besonders dynamische Phase. Während die Kinder Familien gründen und beruflich vorankommen sollen, stehen die Eltern weder als Babysitter bereit noch ziehen sie sich aufs Altenteil zurück; sie reisen von Kunst-Event zu Kunst-Event und bauen ihren Celebrity-Status aus. Der Kabarettist Lüder Wohlenberg fasste es in einem seiner Programme so zusammen: Früher hat man sich mit 65 das letzte Auto gekauft, heute meldet man sich mit 73 zum ersten Marathon an. Als mein Mann 73 war, haben wir geheiratet. Klaus war verwitwet und wollte ein neues Leben beginnen. Um die Frage nach einer produktiven Form eines Neubeginns zu beantworten, wurde die Sammlergeschichte von Klaus — mehr noch sein Verhältnis zur Kunst — rekonstruiert und ausgewertet: von Stück zu Stück, über die Jahrzehnte. Für Unternehmersammlungen seit den 1970er-Jahren dürfte diese Genealogie exemplarischen Charakter haben.

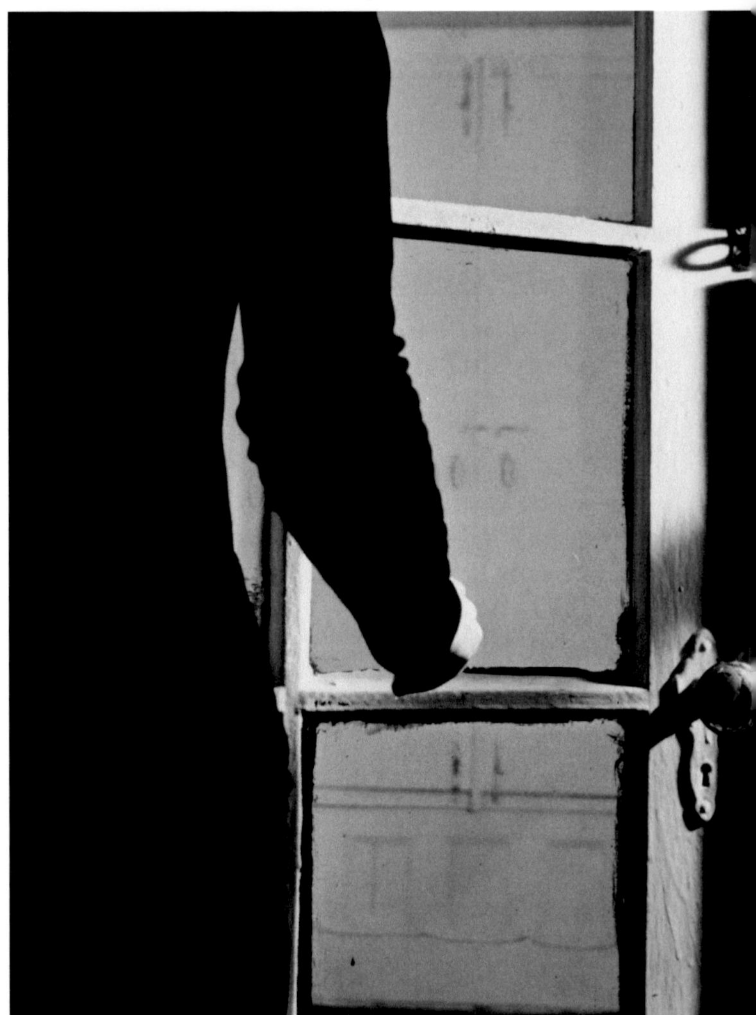

LIFE AFTER DECISIVE TURNING-POINTS

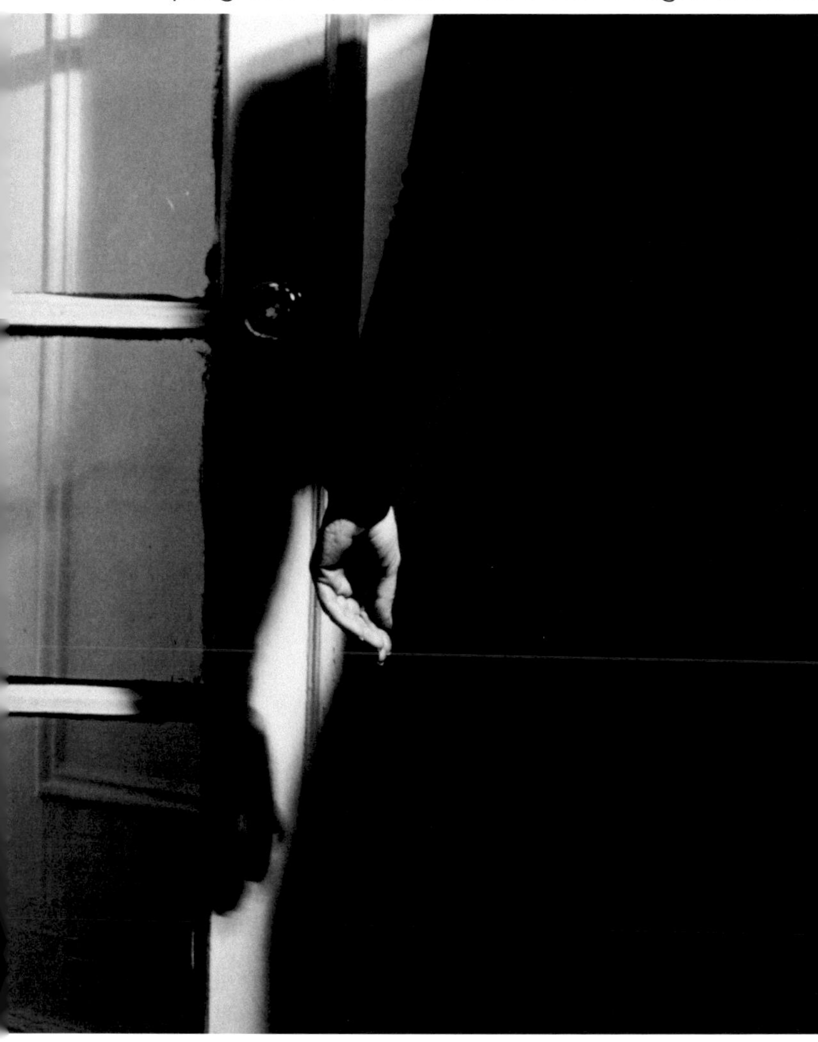

Since there ought to be a life after one's professional career, collectors who work in businesses often step back fairly early on. The collection is the passion for which there is finally enough time. Accordingly, at the end of these collectors' professional careers, many collections enter a particularly dynamic phase. While the children are about to start families and establish professional careers, the parents do not resort to being babysitters, nor do they retire; rather they travel from art event to art event, expanding their celebrity status. Cabaret artist Lüder Wohlenberg summarized it in one of his programs as follows: once one bought one's last car at age 65, today one registers at age 73 for one's first marathon. We got married when my husband was 73. Klaus had been widowed and wanted to start a new life. To answer the question of the productive form of a new beginning, Klaus's history as a collector—and even more so his relationship to art—was reconstructed and evaluated piece by piece over the decades. This genealogy might have exemplary relevance for entrepreneur collections that originated in the 1970s.

Nan Hoover, **Doors**, 1980

Sammler wird man nicht, Sammler ist man. Ingvild Goetz begann mit Margarineverpackungen Süddeutsche Zeitung Magazin, 18/2012. Klaus nennt eine Briefmarkensammlung (1950–1964). Aber auch kunstvolle Gläser (Erwachsenenleben bis in die 2000er-Jahre) waren Gegenstand seiner Leidenschaft. An die bildende Kunst wird Klaus 1953 bis 1959 durch seine Kunstlehrer in Düsseldorf — Kurt Prechtl und später Hans Walter Kivelitz — herangeführt. Kurt Prechtl war auch der Kunstlehrer von Konrad Klapheck.

In der Folge versucht sich Klaus selbst bis Ende der 1960er-Jahre in den unterschiedlichsten Ausdrucksformen und dekoriert zuerst das Elternhaus, später die ersten eigenen Wohnungen. Sein Gegenüber auf Augenhöhe ist in dieser Zeit sein Schulfreund Ulrich Schneider-May. Gemeinsam mit ihm besucht er 1959 die Ausstellung „Kunstsammler an Rhein und Ruhr" auf Schloss Morsbroich und beide entbrennen endgültig für die Kunst. Dem Wunsch der Eltern, Beamter zu werden, kommt Klaus zunächst nach, hat aber bei der Wahl des Ausbildungsplatzes beim Finanzamt schon die Option im Kopf, hinterher Steuerbevollmächtigter zu werden und selbstständig zu arbeiten. Nach Abschluss der Ausbildung heiratet Klaus 1965 Doris Drenhaus, deren Neigungsfach in der Schule ebenfalls Kunst war. 1966 wird der Sohn Thorsten Ulrich geboren. Sein Pate ist der Jugendfreund Uli. 1970, die Geburt der Tochter Dörthe kündigt sich an, verlässt Klaus das Finanzamt zum Entsetzen seiner Eltern — aber unterstützt von seiner Ehefrau. Eine schwere Bronchialerkrankung mit ungewissem Verlauf, die sich zu dieser Zeit einstellt, macht das Unterfangen der Selbstständigkeit besonders risikoreich. Im Kellergeschoss des Hauses der Schwiegereltern nimmt Klaus die unternehmerische Tätigkeit auf und verbindet sich dazu mit dem jüngeren Finanzamtskollegen Franz-Josef Wernze. Die Biografien der beiden werden über die Jahrzehnte immer wieder ineinandergreifen. Gemeinsam und getrennt werden beide sehr erfolgreiche Unternehmen führen.

Durch Franz-Josef Wernze und seinen Jugendfreund Hermann Rey werden Klaus und ich — vorrangig wegen einer fachlichen Frage — miteinander bekannt gemacht werden. Doch das ist noch weit weg. Zum Zeitpunkt der Gründung des gemeinsamen Unternehmens mit Franz-Josef im Jahr 1970 haben sich aber immerhin meine Eltern schon gekannt.

Beginnend in den späten 1960ern wurden nach und nach die ersten Wohnungen ausgestattet. Mehrere Umzüge mit jeweils kurzen Aufenthalten prägen diese erste Zeit (Köln-Nippes, Bensberg, Rösrath und schließlich Köln-Rath). Die ersten Ankäufe sind nicht eindeutig zu datieren. Dokumente fehlen und die Erinnerung ist zur nicht belastbaren Anekdote geronnen. Die lückenhafte und bisweilen widersprüchliche Dokumentation der Sammlung ist nicht überraschend.

KLAUS

One doesn't become a collector; one is a collector. Ingvild Goetz began with margarine packing material Süddeutsche Zeitung Magazin, 18/2012. Klaus with a stamp collection (1950–64). Other objects of his passion were artistic glasses (from his adult life into the 2000s). From 1953 to 1959 his art teachers in Düsseldorf, Kurt Prechtl and later Hans Walter Kivelitz, kindled his interest in the fine arts. Kurt Prechtl was also Konrad Klapheck's art teacher.

Subsequently, until the late 1960s, Klaus experimented with various forms of artistic expression, decorating first his parents' house, later his own first apartments. His congenial partner at the time was his school friend Ulrich Schneider-May. In 1959, they attend the exhibition "Kunstsammler an Rhein und Ruhr" [Art collectors on the Rhine and Ruhr] at Schloss Morsbroich, and on this occasion their mutual passion for art was ignited. At first, Klaus tried to comply with his parents' wish for him to become a civil servant. Planning the choice of his training in the internal revenue department included the option of becoming a tax agent and working independently. After completing his training, in 1965 Klaus married Doris Drenhaus, whose favorite subject at school was also art. In 1966, their son Thorsten Ulrich was born. Klaus's school friend Uli is his godfather. In 1970, just prior to the birth of their daughter Dörthe, Klaus, to the horror of his parents but supported by his wife, resigned from the tax office. At this time a serious bronchial disease with an uncertain outcome made the establishment of his own office particularly hazardous. Klaus began his business in the basement of the house of his parents-in-law, joining forces with a younger colleague from the tax office, Franz-Josef Wernze. Time and again, their careers were to be intertwined in the following decades. Together and separately they would build and manage very successful businesses.

Klaus and I were to meet through Franz-Josef Wernze and his childhood friend Hermann Rey—primarily over a professional question. But that was still far away. At the time of the joint founding of the company with Franz-Josef in 1970, at least my parents had already met.

Beginning in the late 1960s, little by little the couple's first apartments were furnished. These early years were marked by several moves in short succession (Cologne-Nippes, Bensberg, Rösrath, and eventually Cologne-Rath). The first acquisitions cannot be dated clearly. Documents are missing and memories have faded to unreliable anecdotes. The fragmentary and often contradictory documentation for the collection is not surprising.

Beim Versuch, die Entstehung anderer Sammlungen zu rekonstruieren, würde man in den meisten Fällen dasselbe erleben. Denn zunächst fehlt es am Selbstverständnis, überhaupt etwas zu tun, das eine Dokumentation erforderlich macht. Selbst als Sammler, die heute in ihren Siebzigern sind, begannen, ihr Handeln als relevant anzusehen, entwickelte sich oft kein echtes Bedürfnis, Daten zu archivieren. Teilweise liegt das darin begründet, dass es häufig keine Dokumente gab, weil Handschlaggeschäfte dominierten. Außerdem wurde die vorhandene Zeit eingesetzt, um die Sammlung voranzutreiben und nicht für retardierende Tätigkeiten. Hilfskräfte und Dienstleister, die Inventarisierungen anbieten, oder Kunstversicherungen, die Daten erfragen, gab es damals noch nicht. Die technischen Möglichkeiten sind heute völlig anders, aber vor allem haben sich die Maßstäbe dafür verändert, was man aufhebt, was man dokumentiert und wann man beides unterlässt. Heute gibt es in allen Lebensbereichen mehr Dokumente. Unablässig wird fotografiert, zu jeder Ausstellung erhält man Informationsmaterial, und umfängliche Kaufdokumente begleiten Ankäufe. Der „Dataismus" ist eine Erscheinung nach der Jahrtausendwende vgl. Zukunftsinstitut.de, abgerufen am 10.08.2017; Yuval Noah Harari „Homo Deus", München 2017. Der Übergang von analogen Dokumentationen – zum Beispiel auf Karteikarten – zu elektronischen Medien war holprig. Mit der Hand wurde nicht mehr erfasst und digital noch nicht. Als erste Inventarisierungsprogramme auf den Markt kamen, sorgte ein optimistischer Fortschrittsglaube dafür, dass im Ergebnis Daten in großem Umfang verloren gingen. Die Datenerfassung und -pflege wurde unkritisch in fremde Hände gegeben, wodurch Fehler entstanden und perpetuiert werden konnten. Entsprechend erscheint das Jahrzehnt des Übergangs von Karteikartensystemen zu Archivierungsprogrammen im Hinblick auf eine konzise Archivarbeit als besonders problematisch. Updates, die nicht funktionierten, Pleiten von Unternehmen, die Passwörter mit in die Insolvenz nahmen, und fehlerhafte Überspielungen machen viele Sammlungsinventare zu wenig aussagekräftigen Datenmengen. Die Enttäuschungen der Vergangenheit, der Verlust der – wenn jemals vorhandenen – analogen Vorstufen und eine gehörige Portion Fatalismus bilden eine ungute Mischung, wenn es darum geht, Inventare von Grund auf zu überprüfen. Vielmehr lässt sich an vielen Sammlungen beobachten, dass der Veröffentlichungsdruck aufgrund mittlerweile erreichter Bekanntheit dazu führt, die Sammlungsgeschichte jeweils anekdotenhaft frei zu assoziieren. Fragen beziehen sich meist auf das Alleinstellungsmerkmal der Sammlung und werden mit einer Verdichtung von Handlungssträngen beantwortet, die ein präzises Archiv nicht zwanglos belegen würde. Die Biografien historischer Personen zeigen, dass die Akzentuierung bestimmter Aspekte eine große Wirkmacht hat. Die Strahlkraft von Trouvaillen und Heldengeschichten versperrt mitunter sogar den Beteiligten selbst die nüchterne Sicht auf ihre Vergangenheit.

Viele Sammler sagen, sie hätten „alles im Kopf". Vielleicht ist es passender zu sagen, Sammler haben alles im Herzen.

GAPS AND A DIFFICULT STARTING POSITION

In trying to reconstruct the emergence of other collections, in most cases one would be confronted with the same situation, because initially one does not understand that one is doing something that requires documentation. Even when those collectors who are now in their seventies began to consider what they were doing as relevant, they failed to realize the need to archive data. In fact there were often no documents to file since it was the norm at the time to conduct transactions by means of a handshake, a gentleman's agreement. Available time was used for furthering the collection, not for activities that would detract from it. Support staff and consultants offering inventorying or art insurance companies requiring data did not exist at the time. The technical options are completely different today, in particular the standards on what to preserve, what to document, and when to refrain. Today, more documentation is available in all areas of life. Photographs are taken ceaselessly, for every exhibition there is information material, and extensive sales documents accompany acquisitions. "Dataism" made its appearance after the millennium. Cf. Zukunftsinstitut.de, retrieved 08/10/2017; Yuval Noah Harari, "Homo Deus", Munich 2017. The transition from analog documentation—for example on index cards — to electronic data collecting was rather bumpy. Data were no longer recorded by hand and not yet digitally. When the first inventory programs came on the market, an optimistic belief in progress resulted in the loss of an enormous amount of data. Data collection and maintenance were placed uncritically in the hands of others, resulting in mistakes that could be perpetuated. Accordingly, the decade of the transition from index card systems to digital archiving programs appears particularly problematic in regard to reliable, concise archival work. Updates that did not function, business collapses where passwords vanished in bankruptcy, and faulty transfers have turned many collection inventories into largely meaningless heaps of data. Setbacks of the past, loss of the analog records of preliminary stages—if indeed these ever existed—and a good dose of fatalism make a bad mix when one is trying to verify inventories from scratch. In many collections one can observe that the publication pressure resulting from the renown achieved in the meantime has often led to free anecdotal associations in narrating the history of collections. Questions usually refer to the unique characteristics of the collection and the answers often condense the story lines, which a precise archive would not be prepared to verify so casually. The biographies of historical persons show that enhancing certain aspects has a tremendous impact. The impact of trouvailles and heroic stories occasionally obstructs a sober view of the past even among those involved.

Many collectors say they have "everything in their heads." It might perhaps be more appropriate to say collectors have everything in their hearts.

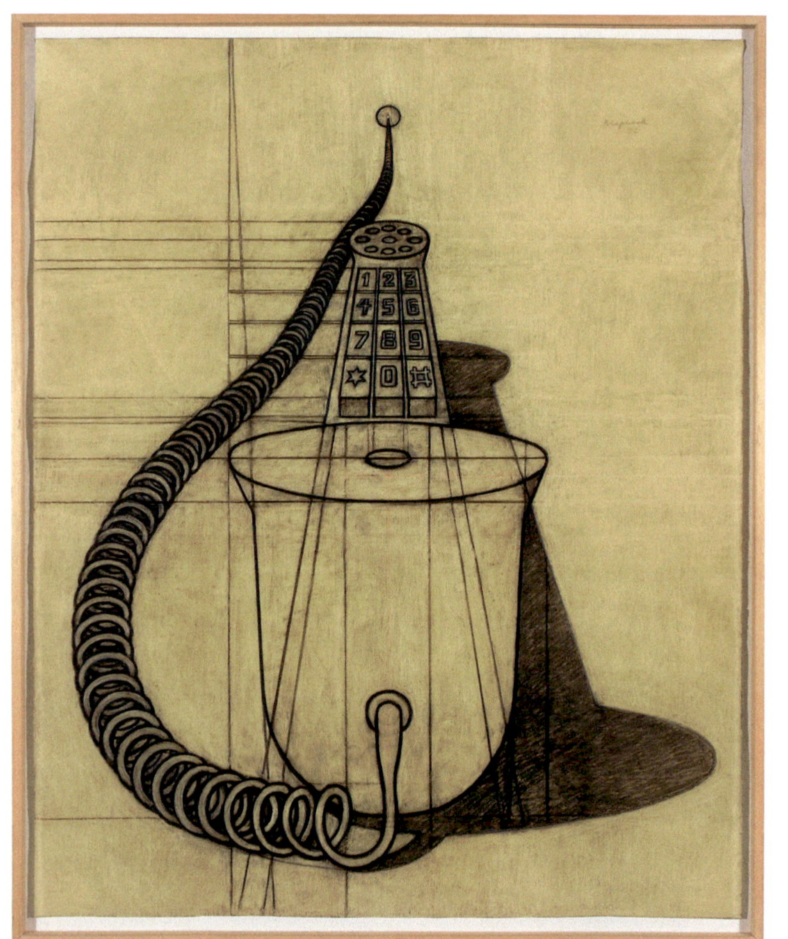

Konrad Klapheck, **Vorzeichnung zu: Der Kronprinz**, 1992

Konrad Klapheck, **Der Kronprinz**, 1992

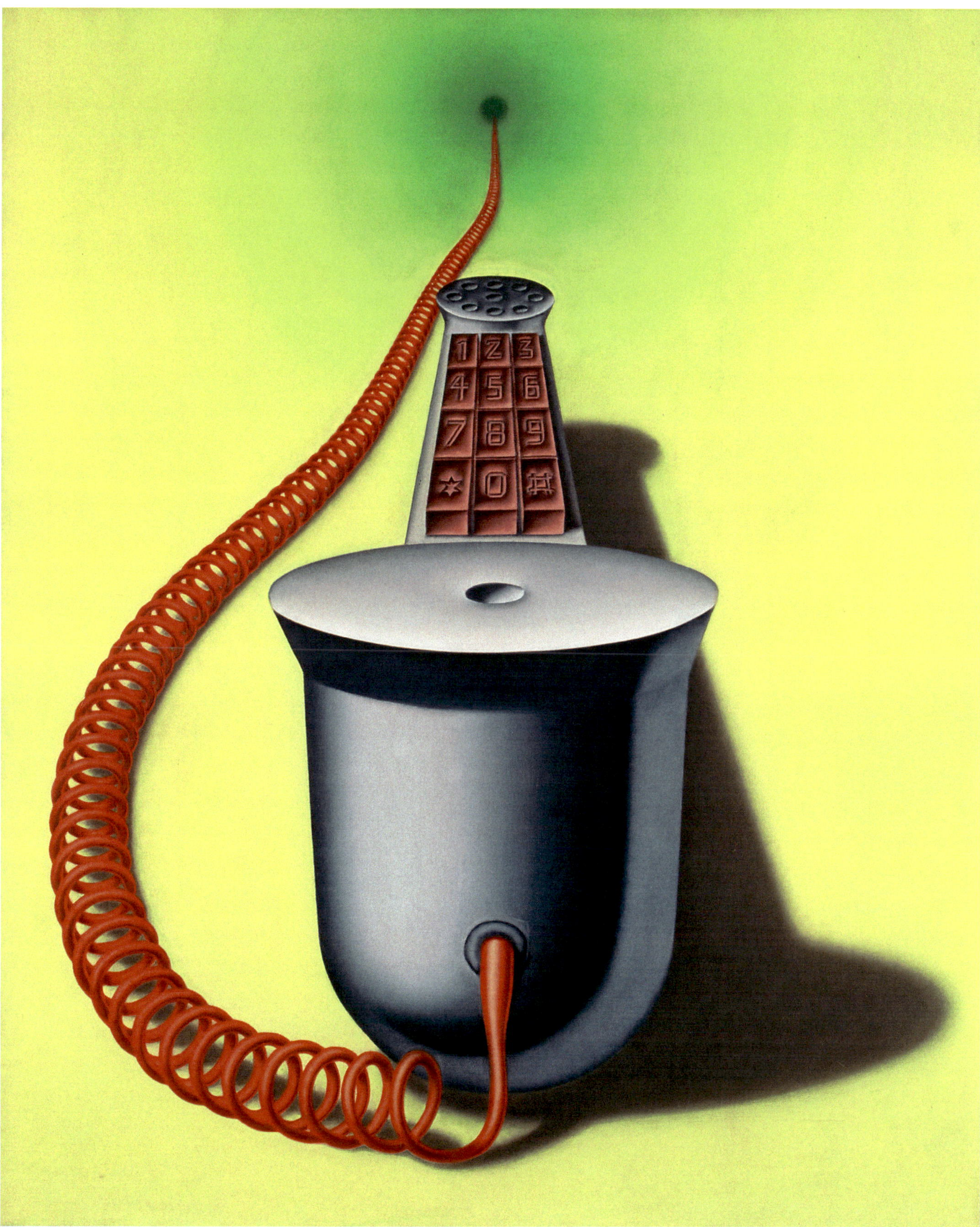

Am Anfang des Projektes „Sieh mich an!" galt es, die Herzenserinnerung meines Mannes an das Zusammenfinden der Vielzahl der Objekte mit der Auswertung vorhandener Belege, Ausstellungslisten, Leihverträge und Publikationen zusammenzubringen. Gespräche mit Dritten und Fotos ergänzten diese Bemühungen, die auf teilweise Jahrzehnte zurückliegende Sammelereignisse abzielten.

Die Rekonstruktion der Sammlungshistorie gelang: wenn auch nicht völlig lückenlos, so doch immerhin konsistent.

Noch zur Zeit im Finanzamt, also vor 1970, werden nacheinander zwei Papierarbeiten von Klaus Bönnighausen gekauft. Der Künstler hatte die Möglichkeit bekommen, seine Werke im Finanzamt zu zeigen, und so entstand der Kontakt. 1972 folgten weitere Papierarbeiten von Bönnighausen und ein Spiegelobjekt von Victor Bonato (nicht erhalten).

Bei der besonderen Neigung zu Papier sollte es bleiben eine – wiederholte – abweichende Aussage findet sich im Zusammenhang mit der Ausstellung „Carte Blanche": der Grundstock sei Malerei gewesen; in: „Das eroberte Museum", Leipzig 2011, 182; ebenfalls nicht belegbar: ebenda, 183: expressionistische Grafik. Vom Umfang her ist die Sammlung deutlich von Arbeiten auf Papier geprägt. Neben Bönnighausen spielten anfangs Werke von Michael Sulpice Schmidt-Stein eine Rolle, einer anderen Position von regionaler Bedeutung. 1978 bis 1981 wurden diverse Grafiken von Künstlern wie Horst Janssen, Peter Nagel und Rolf Escher nach und nach bei der Düsseldorfer Galerie Walther gekauft.

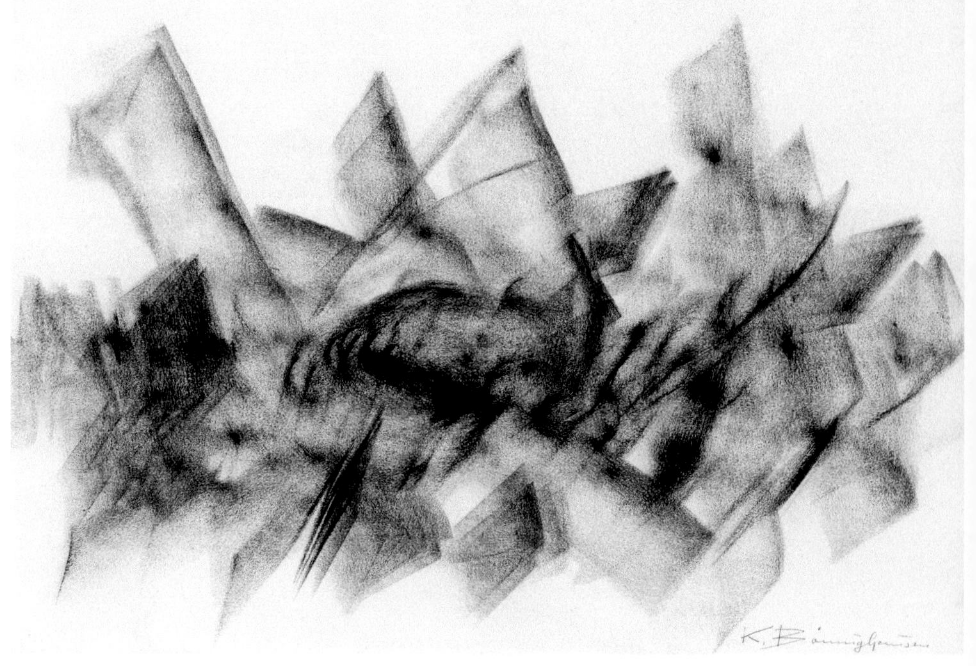

1974 teilte Klaus eine gekaufte Editionsmappe mit wenigen Blättern von Eduard Bargheer auf und verteilte die Blätter an Mandanten und Multiplikatoren. Diese Kommunikationsform baute er aus. In der Folge entstanden eigene, selbst aufgelegte Editionen mit Künstlern, die in der jeweiligen Zeit den Weg kreuzten. Jährlich in der Vorweihnachtszeit verschickte Klaus die Arbeiten (zuletzt 200 Stück) an Mandanten und Weggefährten. Die Kunst war jeweils begleitet von einem handgeschriebenen Text, in dem Klaus seinen persönlichen Zugang zu der verschenkten Arbeit und seine Gedanken zum Weltgeschehen schilderte. Die Editionen illustrieren die jeweiligen Vorlieben und sind eine halb zufällige Rhythmisierung der Abfolge der Förderung unbekannter Positionen und dem Niederschlag der Nähe zu berühmten Künstlern. Die Editionen werden seit 2017 von einem Nachfolger allein verantwortet.

At the beginning of the project "Look at me!" it was important to bring together my husband's 'memories of the heart' of how a great number of objects were collected with the evaluation provided by existing pieces of written evidence, exhibition lists, loan contracts, and publications. Photographs and conversations with third parties complemented these efforts, which were directed at events that were sometimes decades in the past. The reconstruction of the history of the collection was successful: although not entirely complete, it is at least consistent.

During the tax office period, i.e. before 1970, two works on paper by Klaus Bönnighausen were purchased. The artist had been given the opportunity to show his works in the tax office, and this is what initiated the contact. In 1972, there followed the purchase of further works on paper by Bönnighausen and a mirror object by Victor Bonato (not extant).

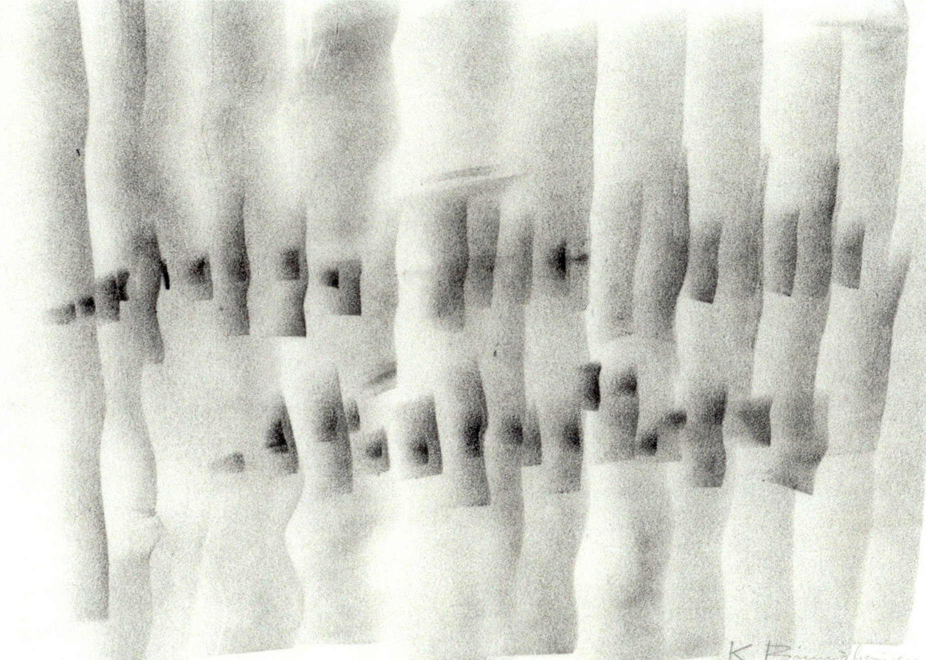

The particular inclination toward paper remained. (A—repeated—statement to the contrary was made in relation to the exhibition "Carte Blanche": the basic stock was formed by paintings.) Cf. "Das eroberte Museum" [The Captured Museum], Leipzig 2011, 182; also not verifiable: ibid., 183: Expressionistic prints. The lion's share of the collection is clearly made up of works on paper. Besides Bönnighausen, initially works by Michael Sulpice Schmidt-Stein played a role, another position of regional importance. From 1978 to 1981 various graphic works by artists including Horst Janssen, Peter Nagel, and Rolf Escher were acquired piece by piece from the Walther Gallery in Düsseldorf.

In 1974 Klaus divided an edition portfolio he had acquired with a few sheets by Eduard Bargheer and distributed the sheets among clients and multipliers. He expanded this form of communication. As a result he published editions with artists who were encountered at that particular time.

Every year in the Christmas season, Klaus would send the works (in total 200 pieces) to clients and companions. The artworks were always accompanied by a handwritten text, in which Klaus described his personal approach to the gift and his thoughts on world affairs. The editions illustrate his particular preferences; they are a partially coincidental rhythmic accompaniment in the sequence of his promotion of unknown positions, and reflect his closeness to famous artists. At the beginning of 2017, a successor took full charge of the editions.

1974	Eduard Bargheer
1975	Klaus Bönnighausen
1976	Michael Sulpice Schmidt-Stein
1977	Anne Dinnendahl
1978	Rolf Escher
1979	Michael Sulpice Schmidt-Stein
1980	Michael Sulpice Schmidt-Stein
1981	Robert Hartmann
1982	Peter Tuma
1983	Peter Tuma
1984	Rolf Escher
1985	Max Kaminski
1986	Maria Moser
1987	Michael Irmer
1988	Klaus Bönnighausen
1989	Michael Sulpice Schmidt-Stein
1990	Stefan Szczesny
1991	Michael Hengst
1992	Henry Rademacher
1993	Petra Kasten
1994	Stefan Szczesny
1995	Blalla W. Hallmann
1996	Michael Irmer
1997	Lutz Fritsch
1998	Max Uhlig
1999	Horst Hirsig
2000	Eberhard Göschel
2001	Eberhard Havekost
2002	Candida Höfer
2003	Thomas Scheibitz
2004	Frank Nitsche
2005	Markus Draper
2006	Jan Brokof
2007	Beate Gütschow
2008	Stefanie Busch
2009	Stephanie Marx
2010	Olaf Holzapfel
2011	Henry Puchert
2012	Curtis Anderson
2013	Owen Gump
2014	Gert und Uwe Tobias
2015	Peppi Bottrop
2016	Ralf Brück

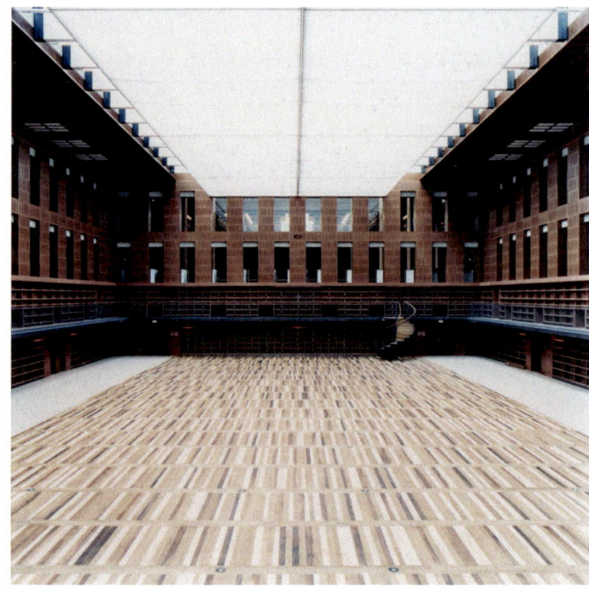

Candida Höfer, Sächsische Landesbibliothek Dresden, 2002

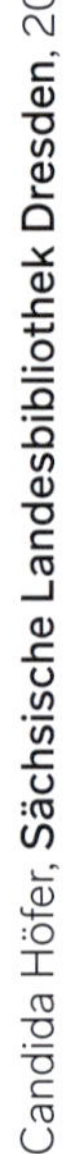

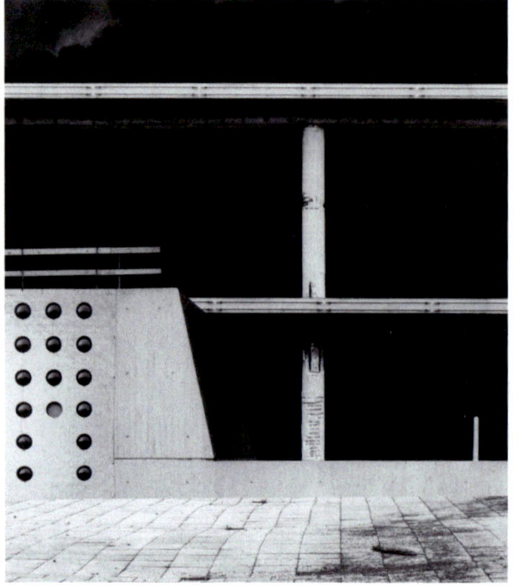

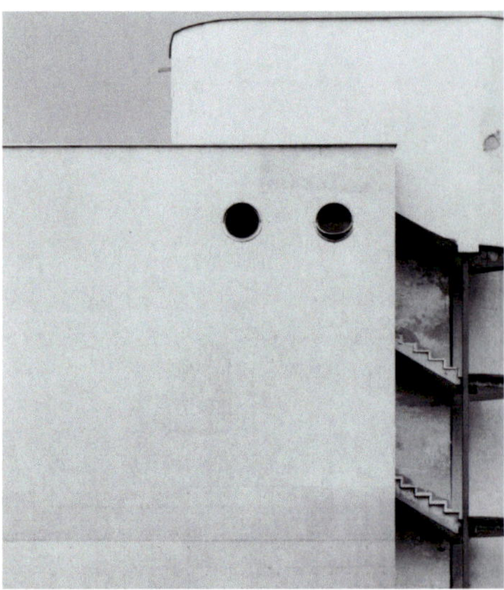

Peppi Bottrop, o. T., 2015

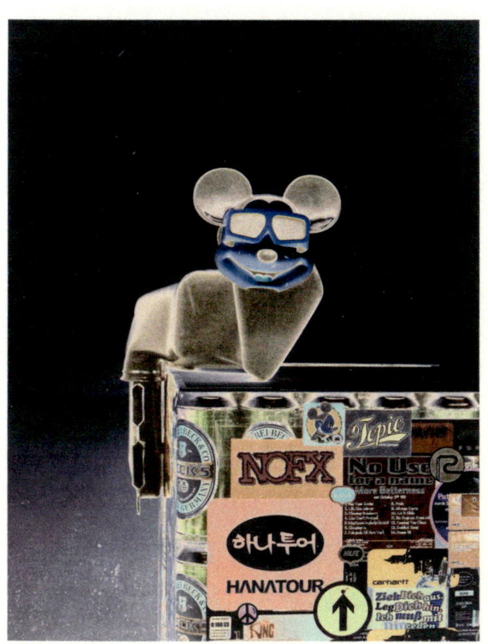

Frank Nitsche, **o. T.**, 2004

Beate Gütschow, beide: **o. T.**, 2007

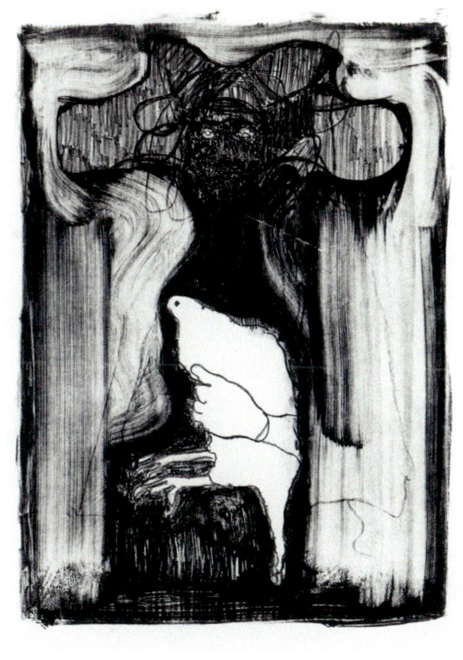

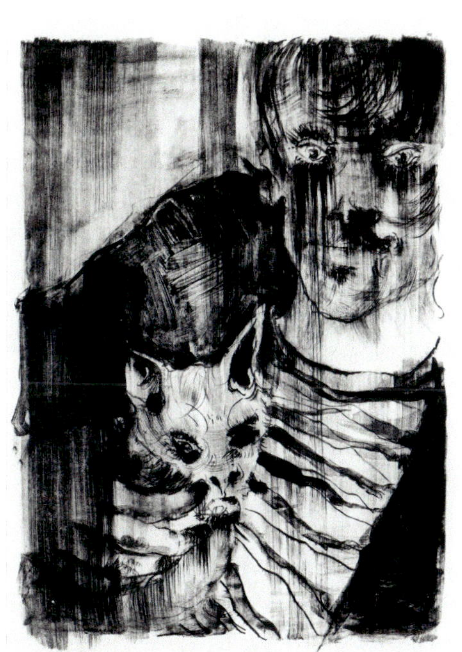

Gert und Uwe Tobias, beide: **o. T.**, 2014

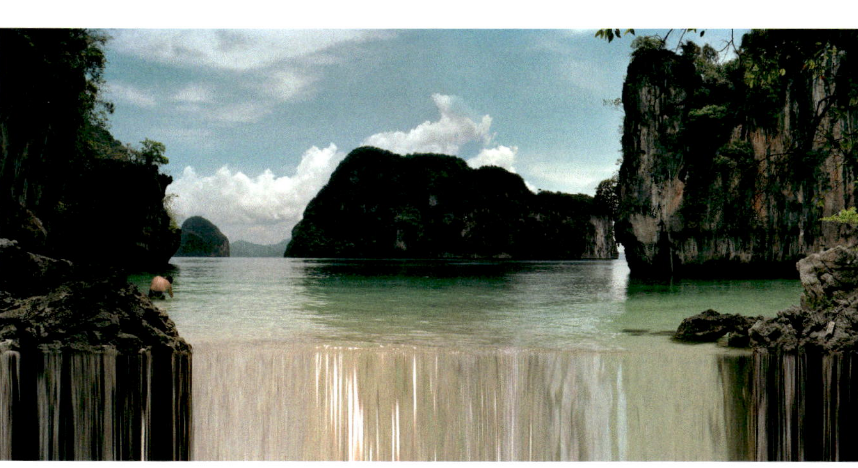

Ralf Brück, **The Young Dr. No**, 2016

KLAUS: In meinem Beruf habe ich immer wieder durch ausgefallene Lösungen und durch überraschende Impulse geglänzt und viel erreicht. Das ist mir in meiner Wahrnehmung durch angewandte Kreativität gelungen. Der Umgang mit der Kunst, insbesondere auch die regelmäßigen Anschreiben zu den Weihnachtsgaben, das alles setzt bei mir kreative Kräfte frei.

Der Umgang mit der Kunst diente laut Selbstzeugnissen als Experimentierfeld für die Entwicklung unternehmerischer Fähigkeiten. Für Doris und Klaus erscheinen die Tätigkeit des Sammelns und die konkrete Ausgestaltung des Lebens mit der Kunst als eine Möglichkeit der gesellschaftlichen und persönlichen Definition.

Um das Jahr 1977 fanden am neuen Sitz der Firma in Köln-Rath Verkaufsausstellungen mit Arbeiten von Michael Sulpice Schmidt-Stein und Klaus Bönnighausen statt, und Doris Schmidt versuchte sich — nach einer kurzen Beteiligung an einem Mode-geschäft — als Galeristin. Das Engagement wurde nicht weiter-betrieben. Nach weiteren Käufen auf der Vorläuferveranstaltung der heutigen Art Cologne kam es durch Vermittlung eines Gale-risten 1980 zur ersten großen Anschaffung, einer Leinwand von Nay aus dessen Nachlass.

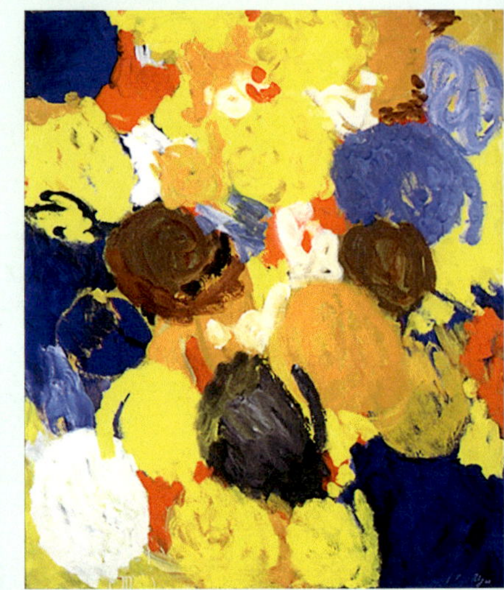

Ernst Wilhelm Nay, **Gelb excentrisch**, 1960

KLAUS: In der Schulzeit wurde ich an das Werk von Ernst Wilhelm Nay als dem großen Abstrakten der Nachkriegszeit herangeführt. Die Scheibenbilder, die mein Gefühl für Rhythmus und Klang ansprachen, hatten es mir angetan und befeuerten meinen Wunsch, ein derartiges Kunst-werk zu besitzen. Die Vorstellung, ein Original haben zu können, so wie ich den Künstler aus dem Museum kannte, das war sehr aufregend.

Auch diese Arbeit wurde — wie zuvor die Bönnighausen-Arbeiten — ratierlich gekauft. Doris Schmidt betont im Interview, „dass wir für unsere Verhältnisse stets viel zu teure Arbeiten gekauft haben, also Arbeiten, die wir uns eigentlich gar nicht hätten leisten können" „Listen to your Eyes", Leipzig 2009, 12; und: „Das eroberte Museum", Leipzig 2011, 183. Klaus relativiert das. Die Kunst hatte für ihn eine Funktion und Anschaffungen waren vertretbar.

KLAUS: Durch meinen beruflichen Einblick in den Kunstmarkt weiß ich, dass manche Sammler das Experimentierfeld Kunst auf besondere Weise ausreizen: verschleppt zahlen, sich übernehmen, Werke überlang zur Ansicht liefern lassen und dann doch wieder zurückgeben. Das habe ich als unvernünftiges Wichtigtun empfunden und es spielte bei mir nie eine Rolle.

Der Konsument, der sich durch widerständiges Verhalten eine Selbstwirksam-keitserfahrung auf einem intransparenten Markt verschafft, war Klaus nicht. Bei ihm ging es um die Grenzerfahrung, etwas durch große Anstrengung zu schaffen, und um

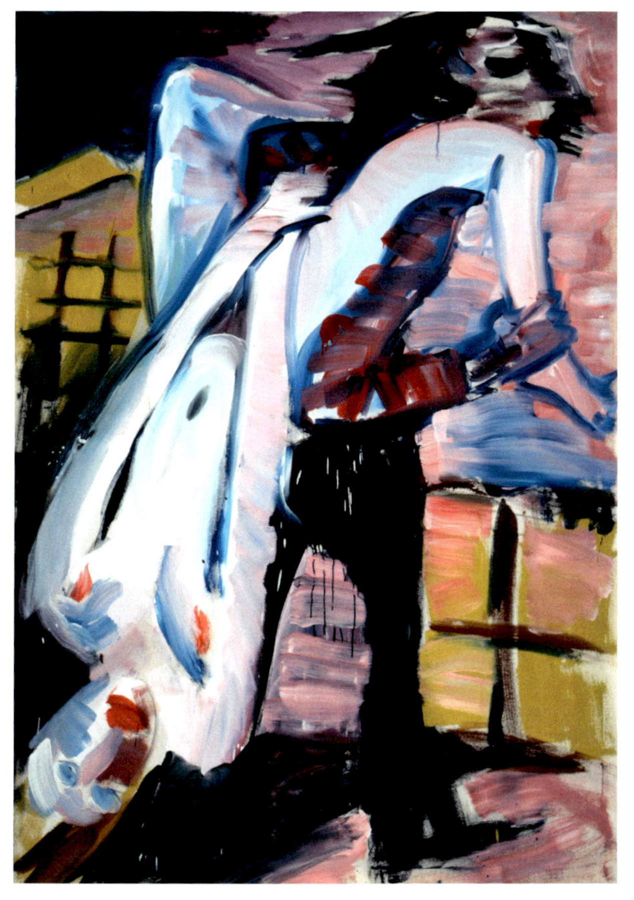
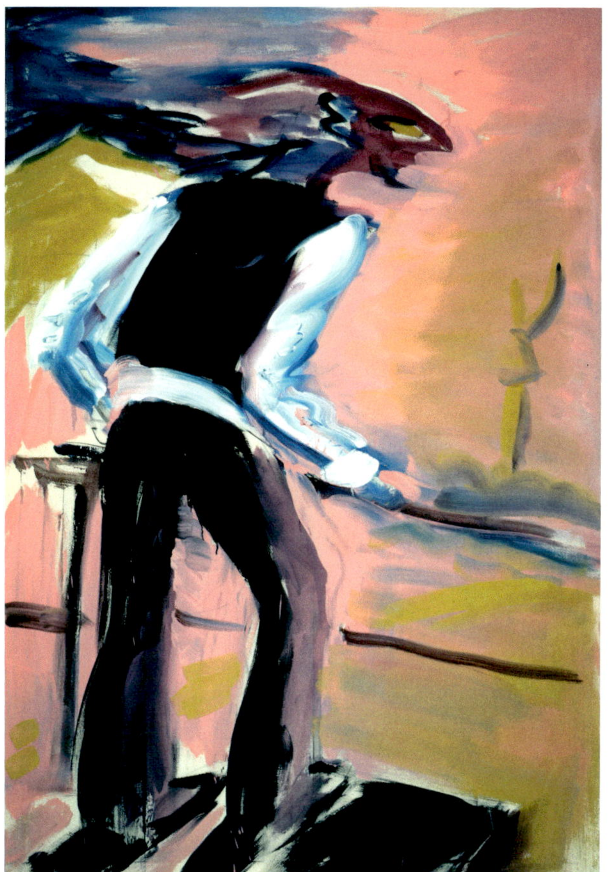

Karl Horst Hödicke, *Penthouse*, 1979

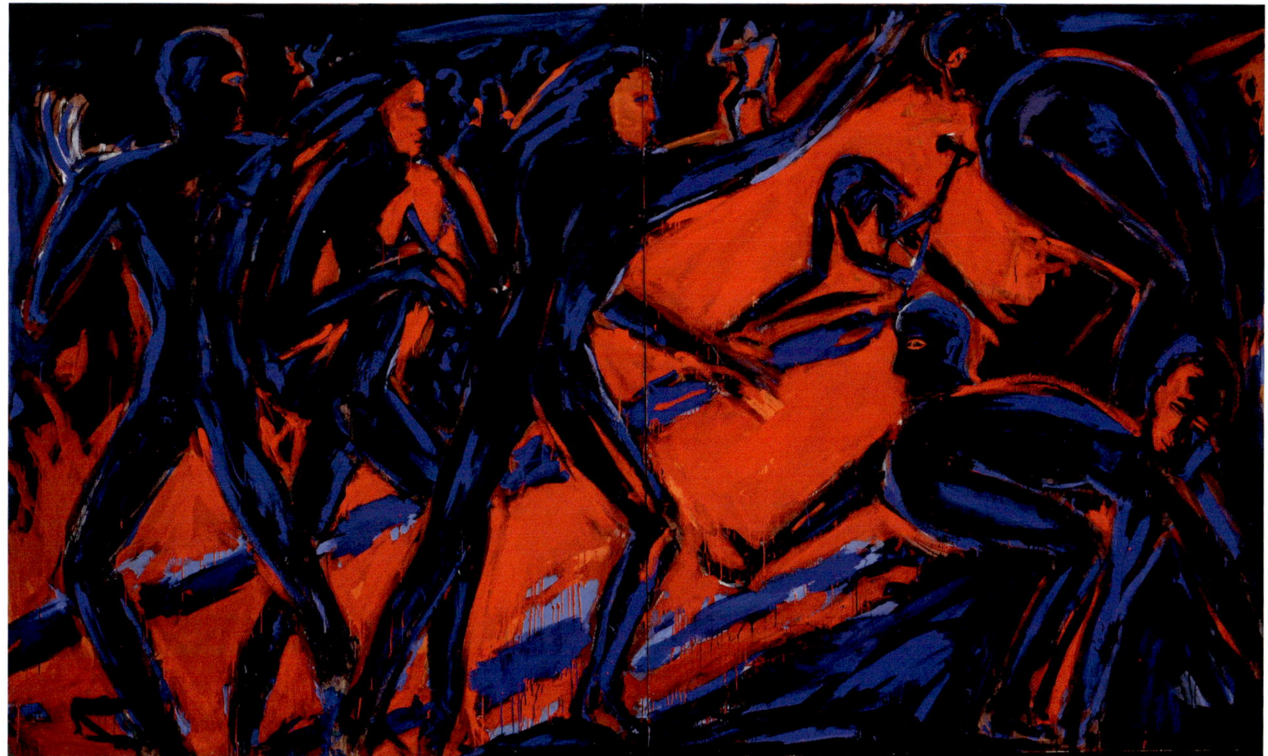

Helmut Middendorf, *electric night III*, 1981

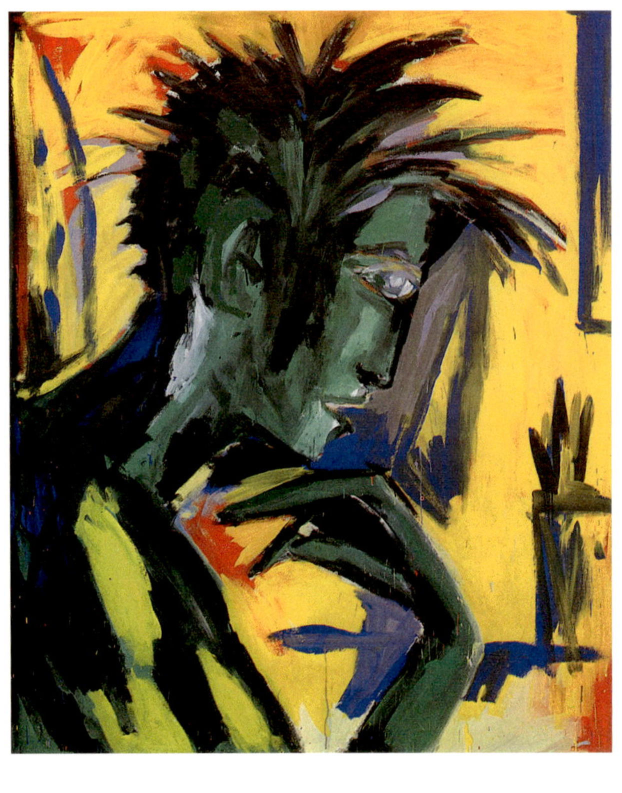

Helmut Middendorf, **Der Denker**, 1982

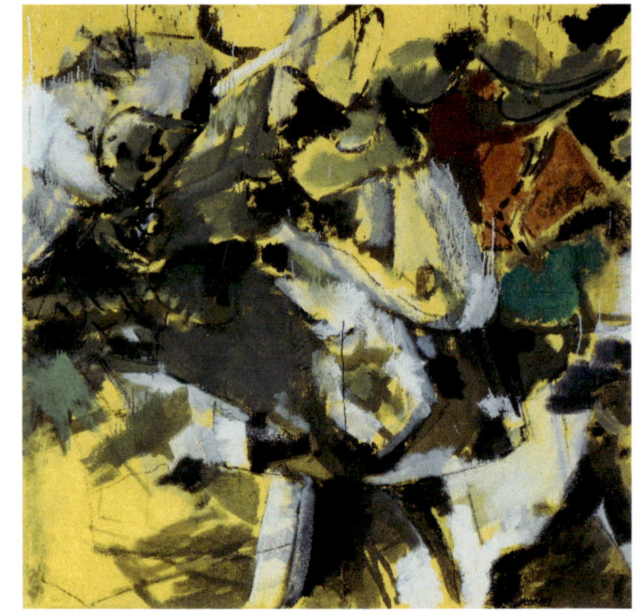

Bernd Koberling, **Unter Bäumen I**, 1978

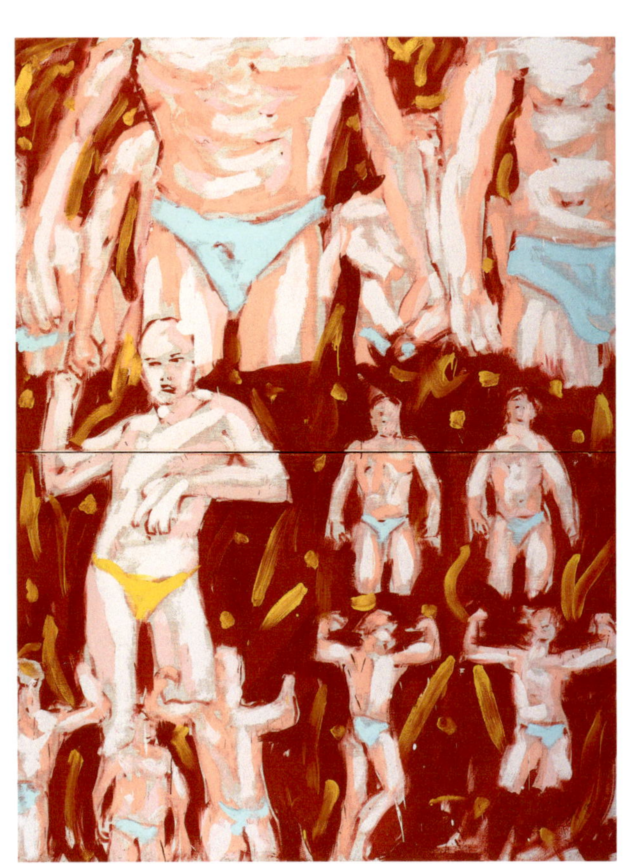

Salomé, **Bodies**, 1982

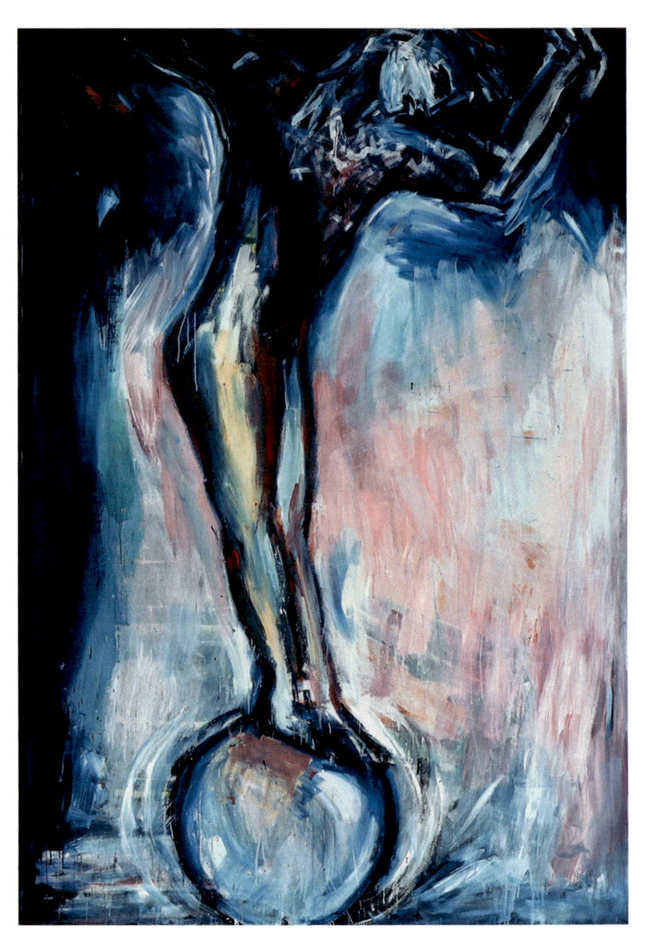

Helmut Middendorf, **Auf der Kugel**, 1983/1984

KLAUS: Time and again I have distinguished myself in my profession through unusual solutions and surprising impulses, and have achieved a great deal. In my perception this is the result of applied creativity. Engaging with art, and in particular my regular notes for Christmas gifts, all this liberates creative forces within me.

According to his own testimonies, engaging with art served as an experimental field for the development of his entrepreneurial abilities. For Doris and Klaus, collecting and their daily life with art seemed to be a way to social and personal definition.

Around 1977, sales exhibitions were held at the firm's new base in Cologne-Rath showing works by Michael Sulpice Schmidt-Stein and Klaus Bönnighausen, and Doris Schmidt—after participating briefly in a fashion store—made an attempt at being a gallerist. However, this venture was not continued. After further acquisitions at the forerunner of today's Art Cologne and through the mediation of a gallerist, there followed the first large acquisition in 1980—a canvas by Ernst Wilhelm Nay from his estate.

KLAUS: In my schooldays, I was introduced to the oeuvre of Ernst Wilhelm Nay, the great abstract artist of the post-war era. I loved the disk paintings, which appealed to my feeling of rhythm and sound, and it spurred my wish to own such an artwork. The mere idea of being able to own an original as I had seen in the museum was very exciting.

This work, like the works by Bönnighausen, was purchased in installments. In an interview, Doris Schmidt stressed that 'we in our circumstances have always bought too expensive works, works that we could actually not afford.' See "Listen to your Eyes", Leipzig 2009, 12 and "Das eroberte Museum," op. cit., 183 [own translation]. Klaus relativized this. Art had a function for him, and acquisitions were justified.

KLAUS: Through my professional insight into the art market I know, that some collectors push the experimental field of art to the limits: They delay payments, overreach themselves, have works delivered on approval which they then hold onto for too long before eventually returning them. I have always considered this as unreasonable pomposity; it has never played a role for me.

Klaus was not the kind of consumer who acquired an experience of self-efficacy through resistant behavior in a non-transparent market. He was interested in border-line experience, in achieving something through considerable effort, and in the opportunity to be unreasonable where art was concerned—an experience usually denied to a businessman and father. An inclination to explore limits is generally associated with creative personalities. Professionally, Klaus prepared to take a daring step at that time. The initial, just about acceptable, acquisitions at the beginning of his collecting activity—now a thing of the past—anticipated greater professional risks that did not lie in his hands alone.

das Gefühl, im Zusammenhang mit der Kunst, anders als im Beruf und als Familienvater, unvernünftig sein zu können. Das Ausloten von Grenzen wird als Eigenschaft kreativer Persönlichkeiten assoziiert. Beruflich hat Klaus in der Zeit zum großen Sprung angesetzt. Die gerade noch vertretbaren Ankäufe am Anfang der Sammeltätigkeit — später kam das nicht mehr vor — fungierten in gewisser Weise als Vorwegnahme großer beruflicher Wagnisse, die nicht nur von ihm selbst abhingen. Mut- und Kraftproben erscheinen als ein allgemeines Phänomen des Sammelns. Setzt man sich durch? Bekommt man etwas? In diese Kategorie gehört auch der Nervenkitzel der Auktion. Doris Schmidt besuchte in den 1970er- und 1980er-Jahren Auktionen und habe, so berichtet Klaus, Anfang der 1980er-Jahre für ein Rekordergebnis beim Kauf eines Karl Otto Götz' gesorgt. Dem Handelsblatt sei das damals die Notiz „Hausfrau ersteigert Götz zu Rekordergebnis" wert gewesen. Das zuvor besprochene Budget wurde deutlich überschritten. Eine Mutprobe nach außen und innen also.

Das tastende Sichumsehen, das Erproben der Kräfte auf dem Kunstmarkt bei wachsender Prosperität lassen die Menge der Artefakte in den 1980ern rasch anwachsen. Die Ankäufe finden häufig an Orten statt, die nicht der Hauptwohnsitz sind: Berlin, Campione, Düsseldorf, Hamburg, Luzern, St. Gallen. Die Anschaffung einer Salomé-Leinwand bei Zwirner 1982, einer Serie von Markus Lüpertz bei „Der Spiegel" und von Willing-Skulpturen bei Wilbrand 1987 in Köln waren Ausnahmen. Selbstzeugnissen von Klaus ist zu entnehmen, dass dies nicht vordergründig damit zu erklären ist, dass man nur in den Ferien gekauft habe, sondern dass man gerade nicht im eigentlichen sozialen Umfeld als Kunstkäufer auftreten wollte. Die Selbstdefinitionsversuche wurden anderenorts unternommen. Entsprechend passt die Bekanntschaft mit Wolfgang Henze und Ingeborg Henze-Ketterer 1979 ins Bild. Ein Zweitwohnsitz in der Schweiz von 1975 bis 1991 ermöglicht die Intensivierung der Anbindung an international agierende Galerien. Die Kunst des Expressionismus, die Inhalte der schulischen Befassung mit bildender Kunst spielen hier noch eine Rolle. Zunehmend geht es jedoch um die Kunst der eigenen Zeit.

Der Bezug eines ersten eigenen Hauses in Köln 1983 befördert das Selbstbewusstsein, und man tritt bei einem objektiv noch sehr überschaubaren Bestand von gut 100 Arbeiten (überwiegend Grafiken) initiiert durch Leihgaben soeben erworbener Arbeiten der Berliner „Neuen Wilden" 1983 bereits als Sammlung Schmidt-Drenhaus auf. Der Geburtsname der Ehefrau wird zur Individualisierung genutzt. Das Schwanken zwischen dem Bedürfnis nach Positionierung und dem Inkognitobleiben wird sich wie ein roter Faden durch die Sammlungsgeschichte ziehen. Namentliche Leihgaben, öffentliche Ehrenämter von Klaus, Reden und Publikationen, Ausstellungen der Sammlung und publik gemachte Schenkungen stehen dem wiederkehrenden Statement entgegen, man sei nicht Sammler, sondern Kunstliebhaber und habe sich auch in Dresden noch (also bis weit in die 1990er-Jahre, Anmerkung der Verfasserin) inkognito bewegt Doris Schmidt in „Das eroberte Museum", Leipzig 2011, 183. Gleichzeitig mutmaßen Klaus und Doris, man habe wegen des Namens Schmidt bestimmte Arbeiten nicht angeboten bekommen, die Kunst sei zugeteilt worden, man habe nicht dazugehört.

Märkte werden von der Angst (nicht dabei zu sein) und der Gier (dabei sein zu wollen) befeuert.

Courage and tests of power seem to be a general phenomenon of collecting. Can one assert oneself? Can one get something? The thrill of bidding at auction also belongs in this category. In the 1970s and 1980s, Doris Schmidt participated in auctions and as Klaus reports, once won a record bid for a work by Karl Otto Götz; accordingly the "Handelsblatt" noted: "Housewife buys Götz at auction with record bid." The previously agreed upon budget had clearly been exceeded. An internal and external test of courage!

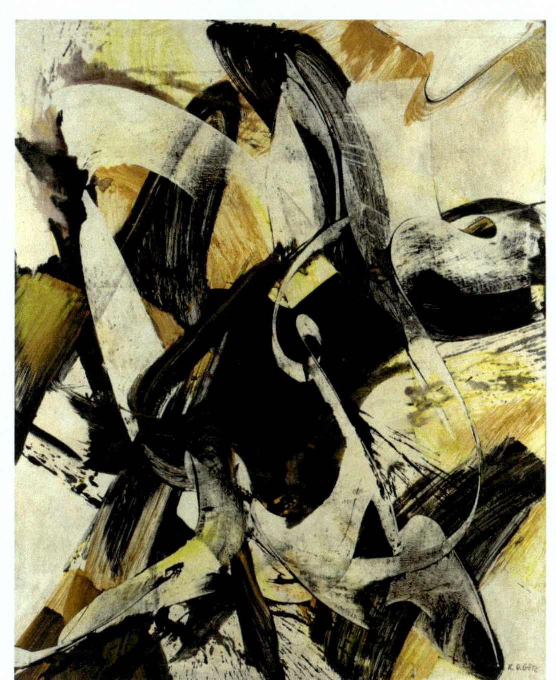

Tentatively looking around, testing one's power on the art market during a period of growing prosperity allowed the quantity of artefacts to accumulate quickly in the 1980s. The acquisitions often occurred in places that were not the primary residence: Berlin, Campione, Düsseldorf, Hamburg, Lucerne, and St. Gallen. The purchase of a canvas by Salomé from Zwirner in 1982, a series by Markus Lüpertz from Der Spiegel gallery, and Martin Willing sculptures from Wilbrand gallery in Cologne in 1987 were exceptions.

Klaus's self-testimonies reveal that these purchases could not be explained as purchases during vacations; the fact was that he did not want to appear as a buyer in his actual social environment. Attempts to define himself took place elsewhere. This tallies with his acquaintance with Wolfgang Henze and Ingeborg Henze-Ketterer in 1979. An additional residence in Switzerland from 1975 to 1991 facilitated connections to galleries that operated internationally. Expressionist art, what had been learned at school about the fine arts, still played a role here, although his interest focused increasingly on the art of his own time.

Moving into the first owned house in 1983 was a boost to self-confidence. In the same year, initiated by lendings of newly acquired works of the Berlin "Neue Wilden", the objectively rather modest number of approximately 100 works (mostly prints) was named the Collection Schmidt-Drenhaus. The wife's maiden name was used as a way of individualizing it. Oscillating between the need to position themselves and staying incognito remained a theme throughout the entire history of the collection. Identified lendings, Klaus's honorary positions, speeches and publications, the exhibitions of the collection and publicly announced donations stood against the repeated statement that one was not a collector but rather a connoisseur of art and even in Dresden Author's comment: thus well into the 1990s. had continued to operate incognito. Doris Schmidt in "Das eroberte Museum", op. cit., 183. At the same time, Klaus and Doris surmised that certain works were not offered to them because of the name Schmidt; the art had been allotted and they had not been included.

Markets run on fear (of not participating) and on greed (about wanting to participate).

Bei den meisten Konsumgütern folgen Rechtfertigungen. Klaus und seine erste Frau positionierten sich deutlich und anlasslos, dass Eigentum verpflichte „Listen to your eyes", Leipzig 2009, 7. und dass Sammler einen gesellschaftlichen Auftrag hätten a. a. O., 8. Dies legt nahe, dass die hedonistischen Motive der Leidenschaft mindestens mitbewusst sind. In meiner Generation, siehe Julia Stoscheks Selbstzeugnis, wird das nicht als Problem identifiziert. Sammler können heute offenbar gleichrangige, vielschichtige und dabei teilweise sogar widersprüchliche Motivationen als Eigenschaft komplexer Systeme besser nebeneinander stehen lassen. Das mag auch darin begründet sein, dass Sammeln seinen exklusiven Charakter weitgehend verloren hat und weniger erklärungsbedürftig ist. In der Generation, die heute auf Jahrzehnte des Sammelns zurückblickt, spielen moralische Bedenken und — weiter gefasst — Rollenkonflikte noch eine weithin sichtbare Rolle. Doris Schmidt wurde 2005 von Eberhard Havekost porträtiert. Das Bild heißt „Inkognito" und wurde in der Ausstellung der Sammlung in Leipzig 2009 gezeigt. Der Zeitungsartikel zum Tod von Doris Schmidt Dresdner Neueste Nachrichten, 08.01.2014. zeigt sie vor ihrem Porträt und bebildert das Spannungsfeld.

Die Garagen neben dem ersten eigenen Haus werden abgerissen, es wird ein Ausstellungsraum errichtet: die „Halle". Schon dieser erste eigene Ausstellungsraum ist (auch) getrennt vom Wohnbereich zu betreten. Durch die Präsenz des Wohntraktes, offensichtlich ein Einfamilienhaus in einer Wohngegend, bleibt der Raum aber sichtbar einer privaten Neigung geschuldet.

Die 1980er sind die erste Hochphase der Sammeltätigkeit. Die Kunst hat in dieser Zeit verschiedene Funktionen. Neben der gesellschaftlichen Definition dient sie auch dem Unternehmen. Da klassische Werbung Steuerberatern standesrechtlich nicht gestattet war, wurde die Kunst als Kommunikationsmittel genutzt, um das Verbot zu unterlaufen. Daneben war der Kontakt zur Kunstwelt aus persönlichen Motiven wichtig. Klaus hatte während der Zeit im Finanzamt berufsbegleitend studiert. In der Kunstwelt der „Neuen Wilden" in Berlin ließ sich so etwas wie ein Studentenleben nachholen. Die Kinder waren zu dem Zeitpunkt Teenager und blieben in Köln. Das Buch „Hunger nach Bildern" Wolfgang Max Faust, Gerd de Fries, Köln 1982. illustriert das damalige Lebensgefühl. Die Editionen, die Papiere waren zu still. Das Pendeln zwischen der ernsthaften Stellung als Familienvater, der sehr fordernden Arbeit und dem Eintauchen in die Kunstwelt setzte wie jedes Doppelleben enorme Energien frei. In den 1980ern waren die Zusammenkünfte nach Ausstellungseröffnungen häufig ausgelassene Gelage und sind in keiner Weise vergleichbar mit den formellen Sammleranlässen heute. Man konnte den Eindruck gewinnen, dazuzugehören. Klaus war selbst nicht mehr künstlerisch aktiv. Er entwarf zwar Einrichtungsgegenstände (zum Beispiel Möbel und Teppiche), pflegte eine kalligrafische Schrift und verwirklichte ab 2000 Gebäude für Wohn- und Arbeitszwecke

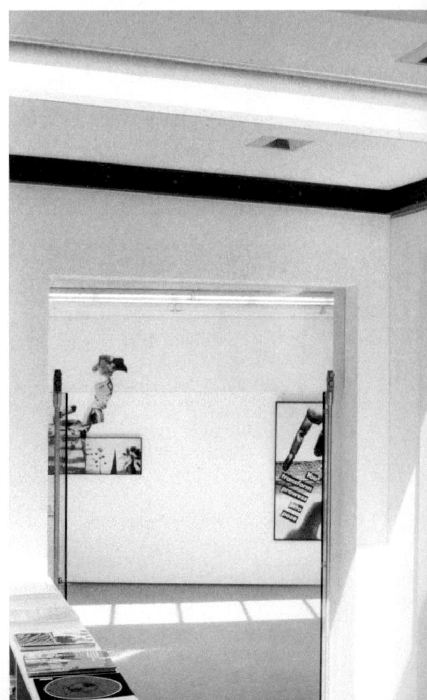

For most consumer goods excuses are made. Klaus and his first wife positioned themselves clearly and without a particular reason; property creates obligation and collectors have a social responsibility. This suggests that one was at least aware of the hedonistic drives of passion. In my generation, as Julia Stoschek's self-testimony

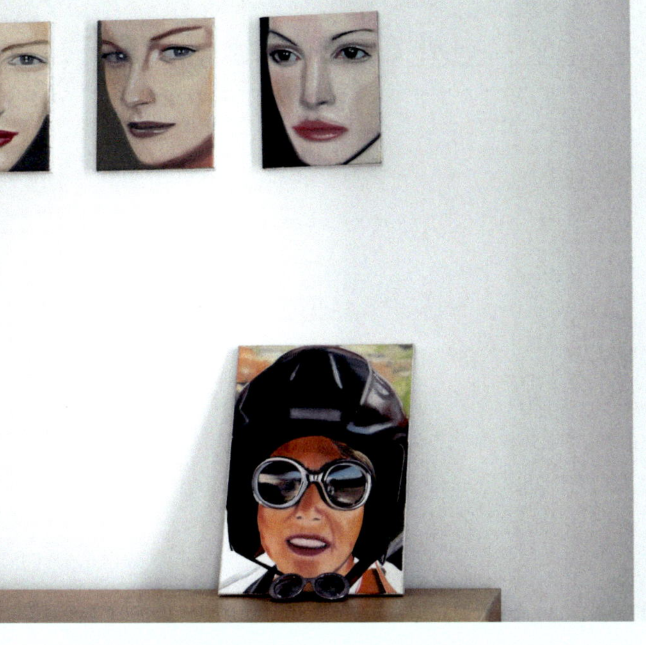

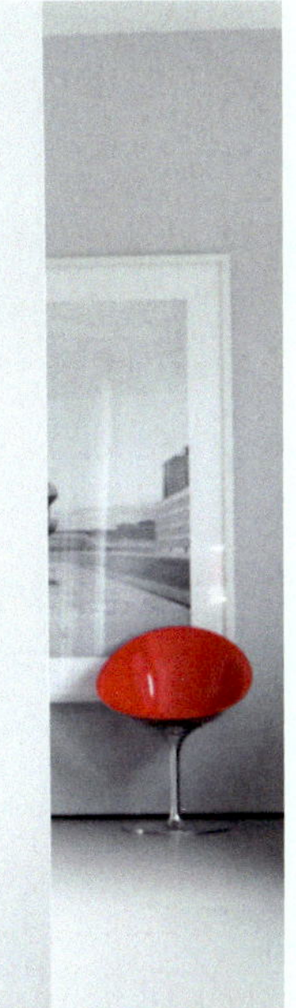

shows, this is not identified as a problem. Today, collectors can allow equal-ranking, multi-layered, and even contradictory motivations to coexist as attributes within complex systems. This might be because collecting has widely lost its exclusive character and requires much less explanation. In the generation which today looks back on decades of collecting, moral concerns and—understood more broadly—role conflicts are still seen as an issue. Eberhard Havekost painted a portrait of Doris Schmidt in 2005. The painting is entitled "Inkognito" and was presented in the collection's exhibition in Leipzig in 2009. The newspaper article on Doris Schmidt's death Dresdner Neueste Nachrichten, 01/08/2014. shows her in front of her portrait, illustrating the conflict in this area.

The garages next to their first house were demolished, and an exhibition space was constructed: the "Halle" [hall]. This first exhibition space already had an entrance separate from that of the living space. But since this was obviously a single-family home in a residential area, it clearly indicated that this was a private passion.

The 1980s were the first heyday of the collecting activity. The art at this time had various functions. Besides social definition it also served the firm. Since the rules of professional conduct prohibited tax consultants from using conventional commercial advertising, the art began to function as a means of communication to circumvent this ban. Contacts in the art world also remained important for personal reasons. During his time at the tax office, Klaus had successfully completed a study program. In the artistic environment of the "Neue Wilden" he finally had a chance to get a taste of student life. At that time, the children were teenagers and stayed in Cologne. The book "Hunger nach Bildern"

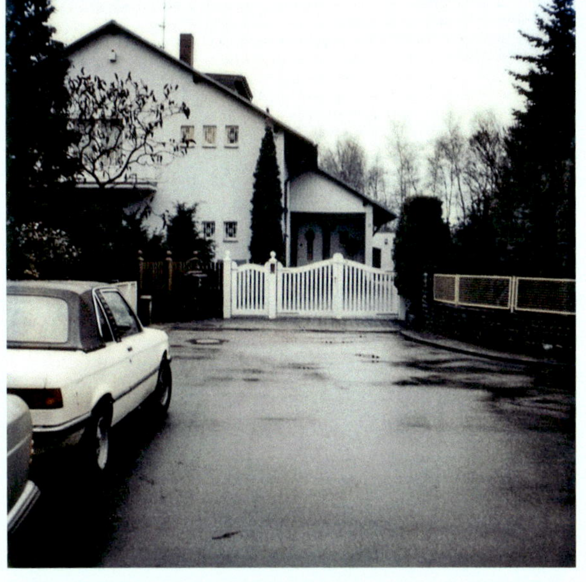

nach seinen Plänen. Freier künstlerischer Ausdrucksformen bediente er sich jedoch nicht mehr. Expressive Künstler erlebte er gleichsam als Stellvertreter in ihrer Lebensweise und in ihrer Kunst vgl. Wolfgang Ullrich, in diesem Buch, 16 f. Die entschiedene Teilnahme an diesem anderen Leben führt zu einem dynamischen Anwachsen des Bestandes in den 1980ern. Der überbordende berufliche Erfolg und die daraus resultierenden Geldmittel, der Mangel an freier Zeit und die Gier nach Leben ergaben das Klima, das die 1980er-Jahre nicht nur im Hause Schmidt, sondern im ganzen bürgerlichen Deutschland ausmachte: optimistisch und konsumfreudig. Ökologiebewegung, Rüstungskritik und Frauenemanzipation fanden in anderen soziologischen Umfeldern statt.

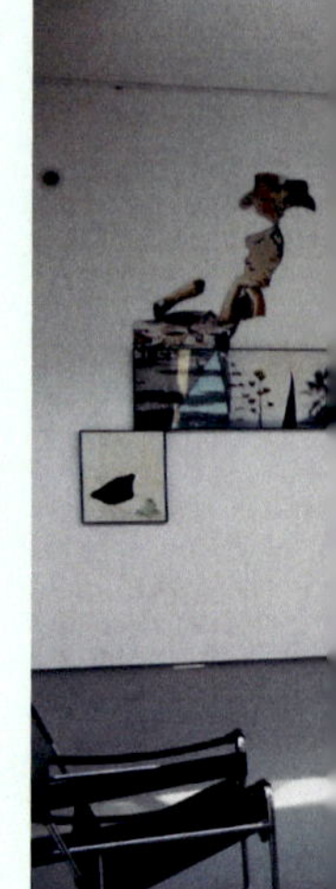

Ein weiterer Ausstellungsort kommt 1984 hinzu: eine umgebaute Scheune außerhalb Kölns, die großformatige Bilder der Berliner Szene aufnehmen konnte. Die „Mülheimer Freiheit" als lokale Größe spielte im Ergebnis keine Rolle. Weiter bewegte man sich dezidiert wenig auf dem heimischen Parkett. So wie andere Sammler sich Ferienhäuser in St. Tropez oder auf Ibiza als bereichernde Facette ihres Lebens zulegten, wurde neben dem Haus in der Schweiz auch im sogenannten Stall ein anderer Stil gepflegt als am ersten Wohnsitz. Während die Orte der beruflichen Tätigkeit und die „offiziellen" Wohnsitze sachlich und nüchtern sein sollten, wurde hier ein Refugium geschaffen für die Kunst und die Familie. Bis zum Verkauf 2010 fanden hier gemütliche Familienfeiern statt. Zu halböffentlichen Ausstellungen wurde in die „Halle" in Köln zum Beispiel zu Einzelausstellungen von Michael Irmer oder zu thematischen Gruppenausstellungen mit Tacita Dean, Martin Kippenberger, John Baldessari, Rosemarie Trockel und vielen anderen eingeladen. Reisen nach Ungarn 1986/1987 eröffneten einen Zugang zu der dortigen Kunst – sie finden sich als Zeugnisse in der Sammlung wieder (Ákos Birkás, István Nagel, László Mulasics). Die Kontakte nach Ungarn schliefen schließlich überwiegend wieder ein.

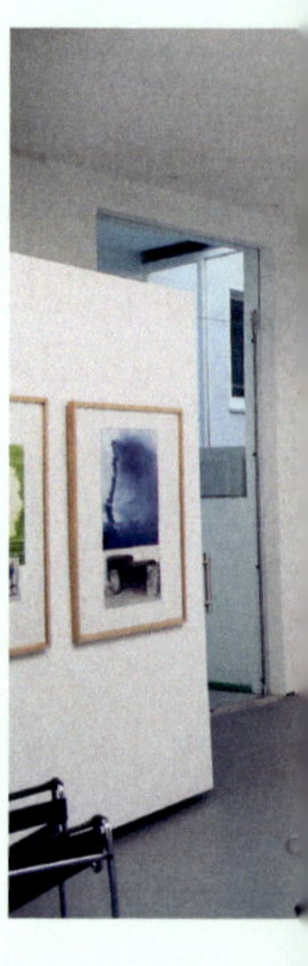

Die Rolle des Zaungastes eines wilden Künstlerlebens lief sich leer. Der Lebenshunger war auf Dauer so nicht zu stillen. Inhaltlich voneinander abweichend und zeitlich nicht präzise nachvollziehbar wendeten sich Doris und Klaus von den „Wilden" ab: Die Eheleute teilten die gleiche Enttäuschung. Die publizierte Kaufpause, die Marktentsagung und die völlige Verweigerung lassen sich mit der Papierform jedoch nicht übereinbringen. Für die Akteure ergab sich allerdings eine gefühlte Zäsur etwa Ende der 1980er-Jahre. Die Bekanntschaft mit Monika Sprüth eröffnet zu dieser Zeit den Zugang zu anderen Teilen des Kunstgeschehens. Daneben werden Kontakte zu weiteren Galeristen gut gepflegt: zum Beispiel zu Springer in Berlin, Grässlin in Frankfurt, Meyer in Karlsruhe und Knust (später mit Kunz) in München.

Die Sammlung wird seit den 1990er-Jahren internationaler und intellektueller mit Positionen wie Rosemarie Trockel (ab 1991 bis heute intensiv verfolgt), Thomas Scheibitz (ab 1997 bis heute), Jenny Holzer (1998), Cindy Sherman (1999), Louise Lawler (1999), Tony Cragg (1999), Frank Stella (2001), John Baldessari (2002), Jonathan Meese (ab 2003), Barbara Kruger (2004).

illustrates his feelings about life at the time. Editions and paperwork were too quiet. Swinging between the serious role of a family father, very demanding work, and immersion in the art world, like every double life, generated enormous energy. In the 1980s, convivial gatherings after exhibition openings often took place in the form of wild carousing, not to be compared with the formal collectors' gatherings of today. One could have the impression of belonging. Klaus was no longer artistically active, although he has since 2000 continued to design furnishings, tables and carpets for example, kept up his calligraphy, and buildings for both living and working have been built according to his own designs. However, he no longer engaged in free artistic forms of expression. He experienced expressive artists as surrogates, both in their lifestyle and in their art. The decisive participation in this other life resulted in the dynamic growth of the collection in the 1980s. The significant professional success and the resulting increase in financial funds, combined with a lack of free time, yet hunger for life, characterized the climate of the 1980s not only in the Schmidt house but everywhere in bourgeois Germany: it was a time of optimism and consumer-friendliness. The ecological movement, protests about arms, and the women's liberation movement were all occurring in different social settings.

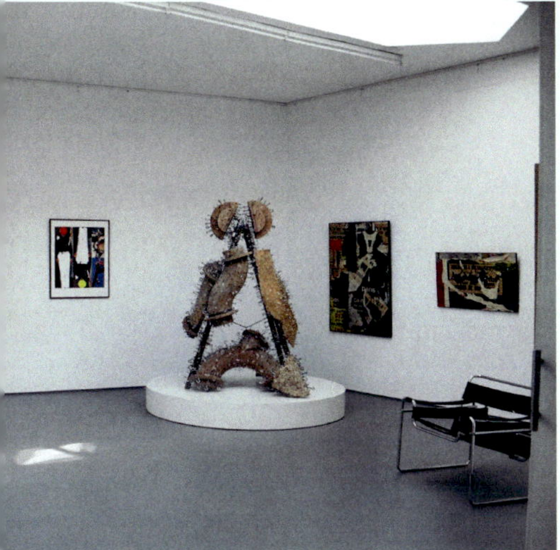

Another exhibition location was added in 1984: a converted barn outside Cologne, in which the large-format paintings from the Berlin art scene could be hung. The important "Mülheimer Freiheit," though locally accessible, was not represented to any significant degree. There was decidedly less activity on home turf. Just as other

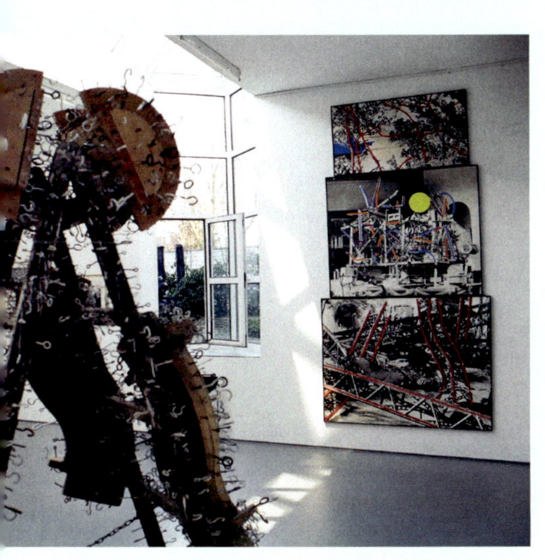

collectors bought vacation houses in St. Tropez or on Ibiza to enhance their lives, alongside the house in Switzerland he cultivated a lifestyle in the so-called "Stall" [stable] that was quite different from life in the primary residence in Cologne. While the professional locations and the "official" residences were kept stiff and formal, a refuge was created here for art and the family. Until its sale in 2010, all intimate family celebrations took place here. Invitations to semi-public exhibitions in the "Halle" in Cologne were issued, either solo ones, for example, for Michael Irmer or themed group exhibitions with Tacita Dean, Martin Kippenberger, John Baldessari, Rosemarie Trockel, and many others. Trips to Hungary in 1986/1987 opened access to Hungarian art, as can be witnessed in the collection (Ákos Birkás, István Nagel, László Mulasics). Eventually the contacts to Hungary ceased.

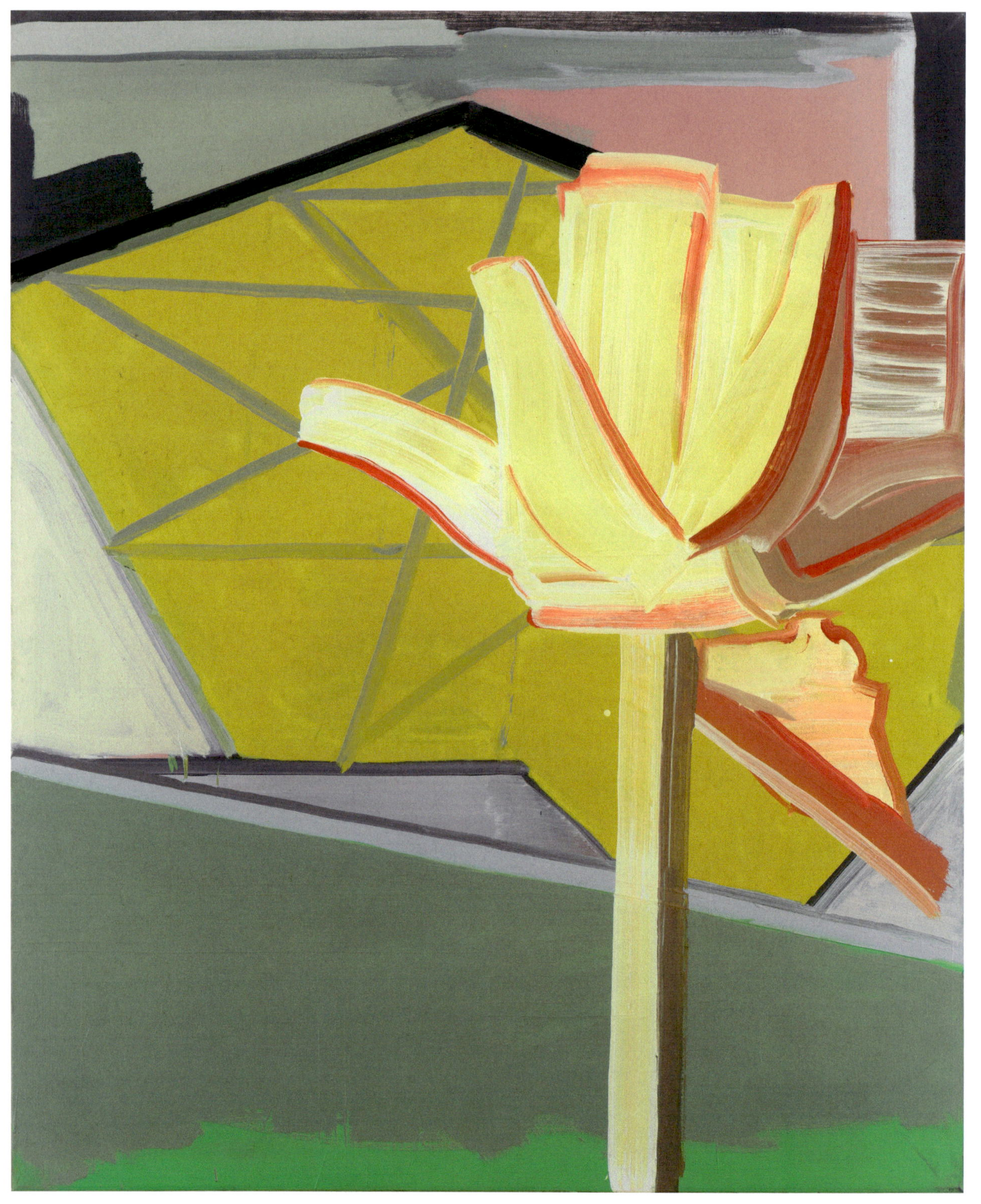

Thomas Scheibitz, o.T. (Nr. 51), 1996

The role of onlooker on the wild life of artists had run its course. In the long run, the hunger for life could not be satisfied in this way. While diverging in terms of content, Doris and Klaus turned away from the "Wilden": they shared the same sense of disappointment, but it is impossible to date the times precisely. The publicized interruption of sales and rejection of the market is not confirmed by the documentation, rather the opposite. There was a perceived break in the late 1980s. At that time, the acquaintance with Monika Sprüth opened up access to other parts of the art scene. Contacts to other gallerists were cultivated: for example to Springer in Berlin, Grässlin in Frankfurt am Main, Meyer in Karlsruhe, and Knust (later with Kunz) in Munich.

From the 1990s, the collection becomes more international and also more intellectual, as is reflected in the inclusion of such artists as Rosemarie Trockel (since 1991 and still intensely cultivated until today), Thomas Scheibitz (from 1997 until today), Jenny Holzer (1998), Cindy Sherman (1999), Louise Lawler (1999), Tony Cragg (1999), Frank Stella (2001), John Baldessari (2002), Jonathan Meese (since 2003), and Barbara Kruger (2004).

Quieter graphic positions received more attention and new positions were added to match, like Blinky Palermo's oeuvre (from 1993 until today) and Konrad Klapheck (2001).

Positions like Georg Baselitz (since 1979) and Markus Lüpertz (since 1986) were further extended. Klaus was nearing the age of 50. The firm was flourishing. The fall of the Berlin Wall whetted his appetite for adventure. The next deliberately chosen biographical turning-point after his retirement from public service, to entrepreneurship, lay ahead and would have a decisive influence on the collection. The possibility of sloughing off the old was seized: from May 1990, the enterprise expanded toward East Germany. The house in Cologne and the "Stall" remained unchanged, and starting in Dresden, with the security of being able to break off the venture any time, he dared to reinvent himself in East Germany. In this context, at some unverifiable time, the collection adopted the motto "Collect to curate." The term "curate" was interpreted in Harald Szeemann's sense: as the making of exhibitions. The original meaning of the word—caring and preserving—however, played a clearly subordinate role. As far as a conservatorial approach was concerned, from today's perspective the handling of art was surprisingly casual, but this is understandable: Art was a medium of communication, standing for a hunger for life and lust for freedom. There also was a lack of professional knowledge, which was not available at the time and was also not discussed in public. A sensibility for questions of conservation and knowledge of the appropriate approaches resulted later, with the exhibition of parts of the collection in the museum, and particularly from the collaboration with Wolfgang Holler, who at the time was director of the Kupferstichkabinett of the Staatliche Kunstsammlungen Dresden.

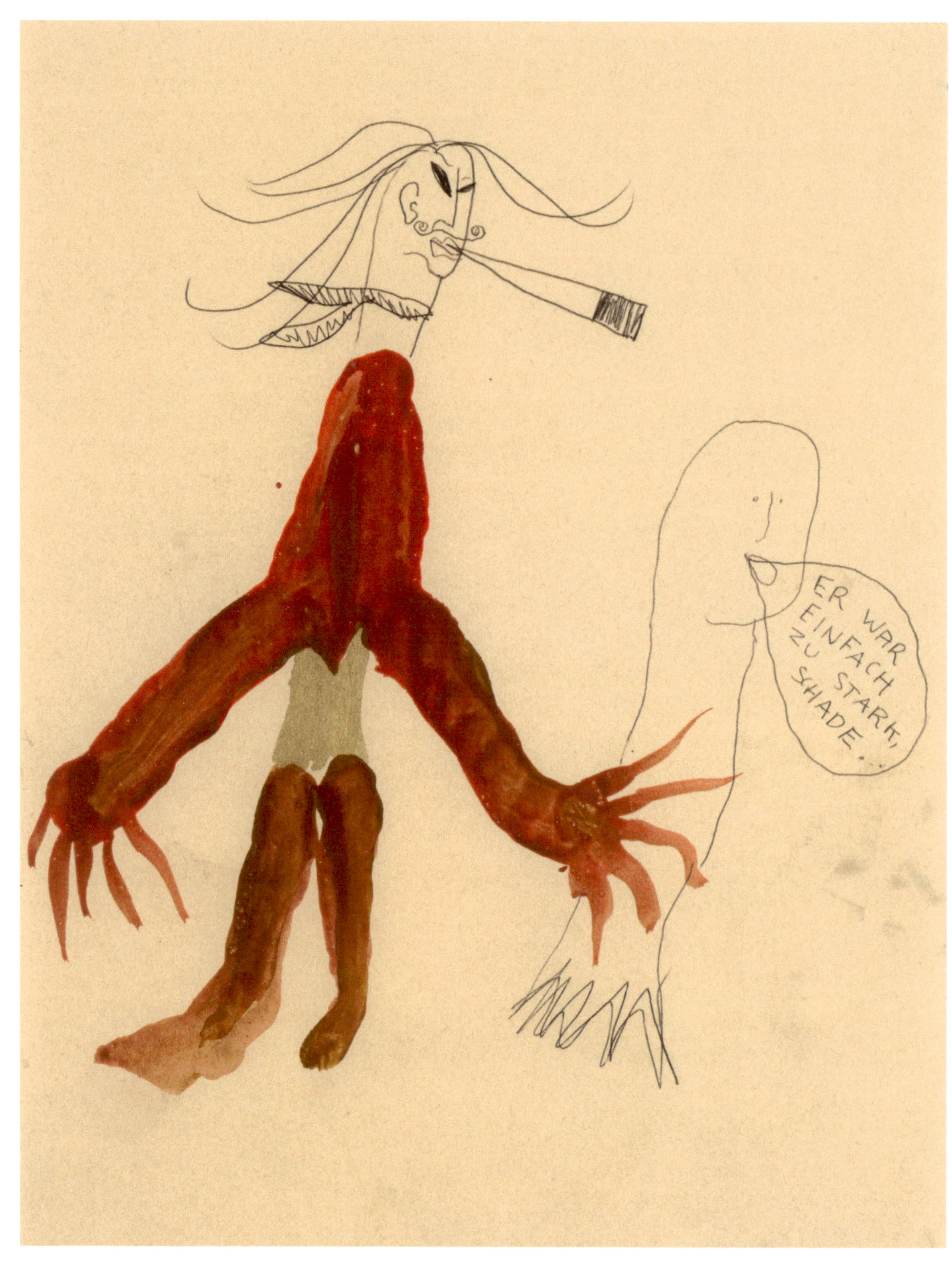

Jonathan Meese, o. T. (Er war einfach zu stark), 1995

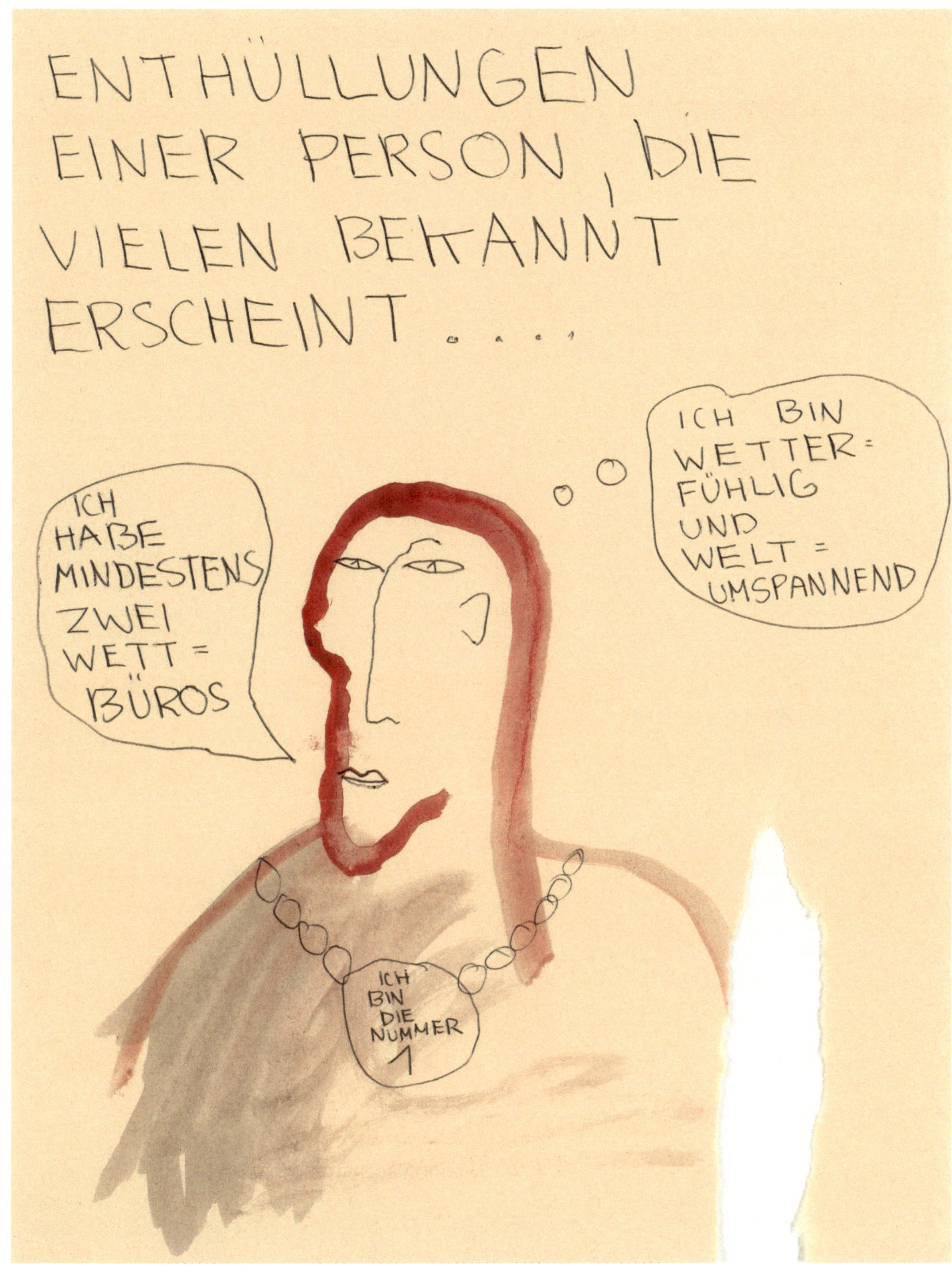

Jonathan Meese, o.T. (Enthüllungen einer Person), 1995

Stillere grafischere Positionen bekommen wieder mehr Aufmerksamkeit und neue entsprechende Positionen kommen hinzu wie das Werk von Blinky Palermo ab 1993 (bis heute) oder Konrad Klapheck (2001).

Daneben werden Positionen wie Georg Baselitz (seit 1979) und Markus Lüpertz (seit 1986) weiter ausgebaut. Klaus geht auf die 50 zu. Das Unternehmen floriert. Der Fall der Mauer entfacht in ihm die Abenteuerlust. Der nächste biografische, selbst gewählte Einschnitt nach dem Wechsel aus dem Staatsdienst zum Unternehmertum steht an, der die Sammlung entscheidend prägen wird. Die Möglichkeit, sich zu häuten, wird ergriffen: Das Unternehmen wird ab Mai 1990 in Richtung Ostdeutschland erweitert. Das Haus in Köln und der „Stall" bleiben unverändert bestehen, und in Ostdeutschland, von Dresden aus, wird mit der sozialen Sicherheit, jederzeit abbrechen zu können, eine neue Selbstfindung betrieben. Zu einem ungeklärten Zeitpunkt in diesem Zusammenhang gibt sich die Sammlung das Motto: <u>Sammeln, um zu kuratieren.</u> Der Begriff des Kuratierens wird im Sinne Harald Szeemanns verstanden: als das Machen von Ausstellungen. Die eigentliche Wortbedeutung — Pflegen und Erhalten — spielt hingegen eine deutlich untergeordnete Rolle. Der Umgang mit der Kunst war unter konservatorischen Gesichtspunkten aus heutiger Sicht erstaunlich unbekümmert, ist aber gut zu verstehen: Kunst war Kommunikationsmittel, sie stand für Lebenshunger und die Gier nach Freiheit. Daneben fehlte es schlicht an Fachwissen, das damals nicht verfügbar war und auch nicht öffentlich diskutiert wurde. Sensibilität für Fragen des Erhaltes und die entsprechenden Kenntnisse ergaben sich später mit der Ausstellung von Sammlungsteilen im Museum und speziell aus der Zusammenarbeit mit Wolfgang Holler, der damals Leiter des Kupferstichkabinetts der Staatlichen Kunstsammlungen Dresden war.

KLAUS: Ich habe nie gekauft, um Werte zu erhalten, oder gar über Verkäufe Wertsteigerungen zu erzielen. Der Wert lag für mich in der Freude am Kunstwerk.

Im Kuratieren, im performativen Umgang mit der Kunst, wird die Vorstellung eigener Kreativität ausgelebt. Die Leidenschaft für die Kunst ist, laut einem undatierten Selbstzeugnis von Klaus, zwar auch der Bewunderung der Leistung anderer geschuldet, aber vorrangig geht es ihm um den eigenen Schaffensdrang. Das Depot wurde als Ideenpool gesehen und sollte als ein Wörterbuch für eine eigene Sprache bereitstehen. Entsprechend waren Leihgaben konfliktbehaftet. Denn Leihgaben waren ein wichtiges Kommunikationsmittel und eine Möglichkeit der Selbstwirksamkeitserfahrung; sie beraubten den Ideenpool gleichzeitig jedoch des Vokabulars. Hinzu kam der Verwaltungsaufwand, der von Klaus neben der Arbeit betrieben

KLAUS: I never bought in order to receive value, or even to make a profit through sales. For me the value lay in the pleasure derived from the artwork.

E

The idea of his own creativity is lived out in curating and in the performative treatment of the art. The passion for art does, according to an undated testimony by Klaus, also admittedly owe something to admiration for the achievement of others, but primarily it is always about Klaus's own creative urge. The art store was considered a pool of ideas and had to stand ready as a dictionary for a language of one's own.

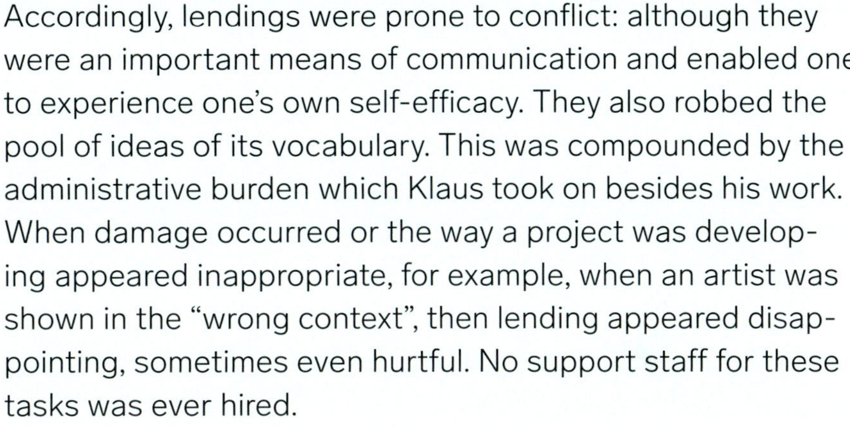
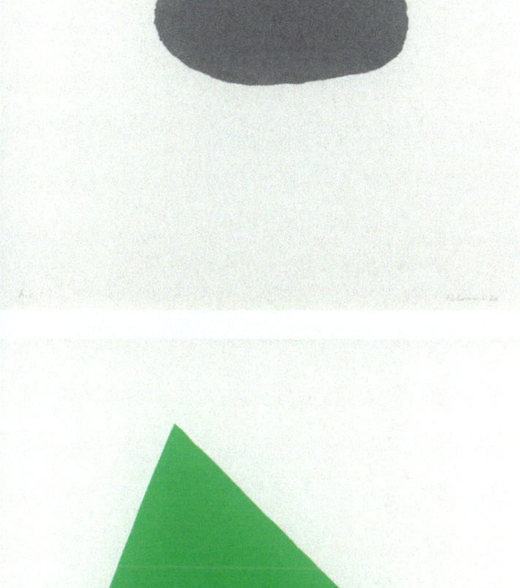

Accordingly, lendings were prone to conflict: although they were an important means of communication and enabled one to experience one's own self-efficacy. They also robbed the pool of ideas of its vocabulary. This was compounded by the administrative burden which Klaus took on besides his work. When damage occurred or the way a project was developing appeared inappropriate, for example, when an artist was shown in the "wrong context", then lending appeared disappointing, sometimes even hurtful. No support staff for these tasks was ever hired.

KLAUS: The desire for the permanent presence of all the wonderful things that we like to see is what makes the collector.

The opinion that a critical number of artefacts have to be available to let works "resonate" with each other (various self-testimonies by Klaus) was postulated. This attitude served as the unique characteristic and as justification for accumulating art over many other associated motives. A temperamental discourse over installations was a determining factor in the way the spouses Doris and Klaus dealt jointly with art. Klaus in "Das eroberte Museum", op. cit., 185. In general, Doris Schmidt kept in the background. Ralf Lehmann, cf. Obituary, Dresdner Neueste Nachrichten, ibid. Apart from controversies kindled between paintings, harmony and "resonance" (as mentioned) were sought between individual works—especially at public presentations. The artists who were presented together were supposed to like the ideas (self-testimony Klaus). These performative hangings can also be seen as a highly ritualized, typical battle of the sexes. However, art was promise, and the way it was dealt with was illustrated by aphorisms. In this context, contradictions were not understood as disturbing, but rather as a sign of vitality (cf. above, in contrast to the self-conception of the collector). While the expressive gesture lost importance in the acquisitions, it was always lived out in the exhibition practice for the entire duration of their life together. The sometimes seemingly innocent appropriation of artworks for impulsive curatorial ideas appears a bit strange today. However, is not every artwork robbed of its singularity when it is included in a collection? Is not each

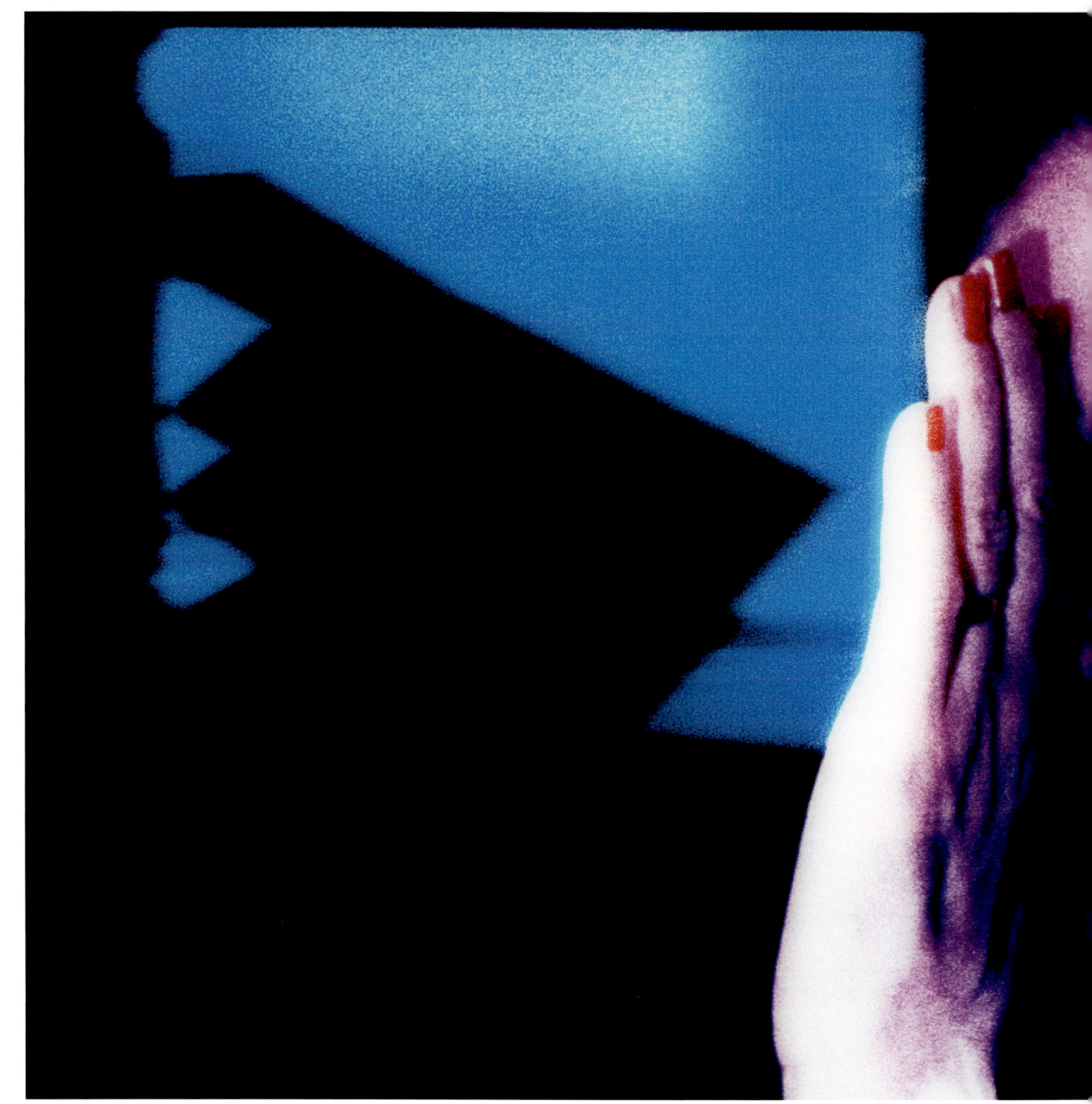

Katharina Sieverding, **Weltlinie**, 1999

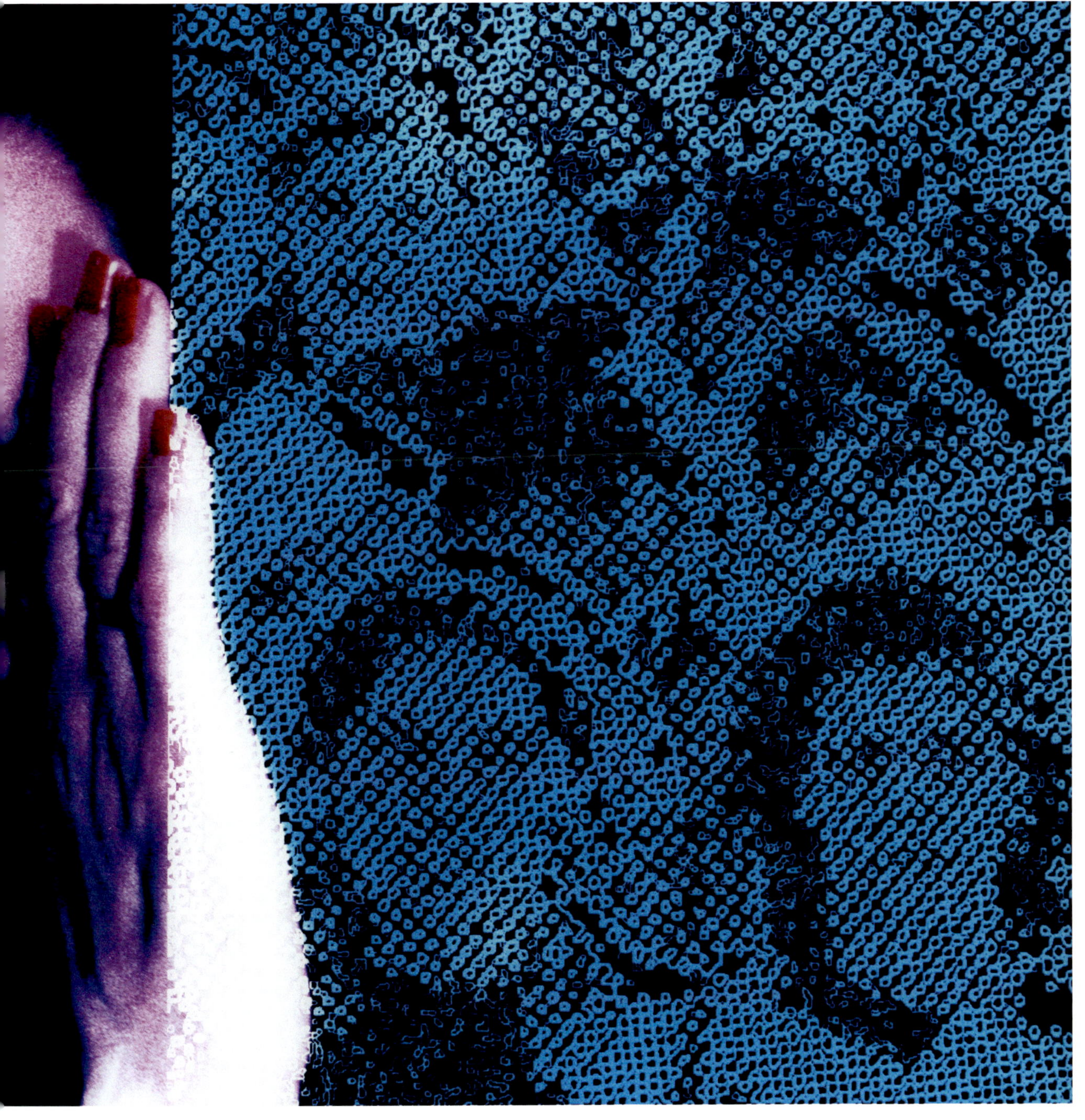

wurde. Kam es zu Schäden oder zu als unpassend empfundenen Projektverläufen, zum Beispiel, wenn ein Künstler im ‚falschen Kontext' gezeigt wurde, erschien der Leihverkehr als unerfreulich, mitunter sogar als verletzend. Angestelltes Personal gab es für diese Aufgaben zu keinem Zeitpunkt.

KLAUS: Das Verlangen nach dauerhafter Gegenwart all der wunderbaren Dinge, die zu sehen uns beglücken, macht den Sammler aus.

Die Auffassung, dass eine kritische Masse von Artefakten im Haus sein muss, um Werke miteinander „klingen" zu lassen (verschiedene Selbstzeugnisse von Klaus), wurde postuliert. Diese Haltung diente als Alleinstellungsmerkmal und als Begründung, um Kunst — vor vielen anderen mitschwingenden Motiven — anzuhäufen. Der temperamentvolle Diskurs um die Hängungen war bestimmendes Merkmal des gemeinsamen Umgangs der Eheleute Klaus und Doris mit der Kunst Klaus in „Das eroberte Museum", Leipzig 2011, 185. Allgemein hielt sich Doris Schmidt im Hintergrund Ralf Lehmann / vgl. Nachruf Dresdner Neueste Nachrichten, a. a. O. Neben dem Streit, der zwischen den Bildern entfacht werden sollte, wurde — speziell bei öffentlichen Präsentationen — Harmonie und „Klang" (wie erwähnt) zwischen den einzelnen Arbeiten gesucht. Die miteinander gezeigten Künstler sollten die Ideen mögen (Selbstzeugnisse Klaus). Die performativen Hängungen können auch als typischer Kampf der Geschlechter mit hoch ritualisiertem Charakter gelesen werden. Jedenfalls war die Kunst Verheißung, der Umgang mit ihr von Aphorismen bebildert. Widersprüche wurden in diesem Zusammenhang nicht als störend, sondern als Zeichen von Vitalität empfunden vgl. oben, im Unterschied zum Selbstverständnis als Sammler. Während die expressive Geste in den Ankäufen an Bedeutung verlor, wurde sie in der Ausstellungspraxis über den gesamten Zeitraum des gemeinsamen Lebens stets gelebt. Die bisweilen unschuldige Vereinnahmung künstlerischer Werke für impulsive kuratorische Ideen mutet heute etwas befremdlich an. Ist aber nicht jedes Werk seiner Singularität beraubt, wenn es in eine Sammlung einsortiert wird? Ist nicht jede Kontextualisierung Wertung und Vereinnahmung? Wer soll bestimmen, wie viel davon erlaubt sein soll? Wo aber ist die Ideenwelt des Künstlers eine wichtige Bereicherung, die aufgegriffen werden soll? Die Sehnsucht nach dem künstlerischen Gesamtkonzept schlägt sich in dem Wunsch nieder, nicht nur einzelne Arbeiten von Künstlern zu erwerben, sondern Serien (große Serien: Günther Förg, Eberhard Havekost, Tacita Dean, Georg Baselitz, Thomas Schütte, Rosemarie Trockel …).

Entsprechend war die Haltung zum persönlichen Umgang mit Künstlern nicht unproblematisch. Die Entscheidung für oder gegen eine Arbeit sollte frei sein und fand deshalb im Schutz der Galerie statt. Die Erfahrung, dass die Kunst von der Person überlagert wird, sollte vermieden werden vgl. „Listen to your Eyes" Leipzig 2009, 15; gleichlautend für sich selbst: Olbricht in Ridler, a. a. O., 227. Vielleicht war der eingehaltene Abstand zu den Künstlern auch ein Sicherheitsabstand: Es gab ja immer noch den Verlust, das eigene Schöpferische nicht ausgelebt zu haben. Zudem sollte das einzelne Werk in die kuratorische Idee passen. Manches wollte man gar nicht so genau wissen (Klaus in einem Selbstzeugnis). Doch die Strahlkraft von aphoristisch pointierten

contextualization assessment and appropriation? Who is to decide how much of this is to be allowed? Where does the artist's world of ideas constitute an important enrichment that should be picked up on? The longing for an overall artistic concept can be seen in the desire to purchase not only individual works by artists but series (large series: Günther Förg, Eberhard Havekost, Tacita Dean, Georg Baselitz, Thomas Schütte, Rosemarie Trockel …).

Accordingly the attitude to personal contact with artists was not unproblematic. The decision for or against a work was supposed to be free and therefore took place under the protection of a gallery. The experience that the person is superimposed on the art was supposed be avoided. Cf. "Listen to your Eyes", op. cit., 15; identical for himself: Olbricht, in: Ridler, "Privat gesammelt — öffentlich präsentiert", op. cit., 227. Perhaps the distance kept from artists was also precautionary: the loss of not having lived out one's own creativity was still there. Moreover, the individual work had to fit the curatorial concept. And there were things one didn't really want to know entirely (Klaus in a self-testimony). Yet the radiance of aphoristically trenchant curatorial ideas tended to lessen and this was countered with additional acquisitions. At times, ideas that emerged by looking at works were not realized, they only happened in the head (self-testimony Klaus). But the momentum of acquisition as a ritual continued to play a specific role. As in other collections, the stories invoked by individual works are narratives of acquisition. Larger cycles in the collection can be explained through the ceremonial act of acquisition. Feeling was supposed to be evoked one more time.

It was rarely the case that artists were bought after turning-points in their creative work (exceptions for example were Rosemarie Trockel, Bernd Koberling, and Günther Förg). The collection's tendency toward single works owes much to the pleasure of creating with art and the desire to make exhibitions, to curate, to change the hanging.

To a certain extent, the polarity between closeness and distance in relation to the artists was resolved through different categories of artists. This phenomenon can be observed in many collections. "House artists" (i.e. artists with whom a close contact, often friendship, is established and who rarely belong to the "canon") stand alongside positions which are named "official" (examples of house artists are Stefan Szczesny and Michael Irmer).

The departure from the heroic gesture occurred in Dresden. The environment was less characterized by material possessions. Under the regime of the former GDR the intellectual elite had withdrawn into the private sphere. The people of that city had not yet become prosperous. Klaus bought the first work by Rosemarie Trockel in December 1991 and in doing so rang in a new phase of collecting. Diverging, without proof, in "Listen to your Eyes", op. cit., 14.

In contrast to the Rhineland, where the collection was one among many, a unique feature could be developed here. Doris Schmidt accompanied her husband. As a woman without a profession, she was a social outsider in East Germany, but

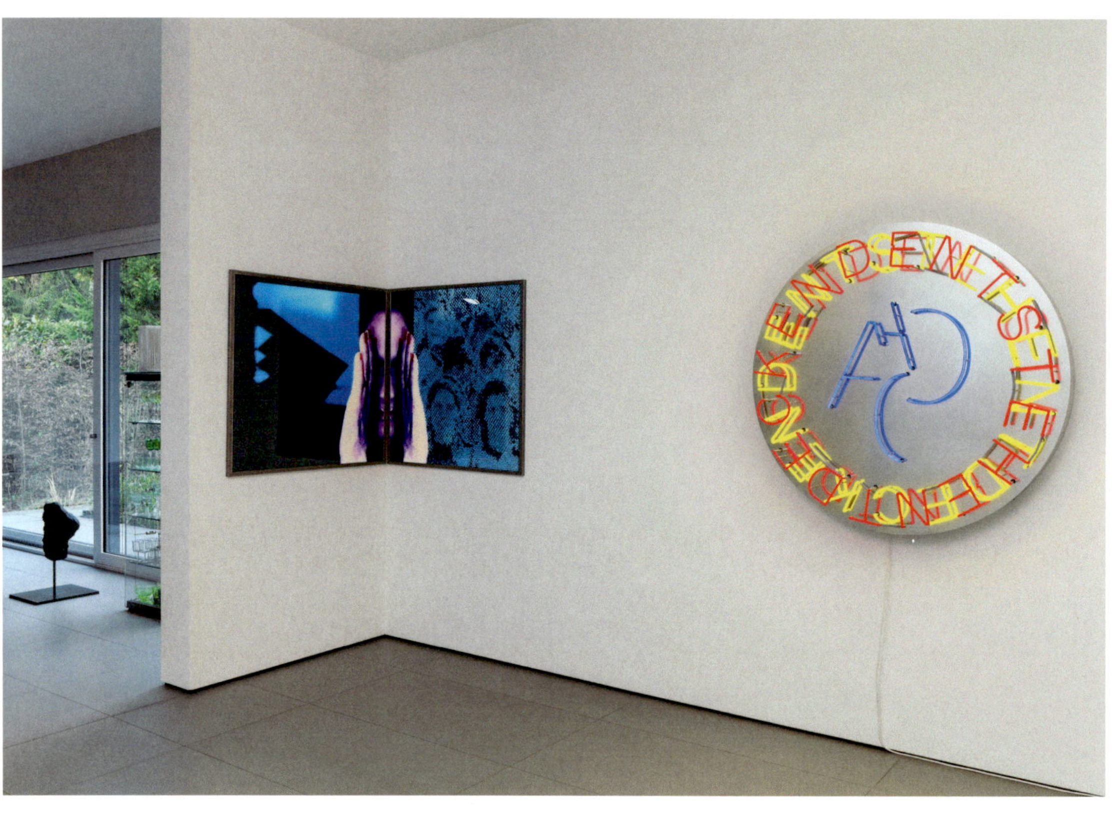

Unterschiedliche Hängungen / Various installations of Katharina Sieverding, Walhallstraße Köln 2016 mit Ferdinand Kriwet, Curriculum vitae, 2013, Foto: Saša Fuis

Am Stachelshäuschen Köln 2006 mit Eberhard Havekost, Foto: Werner Lieberknecht

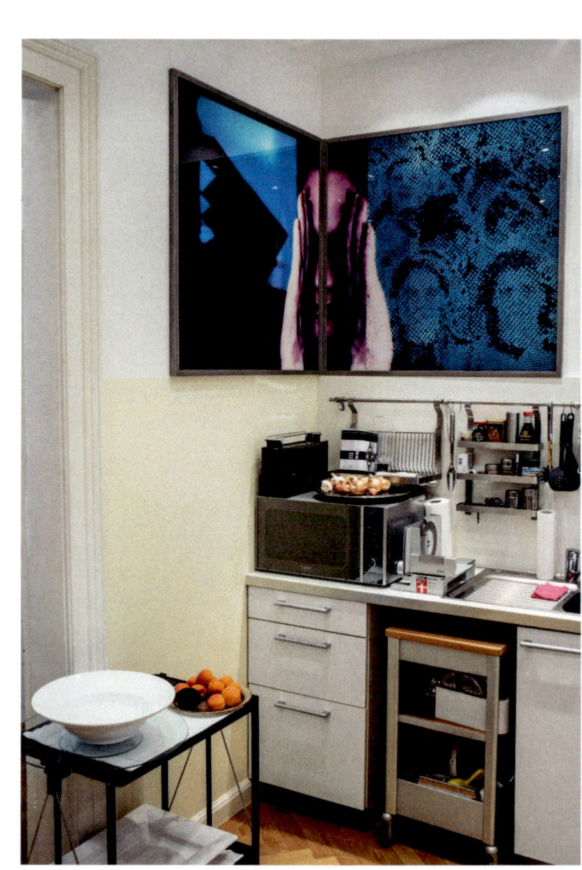

Bartensteingasse Wien 2017, Foto: Werner Lieberknecht

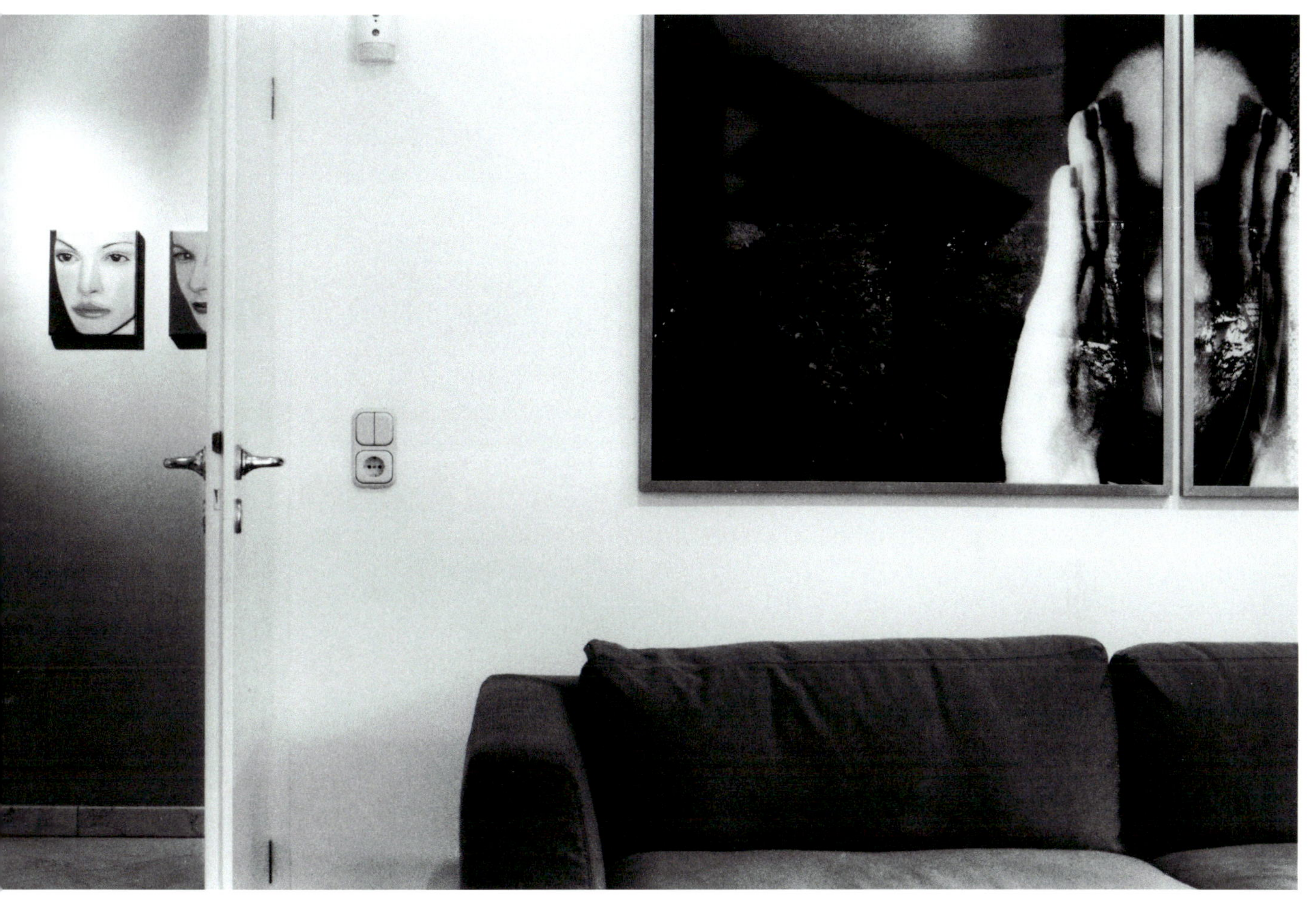

Louis-Braille-Straße Dresden 2002,
Katharina Sieverding – Cindy Sherman –
Jürgen Klauke. Foto: Klaus F. K. Schmidt

kuratorischen Ideen nutzt sich ab. Dem begegnete man durch Zukäufe. Ideen, die beim Anblick der Arbeiten entstanden, wurden bisweilen nie umgesetzt, sie fanden nur im Kopf statt (Selbstzeugnis Klaus). Aber das Moment der Anschaffung als Ritual spielte eine besondere Rolle. Die beschworenen Geschichten einzelner Arbeiten sind Ankaufsgeschichten wie bei anderen Sammlungen auch. Größere Zyklen in der Sammlung lassen sich auch über den zeremoniellen Akt der Anschaffung erklären. Das Gefühl sollte noch einmal provoziert werden.

Dass Künstler über Werkeinschnitte hinweg nachgekauft wurden, ist seltener zu beobachten (Ausnahmen sind zum Beispiel Rosemarie Trockel, Bernd Koberling und Günther Förg). Die Einzelwerkbezogenheit der Sammlung ist der Lust am Gestalten mit den Bildern geschuldet und dem Wunsch, Ausstellungen zu machen, zu kuratieren, umzuhängen.

In gewisser Weise wurde die Polarität von Nähe und Distanz im Verhältnis zu Künstlern durch verschiedene Kategorien von Künstlern gelöst. Das ist ein Phänomen, das bei vielen Sammlungen zu beobachten ist. „Hauskünstler" (also Künstler, mit denen enger, oft freundschaftlicher Umgang gepflegt wird und die selten zum ‚Kanon' gehören) stehen neben den Positionen, die ‚offiziell' benannt werden (Beispiele für Hauskünstler: Stefan Szczesny, Michael Irmer).

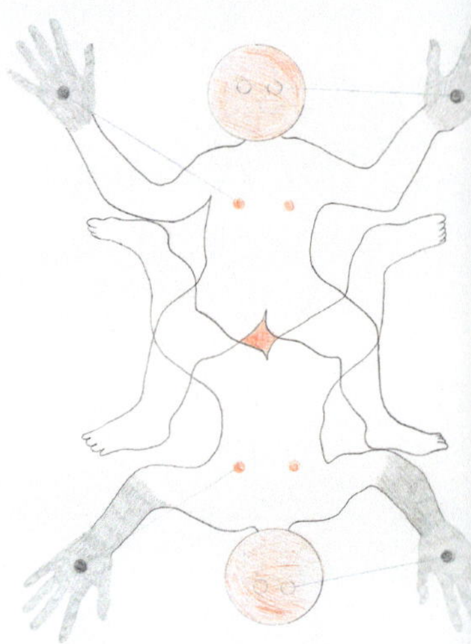

Der Abschied von der heroischen Geste bot sich in Dresden an. Das Umfeld war weniger geprägt von materiellem Besitz. Die intellektuelle Elite hatte sich in der Zeit der DDR ins Private zurückgezogen. Die Prosperität der geborenen Dresdner sollte erst noch entstehen. Die erste Arbeit von Rosemarie Trockel kauft Klaus im Dezember 1991 und läutet gleichsam eine neue Phase der Beschäftigung mit Kunst ein abweichend, ohne Beleg in „Listen to your eyes", Leipzig 2009, 14.

Im Unterschied zum Rheinland, wo man eine Sammlung unter vielen hatte, konnte hier ein Alleinstellungsmerkmal ins Auge gefasst werden. Doris Schmidt begleitete ihren Mann. Obwohl sie in Ostdeutschland als Frau ohne Berufstätigkeit eine gesellschaftliche Außenseiterin war, überwogen offenbar die Vorteile des Abenteuers — der Ortswechsel ermöglichte eine Neuerfindung, er schuf die Möglichkeit, sichtbar zu werden. Aus den angedachten „paar Jahren" sollten über 20 werden. Die Schmidts waren nicht die einzigen, die sich in Dresden etablieren wollten und dabei — vielleicht — unschuldig einen kolonialen Stil (mit der Kunst) pflegten. Die Sammlung Hoffmann kam ebenfalls in den 1990ern aus dem Westen und plante sogar ein eigenes Museum, zog jedoch unverrichteter Dinge wieder ab. Mit dem von Klaus entworfenen Geschäfts- und Ausstellungshaus auf der Louis-Braille-Straße in Dresden wurde 2000 ein Raum geschaffen, der untergeordnet Wohnzwecken diente und zeitweise der Öffentlichkeit zugänglich war. Die Hoffmanns bezogen in Berlin ein Wohn- und Ausstellungsgebäude und entschieden sich für einen Betrieb mit festen Führungen. Die Schmidts initiierten mit Freunden und Weggefährten

the advantages of the adventure obviously prevailed—the change of scene facilitated reinvention, it provided the opportunity to become visible. The projected "few
years" became more than twenty. The Schmidts were not the only ones wanting to
establish themselves in Dresden, and in that process—perhaps innocently—cultivated a colonial style. The Sammlung Hoffmann [Hoffmann Collection] also arrived
from West Germany in the 1990s, even planning its own museum, but left without
having achieved this. In 2000 Klaus designed the business and exhibition house on
Louis-Braille-Straße in Dresden, creating a space which served subordinately as a
living space and was occasionally open to the public. The Hoffmanns moved into a
residential and exhibition building in Berlin, operating it with guided tours. Together
with friends and companions (Stefan Heinemann, Peter Herbstreuth, and Jens
Zander) the Schmidts initiated a series of discussions known as "Forum für die Kunst
der Gegenwart" [Forum for Contemporary Art]. Both initiatives were a reference to
salon culture, though consciously turning away from it in the way they were operated.
The intimacy connected with the bourgeois/artistic salon was to be made objective
(Klaus Schmidt) and channeled (Doris Schmidt). Cf. "Listen to your Eyes", op. cit., 20. The architectural structure of the house in Dresden allowed people to enter the art space
without seeing the private living quarters. The inhabitants themselves were obliged
to walk through the exhibition space in order to reach the Spartan, uncomfortable,
private rooms. Klaus's idea behind this was that in that way the art would be noticed
several times a day. Life in a "white cube" fulfilled the dream of participation in the
art scene, the idea of a gallery space liberated from everything. It was not supposed
to be a living museum (unlike the Collection Hahnloser, for example). Cf. Ridler, "Privat
gesammelt – öffentlich präsentiert", op. cit., 46.

Brian O'Doherty As quoted in Hans-Ulrich Obrist, "Ways of Curating", London 2014, 29.: "An image comes
to mind of a white, ideal space that, more than any single picture, may be the archetypal
image of twentieth-century art … Some of the sanctity of the church, the formality of
the courtroom, the mystique of the experimental laboratory joins with chic design to
produce a unique chamber of esthetics."

On several levels it was about 'proper' dealing with art. Even purchases in
galleries can be seen as a 'tamed' approach. Etikette, Anstand, Ordnung seien zu beobachten beim Kauf
in der Galerie, statt im Atelier [Etiquette, decency, order should be observed in purchases from a gallery rather than in a studio]:
Siegfried Gohr, "Sammlung Garnatz", Karlsruhe 1996, 50.
In the 2000s, the number of acquisitions intensified: Klaus had by and large
withdrawn from the operational business and the new house provided exhibition space.
The close connection with the program of Sprüth Gallery on the one hand and the local
connection to Dresden/East Germany on the other played an important role here. After
the phase of the artist as representative figure now followed a more intellectual dispute
with the world—about political topics, reserved genres, and transcendence in a larger
sense. In addition, Klaus was interested in graphical, architectural, and modern lyrical
positions that correspond particularly well with his personal inclinations and which
reflect his artistic alter ego.

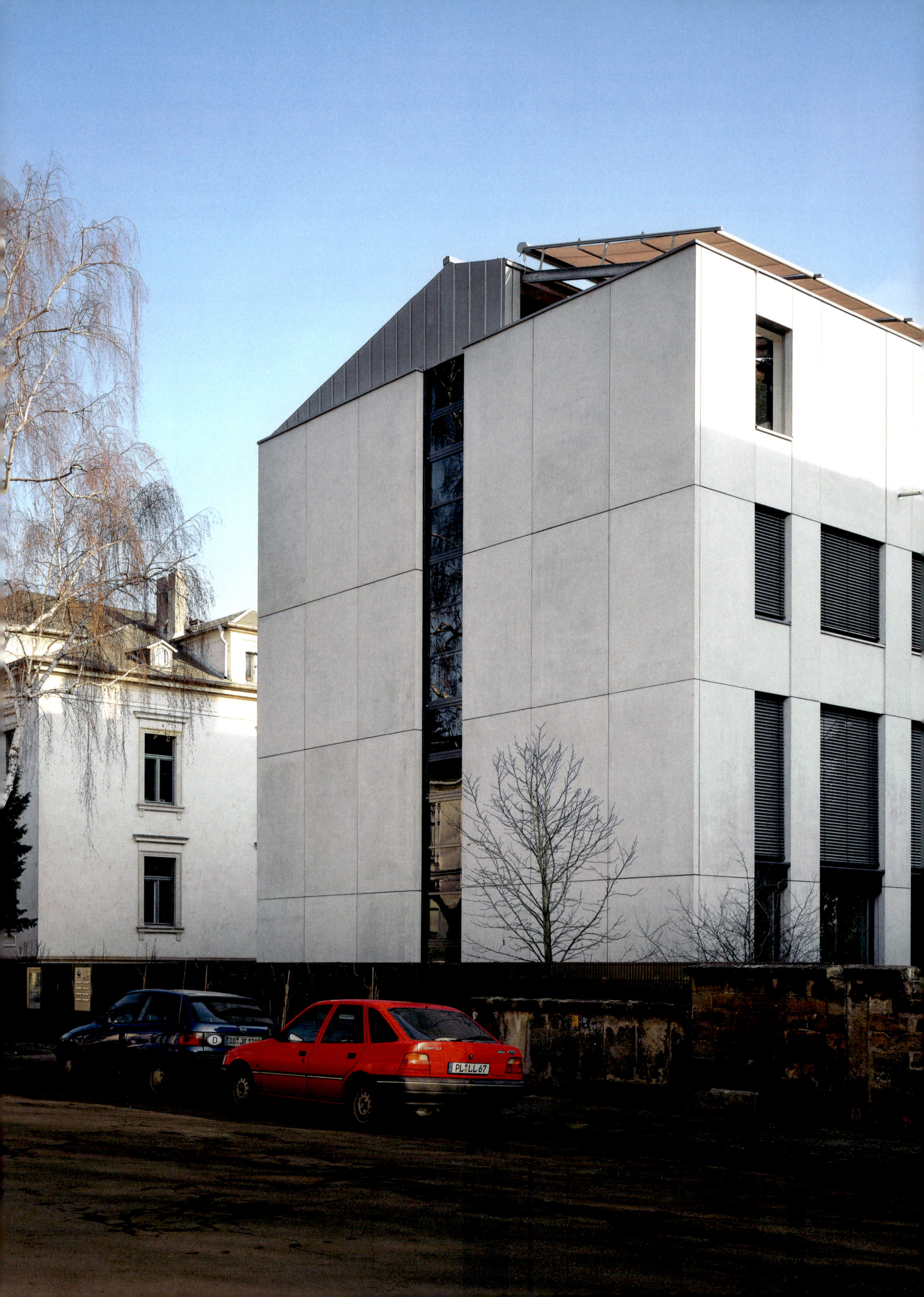

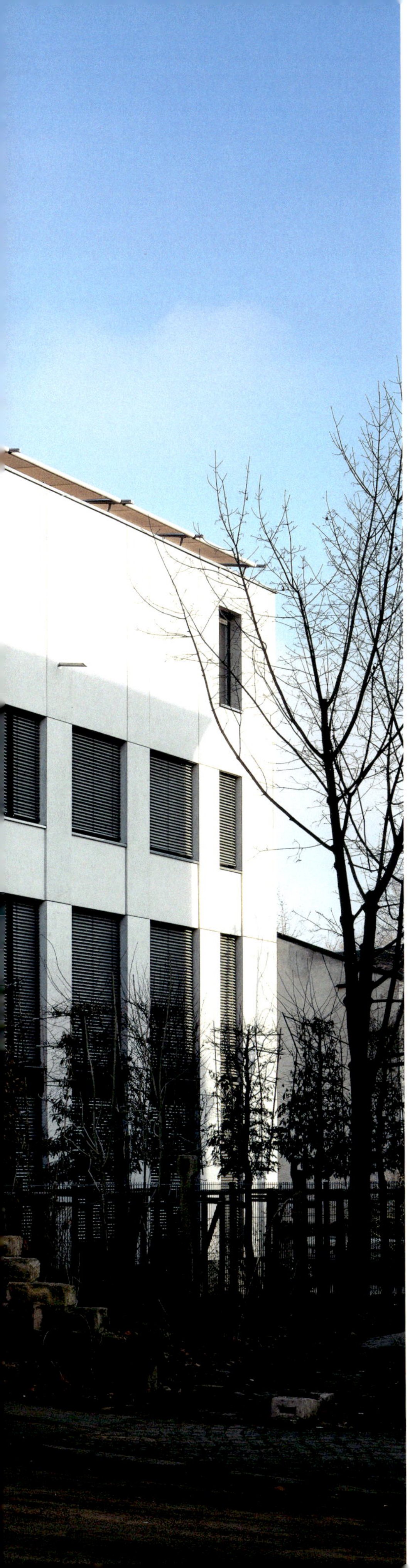

Louis-Braille-Straße Dresden 2001, Foto: Tomas Riehle

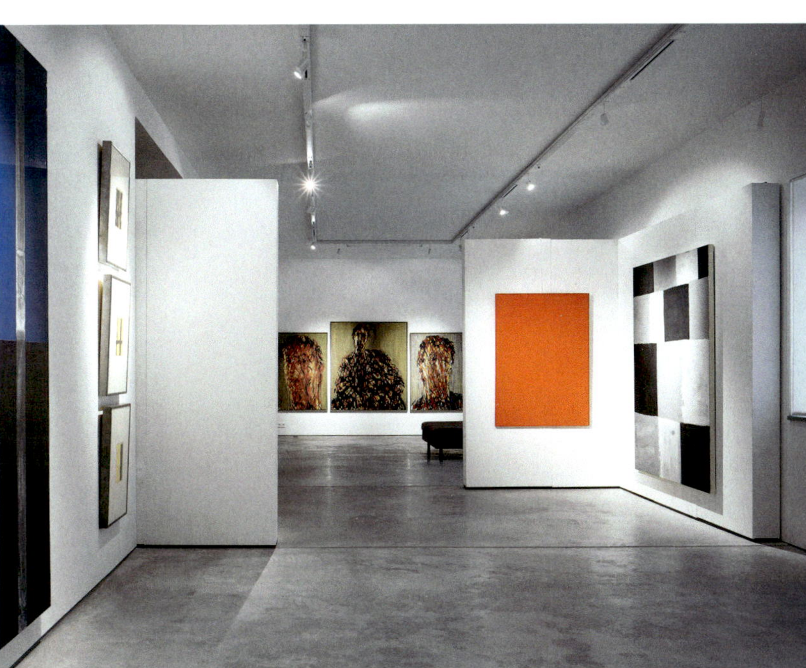

Louis-Braille-Straße Dresden 2001, Günther Förg – Max Uhlig – Karl Horst Hödicke – Günther Förg, Foto: Tomas Riehle

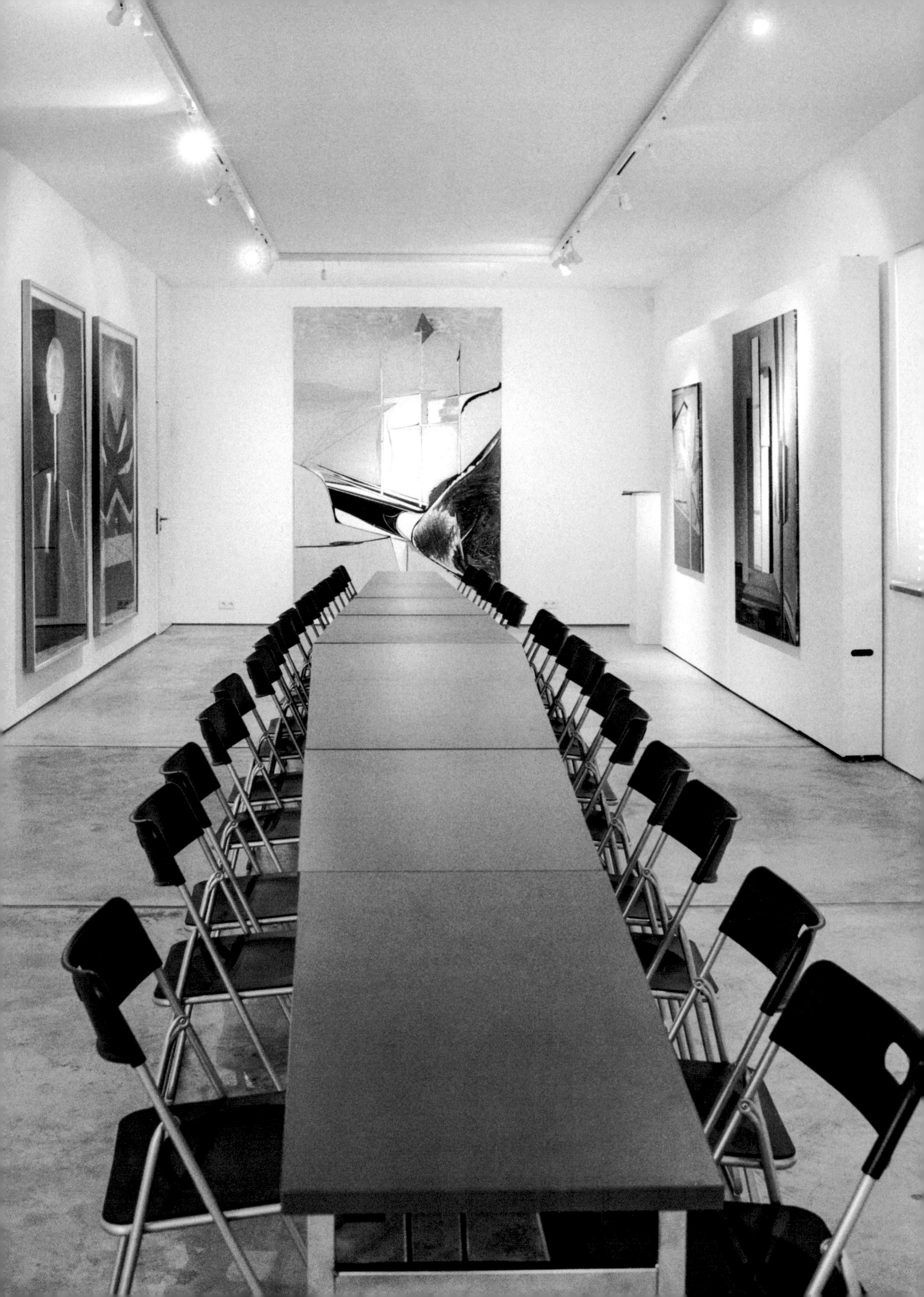

Hermann Glöckner, Eberhard Havekost, Max Uhlig, Carsten Nicolai, Helmut Federle, Markus Draper, Konrad Klapheck, Imi Knoebel, Martin Eder, Frank Stella, Ferdinand Kriwet, Blinky Palermo, Frank Nitsche, Olaf Holzapfel …

Photography begins to play an increasingly important role through an understanding of the possibilities of visual expression through this medium.

Cindy Sherman (since 1999), Jürgen Klauke (since 1999), Thomas Demand (since 2000), Candida Höfer (since 2000), Thomas Ruff (2002) …

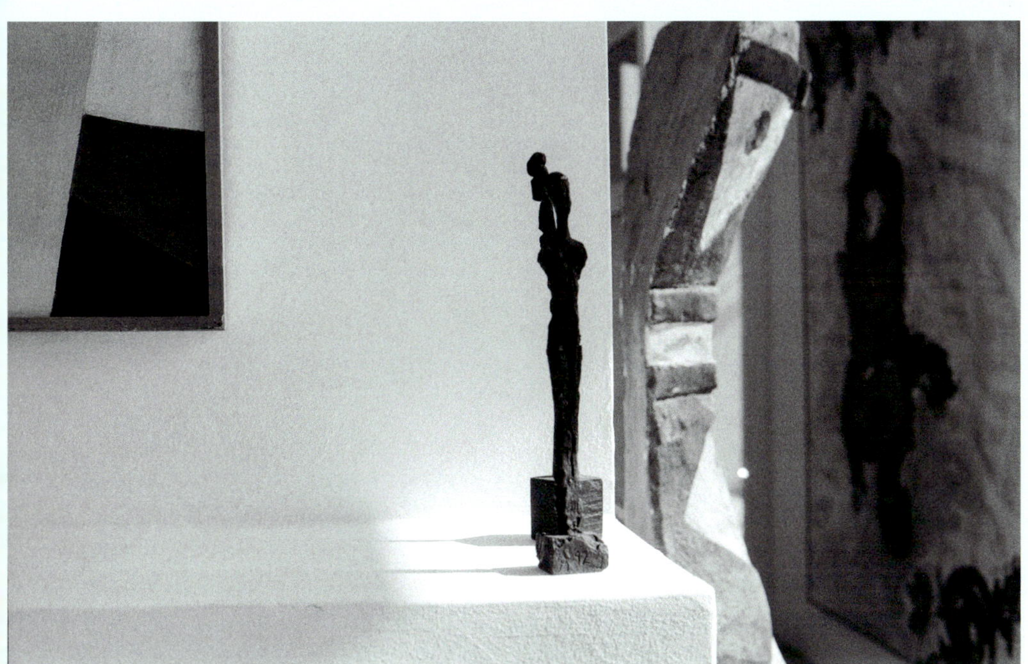

Louis-Braille-Straße Dresden 2000er-Jahre, Georg Meistermann – Frank Maasdorf – Michael Irmer – Georg Baselitz, Foto: Werner Lieberknecht

Public exhibitions—detached from their spaces—in museums in Dresden (2006) and Leipzig (2009) promoted a self-perception of being established. In this context the foundation associated with the collection was established in 2006. It incorporated the "house artists" in order to keep together items that were less relevant in the market. There was and is no plan to incorporate the entire collection.

After public exhibitions that were accompanied by publications (such as Dresden und Leipzig above), the further exhibition planned for 2010 at the Staatliche Kunstsammlungen Dresden was cancelled due to exhaustion, and preparations were made for a shift of life focus toward Cologne.

In 2009, after extended negotiations, Klaus had bought a property in Cologne and immediately began to plan a museum-like house.

KLAUS: For more than twenty years, I always considered Dresden as the exciting, pleasant center of my life. And yet I wanted to go further. The project "Aufbruch Dresden" [Departure for Dresden] was followed by the project "Sammler in Köln" [Collector in Cologne].

Louis-Braille-Straße Dresden 2007, Setting: Forum für Kunst in der Gegenwart, Thomas Scheibitz, Foto: Werner Lieberknecht

(Stefan Heinemann, Peter Herbstreuth und Jens Zander) eine Diskussionsreihe, die als „Forum für die Kunst der Gegenwart" bezeichnet wurde. Beide Initiativen beziehen sich auf die Salonkultur, wenden sich aber in der Durchführung davon ab. Die Intimität, mit der man den bürgerlichen/künstlerischen Salon verband, sollte versachlicht (Klaus Schmidt) und kanalisiert (Doris Schmidt) werden beide in „Listen to your Eyes", Leipzig 2009, 20. Die bauliche Struktur des Hauses in Dresden sorgte dafür, dass der Raum für die Kunst begehbar war, ohne dass privates Wohnen wahrgenommen werden konnte. Die Bewohner selbst mussten absichtsvoll durch den Ausstellungsraum gehen, um zu den klösterlich unkomfortablen privaten Räumen zu gelangen. Die Idee von Klaus war, dass die Kunst so auf jeden Fall mehrmals am Tag wahrgenommen wurde. Mit dem Leben in einem „white cube" erfüllte sich dabei der Traum von Teilhabe am Kunstgeschehen, die Idee des von allem befreiten Galerieraums. Ein Wohnmuseum sollte es gerade nicht sein wie zum Beispiel in der Sammlung Hahnloser, vgl. Ridler, a. a. O., 46.

Brian O'Doherty zitiert nach Obrist, „Kuratieren", München 2014, 42: „Es steht einem ein weißer, idealer Raum vor Augen, der mehr als jedes Gemälde als archetypisches Bild der Kunst des 20. Jahrhunderts gelten kann … Etwas von der Heiligkeit der Kirche, der Förmlichkeit des Gerichtssaals, der Mystik des Versuchslabors verbindet sich mit dem eleganten Design, um einen einzigartigen Ort der Ästhetik hervorzubringen."

Auf mehreren Ebenen ging es also um einen „anständigen" Umgang mit der Kunst. Auch der Kauf in Galerien kann als „gezähmter" Umgang gelesen werden Etikette, Anstand, Ordnung seien zu beobachten beim Kauf in der Galerie, statt im Atelier, so Siegfried Gohr in „Sammlung Garnatz", Karlsruhe 1996, 50.

In den 2000er-Jahren wurde intensiv gekauft, denn Klaus hatte sich aus dem operativen Geschäft weitgehend zurückgezogen und das neue Haus bot Ausstellungsraum. Die enge Verbindung zum Programm der Galerie Sprüth einerseits und die lokale Anbindung an Dresden/Ostdeutschland andererseits

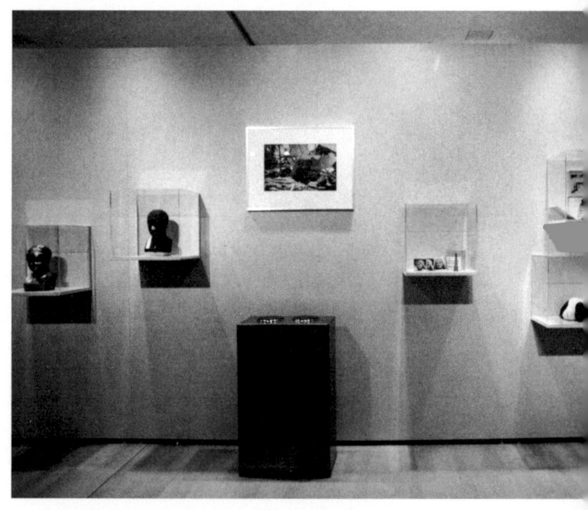

spielen hier eine große Rolle. Nach der Phase des Künstlers als Stellvertreter geht es nun inhaltlich um eine intellektuellere Auseinandersetzung mit der Welt, um politische Themen, um stillere Genres, um Transzendenz im weiteren Sinne. Daneben befasste sich Klaus mit grafischen, architektonischen und modernen lyrischen Positionen, die seiner persönlichen Neigung besonders entsprechen und ihn in seinem künstlerischen Alter Ego beschreiben.

Hermann Glöckner, Eberhard Havekost, Max Uhlig, Carsten Nicolai, Helmut Federle, Markus Draper, Konrad Klapheck, Imi Knoebel, Martin Eder, Frank Stella, Ferdinand Kriwet, Blinky Palermo, Frank Nitsche, Olaf Holzapfel ....

Fotografie spielt zunehmend eine Rolle durch das gewachsene Verständnis für die bildnerischen Möglichkeiten des Mediums.

Cindy Sherman (ab 1999), Jürgen Klauke (ab 1999), Thomas Demand (ab 2000), Candida Höfer (ab 2000), Thomas Ruff (2002) …

Frank Stella, **The Quarter-Deck**, 1989

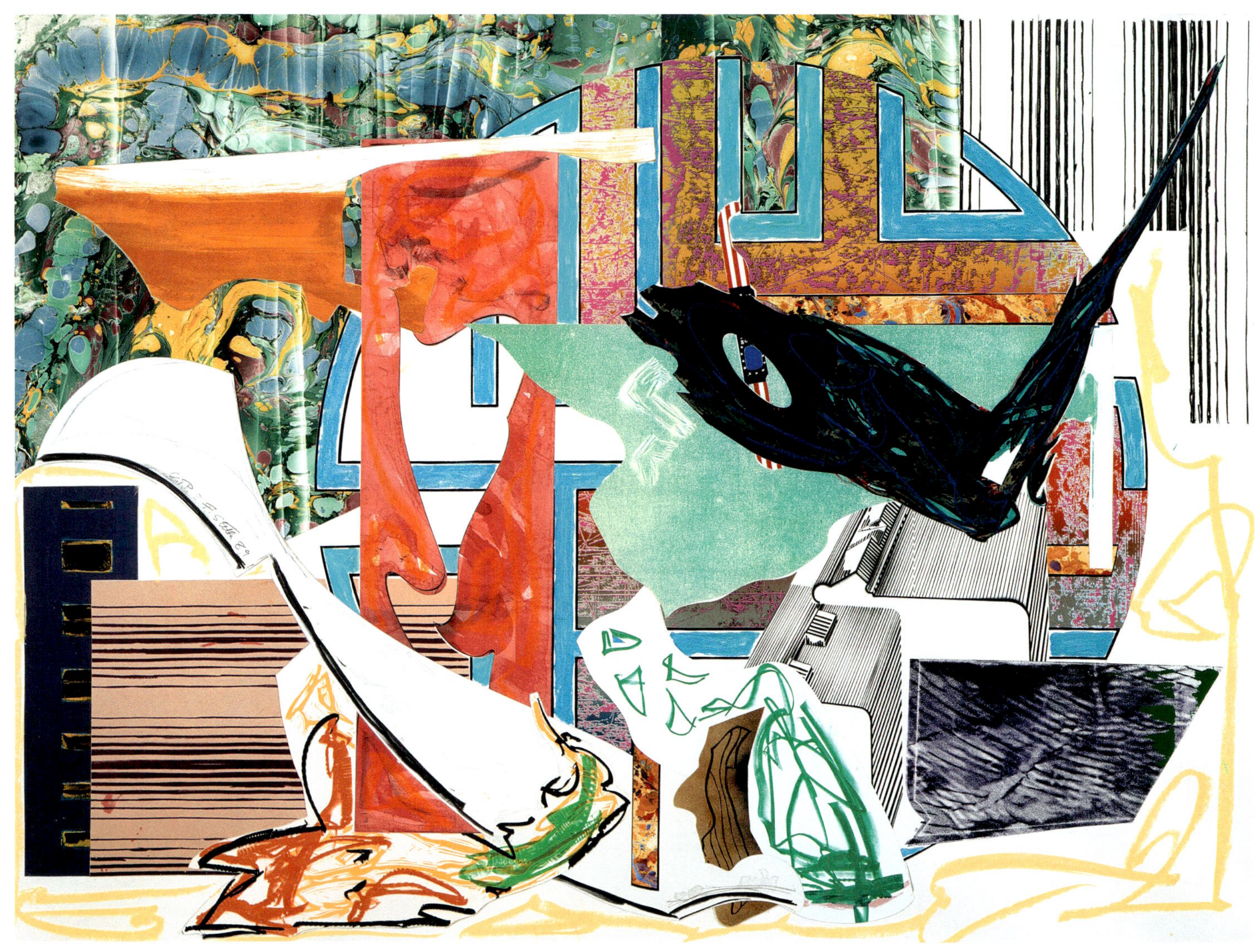

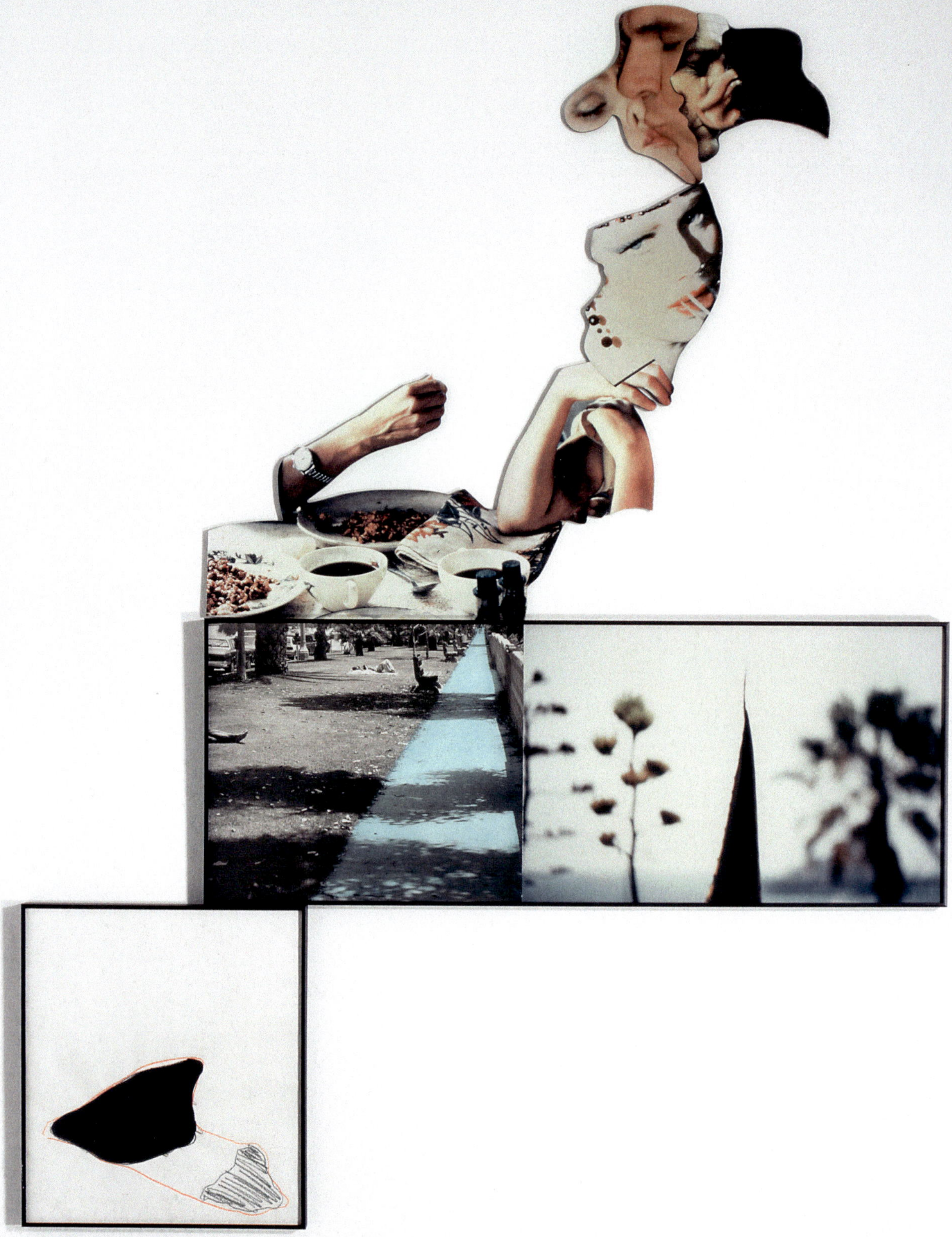

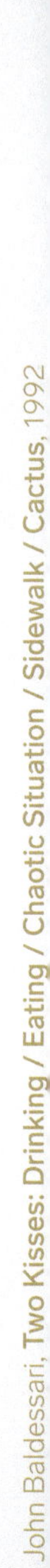

John Baldessari, Two Kisses: Drinking / Eating / Chaotic Situation / Sidewalk / Cactus, 1992

Helmut Federle, **Legion 6**, 1996

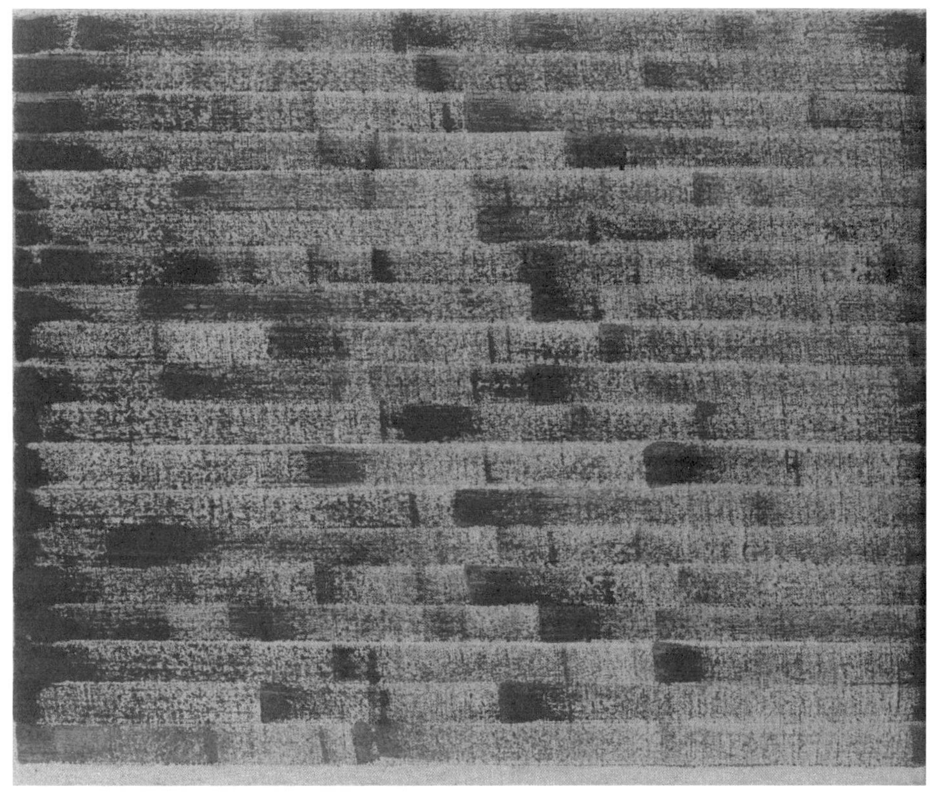

Helmut Federle, **Cornerfield painting XXX**, 1998

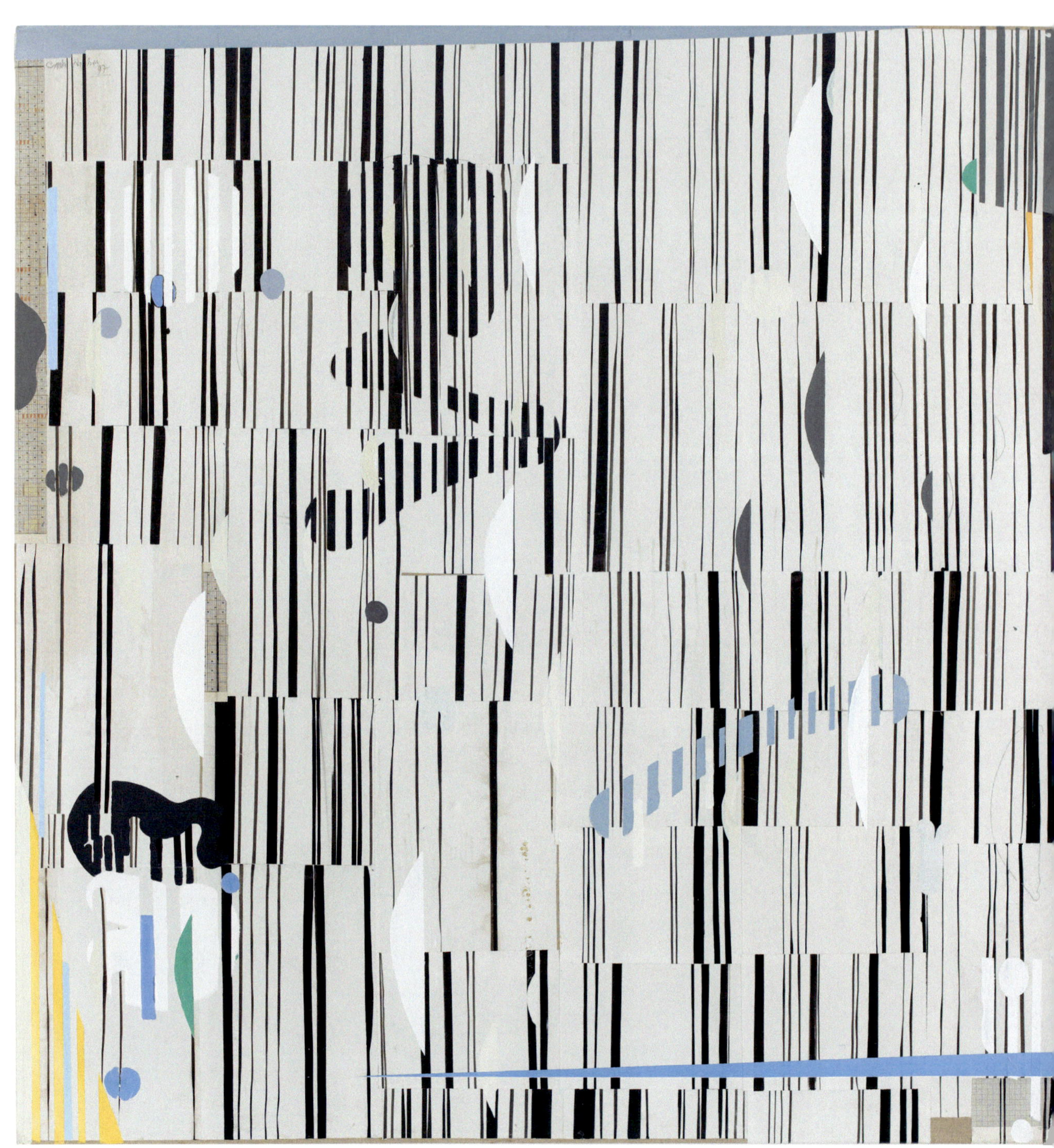

Carsten Nicolai, **chiffre**, 1997

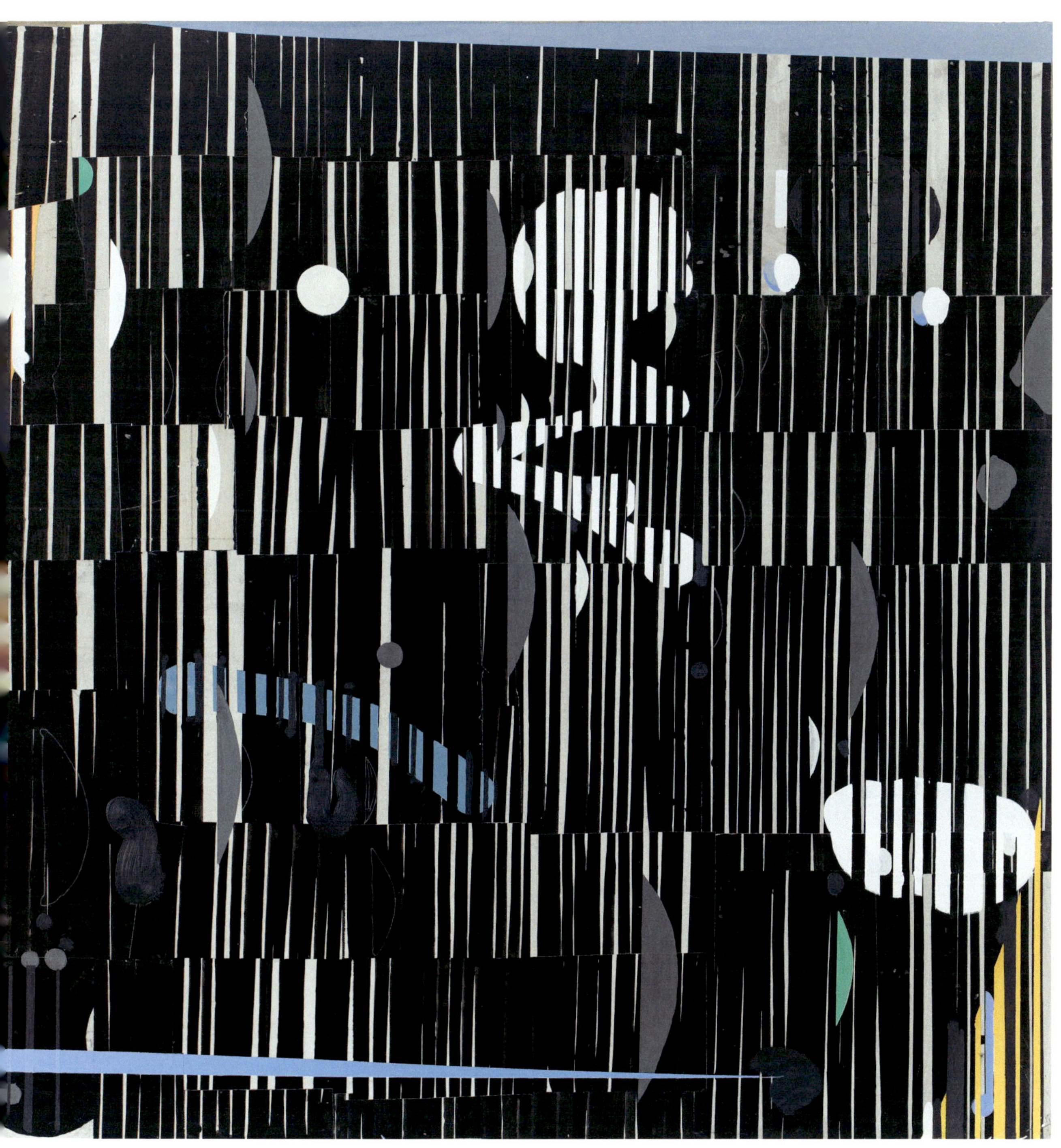

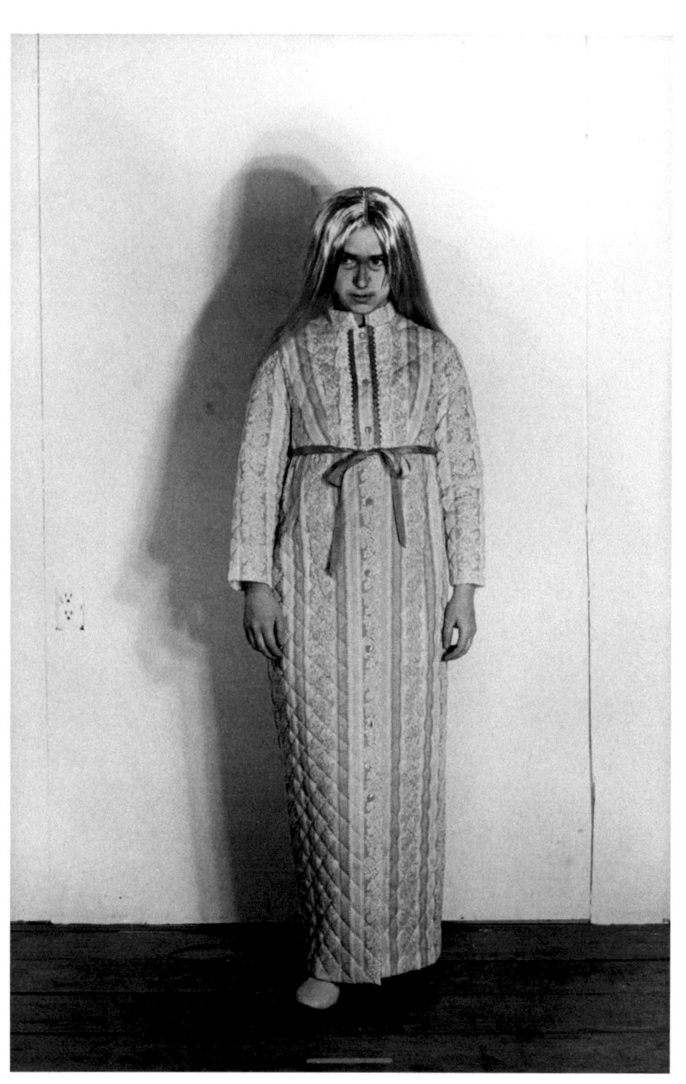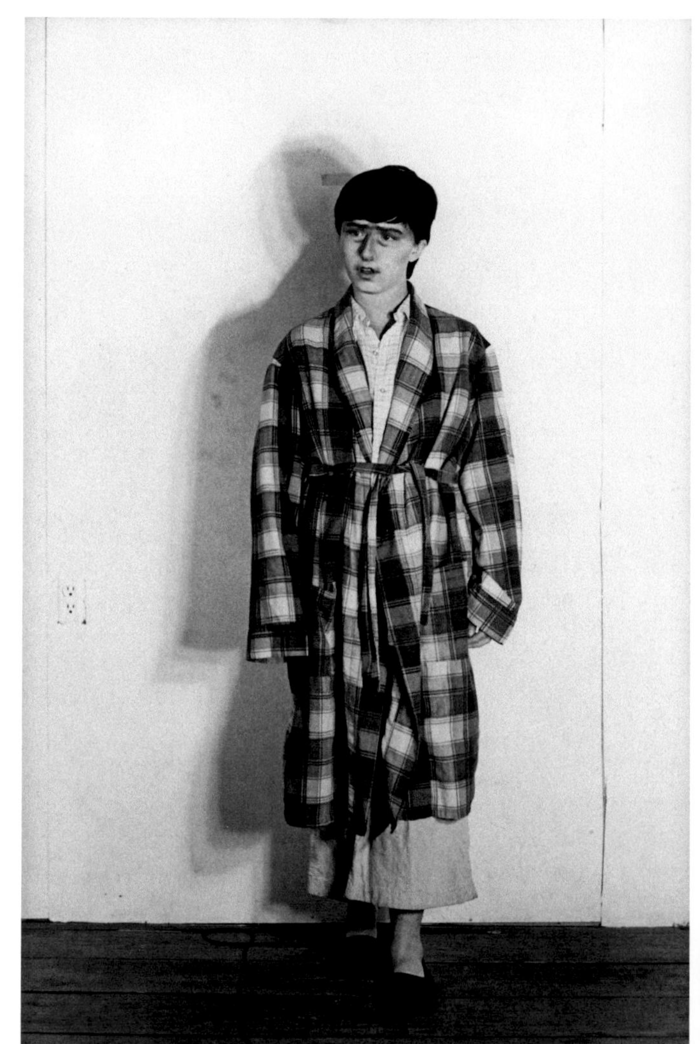

Klaus accompanied the move into the new house in October <u>2013</u> with invitations to art institutions and individuals with whom he intended to socialize in Cologne in the future. The hanging of an initial exhibition was undertaken to position oneself. The companions from Dresden arrived for a first look, guests from Cologne were supposed to follow. At Christmas 2013, Doris Schmidt died unexpectedly after only a few days of illness and the new social beginning in Cologne was disrupted. Klaus wavered between continuing along former lines and a new orientation. Various approaches and he tried to pick up the cancelled exhibition in Dresden with other initiatives and other people, but ultimately it did not take place.

As in many marriages of their generation, most of the art legally belonged to both partners jointly. Accordingly, upon Doris Schmidt's death an estate of co-ownership was formed between Klaus and the children. From a legal perspective, co-ownership estates are directed toward dispute. The solution of establishing a permanent estate in co-ownership would have to match the personalities of the participating parties. Regarding inheritance disputes, cf. Sasa Hanten-Schmidt, "Der Kunst einen Wert zuweisen", op. cit., Initially, a tentative attempt was made to manage the collection jointly. But it is not easy for the patriarch, entrepreneur, and passionate collector, who chooses impulsively without justifying himself, to become a team player. Eventually, a clean break was made, and the children from the first marriage today manage the foundation alone and the collection was completely divided into two parts.

The compilation of two independently viable quantities of art initiated a process for which there had never been room during all the breathless public collecting or aspiration to public acknowledgment of collecting. The collection was a bulletin board of ideas and questions with which Klaus wanted to get involved. During this process, Klaus could give up works that posed questions which had already been answered, and consider which questions were still current. Klaus's children have simultaneously received those works in particular with which they were familiar from personal experience, i.e., from the time before Dresden. Also, large sculptures relating to their prosperous stage of life went to the children. Thus a substantial quantity of the pieces that Klaus kept stem from the time after the last decisive point in his professional life, giving the impression of a collector of my generation. In dividing the collection a guiding business principle has been realized. Klaus has not put all of his eggs in one basket. The other part of the collection continues to develop without his participation.

Öffentliche Ausstellungen — losgelöst von den eigenen Räumen — in Museen in Dresden (2006) und Leipzig (2009) befördern eine Selbstwahrnehmung der Etabliertheit. In diesem Zusammenhang wurde 2006 die der Sammlung assoziierte Stiftung gegründet. In die Stiftung eingelegt wurden die „Hauskünstler", um die marktmäßig weniger relevanten Positionen zusammenzuhalten. Eine Einbringung der gesamten Sammlung ist nicht geplant.

Nach den öffentlichen Ausstellungen, die durch Publikationen a. a. O. begleitet waren, wurde die für 2010 geplante weitere Ausstellung in den Staatlichen Kunstsammlungen Dresden wegen Erschöpfung abgesagt und eine Lebensakzentverschiebung in Richtung Köln vorbereitet.

2009 hatte Klaus nach längeren Verhandlungen ein Grundstück in Köln gekauft und danach sofort die Planung eines museumsgleichen Hauses begonnen.

KLAUS: Ich habe Dresden in den über 20 Jahren immer als aufregenden, angenehmen Lebensmittelpunkt empfunden. Dennoch wollte ich weiter. Dem Projekt „Aufbruch Dresden" sollte das Projekt „Sammler in Köln" folgen.

Den Bezug des Hauses im Oktober 2013 begleitete Klaus mit Einladungen an Kunstgesellschaften und Einzelpersonen, mit denen er in Köln künftig Umgang pflegen wollte. Eine Auftaktausstellung wurde gehängt, die den Anspruch erhob, sich zu positionieren. Das Dresdner Umfeld kam zuerst zum Schauen, die Kölner sollten folgen. Weihnachten 2013 jedoch stirbt Doris Schmidt überraschend nach wenigen Tagen Krankheit, und der gesellschaftliche Neuanfang in Köln wird jäh unterbrochen. Klaus schwankt zwischen dem Fortführen der alten Handlungsstränge und neuer Orientierung. Die in Dresden abgesagte Ausstellung wird mit unterschiedlichen Ansätzen und Personen aufgegriffen, findet aber nicht mehr statt.

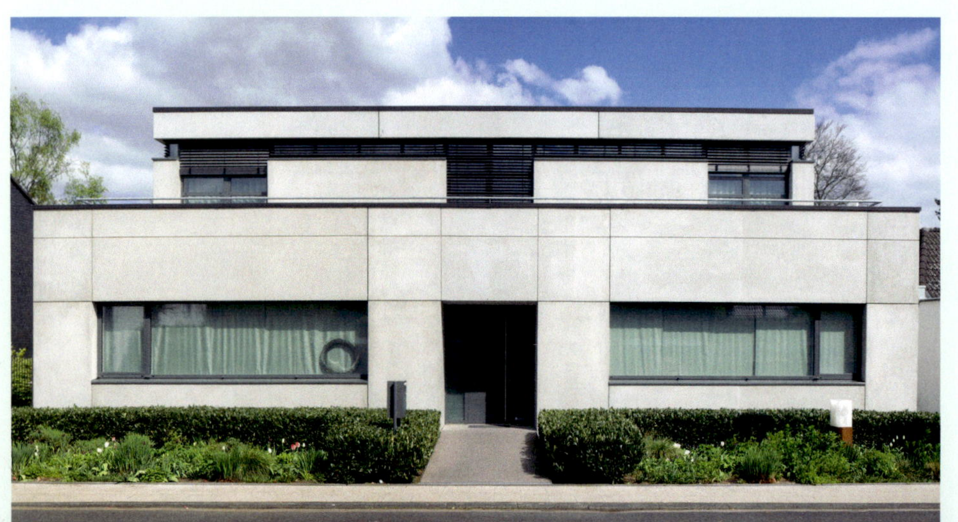

Walhallstraße Köln 2016, Martin Willing —
Angela Glajcar, Foto: Werner Lieberknecht

Thomas Demand, Grube/Pitt, 1999

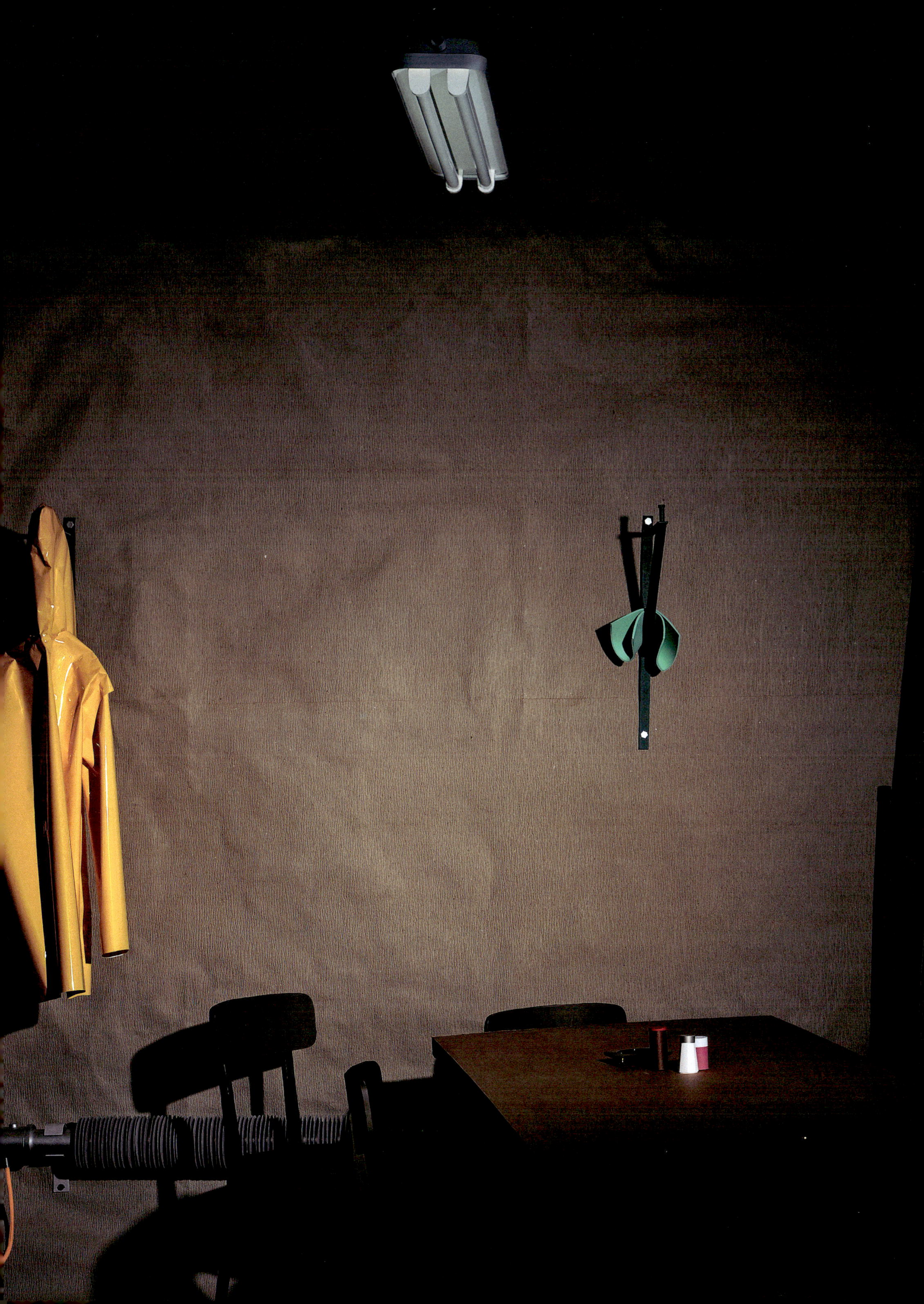

Wie in vielen Ehen ihrer Generation gehörte den Eheleuten die Kunst eigentumsrechtlich überwiegend gemeinsam. Entsprechend entstand nach dem Tod von Doris Schmidt eine Erbengemeinschaft aus dem Ehemann und den Kindern. Erbengemeinschaften sind rechtlich betrachtet auf Auseinandersetzung gerichtet. Die Lösung, eine Erbengemeinschaft auf Dauer anzulegen, müsste der Persönlichkeitsstruktur der Beteiligten entsprechen vgl. zur Erbauseinandersetzung Sasa Hanten-Schmidt, „Der Kunst einen Wert zuweisen", Köln 2017, 44. Zunächst wurde zaghaft der Versuch unternommen, die Sammlung gemeinsam zu führen. Doch aus dem Patriarchen, dem Unternehmer und dem Sammler aus Leidenschaft, der impulsiv auswählt und sich nicht rechtfertigt, wird nicht leicht ein Teamplayer. Schließlich wurde ein deutlicher Einschnitt vollzogen, und die Kinder aus erster Ehe führen heute die Stiftung allein, während die Sammlung vollständig geteilt wurde.

Die Auswahl der voneinander unabhängig lebensfähigen Konvolute hat einen Prozess befördert, für den das atemlose öffentliche Sammeln oder das ersehnte öffentlich wahrgenommene Sammeln keinen Raum ließ. Die Sammlung war eine Pinnwand von Ideen und Fragen, mit denen Klaus sich befassen wollte. Beim Bilden der Konvolute konnte er Arbeiten abgeben, die schon beantwortete Fragen stellten, und überlegen, welche Fragen noch aktuell waren. Die Kinder von Klaus haben gleichzeitig schwerpunktmäßig Arbeiten bekommen, die sie aus eigenem Erleben kannten, also aus der Zeit vor Dresden. Auch große Skulpturen, die ihrem prosperierenden Lebensabschnitt entsprechen, sind zu den Kindern gegangen. Wesentliche Teile des Bestandes, den Klaus behalten hat, stammen entsprechend aus der Zeit nach dem letzten beruflichen Einschnitt und vermitteln den Eindruck eines Sammlers meiner Generation. In der Sammlungsteilung wird auch eine kaufmännische Handlungsmaxime umgesetzt. Klaus hat nicht alle Eier in einen Korb getan. Der andere Teil der Sammlung entwickelt sich nun ohne sein Zutun weiter.

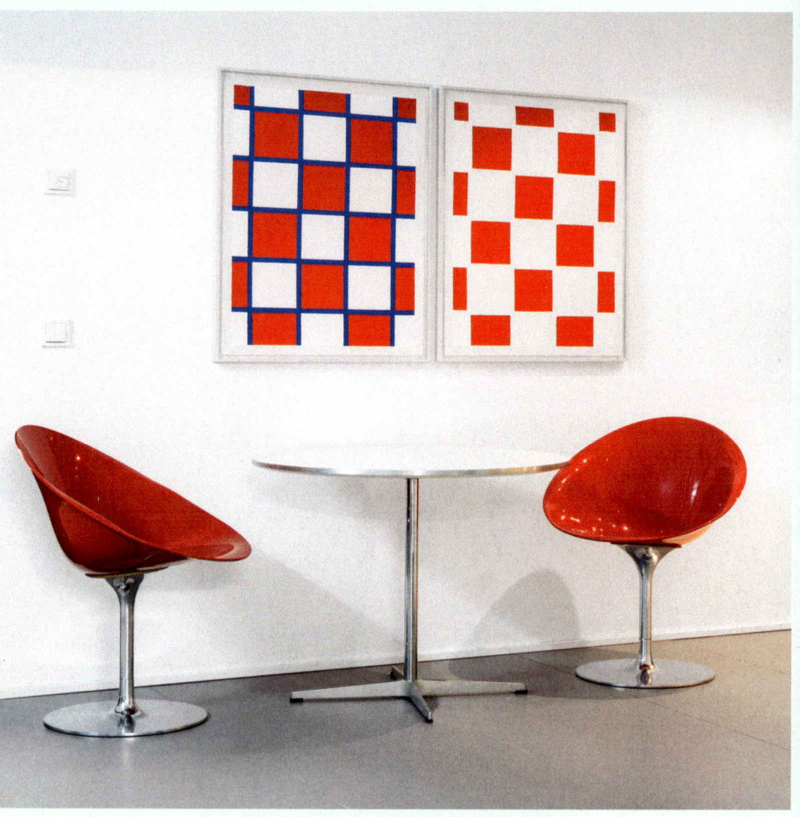

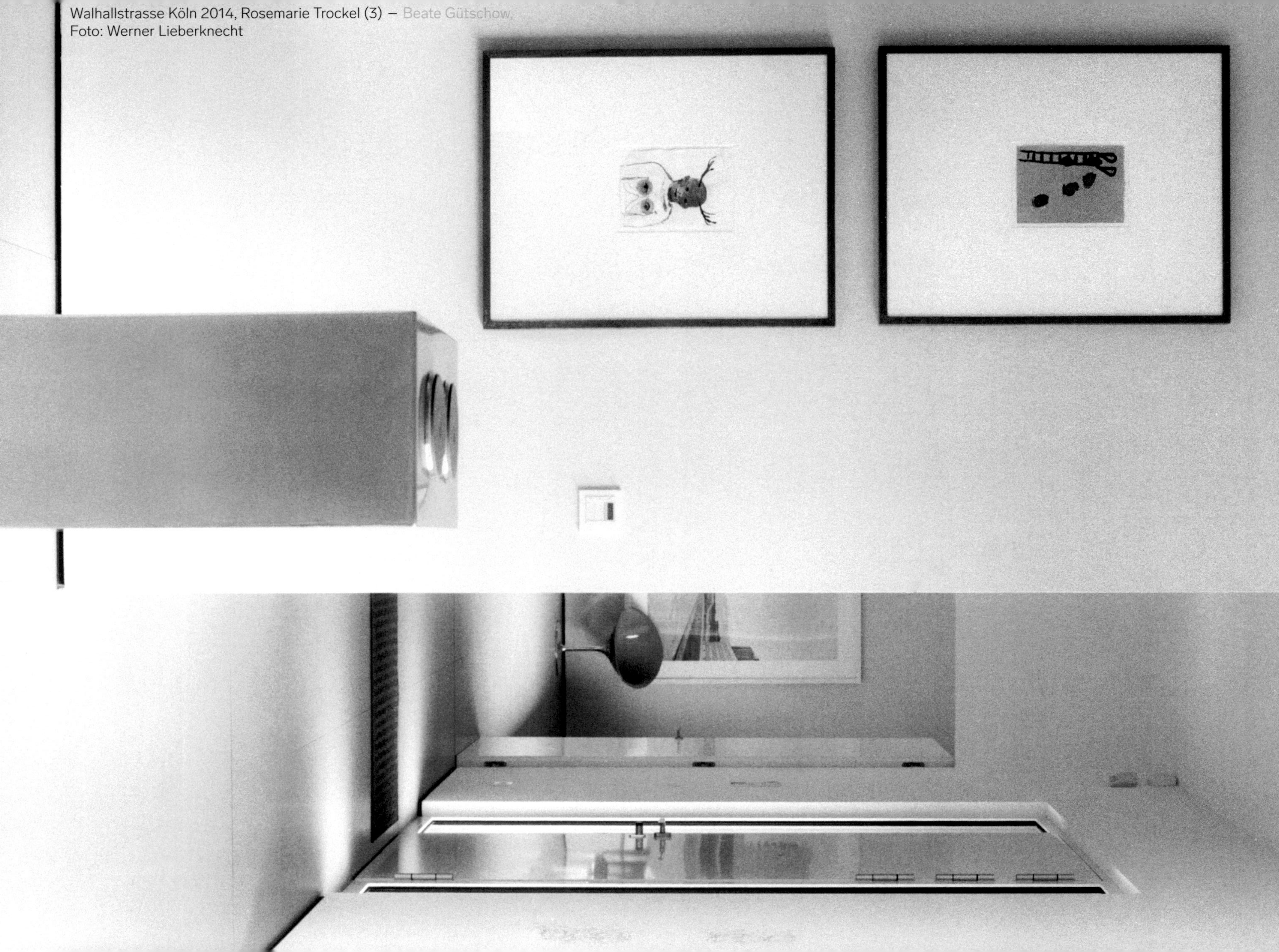

Walhallstrasse Köln 2014, Rosemarie Trockel (3) – Beate Gütschow,
Foto: Werner Lieberknecht

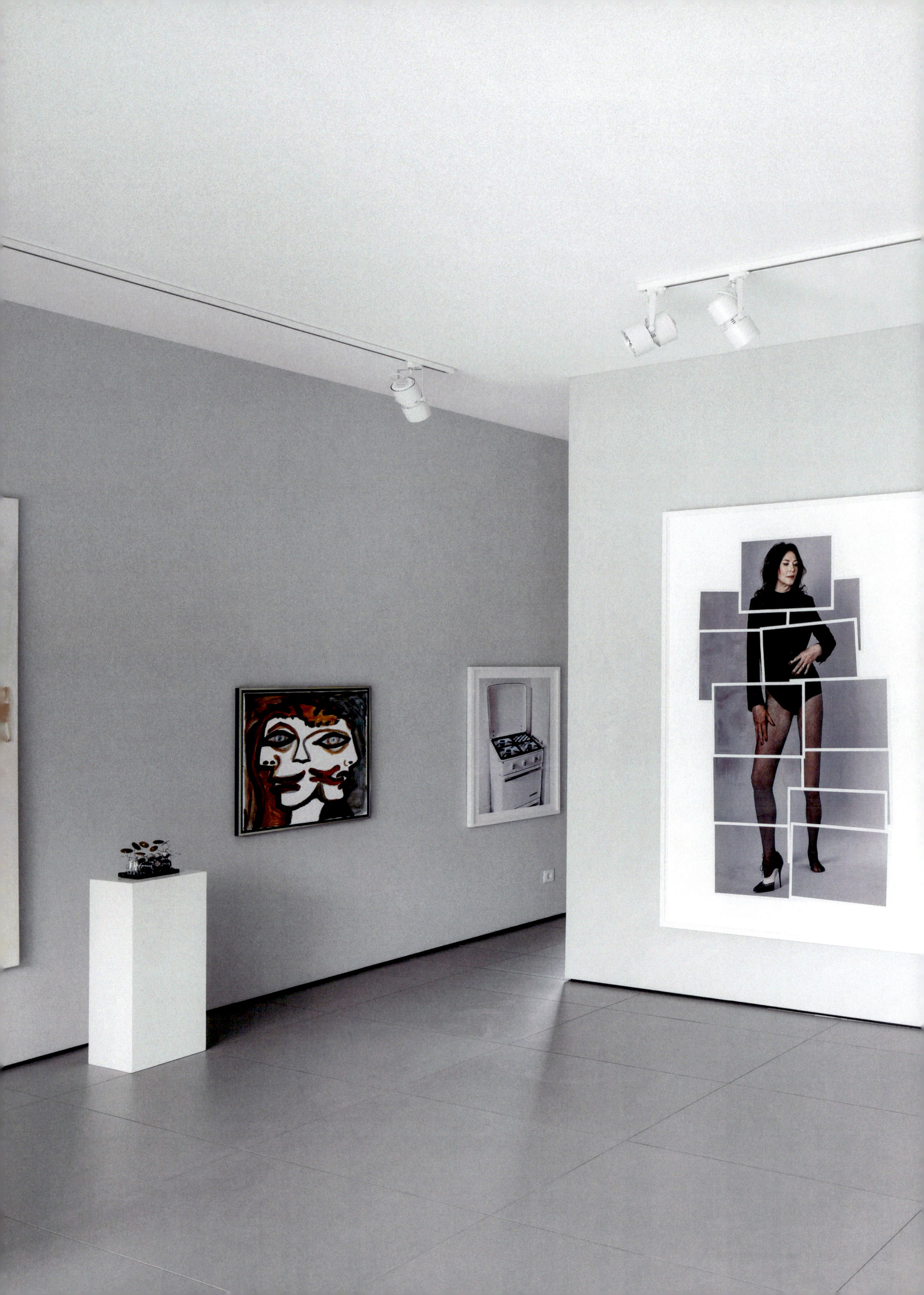

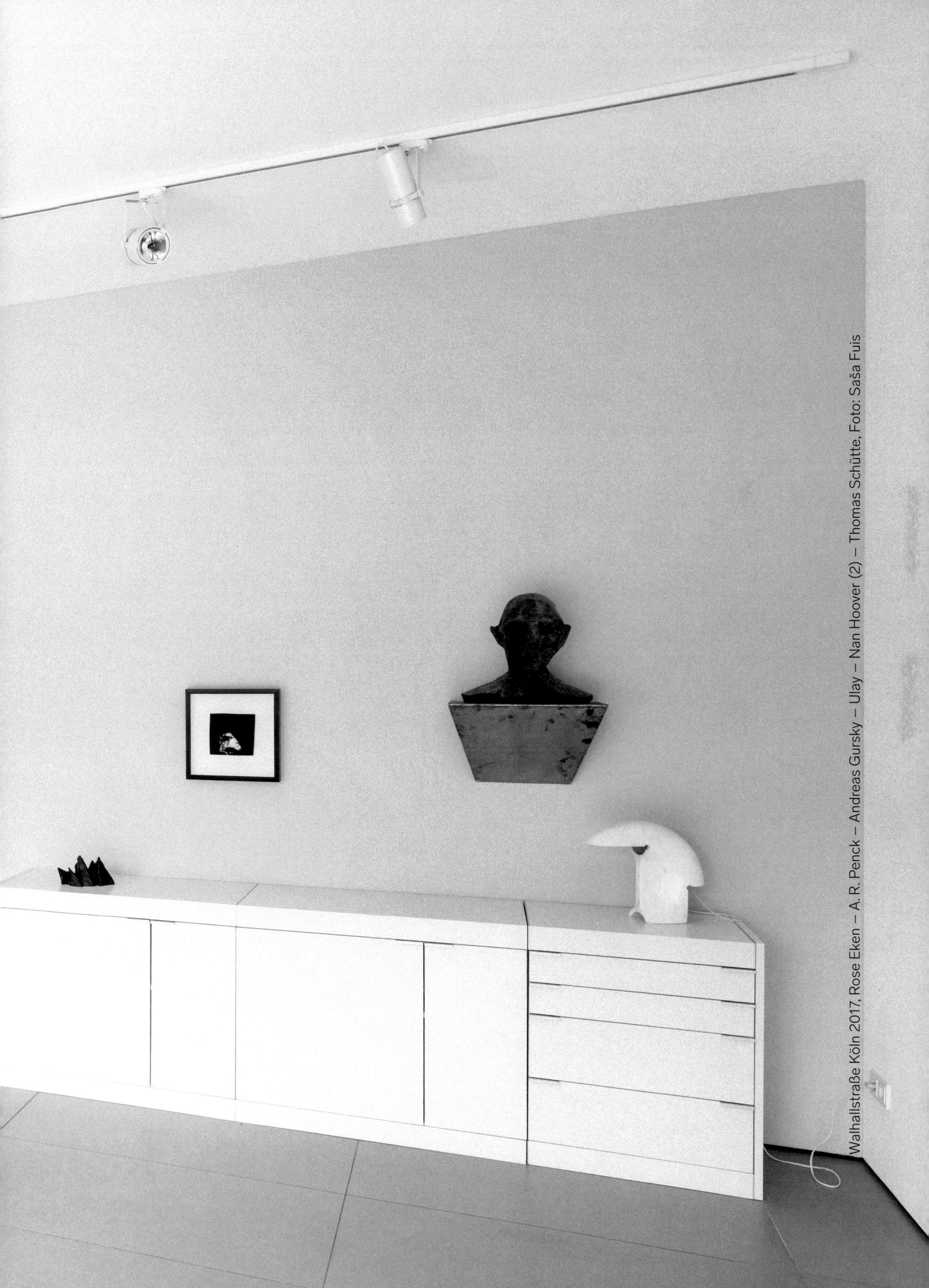

Walhallstraße Köln 2017, Rose Eken – A. R. Penck – Andreas Gursky – Ulay – Nan Hoover (2) – Thomas Schütte, Foto: Saša Fuis

Sammler, die ihre Sammlung verschlanken, ausrichten und Dinge in den Markt zurückgeben, werden als Sammler-Händler gebrandmarkt. Die trockene Feststellung des Bundesgerichtshofes, dass zum Sammeln auch Umschichten gehört und selbst das Abstoßen einer ganzen Sammlung nicht für eine gewerbliche Handlung

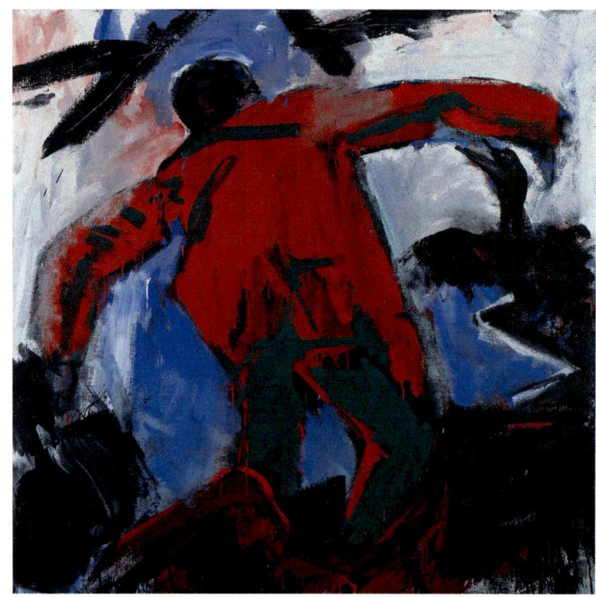

spricht, sondern dem Sammeln immanent ist, erstaunt in ihrer Weisheit und Souveränität BFH, Urteil vom 16.07.1987 – X R 48/82, BStBl. II 1987, 752 (Münzhändler) und Urteil vom 29.06.1987 – X R 23/82, BStBl. II 1987, 744 (Briefmarkenhändler); in Abgrenzung dazu kritischer bei eBay-Verkäufen aus verschiedenen Produktgruppen BFH-Urteil vom 26.04.2012 – V R 2/11, BStBl. II 2002, 634.

Unter den Akteuren wird die Frage bei Weitem nicht so großzügig diskutiert, sondern es ist eine beliebte ehrabschneidende Behauptung, jemand sei doch nur Händler. Sogar unter Galeristen versucht man sich von Händlern abzugrenzen. Die Frage, ob private Sammler wie Museen an ihren Anschaffungen festhalten müssen und keine Umschichtungen vornehmen dürfen, musste hier nicht beantwortet werden. Es wurde nichts verkauft, es wurde geteilt. An dieser Stelle kam der Ewigkeitsgedanke wieder zum Tragen.

KLAUS: Das Teilen ist mir gar nicht so schwer gefallen. Ich sehe mehr die Chancen als den Verlust. In der Möglichkeit, zwei Sammelbestände, also den eigenen mit dem meiner zweiten Frau Sasa, zu vereinen und bislang nicht erschlossene Sammelziele kennenzulernen, sehe ich eine kostbare Bereicherung und einen Aufbruch.

Die Sammlungsteilung auf der Seite Schmidt eröffnet die Versuchsanordnung.

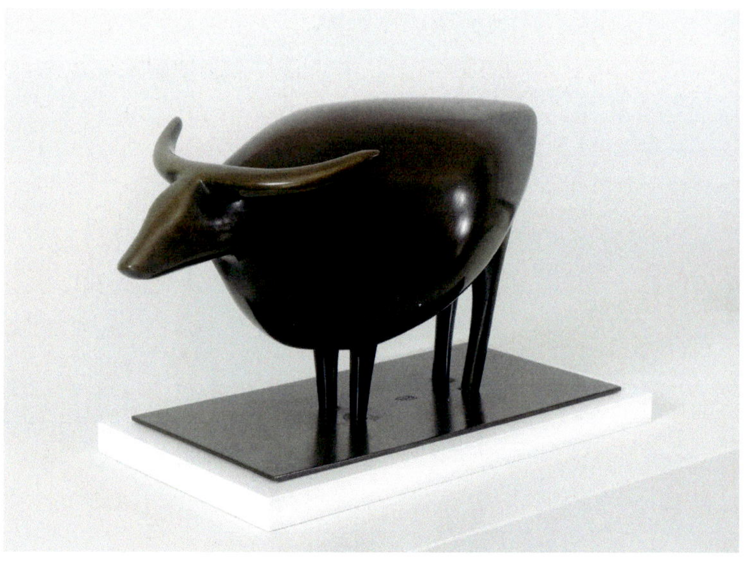

KLAUS: Durch meine neue Ehe, durch die sich mir darbietende Möglichkeit, die Gedanken, die Vorgehensweisen einer anderen Generation, die Kenntnisse und Urteile einer kompetenten Partnerin kennenzulernen, hatte ich auf einmal die lang ersehnte Chance, Diskurs zu führen, ohne Interessensteuerung einer Galerie, eines Museums oder eines Künstlers. Im „Forum für die Kunst der Gegenwart" hatte ich diesen intensiven Austausch gesucht und – zeitlich begrenzt – bekommen. Meine neue

Collectors who reduce their collections, streamline them, and give things back to the market are branded as collector-dealers. The dry declaration of the German Federal Supreme Court, that collecting includes restructuring and that even the sale of an entire collection is not considered a commercial action but an immanent feature of collecting, is surprising in its wisdom and sovereignty. See BFH, decision of 07/16/1987 – X R 48/82, BStBl. II 1987, 752 [coin dealer] and decision of 06/29/1987 – X R 23/82, BStBl. II 1987, 744 [stamp dealer]; in contrast to this more critical regarding eBay-sales from several product groups BFH-decision of 04/26/2012 – V R 2/11, BStBl. II 2002, 634.

Among participants this question not discussed in any way as generously; on the contrary, to allege that someone is just a dealer is popular as a demeaning accusation. Even gallerists try to distance themselves from dealers. The question whether private collectors, like museums, have to hold on to their acquisitions and are not allowed to restructure does not have to be answered in this case. Nothing was sold; the collection was divided. At this point questions of eternity could be usefully considered again.

KLAUS: The division has not been difficult for me. I look more at the opportunities than at the loss. In the opportunity to combine two collections, my own and that of my second wife Sasa, and getting to know so far undiscovered collecting goals, I see a precious enrichment and a new beginning.

The division of the collection on the Schmidt side opens the experimental setup.

KLAUS: Through my new marriage and the possibility it offered me of becoming familiar with the ideas and approaches of another generation and the knowledge and decisions of a competent partner, I had the longed-for opportunity for discourse without having to take into account the interests of a gallery, a museum, or an artist. In the "Forum für die Kunst der Gegenwart" I had sought this kind of exchange and—temporarily—achieved it. The new constellation in my life opens up unbelievable options for my remaining collection. The eternity I have aspired to has begun anew, inspiring me to take a new, exciting and enlightening look at my past collecting, and every day giving me intensive impulses toward the future.

Looked at in that light, my husband has found in me a partner made for him, younger than his children and in regard to art absolutely relevant. Regarding the question of a lived model for our marriage, there is certainly no natural or mandatory answer. The way a late marriage is conducted is at the same time free and constrained. On the path to finding a productive form, the discussion was opened up (between ourselves, with friends, and with professional guidance) and in the process basics were also debated. Even the question no longer asked in private collections, whether there should be collecting at all, was the subject of intensive discourse.

Perhaps collectors should occasionally ask themselves, even without an external trigger, why they (continue to) collect. To answer the question to outside parties is one thing. For oneself the balance may turn out differently.

Lebenskonstellation eröffnet mir unglaubliche Optionen im Umgang mit meiner verbliebenen Sammlung. Die angestrebte Ewigkeit hat für mich neu begonnen. Das regt mich an, das verhilft mir zu einem neuen, spannenden und erhellenden Blick auf meine vergangenen Sammleraktivitäten und gibt mir täglich intensive Impulse für die Zukunft.

So gesehen hat mein Mann in mir ein wie für sich geschaffenes Gegenüber gefunden. Vom Lebensalter her jünger als seine Kinder und in Sachen Kunst — wie man juristisch sagt — voll einschlägig. Auf die Frage nach dem gelebten Ehemodell gab es keine natürliche oder zwingende Antwort. Denn die Lebensgestaltung einer späten Ehe ist frei und begrenzt zugleich. Auf dem Weg zu einer produktiven Form wurde die Diskussion offen (untereinander, mit Freunden und mit professioneller Unterstützung) geführt und dabei auch Grundsätzliches zur Disposition gestellt. Sogar die in privaten Sammlungen sonst nicht (mehr) gestellte Frage, ob überhaupt gesammelt werden soll, war Gegenstand des ausführlichen Diskurses.

Vielleicht sollten sich Sammler gelegentlich auch ohne äußeren Anlass die Frage stellen, warum sie (weiter-)sammeln. Außenstehenden die Frage zu beantworten ist eine Sache. Für sich selbst kann die Bilanz abweichend ausfallen.

KLAUS: Die Beschäftigung mit der Kunst konnte nun — nach der selbstbestimmten Beendigung meines aktiven Berufslebens — endlich den Stellenwert einnehmen, von dem ich immer geträumt hatte. Dazu kam das Glück, einen Profi als Lebenspartner gewonnen zu haben! Die Aussicht auf ein Augenhöhegespräch, bei dem ich mich strecken müsste, reizte mich sehr.

Meine — professionellen — Fähigkeiten sollten also eingebunden werden.

Thomas Demand, **Texte zur Kunst**, 2010

KLAUS: Art could now—after the self-determined ending of my professional life—finally gain the importance that I have always dreamed of. In addition, I was blessed to have won a professional as my new life partner! The prospect of a conversation among equals, in which I have to stretch myself, was very exciting to me.

Thus my—professional—abilities were to be integrated.

129

D

Für Kuratoren, Galeristen und andere Akteure der Kunstszene beginnt die Sache mit der Kunst häufig mit einer skurrilen Pennälergeschichte. Meine begann mit einem Ausstellungsbesuch, den ich 1985 als vierzehnjährige Schülerin eines Mädcheninternats allein unternahm. Berührungsängste hatte ich nicht. Der eher wissenschaftliche als handwerkliche Kunstunterricht im Gymnasium, speziell bei Christiane Mewes (der Werkbetreuerin von Oskar Holweck), lieferte eine solide Grundlage für die Kunstbetrachtung, die bis heute trägt. Akademisch-kollegialen Umgang in der Schule gewohnt, ließ ich mir vom Veranstalter der Ausstellung telefonisch die Daten des Künstlers geben und meldete einen Atelierbesuch an. Bei diesem Besuch bot ich dem damals regional erfolgreichen Maler Edgar Engel für ein gegenständliches Aquarell (nicht erhalten) drei Monatseinkommen an (also Taschengeld in Höhe von 30 Deutschen Mark). Er schlug ein, nicht zuletzt verblüfft über das gesamte Arrangement, und in der Folge heuerte ich als eine Art Ateliermaskottchen an. Von da an hielt ich mich im Atelier auf, in dem auch andere Künstler arbeiteten, machte mich nützlich und erhielt Zugang zu einer Welt, die ich fortan nie wieder verließ. Selbst Künstlerin zu werden, schloss ich für mich aus. Im Landestheater besuchte ich neben dem Gymnasium eine Jugendschauspielausbildung (1986 bis 1989). Der als quälend empfundene selbstbespiegelnde Unterricht, die intensive Bühnenerfahrung in kleinen Rollen des Dreispartenhauses, in eigenen Produktionen der Jugendabteilung und später im Kabarett ließen die Entscheidung gegen einen künstlerischen Beruf reifen.

Denn ich habe ein komisches Talent. Für Frauen sah ich weder auf der Bühne noch hinter der Staffelei eine fruchtbringende Verwendung dafür. <u>Frauen sind nicht komisch, jedenfalls nicht mit Absicht.</u> Auf die bildende Kunst übertrug ich das so, dass ich von Künstlern eine besondere Ernsthaftigkeit in Bezug auf ihren Beruf erwartete. Relativierende Selbstironie — fand ich — kann man sich erst leisten, wenn man auf relevanten Erfolg zurückblicken kann. Ich erlebte kein Rollenmodell, das in eine andere Richtung gewiesen hätte. Die Künstlerinnen, die ich kannte, machten einen tendenziell verbitterten Eindruck auf mich. Da ich zeitig das Leben im Atelier kennenlernte, war ich zudem illusionslos, was das Tagesgeschäft anbelangt. Die künstlerischen Tätigkeiten in meinem Umfeld bestaunte ich wie nicht vorhersehbare Erfindungen. Immer zollte ich den Künstlern Respekt dafür, dass sie sich einem für mich als einsam und zehrend wahrgenommenen Tun aussetzten.

Meine Berufsberatung am Ende der Schulzeit (1991) ergab, dass meiner kognitiven Begabung und leistungsorientierten Person ein klassischer, zitierfähiger und bürgerlicher Beruf entspräche. Als sehr gute Schülerin, wortgewaltig, dienstleistungsbereit, bedingt hierarchiefähig und mit persistentem Fleiß ausgestattet, wurde mir ein Jurastudium vorgeschlagen. Meine unterentwickelte Konfliktscheue und meine Hinwendung zur materiellen Wahrheit mögen auch eine Rolle gespielt haben.

Sasa mit Kollegin / with colleague, Foto: Thomas Busch, Düsseldorf, 1996

SASA

For curators, gallerists, and other actors of the art scene dealing with art usually begins with a whimsical tale. Mine began with a visit to an exhibition which I undertook alone as a fourteen-year-old student at a girls' boarding school in 1985. I was not fearful of contact. The rather more scientific than practical art education at my high school, in particular with Christiane Mewes (Oskar Holweck's estate manager), provided a solid foundation for art appreciation that I draw upon to this day. As I was used to an academically collegial approach at school, I called the organizer of the exhibition, asked for the artist's details and made an appointment with his studio. During this visit, I offered the at that time regionally successful painter Edgar Engel three months' income (i.e. 30 Deutschmarks in pocket money) for a figurative watercolor (not extant). He agreed, apparently flabbergasted by the entire arrangement, and as a result I signed on as a kind of studio mascot. From then on, I spent time in the studio, where other artists were also working, made myself useful, and gained access to a world which I have never left. I ruled out becoming an artist myself. Besides high school I trained as an actress at the Landestheater [state theater] (from 1986 until 1989).

I experienced the self-mirroring training as torture. This and the intense stage experience in small roles on the threefold stage and in productions of the youth department and later in cabaret led me to decide against an artistic career. I do have comic

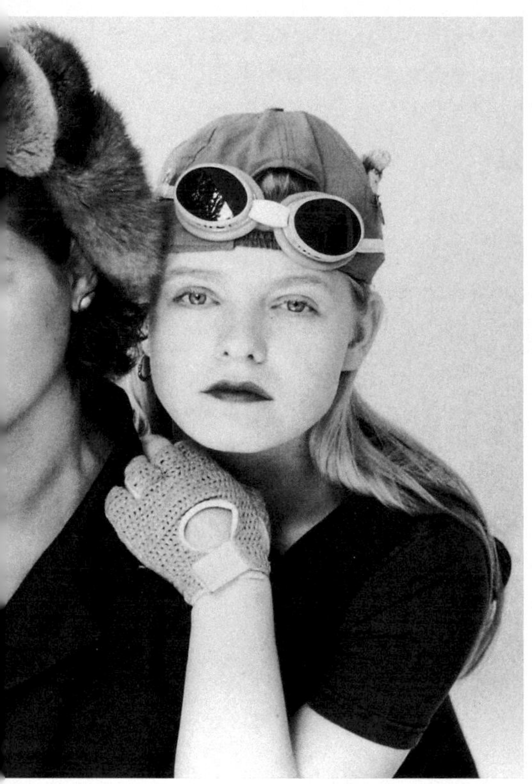

talent. But as a woman, I saw no profitable use for it, either on stage or behind an easel. Women are not comic, at least not intentionally. In the fine arts, I had come to expect from artists a particular seriousness with regard to their profession. Relativizing self-irony—I felt—can only be afforded when one can look back on a relevant success. I did not encounter any role model who might have pointed out another direction. The women artists I knew tended to make an embittered impression on me. Since I had gotten to know life in the studio very early, I had no illusions regarding their everyday business. The artistic activities around me I admired like unanticipated inventions. I always respected the artists for the fact that they exposed themselves to an activity that I perceived as lonely and self-consuming.

Career counseling after the completion of high school (1991) resulted in the advice that my cognitive aptitude and achievement-oriented personality would be suited to a traditional, respectable and bourgeois profession. As a brilliant student, eloquent, committed to service, capable of fitting in with hierarchical structures when I want to and equipped with persistent diligence, the suggestion was the study of law. My decidedly underdeveloped aversion to conflict and my respect for the truth may also have played a role.

Auf den Beruf der Rechtsanwältin könne ich mich immer wieder zurückziehen; speziell bei meinem Geschlecht und meinem Aussehen würde mir das helfen, ein erfülltes Leben zu führen. Das zu hören empörte mich. Retrospektiv betrachtet, war es allerdings eine treffende Einschätzung. Regelmäßig werde ich daran erinnert, wenn zu meiner Sammlung kurioser Zitate in Bezug auf meine Person wieder etwas hinzukommt: „Gilt das, was das Fräulein sagt?" Bei Gericht. „Machst du eine Ausbildung hier?" Als über 30-jährige Kuratorin einer Sammlung. „Jetzt fehlt nur noch die Sachverständige." Ich hatte meine Karte abgegeben und meinen Namen gesagt. Außer mir waren nur Speditionsmitarbeiter vor Ort. „Von ihrer Statur her sind sie für den Streit vor Gericht nicht geeignet." Nach über 10 Jahren Anwaltszulassung. „Ich kann kein vernünftiges Gespräch mit Ihnen führen, ich muss mich erst an den Anblick gewöhnen." Ein Professor.
„Darfst du schon unterschreiben?" Paketbote, mein Alter zu dem Zeitpunkt: 44.

Als Berufsbezeichnung gebe ich heute „Kunstblondine" an, wenn es hilft, das Vorurteil aktiv einzubinden. Als Rechtsanwältin und öffentlich bestellte und vereidigte Sachverständige für zeitgenössische bildende Kunst gestehe ich mir diese relativierende Selbstironie zu. Führerschein, Anwalts- und Sachverständigenausweis habe ich für Nachfragen und Kontrollen immer dabei.

Während des Studiums jobbte ich verschiedentlich in einer Galerie oder half auf Kunstmessen aus (in den 1990er-Jahren). Schließlich war ich an einer Agentur beteiligt, die Künstlern und Galeristen Serviceleistungen anbot, wie das Ausfüllen von Bewerbungen für Kunstpreise, allgemeine kaufmännische Hilfeleistungen und das Schreiben von Pressemitteilungen und Eröffnungsreden. Später kamen Atelierleitung und Nachlassbetreuung dazu.

Große, im Ergebnis waghalsige Projekte mit viel Verantwortung speziell für Ottmar Hörl und den Nachlass von Eduard Micus scheute ich nicht. Mir kam alles folgerichtig vor, und mein Repertoire von zitierfähigen Kunstmarkteinsichten wuchs speziell in der Galerie Aschenbach in Amsterdam stark an. Nach dem ersten juristischen Staatsexamen (1999) habe ich das Rechtsreferendariat — so weit möglich — einschlägig absolviert, und zwar in der Staatsanwaltschaft Frankfurt am Main in einer Abteilung, die sich mit Urheberrechtsverletzungen/Fälschungen befasste, und im Museum Wiesbaden.

Nach der Zulassung zur Rechtsanwaltschaft (2003) eröffnete ich eine eigene Kanzlei und war über zehn Jahre lang Kuratorin einer größeren westdeutschen Sammlung. Neben der Leitung von Künstlerateliers und der Betreuung von Künstlernachlässen standen immer auch Veröffentlichungen und Herausgebertätigkeiten.

2000 „Night Letters" Nan Hoover; 2001 „Dialogue" Rob Perrée; 2001 „Kaleidoscope" Andrei Roiter; 2007 „No ugly Mathematics" Bettina Blohm; 2008 „Behind the Scenes" Matthias Baus/Katherine Newbegin; 2009 „Topography" Bettina Blohm; 2010 „Eigenwert Eigenvalue" Martin Willing Werkverzeichnis; 2012 „Emil Schumacher"; 2013 „Eduard Micus"; 2013 „Angela Glajcar" Werkverzeichnis; 2017 „Der Kunst einen Wert zuweisen" (Auswahl)

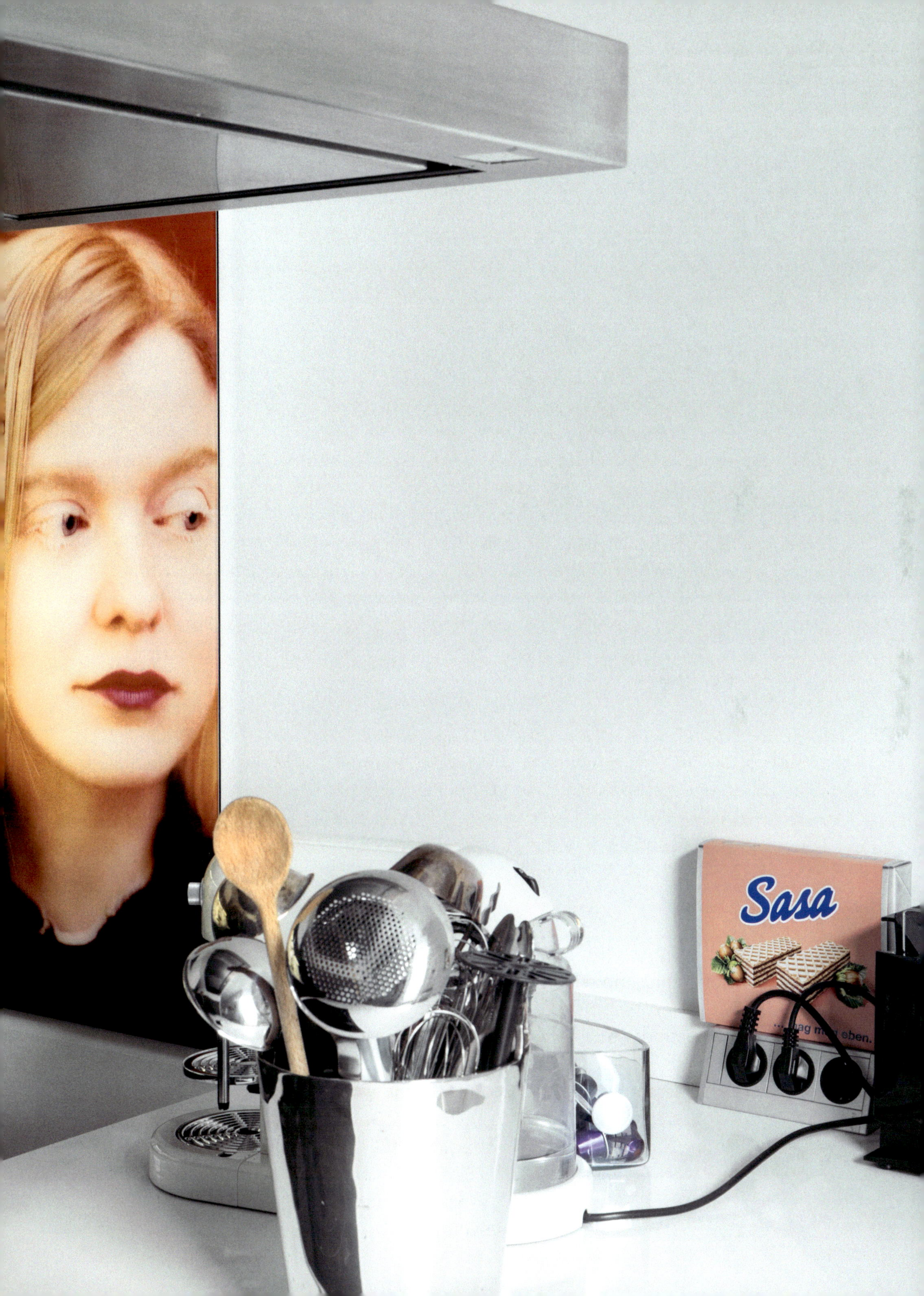
Sasa
...mag mich eben.

Die öffentliche Bestellung und Vereidigung als Sachverständige war mir wichtig in dem Kontext einer formalen Qualifikation, da viele Anwälte ‚Kunstrecht' angeben als Fachgebiet. Es gibt allerdings keinen Fachanwalt dafür und jeder Rechtsanwalt kann ‚Kunstrecht' anbieten. Durch meine öffentliche Bestellung und Vereidigung (2012) bin ich derzeit der einzige Anwalt mit einer formalen Bezeichnung mit Kunstbezug und setze damit die Vorgabe der Berufsberatung zum Anfang meiner fachlichen Orientierung fort, da sich das darin enthaltene Glücksversprechen von damals erfüllt hat.

Die Beschäftigung mit Kunst war keine mehr oder weniger bewusste Entscheidung des Erwachsenenlebens, sondern für mein Gefühl „immer da". Als ich mir 1985 das Abonnement einer Zeitschrift wünschte, die jeden Monat einen Künstler umfassend besprach, fand man in meiner Familie, ein Lexikon sei fürs Leben, das mit der Kunst sei doch nur ein Spleen. Schon als die Mauer fiel, war für mich der Beweis erbracht, dass ich richtig lag mit meiner Vermutung, die Kunst würde so manches überdauern. Diese Trittsicherheit sollte mir bleiben. 1999 machten sich meine Freunde lustig über den „Chips essenden Jesus" im Frankfurter Kunstverein und erklärten mich für verrückt, einen kleinen Teil der monumentalen Installation zu kaufen: Der „Blutgral" von Jonathan Meese macht mich bis heute froh.

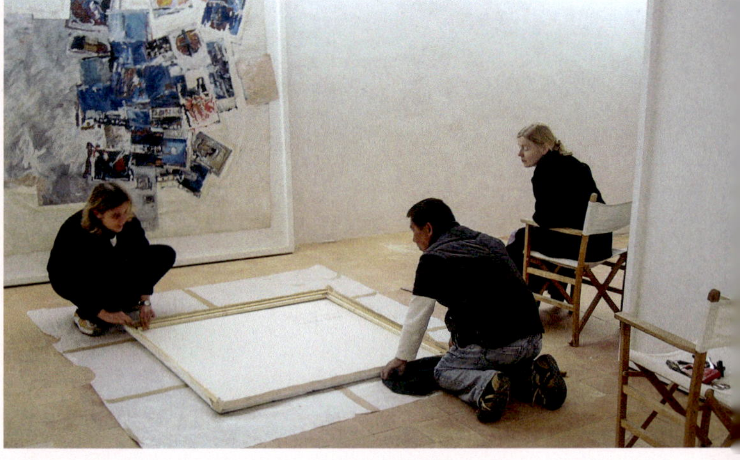

Espacio Micus Ibiza 2008,
Sasa mit/with Bettina Blohm und/and Roussel,
Collage Eduard Micus,
Foto: Katja Micus

Die Artefakte, die mir gehören, haben augenscheinlich in meinem Leben andere Funktionen als bei klassischen Sammlern. Naturgemäß fällt bei mir die Kunst als Ersatz für nicht Erlebtes weg. Meine Eltern entdeckten mit Entsetzen auf der Einladung zu meinem 30. Geburtstag (2001), den ich im Museum Wiesbaden mit einem Kostümfest und sehr skulpturalen Bauchtänzerinnen feierte, mein Studium sei „die längste Theke der Welt" gewesen. Bei einem Sohn hätte die Replik, dass aufgrund der Erziehung zur Wahrhaftigkeit diese ehrliche Bilanz nicht beanstandet werden kann, ein feines Bonmot abgegeben. Bei einer Tochter aber löst so etwas Befremden aus. In Mädchenschule, Schauspiel, politischem Kabarett, Studium und Kunstumfeld sozialisiert, war ich zu der Zeit längst postfeministisch. Mit Begrenzungen wollte ich originell umgehen und hatte mich entsprechend in einer Art Zwischenwesenrolle eingerichtet. Der Kosename „Elfe" wurde von Freunden geprägt und verließ mich

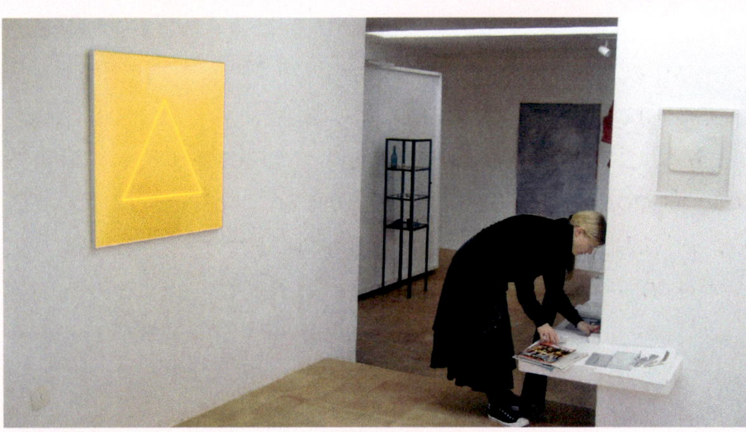

Espacio Micus Ibiza 2009,
Sasa, Arbeit an der Wand / wall-piece
von Hellmut Bruch,
Foto: Katja Micus

I was told I could always resort to a profession as a lawyer; especially given my gender and my appearance this would help me to lead a fulfilled life. I was appalled to hear this. But looking at it in retrospect, it was indeed an apt assessment. I am regularly reminded of this whenever something new is added to my collection of curious quotes in regard to my person: "Does what the young lady says count?" In court. "Are you a trainee?" As a more than 30-year-old curator of a collection. "Now only the official expert is missing." I had handed in my card and stated my name. Besides me only the employees of the transport company were present. "Considering your stature you are unsuitable for disputing in court." More than ten years after admission to the bar. "I can't conduct a reasonable conversation with you, I still have to get used to how you look." A professor. "Are you entitled to sign?" A parcel carrier, my age at the time: 44.

Nowadays I state "art blonde" as my professional title if it helps to integrate the prejudice actively. As a lawyer and a publicly certified expert for contemporary fine arts, I afford myself this relativizing self-irony. I always carry my driver's license, lawyer I.D., and expert pass for inquiries and controls.

During my studies in the 1990s, I jobbed in galleries and helped out at art fairs. Eventually, I became a partner in an agency that offered services like filling out applications for art awards, general commercial assistance services, and the writing of press releases and opening speeches. Later, studio management and estate management were added.

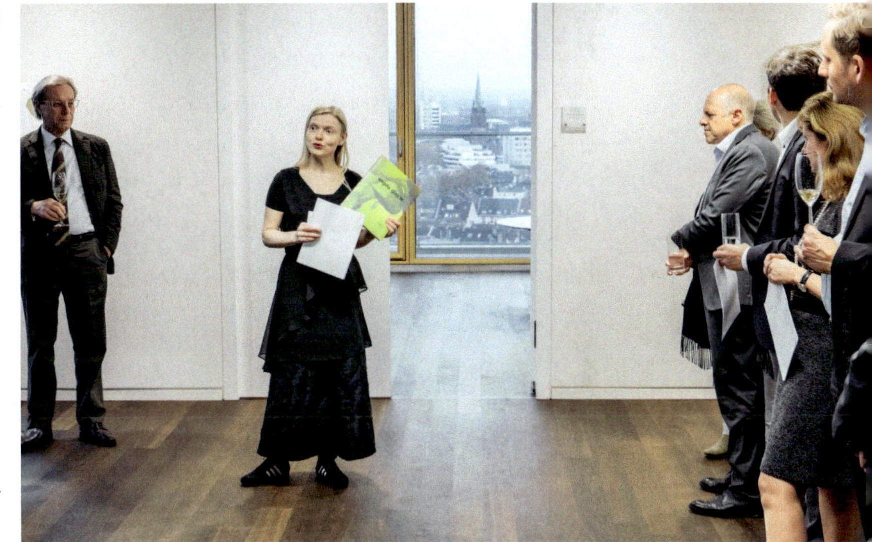

I didn't shy away from large and quite daring projects demanding a good deal of responsibility, especially for Ottmar Hörl and the estate of Eduard Micus. It all seemed logical to me, and my repertoire of useful art market insights grew immensely, especially at Gallery Aschenbach in Amsterdam.

After passing the first Staatsexamen [state examination] in 1999 I took up legal clerkship at the Landgericht [district court] in Frankfurt/Main with stages at Museum Wiesbaden, and at the Staatsanwaltschaft [public prosecution department] in Frankfurt/Main, specializing in copyright infringements and art forgery.

After my admission to the bar in 2003, I established my own law office and was for more than ten years curator of one of West Germany's larger art collections. In addition to the management of artists' studios and the management of artists' estates, I published.

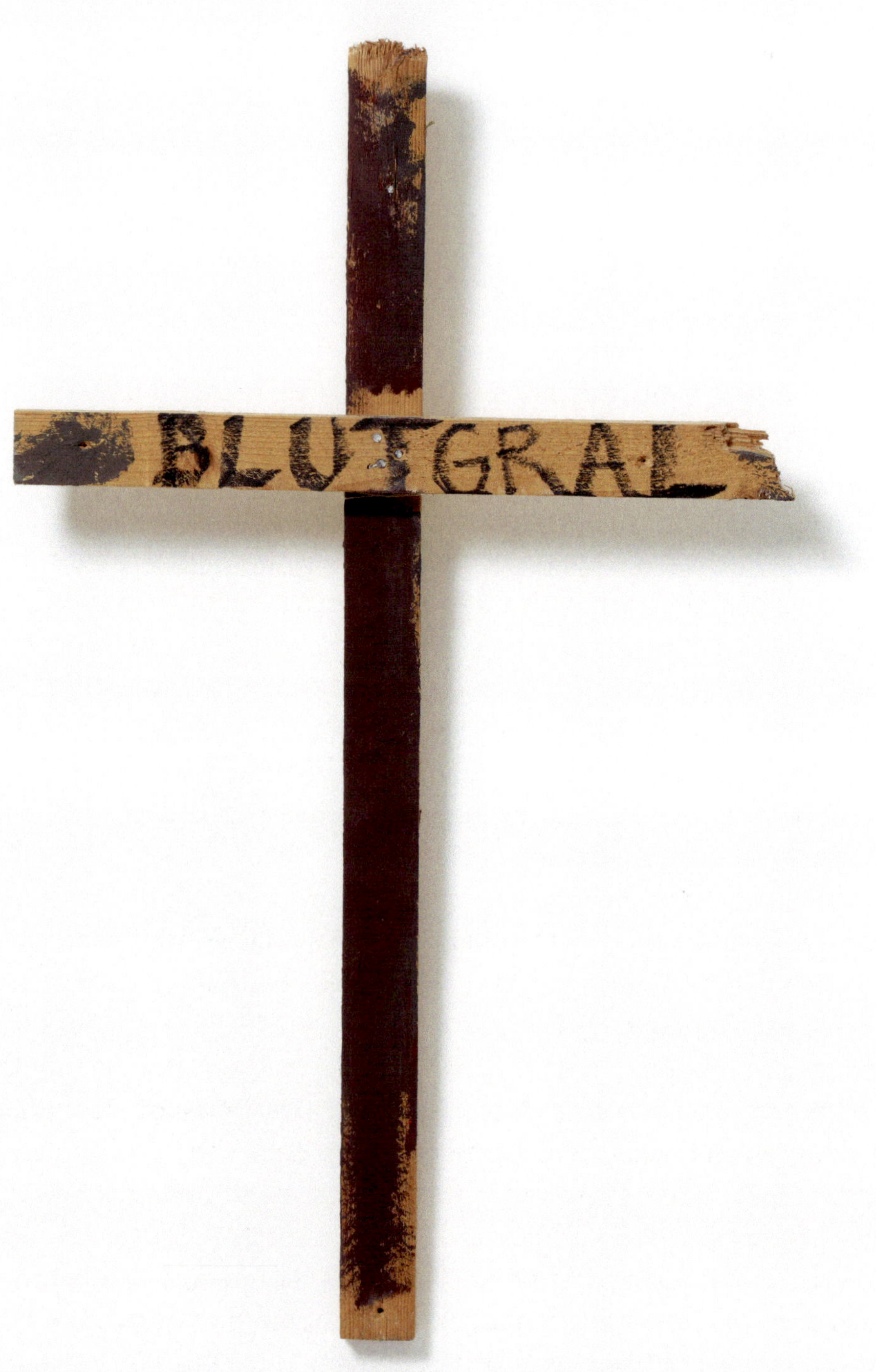

Jonathan Meese, **Blutgral**, 2000

Becoming a publicly certified expert was important to me in the context of a formal qualification, because many lawyers state "art law" as their specialist field. There is in fact no bar-certified specialist for this and any lawyer can offer "art law". Because of my public certification in 2012, I am currently the only lawyer with a formal description concerning art. I embrace the recommendation of my career counselor at the time of my professional orientation since the implied promise of happiness was fulfilled.

Engaging in art was not a more or less deliberate decision in my adult life, but in my perception art has "always been there." When in 1985 I asked for a subscription to a monthly magazine that offered a comprehensive discussion about artists, my family responded that an encyclopedia is for life, art is simply an eccentricity. When the Berlin Wall fell in 1989, it was evident to me that my belief was confirmed and that art would outlast many things, and this surefootedness was to remain with me. In 1999, my friends joked about the "crisp-eating Jesus" at the Frankfurter Kunstverein and declared me crazy for buying a small part of the monumental installation. The "Blutgral" by Jonathan Meese still pleases me today.

The artefacts in my possession obviously have other functions in my life than art might have to traditional collectors. In my life, art was no substitute for actual experience. When they saw the invitation to my thirtieth birthday in 2001, which was celebrated at Museum Wiesbaden with a fancy-dress ball that included very sculptural belly dancers, my parents discovered to their horror that the culmination of my studies was "the longest bar counter in the world." Had I been a son, my response that, because I had been raised to honor truthfulness, this pointed summary could not be objected to would have been considered a witty bon mot. As a daughter, such a comment triggered dismay. Socialized at a girls' boarding school, in the different factions of theater, in political cabaret, through my studies, and in the art environment, I had long since regarded myself as post-feminist. I wanted to counter imposed constraints wittily, and accommodated myself to a kind of in-between role. My friends called me "Elfe" [fairy] and this nickname has stuck with me ever since. My parent's traditional concern that one could not have everything seemed to have no place in my life: The sky was my limit. Humbleness was not exactly encouraged by the fact that in my professional and private life everything that makes one happy turned up—including inspiring relationships, which didn't influence my collecting. My children Jakob Anton (2006) and Konrad Georg (2008) are miracles, each in his own way wonderful and inspiring. Their father Andreas is part of the lived family.

seither nicht mehr. Das tradierte Bedenken meiner Eltern, man könne nicht alles haben, schien ohne Bezug zu meinem Leben. Unbekümmert und grausam schrieb ich „aussuchen und nachbestellen" auf mein Panier. Tatsächlich fand sich beruflich und privat – pädagogisch bedenklich – alles ein, was glücklich macht – inklusive inspirierender Paarbeziehungen, die auf mein Sammeln jedoch keinen Einfluss hatten. Meine Kinder Jakob Anton (2006) und Konrad Georg (2008) sind jeweils auf ihre Art herrlich, inspirierend und ein Wunder. Ihr Vater Andreas ist Teil der gelebten Familie.

Als Harald Szeemann die Ideen des freien Kuratierens und der privaten Mythologien postulierte, war ich im Vorschulalter. Szeemanns Vorstellungen hatten sich etabliert und gehörten zum nutzbaren Reservoir von Zugängen zur Kunst, als meine Positionierung anstand. Praktisch erfahrbar war ein entsprechender Umgang mit Kunst für mich in der Beobachtung von Andrei Roiter. Der Künstler schart eine Reihe von Dingen seiner privaten Mythologie um sich, um dann zu malen. Da er das Unterwegssein als optimalen Zustand beschreibt, folgen daraus weder zahlreiche noch große Dinge. So taugte er als Rollenmodell für mich.

Ich will Dinge verstehen, soweit sie zu verstehen sind. Mein Kunstinteresse bezieht sich entsprechend wesentlich auf künstlerische Werke im Sinne eines Gesamtwerkes. Die Herausgabe von zwei Werkverzeichnissen 2010 und 2013

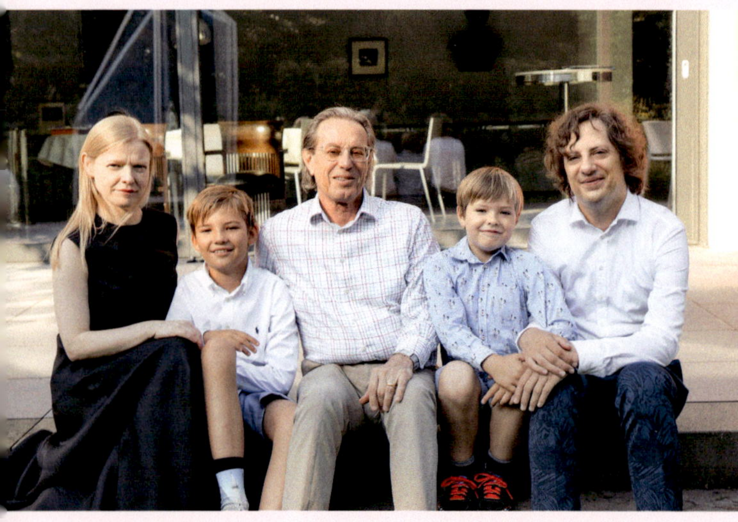

(wie bereits geschrieben: Martin Willing / Angela Glajcar) und die Vorliebe für die Bewertung von größeren Konvoluten (Nachlässe zumeist) zeugen im professionellen Zusammenhang davon. Besonders interessieren mich performative Positionen und der Umgang mit dem eigenen Körper als bildnerisches Mittel. Die Manifestationen performativer Arbeiten wie Fotos oder Videos haben dann für mich oft nur die Qualität von Erinnerungshilfen oder, wertender gesagt, von Souvenirs. Den betroffenen Künstlern geht es selbst oft genauso. Der Markt braucht solche Manifestationen. Damit ist zu leben.

Wie kostbar es ist, zu erfassen, wann der Diskurs endet und die Kunst tatsächlich beginnt, konnte ich besonders im Atelier von Nan Hoover erfahren. Neben den Künstlern spielten Museumsleute wie meine Ausbilderin am Museum Wiesbaden Dr. Renate Petzinger eine gewichtige Rolle.
Entsprechend ist meine Ansammlung geprägt von den beiden Hauptsträngen: erstens die Stationen meines Lebens aufgereiht wie Pokale, Urkunden und Auszeichnungen und zweitens die private Mythologie.

When Harald Szeemann postulated the ideas of free curating and private my-
thologies, I was a preschool kid. When I began to position myself, Szeemann's concepts had become established and belonged to the usable reservoir of access to art.
In working for Andrei Roiter I experienced how to be with art. The artist surrounds
himself with a number of things from his private mythology in order to paint. Since he
describes being on the road as an ideal condition, a private mythology includes neither
large objects nor many of them. He was therefore a good role model for me.

I want to understand things to the degree that they should be understood, and
my interest in art therefore refers essentially to artworks in the sense of a body of work,
an entire oeuvre. The publication of two catalogues raisonnés in 2010 and 2013 (as
already mentioned: Martin Willing / Angela Glajcar) and my preference for the assessment of larger quantities of art (mostly estates) demonstrate this within a professional
context. I am especially interested in performative art and in works dealing with one's
own body as an artistic medium. Manifestations of performative works, like photographs or videos, for me often only have the quality of reminders or—in an evaluative
sense—of souvenirs. The artists involved often feel the same way. The market needs
such manifestations. One can live with that.

How precious it is to observe when discourse ends and art actually begins, I
was fortunate to experience this particularly in Nan Hoover's studio. In addition to the
artists, museum people like my instructor at Museum Wiesbaden, Dr. Renate Petzinger,
played an important role.

My compilation is characterized by two main strands: first, the checkpoints.in my
life arranged like trophies, certificates, and awards; secondly, the private mythology.

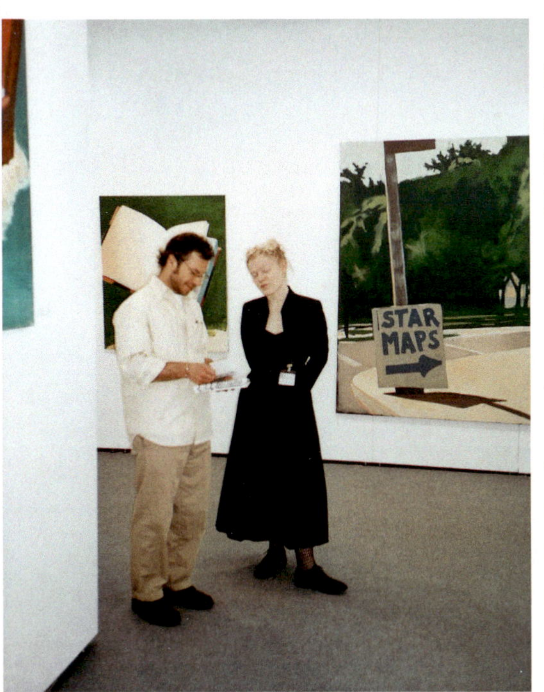

Life journey
Nan Hoover, Andrei Roiter, Bernhard Martin, Ottmar
Hörl, Matthias Baus, Bettina Blohm, David Rabinowitch,
A. R. Penck, Martin Willing, Angela Glajcar, Eduard Micus,
Susanna Niederer, Hellmut Bruch, Christina Doll, Thomas
Dietz …

and—if not overlapping—
Claus Hugo Nielsen, Gereon Krebber, Rose Eken,
Jonathan Meese, Franz Erhard Walther, Oliver Czarnetta …
The documentation of my activities or my inner pre-
occupations is not complete because for some documents
I have lacked the budget (Cindy Sherman, Jürgen Klauke,
Ulay, Emil Schumacher). This lack didn't hurt. Part of cu-
rating to me is being a "junction-maker between artists,
architects and writers". Hans Ulrich Obrist, "Ways of Curating", op. Cit., 61.

<u>Lebensweg</u>
Nan Hoover, Andrei Roiter, Bernhard Martin, Ottmar Hörl, Matthias Baus,
Bettina Blohm, David Rabinowitch, A. R. Penck, Martin Willing, Angela Glajcar,
Eduard Micus, Susanna Niederer, Hellmut Bruch, Christina Doll, Thomas Dietz …

<u>und — wenn nicht überschneidend —,</u>
Claus Hugo Nielsen, Gereon Krebber, Rose Eken, Jonathan Meese, Franz
Erhard Walther, Oliver Czarnetta …

Die Dokumentation meiner Tätigkeit oder meiner inneren Beschäftigung ist
nicht vollständig, da mir für manche Dokumente das Budget fehlte (Cindy Sherman,
Jürgen Klauke, Ulay, Emil Schumacher). Der Mangel schmerzte wenig. Denn als
einen Teil des Kuratierens empfinde ich „das Zusammenbringen von Akteuren, die
sich ohne mich nicht kennengelernt hätten" Hans Ulrich Obrist, „Kuratieren", München 2015, 144.

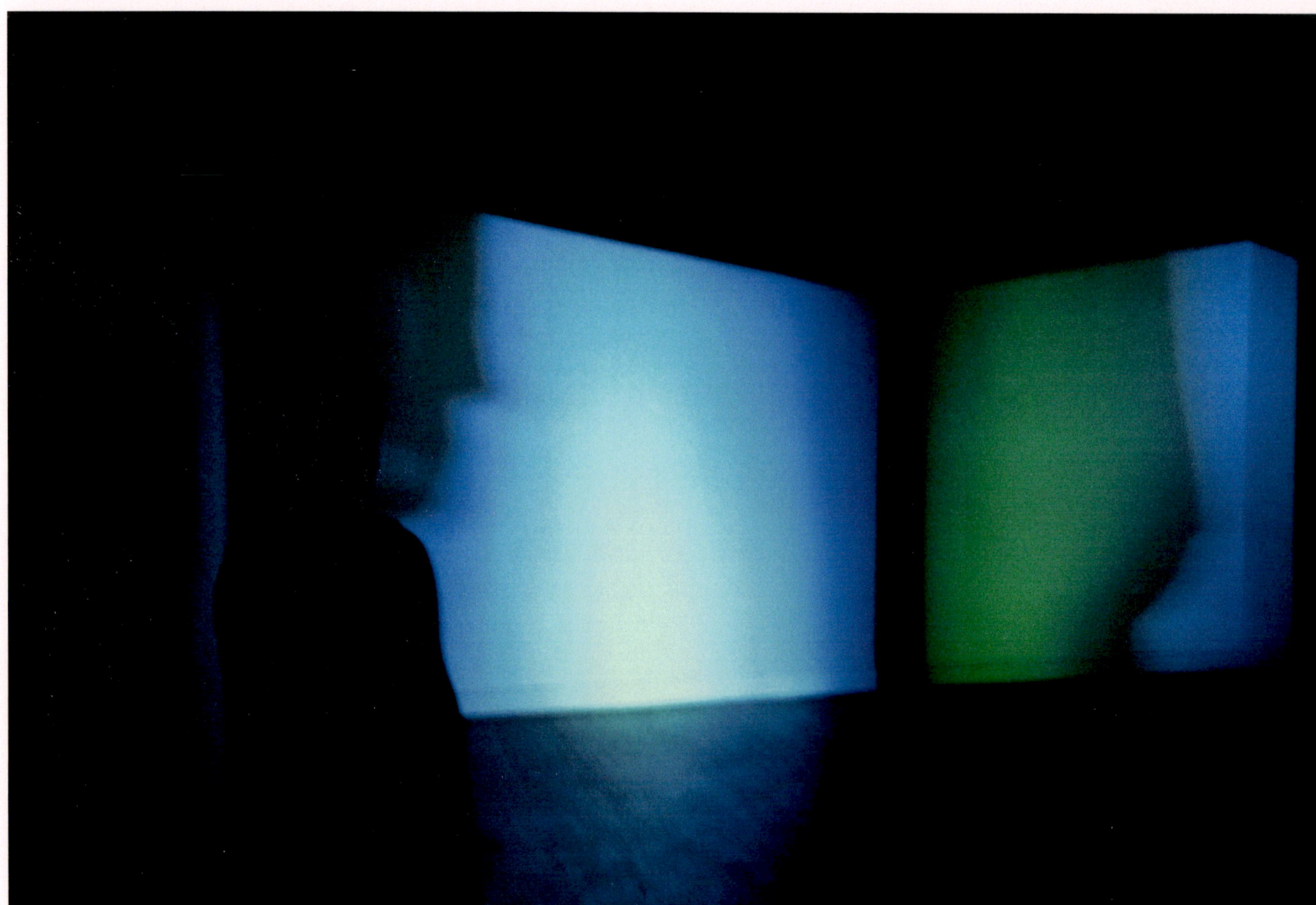

In 1999, I had a portrait of myself done by A. R. Penck: considering my income at the time this was a daring present to myself after the completion of my legal training. The imperial gesture amused me and my friends mocked me ceremoniously over it. The work is entitled SASA and is hung immediately after every move. Wherever it is, I am at home.

In my private environment I have rarely changed the hanging. My ideal for a good hanging has always been Gertrude Stein's salon, a more and more multifaceted collection of curios, memorabilia from friends and companions. However, numerous changes of location inevitably resulted in variations in their arrangement. Although much is figurative, it is interesting that specific topics don't appear. Violence and (something that in opening speeches years ago was readily stressed and today only surfaces in stand-up comedy) "disturbing" works are omitted. Private collectors often appear to be driven by the need to demonstrate their "Reflektiertheit" [reflectedness] and enlightenment by hanging explicit works. It leaves me at a loss—perhaps this is a perspective specific to my generation. Meanwhile, fortunately there exists an expression for an important aspect of these hangings: "Siegerkunst". Wolfgang Ullrich, "Siegerkunst: Neuer Adel, teure Lust" [Siegerkunst: New Nobility, Expensive Pleasure], Berlin 2016.

Most of my time is spent on studio-related work. Today, rather than tidying up, packing, and making coffee, it is all about communication with the outside world, strategic decisions. Expert valuation reports are also important. In expert committees and lectures I deal scientifically with the economic/legal/tax aspects of creating and collecting art. When I attend an exhibition I give the opening speech—otherwise I feel out of place.

Art is always there.

Im Jahr 1999 ließ ich mich von A. R. Penck porträtieren, ein bei meinem damaligen Einkommen gewagtes Geschenk an mich selbst im Nachgang zum Abschluss der juristischen Ausbildung. Die imperiale Geste amüsierte mich und ich ließ mich feierlich von meinen Freunden dafür verhöhnen. Die Arbeit heißt „SASA" und wird nach jedem Umzug sofort aufgehängt. Wo sie ist, bin ich zu Hause.

Im privaten Wohnumfeld habe ich selten umgehängt. Mein Ideal einer guten Hängung war der Salon von Gertrude Stein, also ein Panoptikum von Erinnerungsstücken an Freunde und Weggefährten, das immer facettenreicher wird. Zahlreiche Ortswechsel machten die Frage allerdings auch wenig brisant, denn neue Arrangements ergaben sich dadurch zwangsläufig. Es fällt auf, obwohl vieles gegenständlich ist, dass bestimmte Themen nicht auftauchen. Gewalt und (was in Eröffnungsreden vor Jahren gern strapaziert wurde und heute nur noch im Kabarett vorkommt) „verstörende" Arbeiten kommen nicht vor. Private Sammler erscheinen mir oft als getrieben von einem Bedürfnis, durch die Hängung expliziter Arbeiten ihre Reflektiertheit und Aufgeklärtheit zu demonstrieren. Mich lässt das — wahrscheinlich auch generationsbedingt — ratlos zurück. Mittlerweile gibt es für einen wichtigen Aspekt dieser Hängungen dankenswerterweise einen Ausdruck: Siegerkunst Wolfgang Ullrich, „Siegerkunst", Berlin 2016.

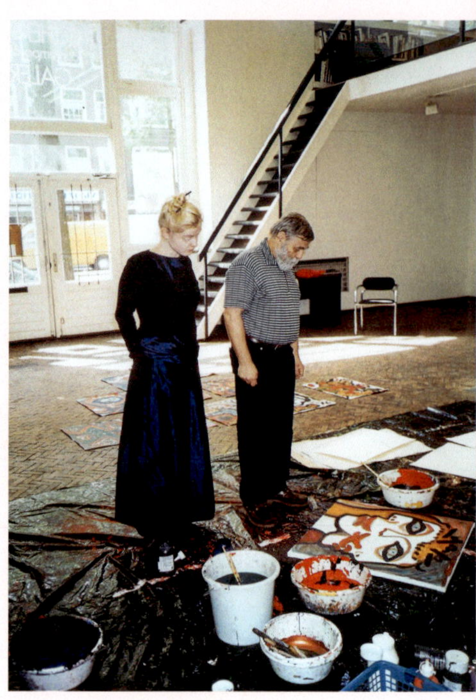

Den wesentlichen Teil meiner Zeit verbringe ich atelierbezogen. Statt um das Aufräumen, Einpacken und Kaffeekochen geht es heute um die Kommunikation nach außen und um strategische Entscheidungen. Daneben stehen die Wertgutachten als Sachverständige. In Arbeitskreisen und Vorträgen setze ich mich wissenschaftlich mit den wirtschaftlichen/rechtlichen/steuerlichen Aspekten des Schaffens und Sammelns von Kunst auseinander. Auf Ausstellungseröffnungen halte ich die Rede — oder ich fühle mich deplatziert.

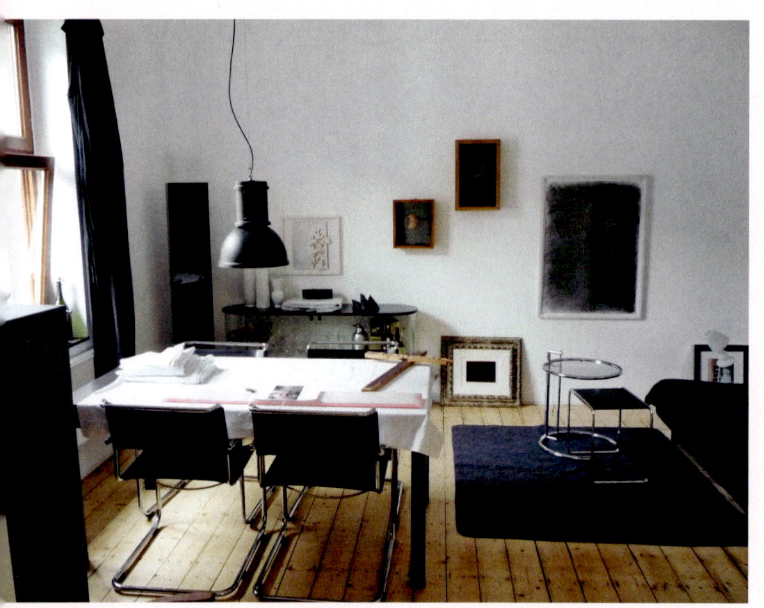

Wohnung Sasa, Köln, 2009

Die Kunst ist immer da.

Sasa mit/with A. R. Penck, Amsterdam, 1999

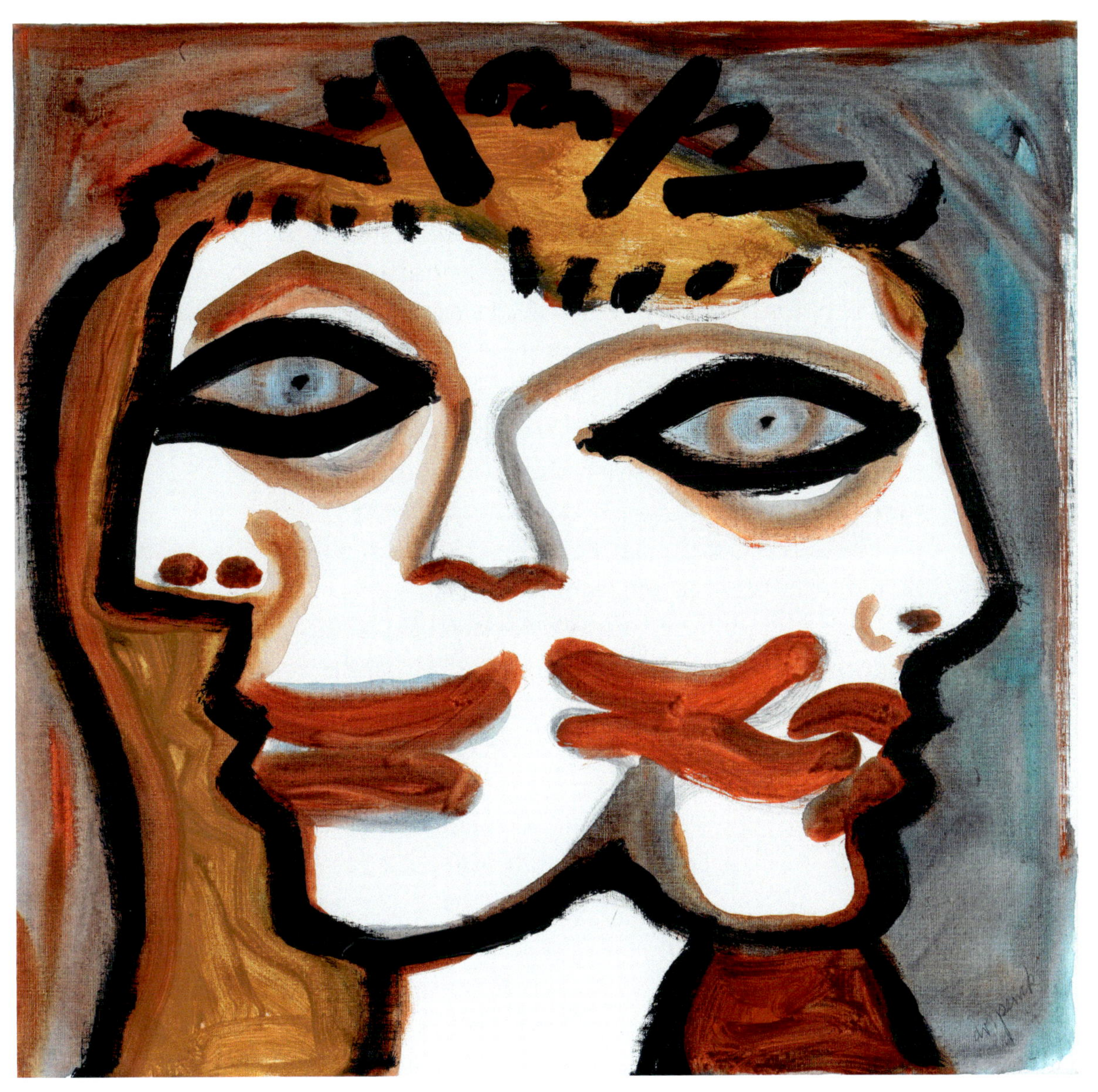

A. R. Penck, **SASA**, 1999

Zunächst konnte ich mir vorstellen, als Kuratorin der Sammlung zu agieren; mithin als Gegenüber ohne Einbindung. Die Rollenzuweisung, als späte zweite Ehefrau randständig zu bleiben, empfand ich nicht nur nachteilig. Denn übernimmt ein Partner Verantwortung für das Lebenswerk des anderen, dann prägt diese Verantwortung die eigene Lebensspanne und darüber hinaus. Das wollte bedacht sein.

Klaus ist Sammler vom Typus her. Meine Persönlichkeitsstruktur ist anders. Mein allgemeines Konsumverhalten taugt schon nicht dafür. Viele Dinge haben kein Leidenschaftspotenzial für mich. Die Möglichkeit der sozialen Definition durch gehobenen Konsum ist für mich von geringer Bedeutung. Denn mit meinem sorgfältig ausgewählten Katalogberuf hatte ich mich für mein Gefühl bereits stimmig definiert. Meine berufliche Tätigkeit erlaubte es mir, den gesellschaftlichen Teil des Kunstmarktes als Kulisse fantastischer Andersartigkeit von außen wahrzunehmen, ohne selbst dazuzugehören.

Ich fühlte mich als freundliche Betrachterin. Das sehr stark ausgeprägte, ambitionierte Konkurrenzverhalten gefiel mir in seiner Exotik, nur mit mir persönlich hatte das alles nichts zu tun. Beim Sammeln geht es um Überfluss und Fülle, nicht um Reduktion. Meine Überlegung war, dass eine Einbindung in die Sammlung von Klaus bedeutete, meinen überschaubaren Hausrat dauerhaft in einen vielteiligen Hausstand mit Alarmanlage und Depot einzugliedern. Meine persönliche Bewegungsfreiheit würde eingeschränkt sein. Und am Ende fürchtete ich die administrativen Pflichten, die mein Kostbarstes aufzehren würden: meine Zeit. Nach Beispielen gefragt, fiel mir etwa der Weg von Friede Springer ein oder der von Gloria von Thurn und Taxis. Mit dem Unterschied, dass die benannten Vorbilder zuvor keinen karriereassoziierten Beruf hatten.

Die Außenansicht war anders. Plötzlich war ich ‚die Frau von‘. Selbstbild und Fremdbild klafften weit auseinander. Für beide Partner ist also der Titel „Sieh mich an!" durchaus wörtlich zu nehmen: in dem Sinne, dass wir als die Individuen gesehen werden wollen, die wir sind, und nicht als Abziehbilder entsprechend einer vordefinierten, von Erwartungen geprägten Wahrnehmung.

Neben den persönlichen und gesellschaftlichen Aspekten, die nach kluger Abwägung verlangten, bestanden inhaltliche Hürden. Die in Publikationen und Interviews thematisierte impulsive Form des Kuratierens war mir fremd und erschien mir als beunruhigender Hinweis auf den Altersunterschied und den soziologischen Abstand zwischen uns. Meine trockenen Diagnosen kamen nicht gut an. Ich sah in den zahlreichen auflagenstarken Editionen, die Klaus über Jahrzehnte an Kunden und Freunde versendet hatte, vor allem eine Verknappung der kostbaren Ressource ‚Platz an den Wänden‘ und weniger eine Anstiftung zum Sammeln. Diese Sicht war ihm völlig neu und unangenehm. Im Rahmen der gegenseitigen Vorstellung der Kunst beschäftigten wir uns auch mit den Publikationen des anderen. Der Sammler hat dabei gegenüber dem beruflich mit der Kunst befassten Kombattanten eine denkbar schlechte Ausgangsposition. Denn ich hatte naturgemäß Fachliches veröffentlicht, während Klaus sich mit den ethischen Gesichtspunkten rund um die

I could conceive of myself as the curator of the collection—thus acting as a counterpart, but in the end without permanent involvement. I did not find the assignment of staying on the sidelines as a second wife entirely disadvantageous, for if one partner takes on responsibility for another person's lifework, this responsibility will characterize one's own life and even beyond it. This was something that required careful consideration.

Klaus is by nature a collector. My personality structure is different. Even my general consumer behavior says differently. There are many things that have little potential for passion for me. For example, the suggestion of social definition through conspicuous consumption is of negligible importance to me. I had already defined myself sufficiently by my carefully selected profession. My professional background activity allows me to perceive the social aspect of the art market as a backdrop for a fantastic otherness, but without being part of it.

I feel like a friendly observer. I can impartially enjoy pronounced ambitious, competitive behavior in all its exoticism, but it has nothing to do with me personally. Collecting is about excess and abundance, not about reduction. It occurred to me that an involvement in Klaus's collection would mean integrating my manageable household permanently into a multipartite household with an alarm system and art store. My personal freedom would be constrained. In the end, I feared the administrative obligations that would consume what is most precious, my time. If asked for examples, I would recall Friede Springer's path or that of Gloria von Thurn und Taxis, with the difference that the quoted models had not previously a career-related profession.

The external view was different; suddenly I was 'the wife of'. My own self-perception and that of others diverged. From the point of view of both partners, the title "Look at me!" is to be taken quite literally in the sense that we wish to be seen as the individuals we are, and not as products of a predefined perception characterized by the assumptions of others.

Besides the personal and social aspects that demanded wise deliberations there were also contextual considerations. The impulsive form of curating mentioned in publications and interviews was strange to me and was suggestive of the alarming age difference and social distance between us. My dry diagnoses were not being well received. The numerous high-circulation editions that Klaus had sent to clients and friends for decades mainly constituted a reduction of the precious resource 'space on the walls' and were less an inspiration to collect. This viewpoint was completely new and unpleasant to him. In the context of our mutual ideas regarding art we also considered each other's publications. In this respect the collector's starting position vis-à-vis an opponent who deals with art professionally was quite weak, because I had published professional writings, while Klaus had dealt with the ethical aspect of collecting. In the same way that public collecting makes one vulnerable to attack, personal statements that are supposed to make personal motivations tangible are always open to

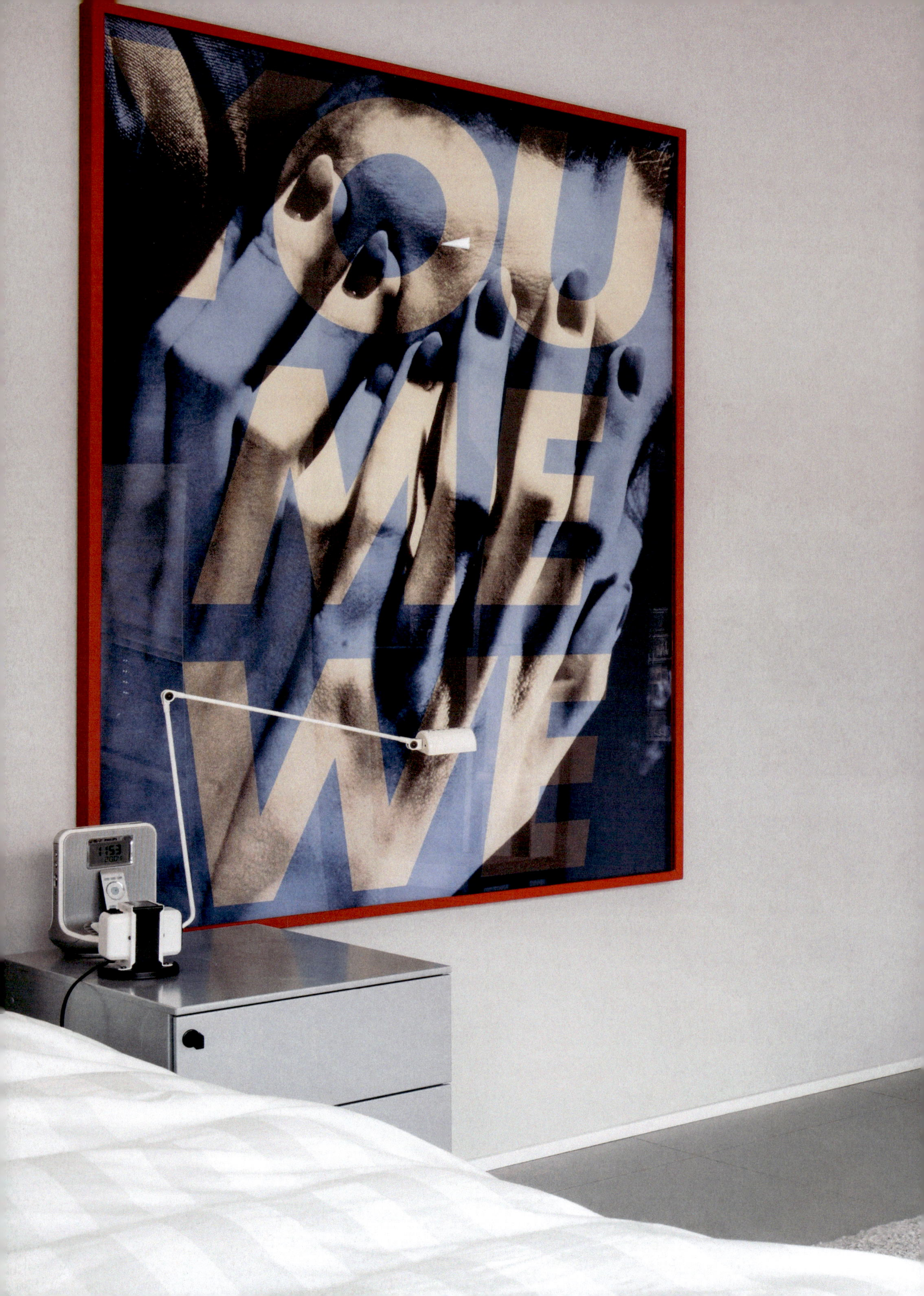

YOU
ME
WE

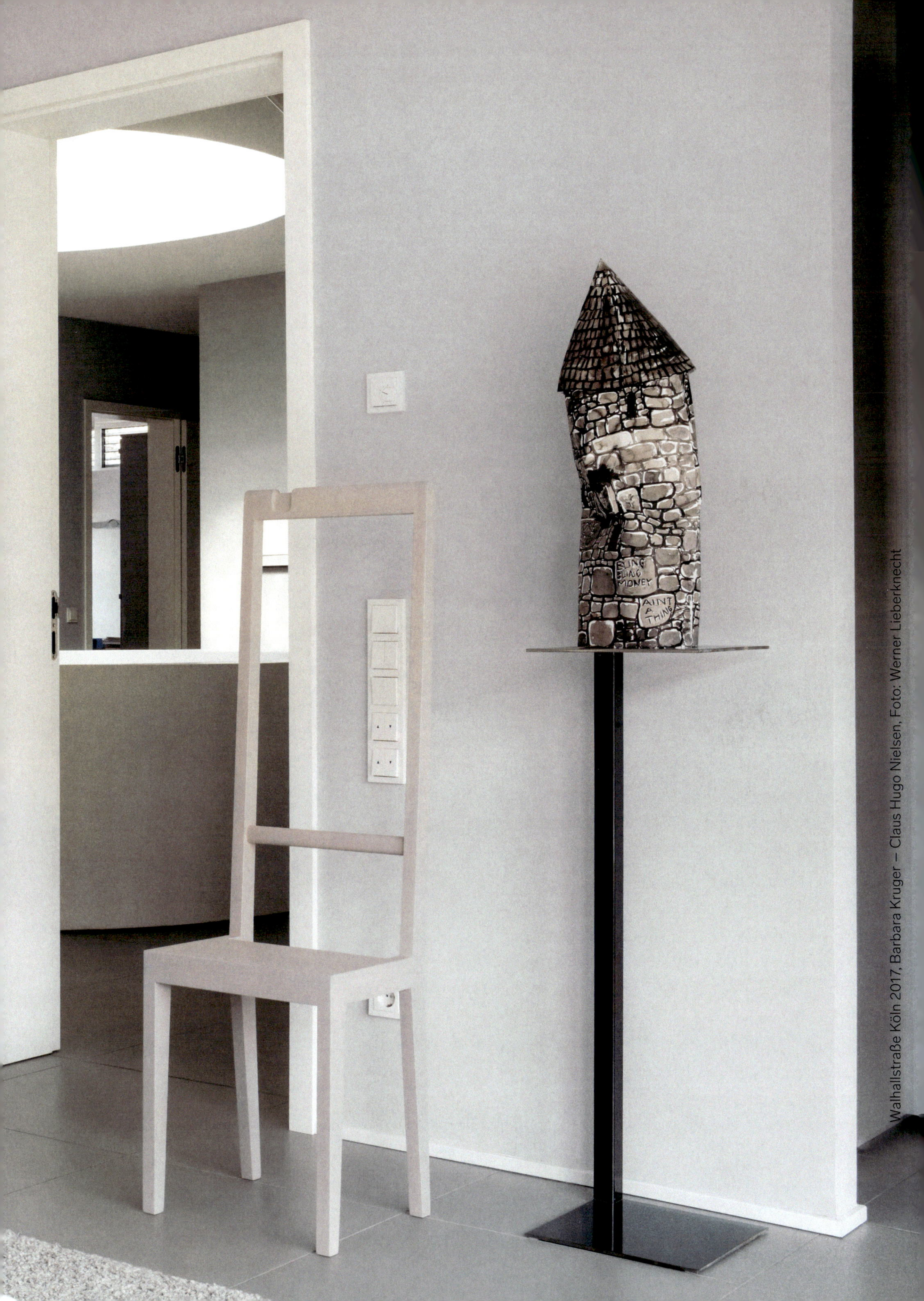

Walhallstraße Köln 2017, Barbara Kruger – Claus Hugo Nielsen, Foto: Werner Lieberknecht

Sammeltätigkeit auseinandersetzte. Genau wie öffentliches Sammeln angreifbar macht, sind persönliche Statements, die Motivation erfahrbar machen sollen, immer in viele Richtungen auslegbar. Klaus hatte in einer Ansprache dem Hedonismus eine strenge Absage erteilt und sich für einen bescheidenen Sammler gehalten. In meiner Vorstellung widerspricht diese Haltung den Denkgesetzen. Denn Sammeln ist für sich kein originär bescheidener Akt, es ist auch das hedonistische Ausleben von Affekten. Wer sammelt, nimmt sich wichtig genug, auszuwählen, was erhalten bleiben soll. Jeder Kauf ist zwar ein Commitment zum Entstehenlassen von Kunst, da sich Künstler durch den Verkauf finanzieren: Kunstkäufe sorgen dafür, dass Künstler arbeiten können. Man bestimmt jedoch im wiederholten Erwerb von Kunst mit, was Erfolg haben soll. Das zu negieren bedeutet, gegen die Sozialerheblichkeit des eigenen Tuns zu protestieren. Das ist sinnlos.

Öffentliche Sammler sind selbst erfolgreich oder hatten wirtschaftlich erfolgreiche Vorfahren. Sie kennen sich mit den Gesetzen der Wirtschaft gut aus. Das Bedauern darüber, dass der Kunstmarkt kommerziell geworden sei, erscheint mir als eine bildungsferne Floskel, derer man sich durch die Zeiten bedient und die durch Wiederholung nicht wahrer wird vgl. Eduard Beaucamp in der FAZ vom 05.11.2010: „Der Kunstmarkt-Hype ist eine Erfindung von gestern". Die Gesetzmäßigkeiten der materiellen Welt sind eben erschütternd banal, wenn man sie benennt: Etwas, das gehandelt wird, ist kommerziell. Wie in anderen Jäger-Sammler-Sozietäten auch kann Bescheidenheit beim Teilen der Beute den Jäger nobilitieren vgl. Erich Fromm, „Anatomie der menschlichen Destruktivität", Stuttgart 1974, 125. Mehr nicht.

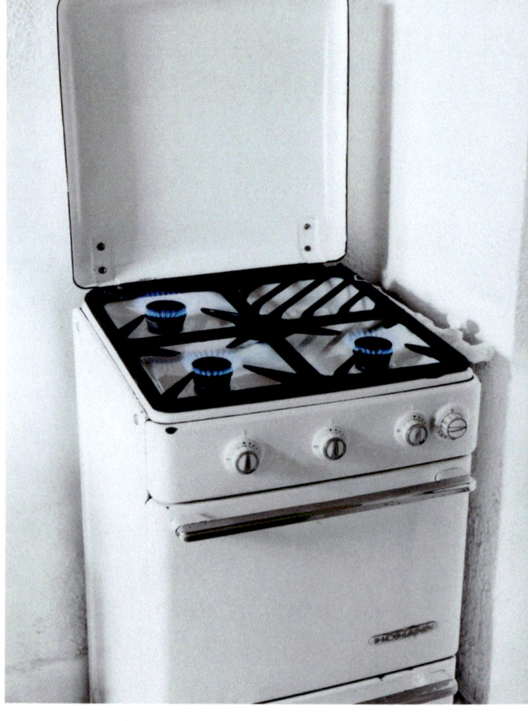

Darum hatte ich mich unbequemen und belastenden Rollen entzogen und nie einen Zweifel daran gelassen, berufstätig zu sein. Eine verwirrende und belastende Konstante des Kunstmarktes ist meines Erachtens, dass Galeristen und Kuratoren oft so auftreten, als sei die Kunst mehr eine Leidenschaft und weniger ein Beruf. Das Bild changiert zwischen der Unterhaltung romantischer Trugbilder und einem Berufsleben, das entweder mönchisch der Arbeit gewidmet ist oder die ganze Familie mit in den Beruf einbindet. Entsprechend leben viele Galeristen und Kuratoren im Ergebnis über ihre Verhältnisse, weil die Präsenz an den Orten der Kunst, das repräsentative Wohnen und die Freizeitgestaltung mit sehr viel Aufwand verbunden sind. Von einer Rechtsanwältin und ö. b. u. v. Sachverständigen verlangt der Markt zwar eine Hinwendung zum Geschehen, aber niemand erwartet ein wirklich teilnehmendes Leben. Sammler widmen sich ihrem Steckenpferd unterdessen mit einem Ernst, als würden sie dafür bezahlt. Mein eher ironischer, distanzierter und in Teilen diesseitig-professioneller Ansatz musste nach meiner Vorstellung auf den leidenschaftlich-heroischen Sammler-Sammler vgl. Wolfgang Ullrich, in diesem Buch, 34. blutleer und verschroben wirken. Wie sollte ein (neuer) stimmiger Platz für mich aussehen?

many other interpretations. In one opening speech Klaus had strongly denounced he-donism and had stated that he considered himself a modest collector. In my perception this behavior shows illogical thinking. For collecting is by its very nature not a modest act, it is also the hedonistic living out affects. Those who collect regard themselves as sufficiently important to select what should be preserved. Each sale is a commitment to the creation of art because artists finance themselves through the selling of art: art sales ensure that artists can work. With repeated acquisitions, one contributes to deciding what is to be successful. Negating this means to protest against the social relevance of one's own acts. That is senseless.

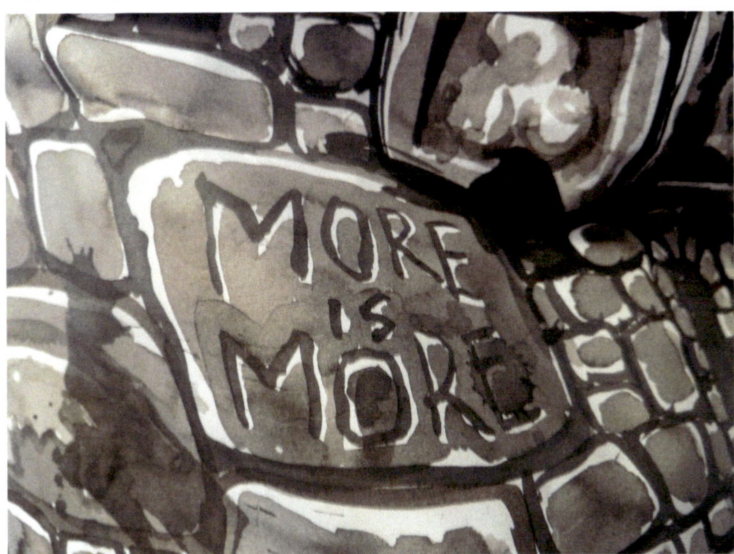

Public collectors are either successful themselves or had economically prosperous fore-bears. They are very familiar with the laws of economics. Regretting that the art market has become commercial appears to me as an uneducated and empty phrase that has been repeated for ages and that does not gain traction by repetition Cf. Eduard Beaucamp, "Der Kunstmarkt-Hype ist eine Erfindung von gestern" [Art Market Hype is Yesterday's Invention], FAZ 11/05/2010 [own translation]. The laws of the material world are shockingly banal when they are named:

Something that is traded is commercial.

As in other hunter-gatherer societies, modesty during the dividing of the prey, can ennoble the hunter. Cf. Erich Fromm, "Anatomie der menschlichen Destruktivität" (Anatomy of Human Destructiveness), Stuttgart 1974, 125. Nothing more than that.

I had therefore withdrawn from uncomfortable and burdensome roles and left no doubt that I am a professional. An irritating and stressful constant of the art market, in my opinion, is that gallerists and curators often give the impression that art is more of a passion and less of a profession. The idea of being a gallerist shifts back and forth between the preservation of romantic illusions and a professional life which either is completely monastic or integrates the entire family into the profession. Accordingly, many gallerists and curators live beyond their means, because being present in the necessary locations, a prestigious way of life, and the required leisure-time activities all come at a great cost. From a lawyer and publicly certified art expert the market ex-pects attention, but no one expects one's whole life to be subsumed in it. Meanwhile, collectors are dedicated to their passion with a degree of seriousness that suggests that they are paid for it. My rather ironic, distant, and in some respects worldly and professional approach, in my view, would appear tepid and eccentric to the passionate collector-collector Cf. Wolfgang Ullrich, in this publication, 33.. What would a (new) appropriate place for me look like?

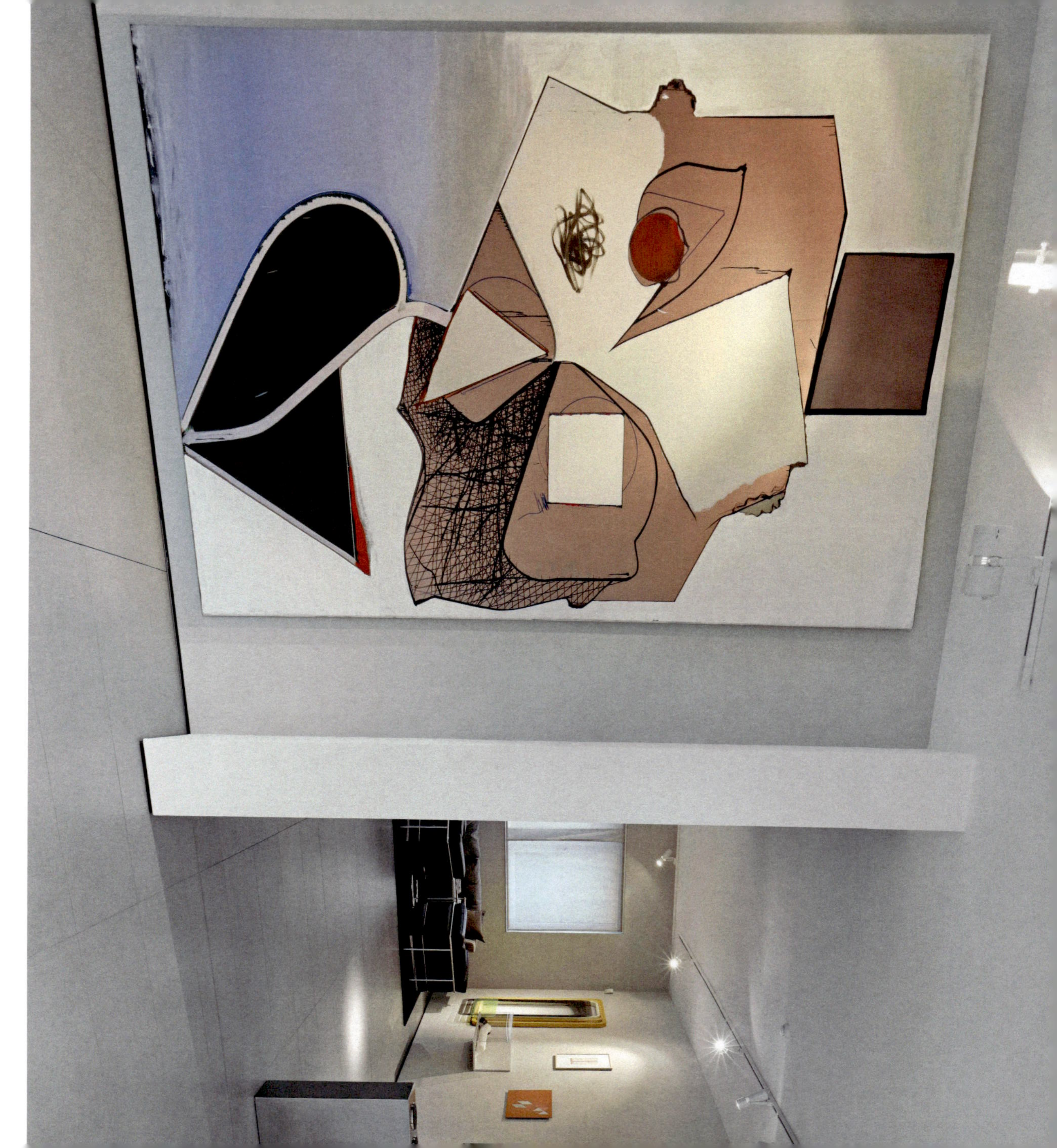

Walhallstraße Köln 2016, Thomas Scheibitz –
Tobias Rehberger – Rosemarie Trockel (2) –
Thomas Dietz – Jürgen Klauke – Rosemarie Trockel (Herd) –
Ernst Ludwig Kirchner – Thomas Demand – Martin Willing –
Franz Erhard Walther, Foto: Saša Fuis

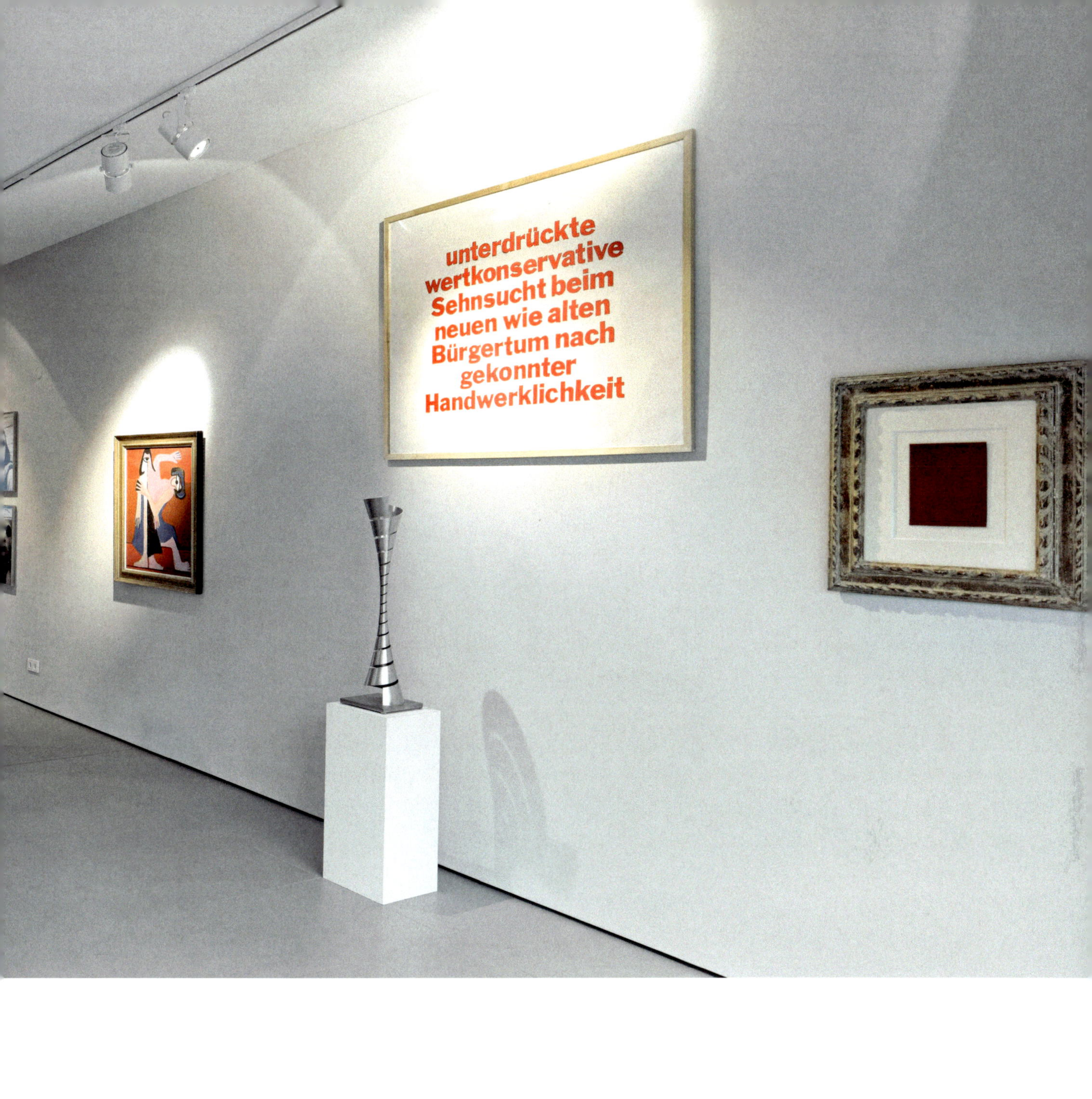

unterdrückte
wertkonservative
Sehnsucht beim
neuen wie alten
Bürgertum nach
gekonnter
Handwerklichkeit

Obwohl also manches gegen ein gemeinsames Projekt sprach, entschied ich anders. Als äußeres Zeichen für den Plan, eine eigene Auslegung für ‚gemeinsam' zu finden, nahm ich den exzentrischen Namen meines Mannes an und stellte meinen voran zu nunmehr Hanten-Schmidt. Das Ausprobieren im Wortfeld ‚Sammlung Hanten Schmidt' wurde in der Manier des wortschöpfenden Künstlers durchdekliniert. Ohne ‚Sammlung' klingen unsere Namen wie ein Unternehmen, wie eine Agentur. Eine Verbindung sollte es geben. Aber der Bindestrich in Hanten-Schmidt steht in meiner Wahrnehmung vor allem als ein Minuszeichen; ich spreche meinen Namen als Hanten minus Schmidt aus. Die Sammlung ist aber mehr, keiner von uns — und damit kein Name — soll hintenüberfallen. Also ist es ‚Hanten + Schmidt', und wie in meiner ironischen ausgesprochenen Form ist auch das Minus darin enthalten. Wir sind zusammen und doch auch jeder für sich: ‚Sammlung Hanten plus/minus Schmidt', visualisiert in Farben, die man aus der Darstellung von Elektrizität kennt. Grün als gemeinsame Lieblingsfarbe war ein Ausgangspunkt.

Sammler schauen nach vorn. Wichtig ist immer das, was man jagt, nicht das, was man schon hat. Sammler, die ein privates Museum eröffnen, nutzen den Moment oft zum Nachdenken, zum Bewusstwerden (Gerda Ridler in einem Gespräch mit der Verfasserin). Wir lenkten den Blick zunächst zurück, um danach die Optionen der Zukunft auszuloten.

Die beiden Vorläufer von Hanten + Schmidt sind offensichtlich verschieden. Wir kannten uns nicht persönlich und sind getrennt durch eine Generation Altersunterschied. Über die letzten Jahrzehnte entstanden die Vorläufer im Rheinland mit Bezügen zu Dresden. Unser unterschiedliches Geschlecht, das signifikant unterschiedliche Budget und die soziale Einbindung spielen gewichtige Rollen.

Auf der einen Seite steht die klassische Privatsammlung in der zweiten Hälfte des 20. Jahrhunderts. Die einzelnen Schritte der Sammlungsentstehung wurden in der öffentlichen Darstellung je nach Lebensjahrzehnt und Kontext in die eine oder andere Richtung pointiert, so wie jede Biografie wertende Elemente hat. Jedenfalls haben gewählte Einschnitte in der Erwerbsbiografie und die häufig variierenden Wohnsitze die Entstehung des Bestandes stark beeinflusst und zu Häutungen geführt. Die Öffentlichmachung der Sammeltätigkeit erfolgte sehr rasch, im Grunde gleich am Anfang. Dazu kam ebenso zügig eine Konvergenz von privater Sammlung und Brotberuf durch die Editionen für Mandanten, Ausstellungen im Geschäftsumfeld, Versuche einer Tätigkeit auf dem unmittelbaren Kunstmarkt und Dienstleistungen mit Kunstmarktbezug. Eine Trennung zwischen privat und geschäftlich gab es an dieser Stelle nicht. Das kostete sicher Kraft, brachte aber auch Synergieeffekte mit sich und befeuerte die Sammlungstätigkeit.

Meine kleine Kollektion bebildert unterdessen meine Arbeit und ist private Mythologie, die von außen nicht als Sammlung wahrgenommen wurde und den Anspruch auch nicht erhob. Die Anschaffung von Kunst war keine

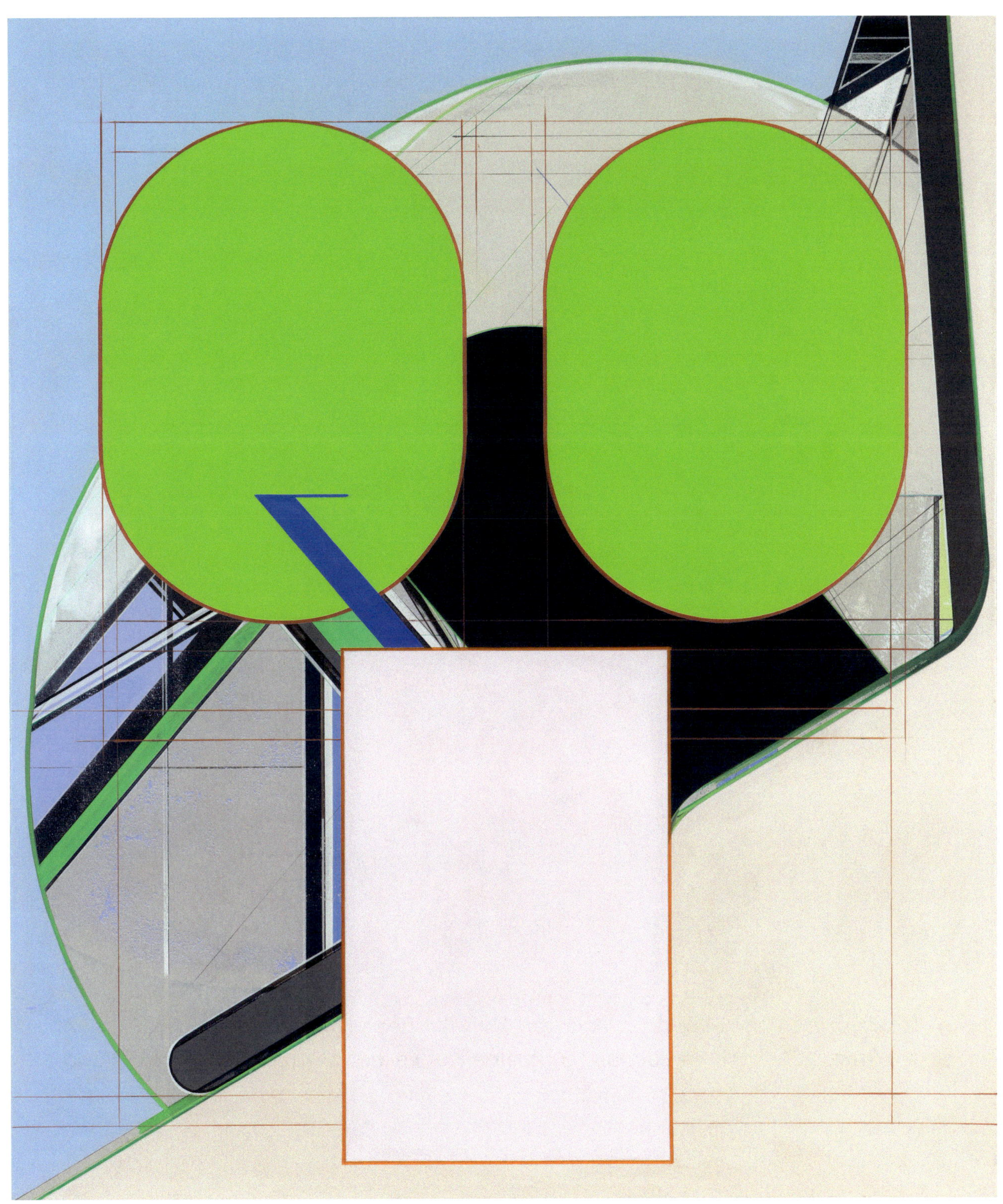

Frank Nitsche, **GUD-17-2016**, 2016

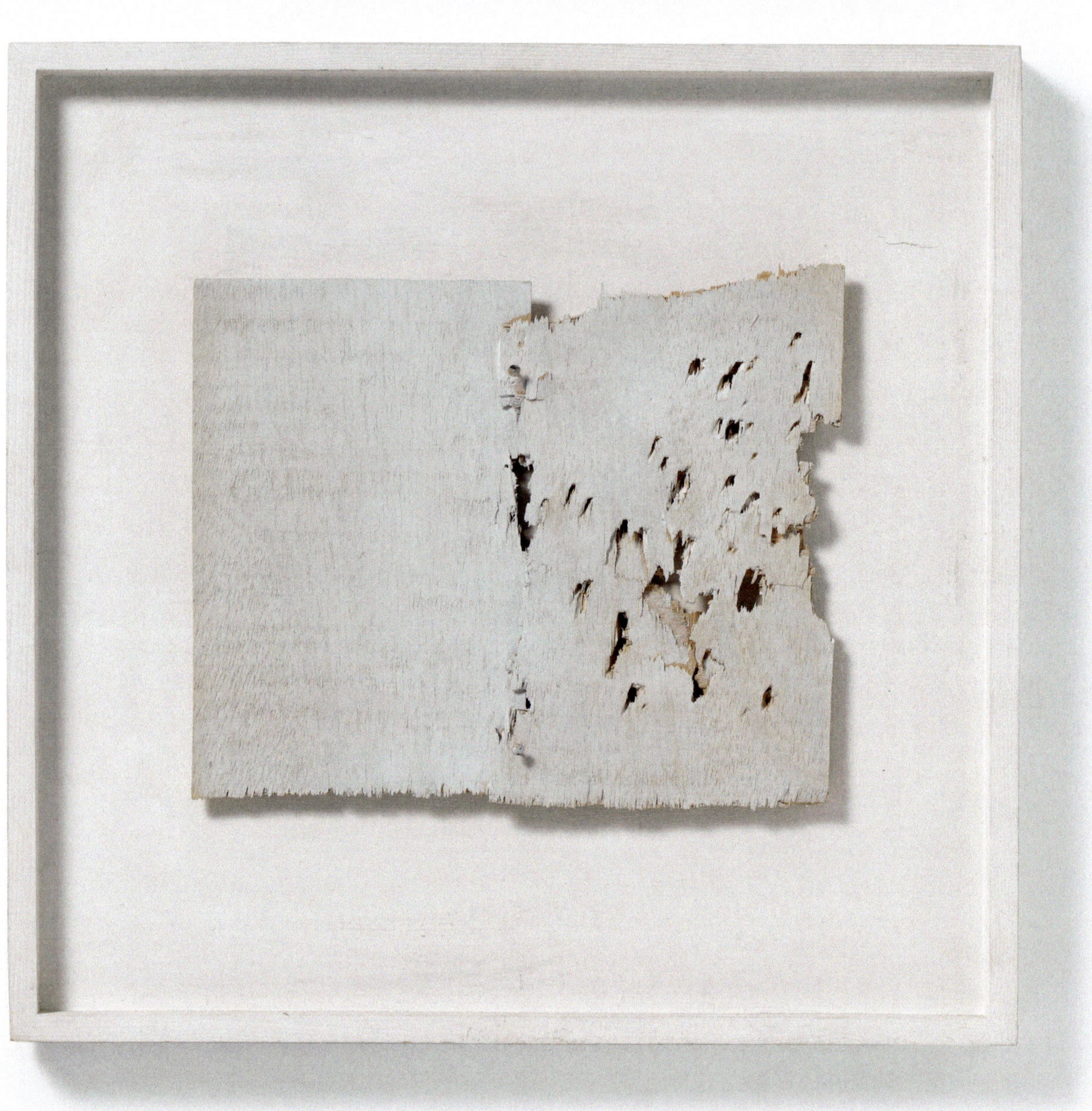

Eduard Micus, o.T. **(21/1991)**, 1991

Although many things spoke against a joint project, I decided otherwise. As an external sign for the plan to find my own take on 'joint', I prefixed my own name to the eccentric one of my husband to make it Hanten-Schmidt. Extensive testing in the semantic context of 'Collection Hanten Schmidt' was undertaken, in the manner of an artist creating neologisms. Without the 'collection', our names would sound like a company, an agency. The hyphen in Hanten-Schmidt in my opinion stands as a minus sign; I pronounce my name as Hanten minus Schmidt. The collection, however, is more, and none of the names should be left out. Thus it is 'Hanten + Schmidt', and as in my ironic sense, the 'minus' is integrated. We are together, but each of us is visible as an individual: 'Collection Hanten plus/minus Schmidt' is visualized in colors, just like in the illustration of electricity. Green as our joint favorite color was one point of departure.

Collectors look forward. What is important is always what one is hunting for, not what one already has. Collectors who open a private museum often use that moment for reflection, to become aware (Gerda Ridler in a conversation with the author). We looked back first in order to then explore options for the future.

The two precursors of Hanten + Schmidt are obviously different. We didn't know each other personally and are separated by the age difference of one generation. Over the past decades, the precursors emerged in the Rhineland, both with reference to Dresden. Our different genders, significantly different budgets, and social connections play important roles.

On the one hand stands the typical private collection of the second half of the twentieth century. In public presentation, the individual checkpoints of the collection's development have been publicly represented as pointing in one or another direction, according to context and to their respective decade in life—just as every biography contains evaluating elements. In any case, the professional life choices and the varying residences have impacted the evolution of the inventory. Early on, collecting was made public. This was complemented by a rapid convergence of private collection and business, through the editions for clients, exhibitions in the business environment, and attempts to become active in the immediate art market and in services related to the art market. At this point no separation of private and business existed. This was certainly exhausting, but it had synergetic effects and fueled the process of collecting.

My small collection meanwhile illustrates my work and is private mythology; it has neither been perceived as a collection from the outside nor made this claim itself. Art appeared and belonged—it was not a decision for consumption that was in need of explanation. Only the portrait by A. R. Penck, a commissioned work from 1999, was reason for reflection because of its price and the imperial gesture. All the other art objects are to my entourage and to me rather like a sports champion's trophies, or a musician's golden records.

erklärungsbedürftige Konsumentscheidung, sondern die Kunst fand sich ein und gehörte dazu. Nur das Porträt von A. R. Penck, ein Auftragswerk aus dem Jahr 2000, war wegen des Preises und der imperialen Geste ein Anlass nachzudenken. Alle anderen Kunstgegenstände erschienen mir selbst wie auch meinem Umfeld mehr als Trophäen eines Sportlerlebens, als Goldene Schallplatten eines Musikers.

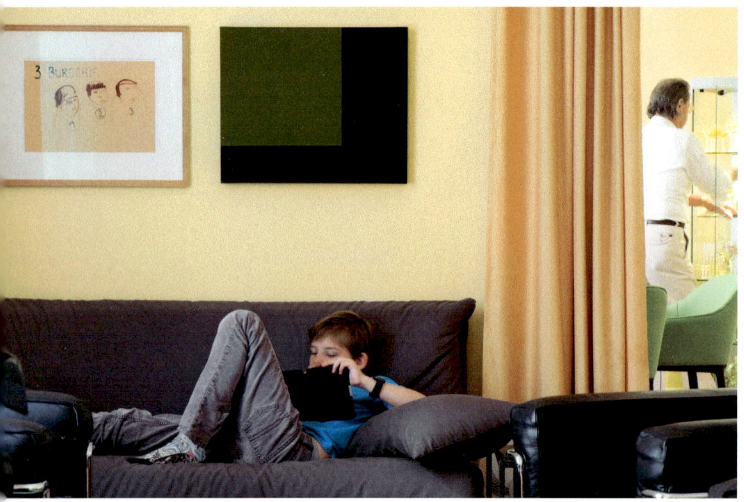

Für mich ist der Umgang mit Künstlern und Galeristen Teil meines Arbeitsalltages und nicht dispositiv. Entsprechend sind die Werbung für mein Unternehmen mit Kunst, die Akquise von Mandanten etc. keine konflikthaften Themen und schlechtem Gewissen nicht zugänglich, weil ich mich beruflich ausschließlich auf dem Kunstmarkt bewege. Dass Künstler eine öffentliche und eine private Person haben und nur die öffentliche Person Sammlern bei VIP-Dinnern vorgeführt wird, ist für mich ebenso normal. Für meinen Mann war die Dienstleistung auf dem Kunstmarkt ein wirtschaftlich zu vernachlässigender Aspekt seines Erwerbslebens. Andere Unternehmensteile waren in diesem Bereich relevanter. Entsprechend war die aufgewendete Energie erklärungsbedürftig. Meine Rolle, bezogen auf den Kunstmarkt, ist also etwas klarer und hat beruflich bedingt deutlichere Konturen. Allerdings muss damit auch meine Frustrationstoleranz größer sein, ich bin vom Markt abhängig und kann mich nicht beleidigt vom Geschehen abwenden. Sammler dürfen Phasen der Abkehr und des Enttäuschtseins ausleben, sie dürfen sich zeitweilig ohne Weiteres vom Markt zurückziehen. Die unterschiedliche Zusammensetzung der Vermischung von privat und beruflich ist ein Gegenstand der Überlegung.

Anlässlich des Symposiums „curating under pressure" des ifa (Institut für Auslandsbeziehungen) 2015 in Neuseeland hat es ein Kollege auf den Punkt gebracht: Unsere Lebensaufgabe sei „curating under leisure". Auch das will gestaltet sein.

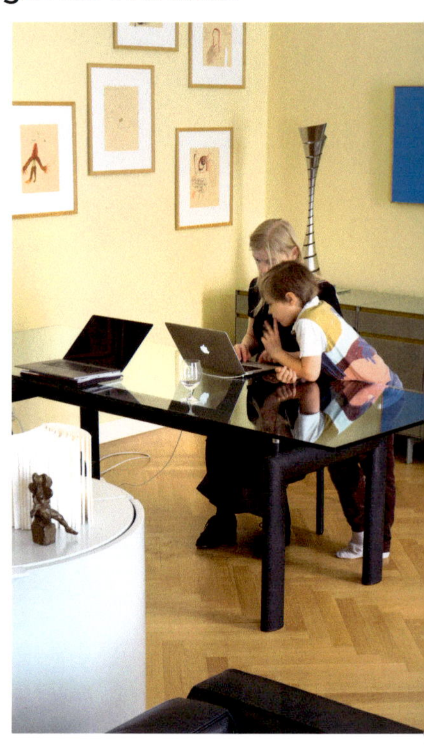

Die Inventur und das gegenseitige Vorstellen der jeweiligen Kunst sind ein kostbarer Teil des gegenseitigen Kennenlernens. Meine Söhne Jakob und Konrad werden in dieses Kennenlernen aktiv eingebunden. Sie leben mitten in der Kunst (siehe Titelbild), kennen als Wiener Sängerknaben aber auch ein anderes Leben. Wir veranstalten Kinderführungen und andere kunstbezogene Aktionen mit den Chorkollegen von Jakob und Mitschülern von Konrad, der zurzeit noch in der Chorvorbereitung ist. Diese Hausbesuche sind für uns wichtig und sehr bereichernd.

Jakob mit/with Klaus, Foto: Werner Lieberknecht
Bartensteingasse Wien 2017,

For me interacting with artists and gallerists is part of my everyday work, and that's how it is. Accordingly, advertising my business with art, the acquisition of clients, etc. are not topics that conflict, nor do they lead to a bad conscience because professionally I move exclusively in the art market. The fact that artists have a public and a private persona, and that only the public persona is presented to collectors at VIP-dinners, is no surprise to me. Services in the art market were a financially negligible aspect of my husband's business life. Other parts of his business were more important in this regard. The energy that was required had to be justified. My role in regard to the art market has been more clearly defined by my profession. However, my tolerance for frustration has to be higher because I am dependent on the market and cannot turn away feeling offended. Collectors are allowed to run through phases of withdrawal and may live out their disappointments; they can temporarily withdraw from the market entirely. The differing composition of mixing privacy and business is a subject for consideration.

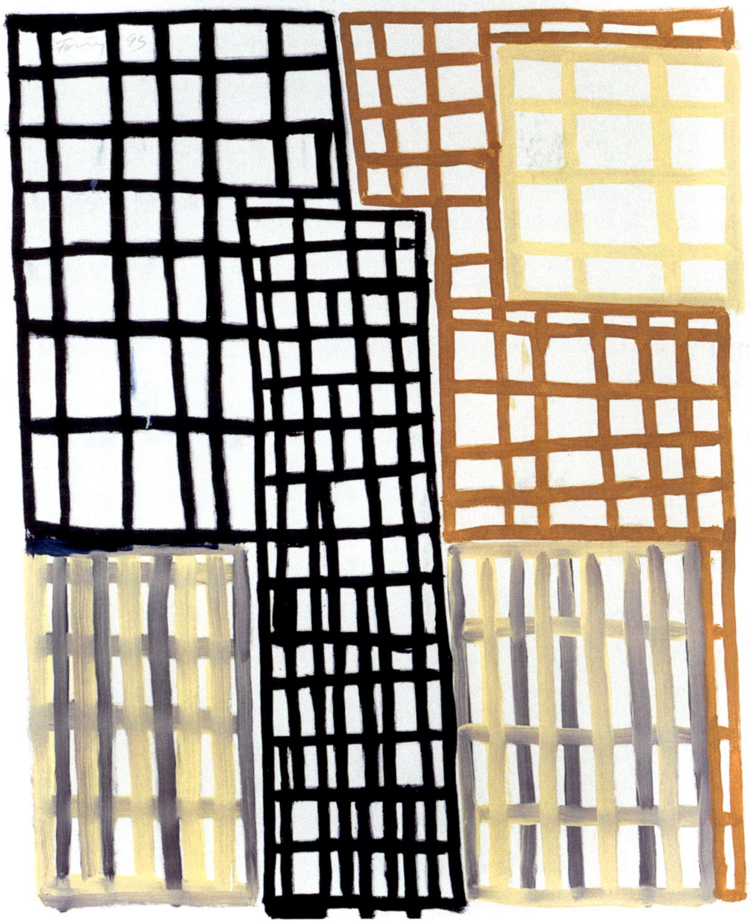

On the occasion of the symposium "curating under pressure" of the Institut für Auslandsbeziehungen [Institute for Foreign Relations] in New Zealand in 2015, a colleague made the point clearly: our task in life is "curating under leisure." This, too, needs to be shaped.

The inventory and reciprocal introduction to each other's art are a precious part of getting to know each other. My sons Jakob and Konrad are actively involved in this process of getting acquainted. They live amid the art (see title illustration), but as Vienna Choir Boys they also know another life. We organize children's tours and other art-related events with Jakob's choir colleagues and with classmates of Konrad, who is about to become a Vienna Choir Boy. These home visits are important to us and very enriching.

Stepchildren do not experience the direct pressure of expectation and, conversely, stepchildren have to be earned. After an active role as businessman, with more life experience and less pent-up demand regarding his own life, Klaus is in a good starting position to come into conversation with the stepchildren. One's view of one's own family

Auf Stiefkindern lastet kein direkter Erwartungsdruck, und umgekehrt muss man Stiefkinder erringen. Nach der aktiven Rolle als Unternehmer, mit mehr Lebenserfahrung und weniger Nachholbedarf in Bezug auf das eigene Leben, ergibt sich für Klaus eine gute Ausgangslage, um mit späten Kindern ins Gespräch zu kommen. Die Sicht auf die eigene Familie ist allgemein vielleicht zu sehr davon geprägt, dass man glaubt, diese ohnehin auf seiner Seite zu haben. Sammeln und die Sammlung weitergeben sind zwei verschiedene Herausforderungen. Ausstellungen können durch anspielungsreiches Hängen geheimnisvoll Konflikte verschleiern und diese gleichzeitig im Raum stehen lassen. Wenn man jedoch jemanden dafür gewinnen will, die vorhandene Kunst zum Teil der eigenen Geschichte zu machen, muss man ein echtes und offenes Gespräch führen: nicht in Anspielungen, sondern im Klartext. Sammler sagen, jedes Bild habe seine Geschichte. Fragt man nach, erzählen sie zunächst die Umstände des Ankaufs. Will man mehr erfahren — über die Bedeutung der Konsumebene hinaus —, hilft nur hartnäckiges Weiterfragen. Im Näheverhältnis der Familie macht diese Ebene mitunter beklommen. Es wird zwar stets von der Leidenschaft des privaten Sammlers für die Kunst gesprochen — aber nur abstrakt und unantastbar.

Eher soll das Gespräch sachlich, inhaltlich belastbar oder unterhaltend sein. Je etablierter die konkrete künstlerische Position ist, um die es geht, umso weniger wird über die Wirkung der Kunst gesprochen. Entweder dominieren die Fakten der Biografie des Künstlers oder es wird nur der Name genannt und alles andere als bekannt vorausgesetzt. Dieses Verschanzen hinter Anspielungen, das Einrichten in gefestigten Positionen ist aber für jeden neuen Zugang kontraproduktiv. Im Umgang mit der Kunst scheint Folgendes verallgemeinerungsfähig, besonders, wenn man bei neuen Partnern oder bei möglichen

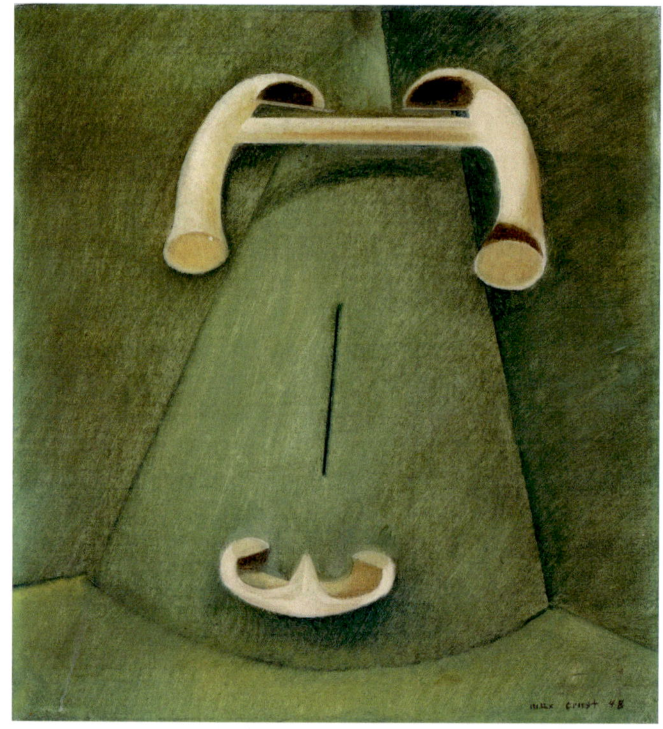

Max Ernst, Head of a bull, 1948

Nachfolgern um aktive Teilhabe an der eigenen Kollektion buhlt oder ganz allgemein um Zuwendung bittet: Es lohnt sich, wenig vorauszusetzen, um intensiv von Grund auf ins Gespräch zu kommen über das, was man sieht, oder das, was man mit dem Gesehenen verbindet. Sehen ist wie Sammeln: ein höchst persönlicher Vorgang. Erfährt man vom Zugang des anderen, sind Veränderung und Annäherung möglich. Kommt man nicht ins Gespräch, kann sich nichts entwickeln vgl. auch hier: Sammlerkind/Künstlerkind, 48. Um ins Gespräch zu kommen, haben wir beim Zusammenführen der Kunst eine Art Mengenlehre betrieben. Mögliche innere Verbindungslinien wollten wir finden. Manche Teilmenge des jeweiligen Bestandes blieb für sich, Schnittmengen und sogar echte Dopplungen zu entdecken, das beglückte besonders.

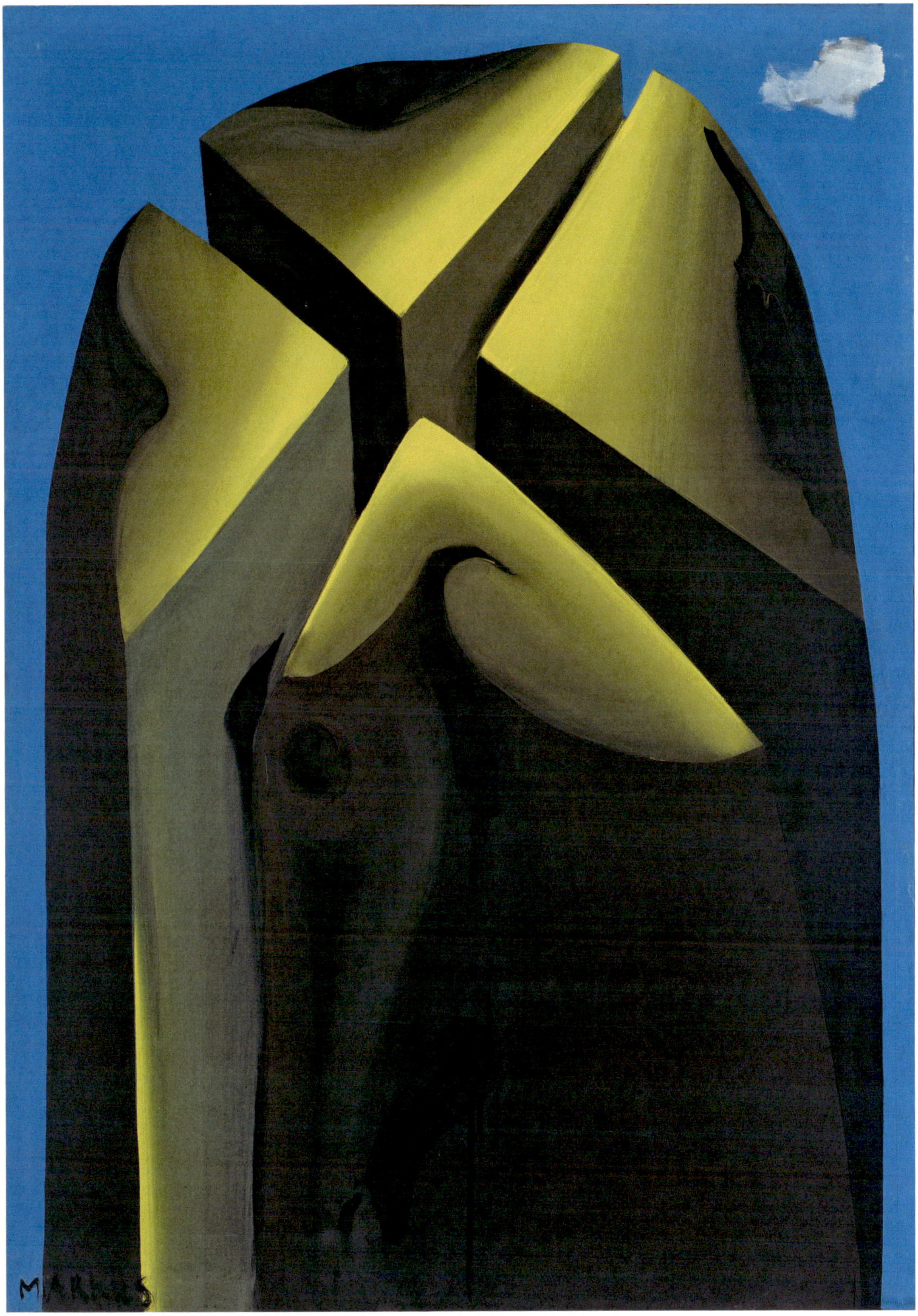

Markus Lüpertz, **Baumstamm dithyrambisch**, 1966

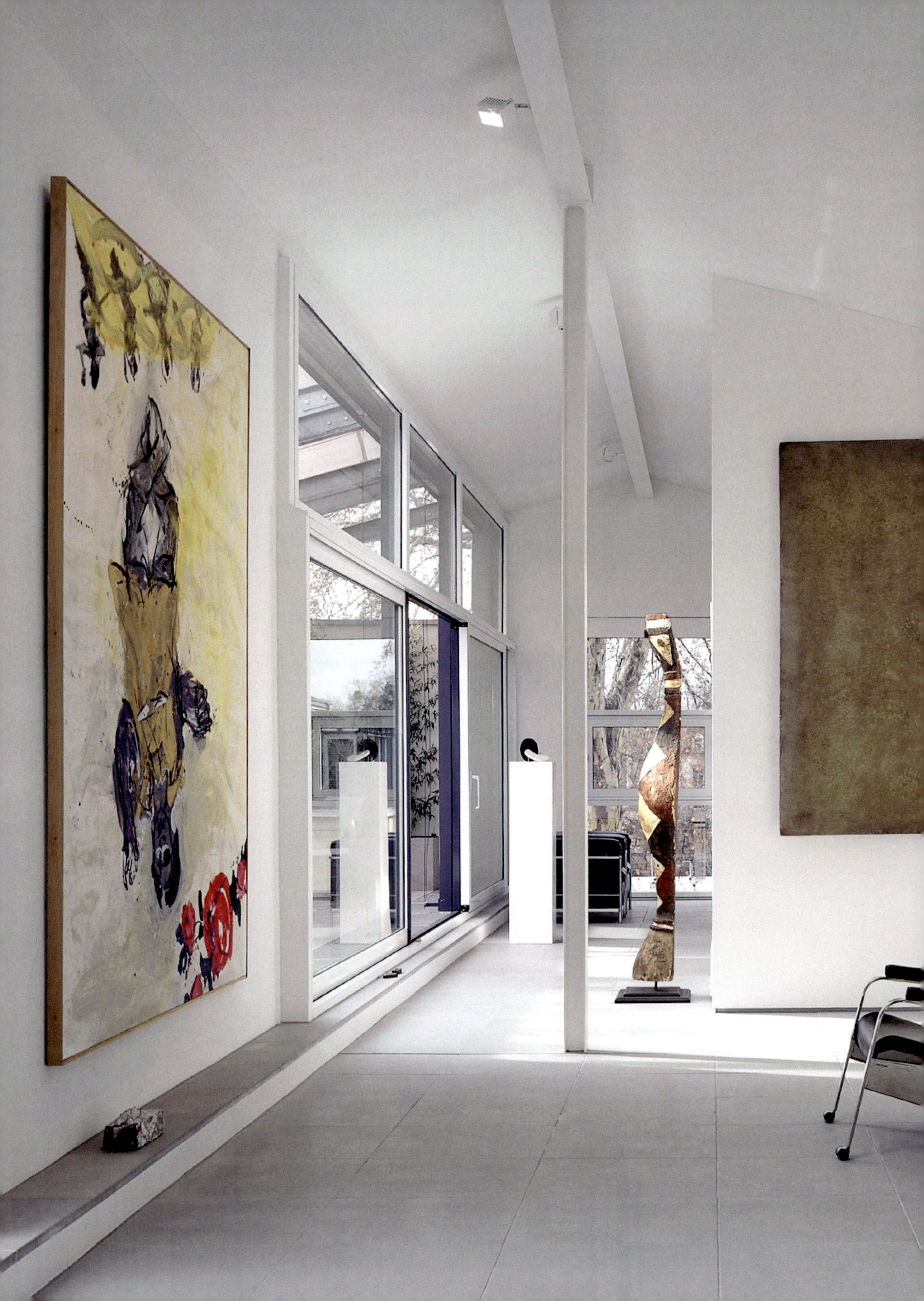

may perhaps be too characterized by the fact that one believes them to be on one's side anyway. To collect and to pass the collection on are two different challenges. Through allusive hanging, exhibitions can mysteriously veil conflicts and, at the same time, leave them hanging in space. Wanting to win someone over to make the existing art part of her or his own history requires a genuine and open conversation: not allusions, but clear words. Collectors say each painting has its story. If one enquires further, they first speak about the circumstances of the acquisition. If one wants to hear more—beyond the significance of the level of consumption—only insistent questioning will help. Within the family, this level is occasionally uncomfortable. The private collector's passion for art is frequently talked about—but only in an abstract and sacrosanct way.

The conversation ought to be objective, substantially resilient, and/or entertaining. The more established the particular artistic position at stake is, the less discussion there is about the impact of the art. Either the artist's biographical data dominate the conversation, or only his or her name is dropped and everything else is assumed to be known. This kind of hiding behind allusions, and insisting on established positions, is counterproductive to any new approach. In art, the following may be generally applicable, especially when pursuing active participation in one's own collection or generally asking for support from new partners or possible successors: It is worth presupposing little when initiating a profound conversation about what one sees, or how one connects with what one has seen. Seeing is like collecting: a highly personal process. If one learns something about the other person's approach, change and approximation are possible. If one does not engage in conversation, nothing can evolve (see section Collector's Child and Artist's Child, 49). In order to conduct a conversation, we have chosen a kind of 'set theory' approach when merging the art. We wanted to find inherent lines of connection. Some parts of the respective collections remained separate. We were particularly happy when we identified overlaps and genuine doubles.

KÜNSTLER ALS STELLVERTRETER

Wenig überraschend war, dass der Künstler als Stellvertreter obsessiv und heroisch gestaltend für Klaus nicht mehr akut wichtig und für mich kein rechter Ansatzpunkt ist vgl. Wolfgang Ullrich, in diesem Buch, 16 f. Die Faszination, die vom Umgang mit existenziellen Fragen, auch von menschlichem Leid ausgeht, spielte bei Klaus eine Rolle. Klaus setzte sich dem aus, suchte nach Erkenntnis, wollte Grenzerfahrungen nachempfinden. In diesem Zusammenhang entdeckte ich, dass ich, obschon der

rationalere Charakter, lieber glücklich bin. Ich scheue die Auseinandersetzung mit menschlichem Leid in der Kunst nicht, brauche sie aber nicht für mein Leben: Helmut Middendorf, Markus Lüpertz, Thomas Schütte, Michael Irmer, Francis Bacon … Günther Förg nimmt in gewisser Weise eine Sonderstellung ein. Er ist als Heroe spät zu Klaus gekommen und findet seinen Platz, weil seine Rolle breiter angelegt ist.

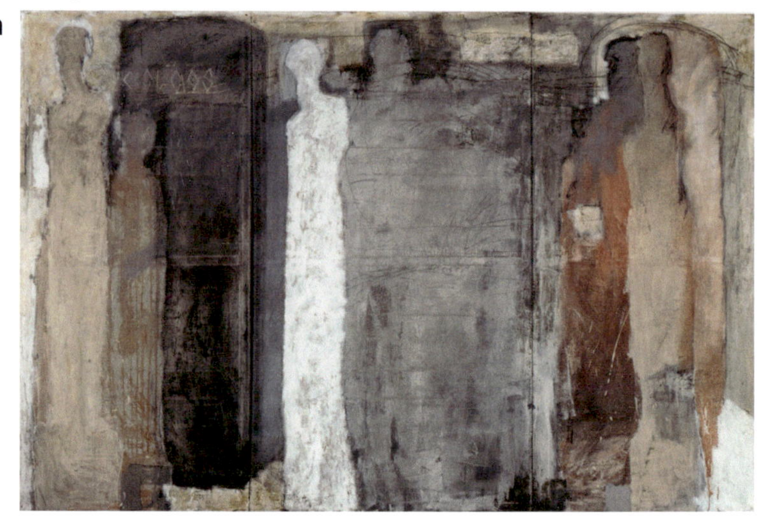

Michael Irmer, Krümelbild-Bild Knispel, 1989

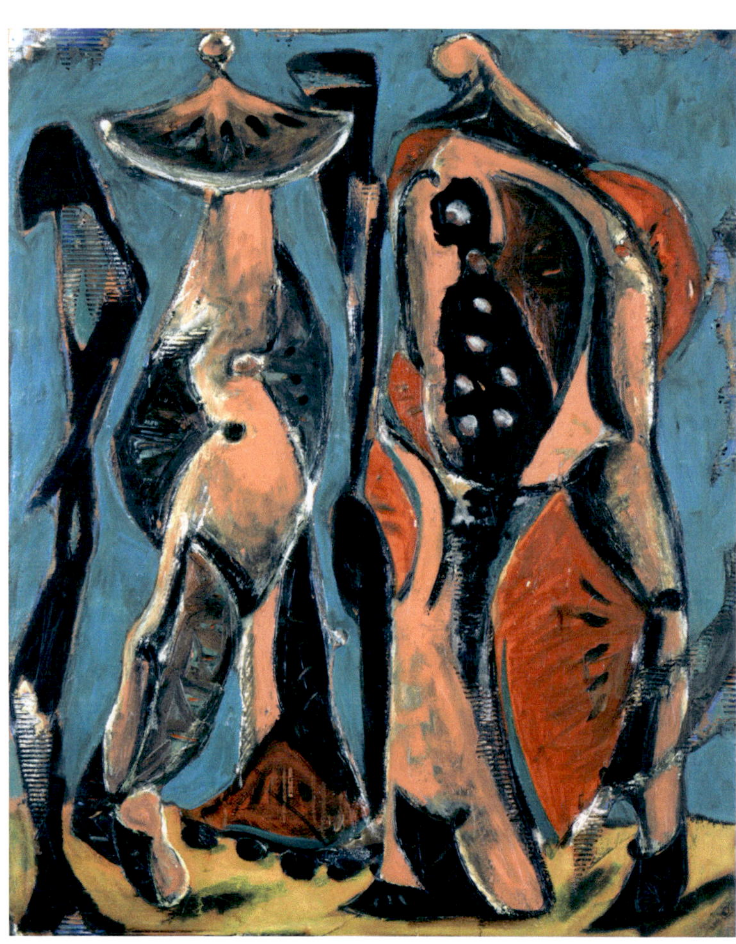

Markus Lüpertz, Melonen-Mathematik XXI, 1984/1985

Wolfgang Mally, Aschebild, 1983

THE ARTIST AS REPRESENTATIVE

It was not surprising that the artist as a representative figure, engaged obsessively and heroically in creating, was no longer acutely important for Klaus, and is not the right approach for me. Cf. Wolfgang Ullrich, in this publication, 17. The fascination arising from contemplating existential questions, and also from human suffering, played a role for Klaus. In search of knowledge, he exposed himself to it, wanted to experience the very limits of feelings. In this context I discovered that, although I am the more rational character, I prefer to be happy. I do not shy away from human suffering as a subject in art, but I don't need it in my life: Helmut Middendorf, Markus Lüpertz, Thomas Schütte, Michael Irmer, Francis Bacon … To a certain extent, Günther Förg holds a special position. As a heroic figure, Förg came late to Klaus and finds his place, because his role has a much broader scope.

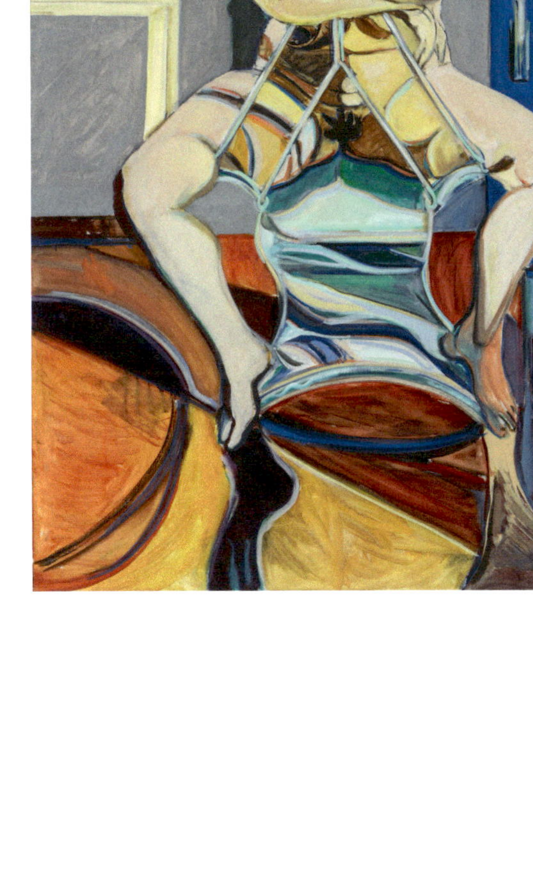

Norbert Tadeusz, o. T. (Akt auf Plexistuhl), 1976/78

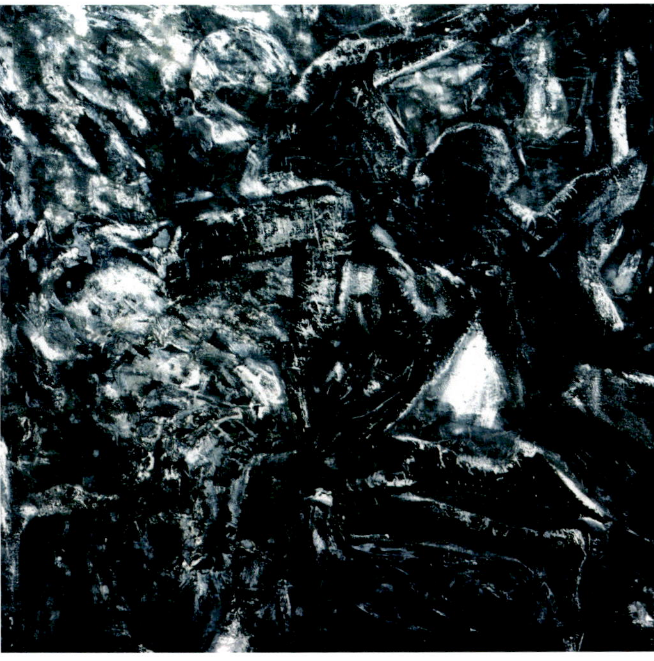

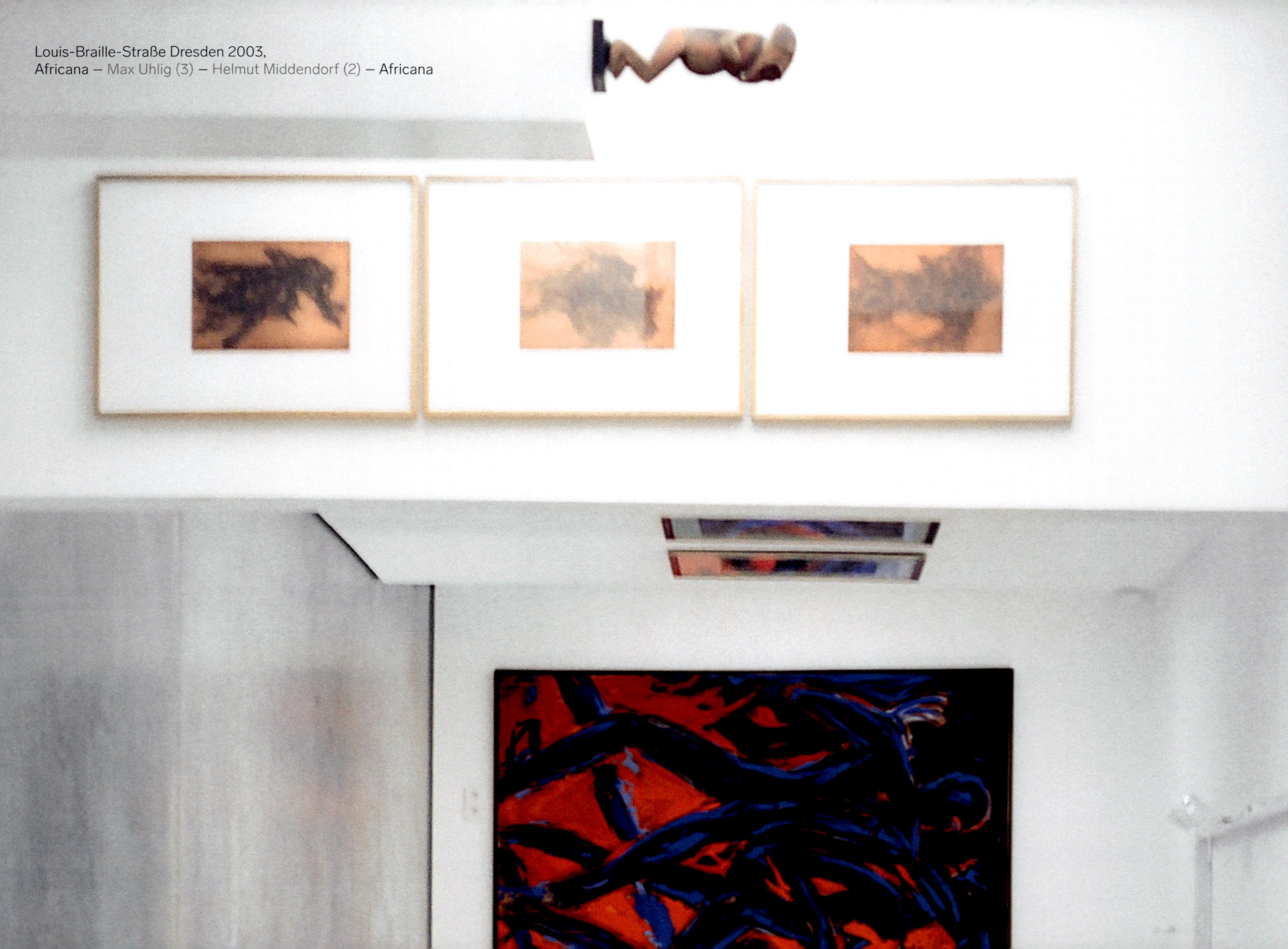

Louis-Braille-Straße Dresden 2003,
Africana – Max Uhlig (3) – Helmut Middendorf (2) – Africana

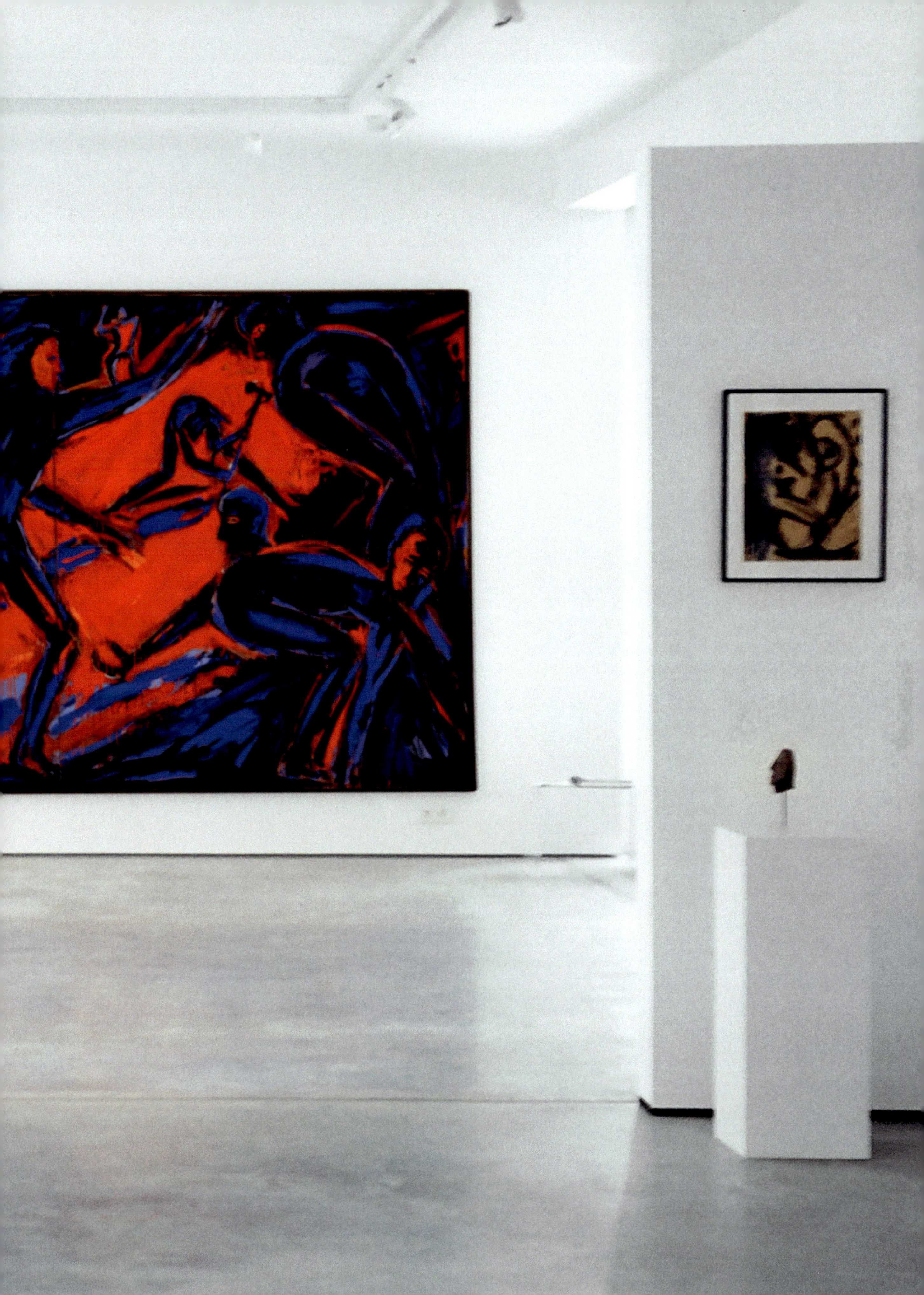

Auf meiner Seite sind es die Lebenswelten beziehungsreicher Bohemiens, die Poesie von Alltagsgegenständen und des Unterwegsseins, die umgekehrt Klaus nicht sehr berühren. Tobias Rehberger mit seinen Arbeiten, die auf die Plakatmitteilungen innerhalb von Wohngemeinschaften hinweisen, Rose Eken zum Beispiel mit ihrem Schlagzeug der Band Metallica und Bastelutensilien und eine Kollektion von künstlerischen Auseinandersetzungen mit Getränkekartons (Andrei Roiter, Fritz Panzer) gehören in diese Kategorie.

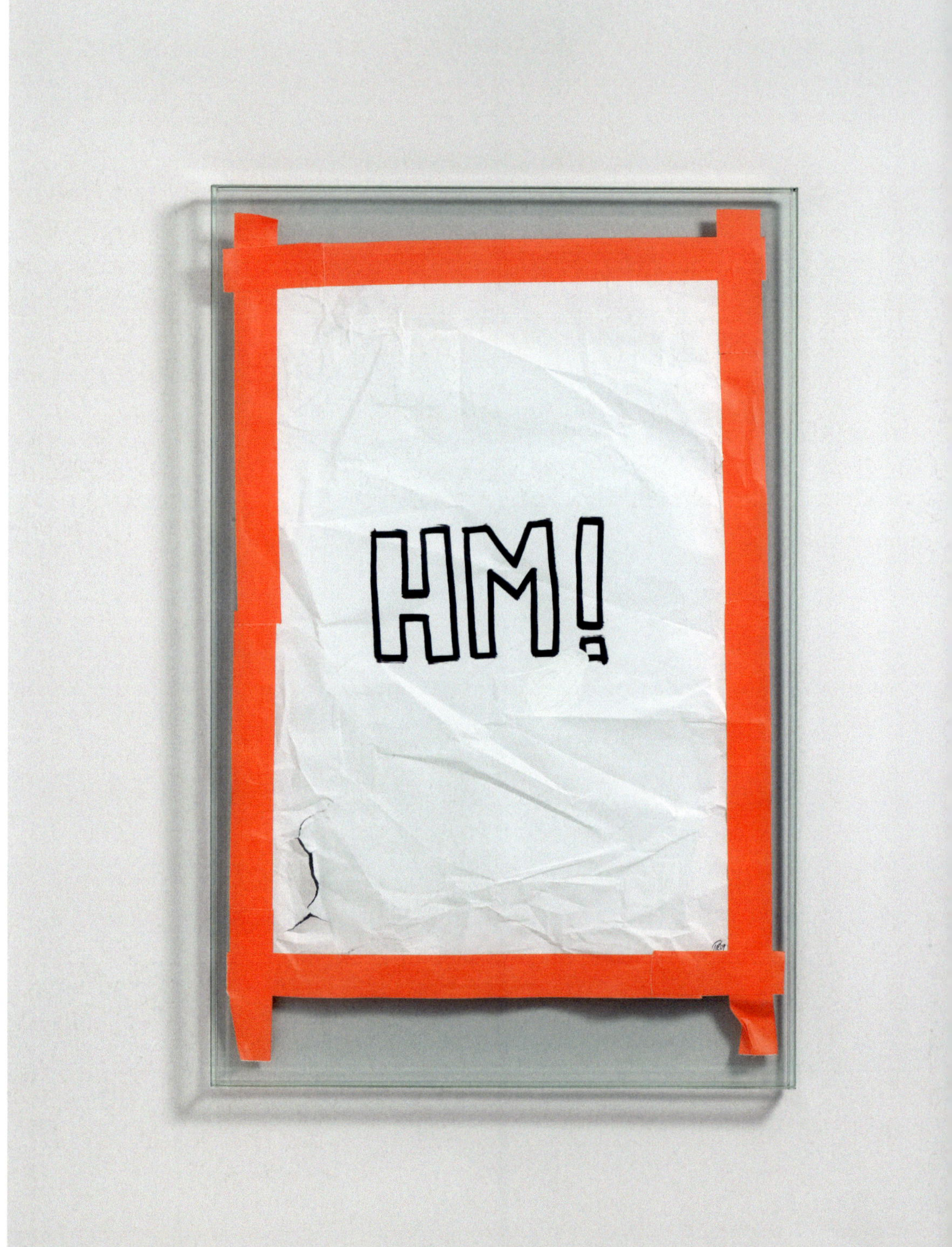

Tobias Rehberger, **HM!**, 2010

ALTERNATIVE FORMS OF LIFE

For my part, there are the evocative lives of bohemians, the poetry of everyday objects, and the being-on-the-road, which in turn do not interest Klaus. Tobias Rehberger's works, which refer to poster messages in alternative living communities, Rose Eken, for example with her drum kit of the band Metallica, and handicraft materials as well as a collection of artistic explorations with beverage cartons (Andrei Roiter, Fritz Panzer) all belong to this category.

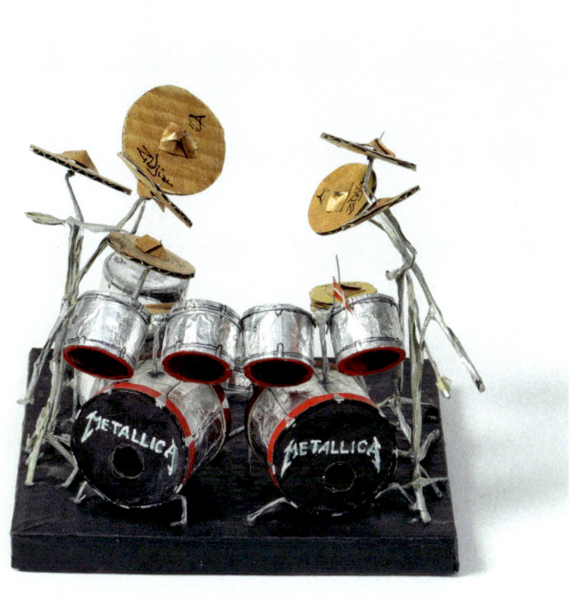

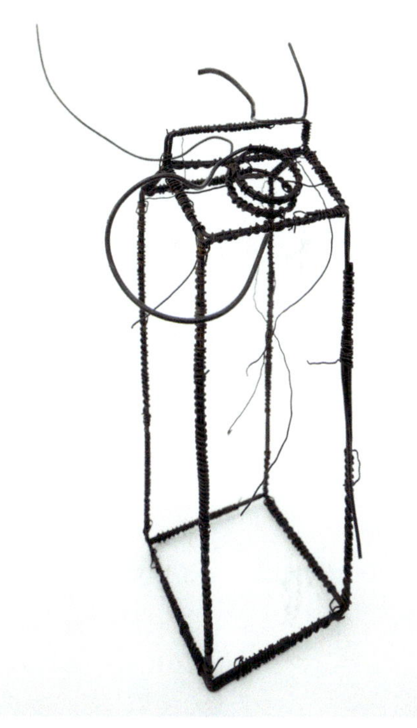

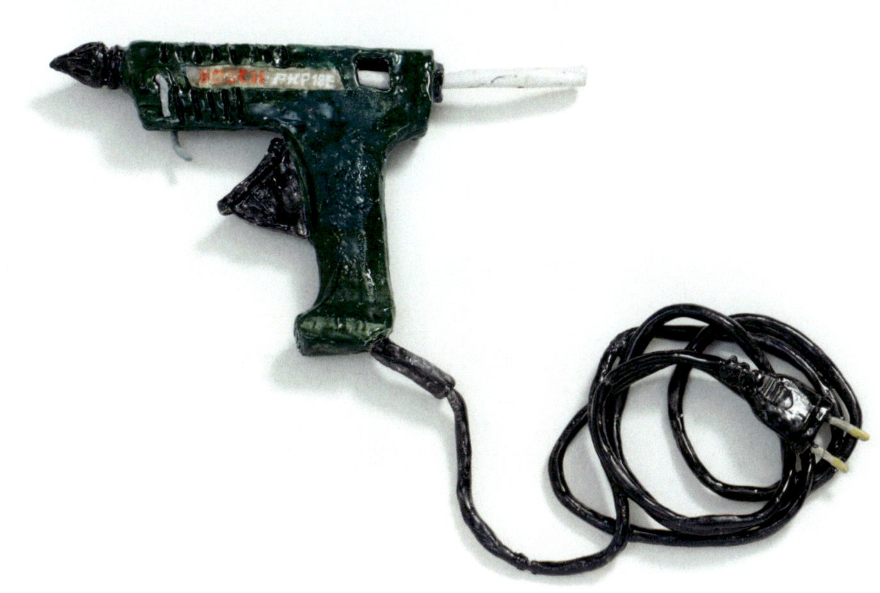

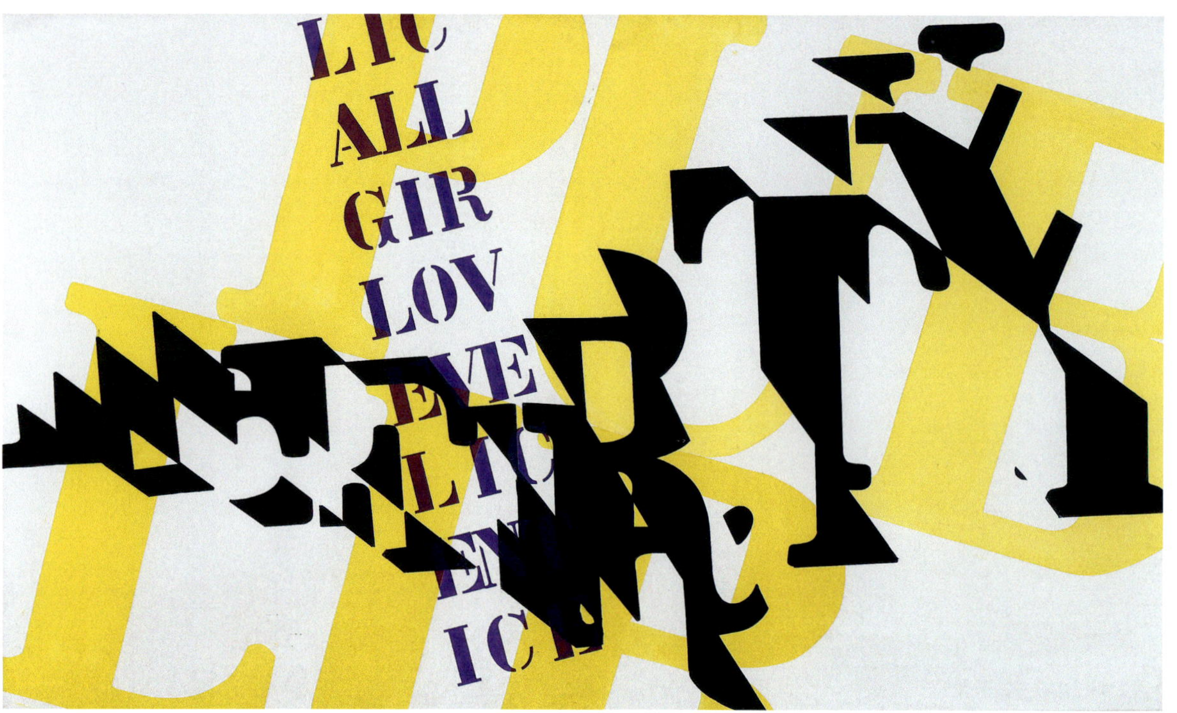

Eine größere Schnittmenge lässt sich finden im Umgang mit Ornament, Grafik und Wort. Konkrete Poesie, tiefgründiges oder ironisches Wortspiel und Dadaismus sind von Bedeutung. Das Ornament war bei Klaus — auch generationsbedingt — zunächst ein schwieriges Thema. Erst in der Betrachtung im Sinne von Rhythmus und Serie kann er ornamentale Gestaltung und ‚Schmuck' akzeptieren: Blinky Palermo, Thomas Dietz, Ferdinand Kriwet, Thomas Scheibitz, Jonathan Meese, Tobias Rehberger, Thomas Demand …

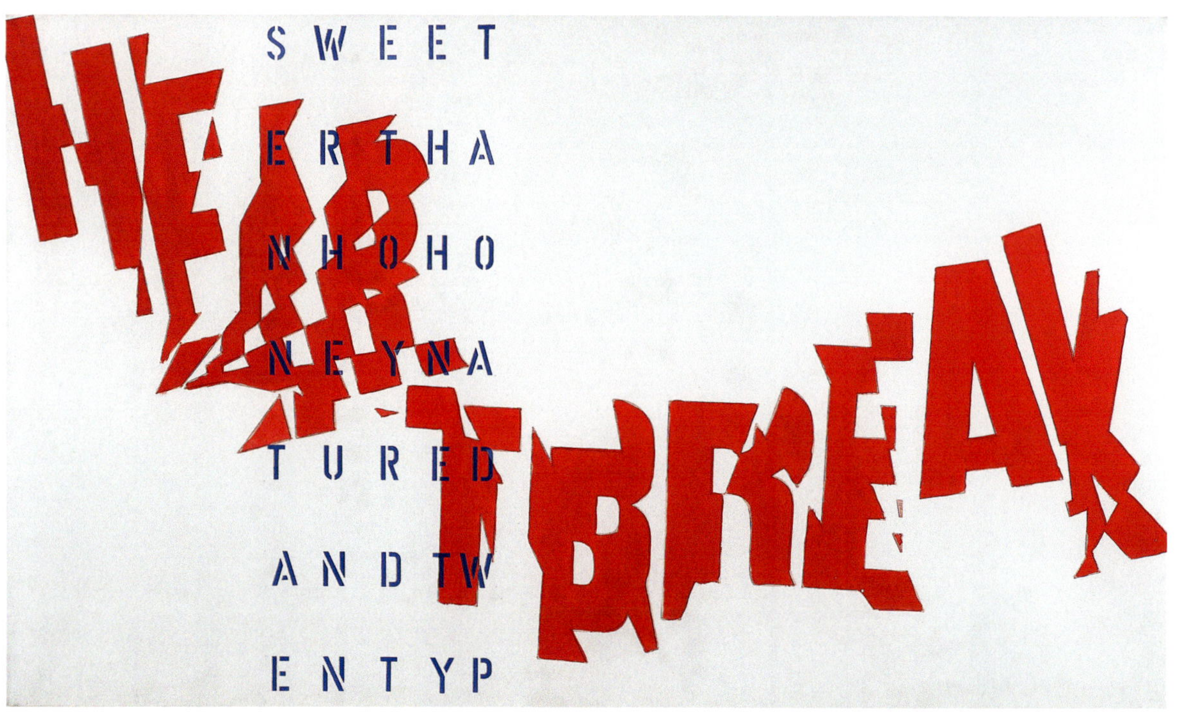

ORNAMENTATION, GRAPHICS, WORDS

A larger overlap can be found in ornamentation, graphics, and words. Concrete poetry, profound or ironical word games, and Dadaism are important. Ornamentation was for Klaus—this was also generation-specific—initially a difficult subject. Only in the context of rhythm and series is he able to accept ornamental design and "decoration": Blinky Palermo, Thomas Dietz, Ferdinand Kriwet, Thomas Scheibitz, Jonathan Meese, Tobias Rehberger, Thomas Demand …

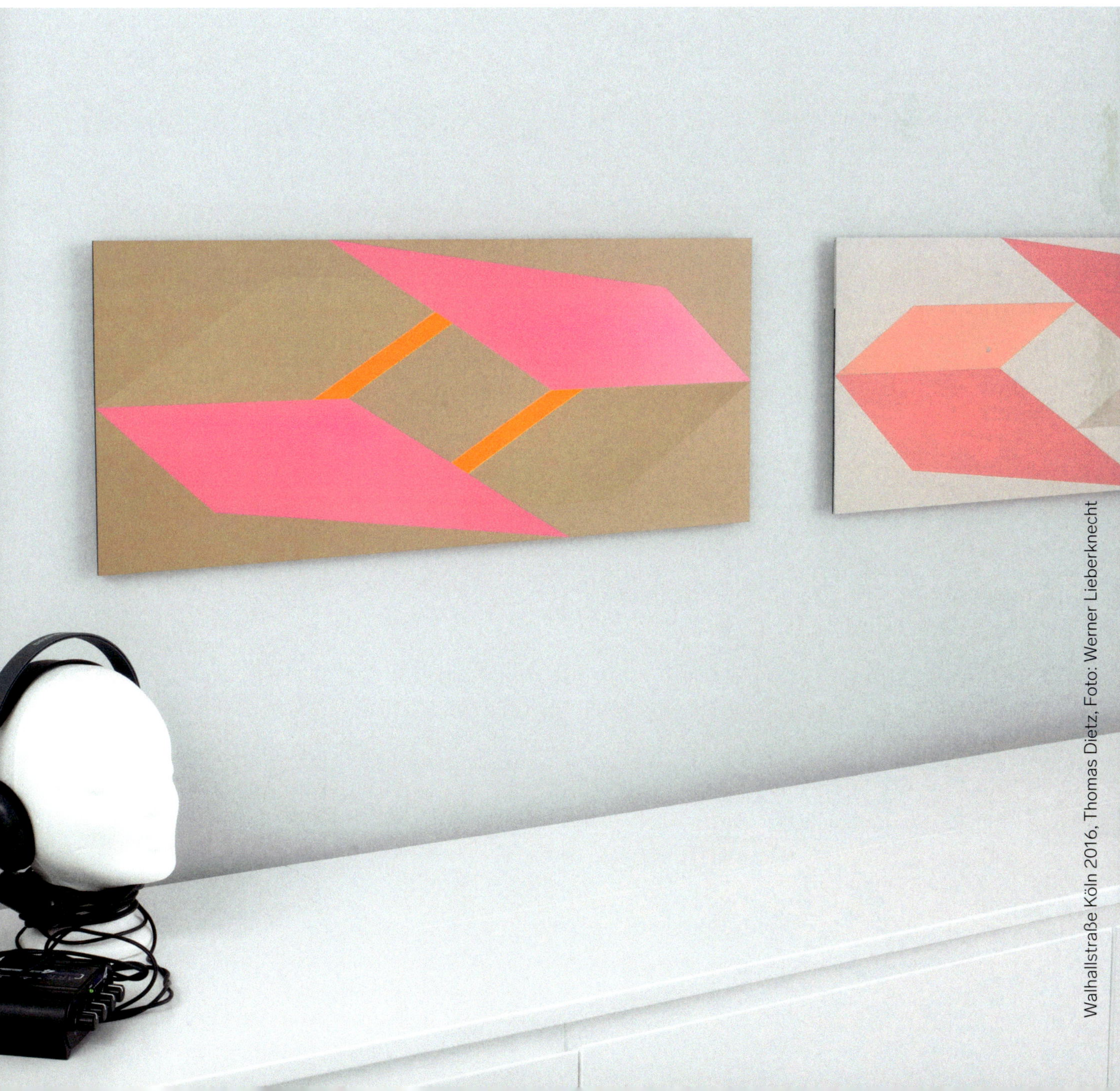

Walhallstraße Köln 2016, Thomas Dietz, Foto: Werner Lieberknecht

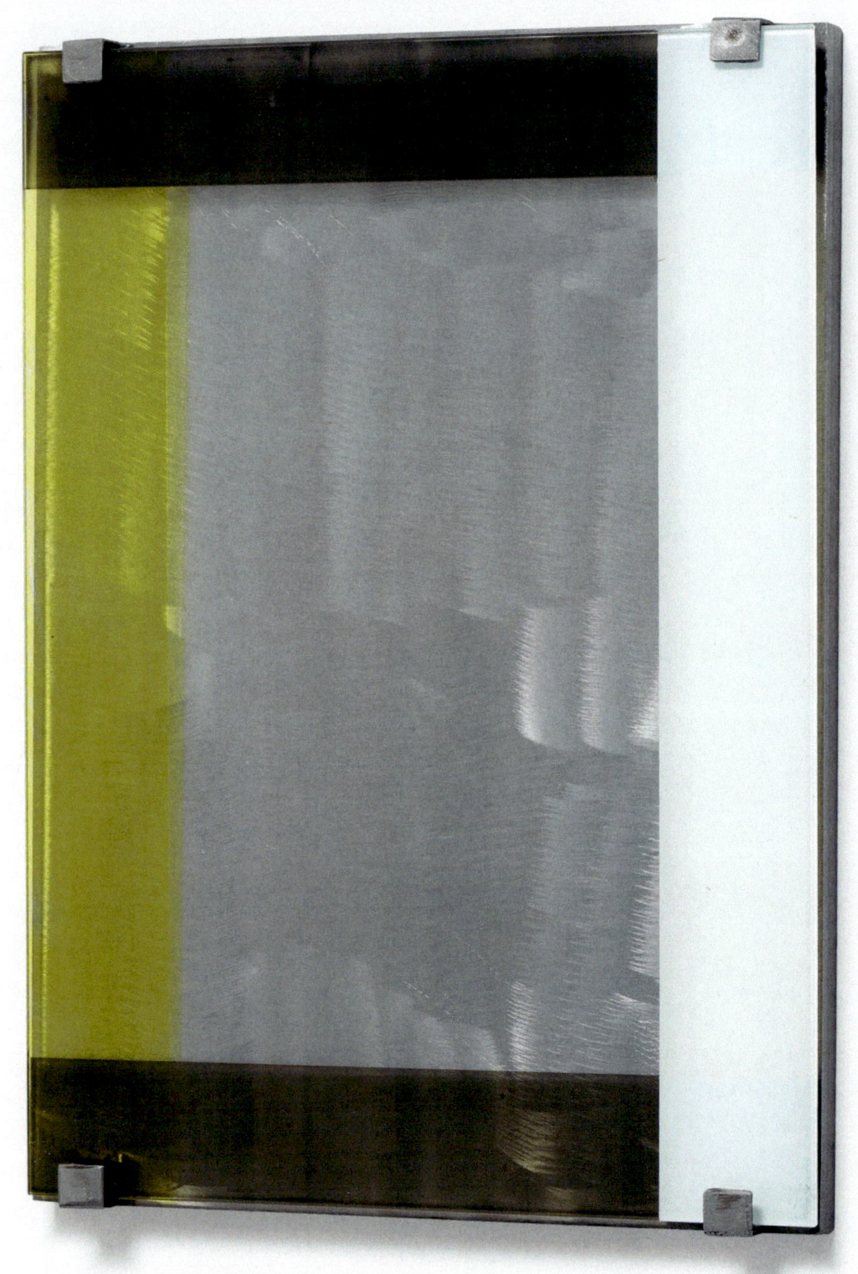

Camill Leberer, **o.T.**, 2000

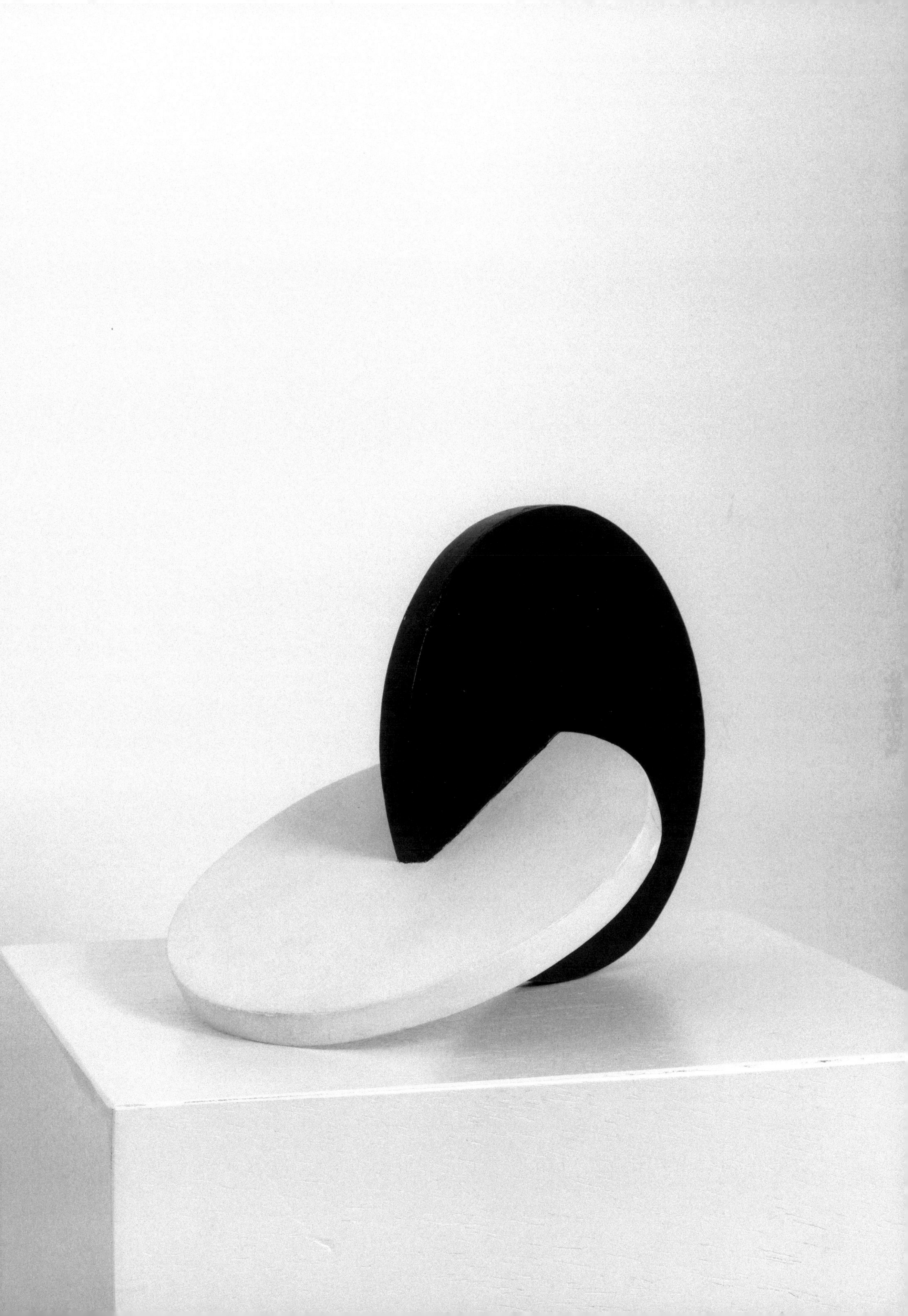

Hermann Glöckner, Verklammerte Scheiben, 1975

Deutliche Übereinstimmungen gibt es in der Neigung zur Groteske auch in Kombination mit Wortspielen: Rosemarie Trockel, Andrei Roiter, Oliver Czarnetta, Reinhard Mucha, Jonathan Meese, Thomas Demand, Matthias Herrmann ...

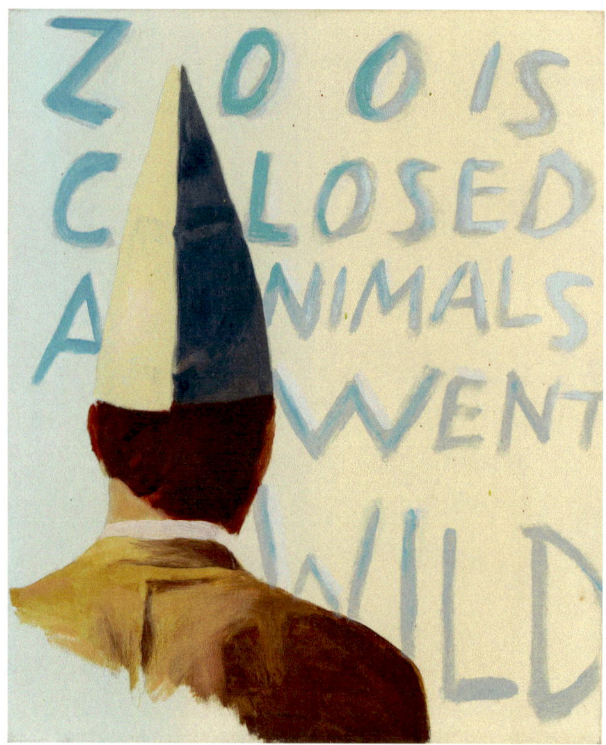

Andrei Roiter, **ZOO IS CLOSED**, 2000

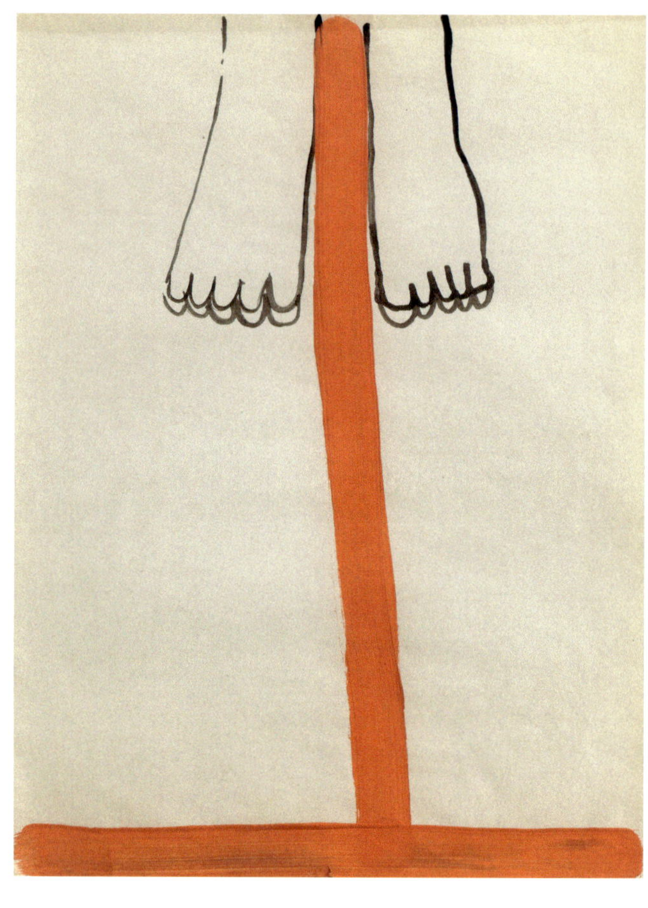

Rosemarie Trockel, **o. T.**, 1984

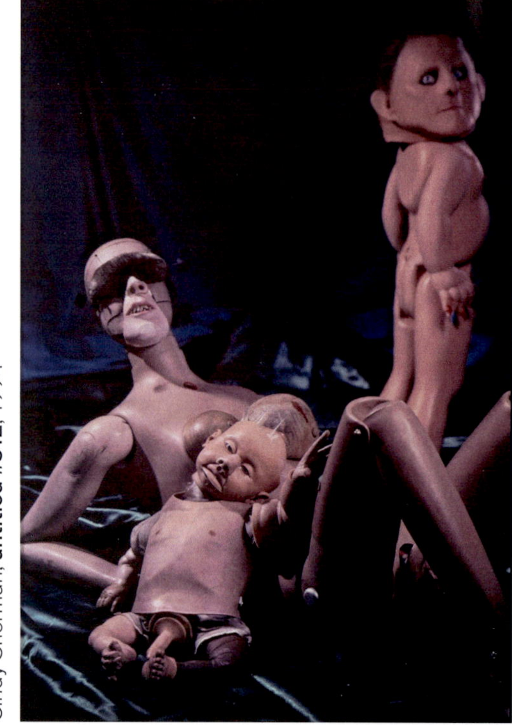

Cindy Sherman, **untitled #312**, 1994

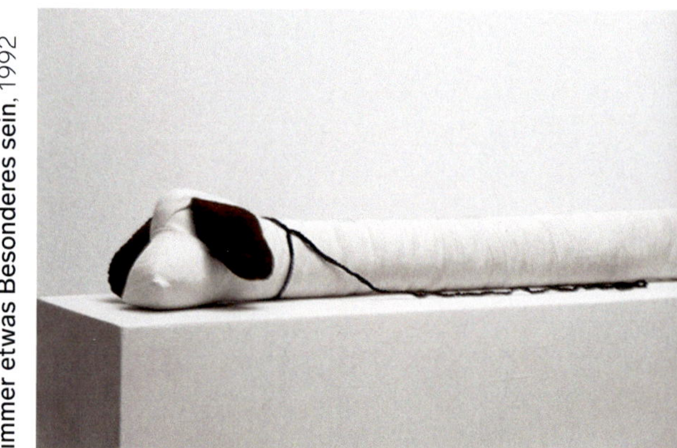

Rosemarie Trockel, **Ich wollte schon immer etwas Besonderes sein**, 1992

HUMOR, THE GROTESQUE

Clear agreement exists in a liking for the grotesque, also in combination with word games: Rosemarie Trockel, Andrei Roiter, Oliver Czarnetta, Reinhard Mucha, Jonathan Meese, Thomas Demand, Matthias Herrmann …

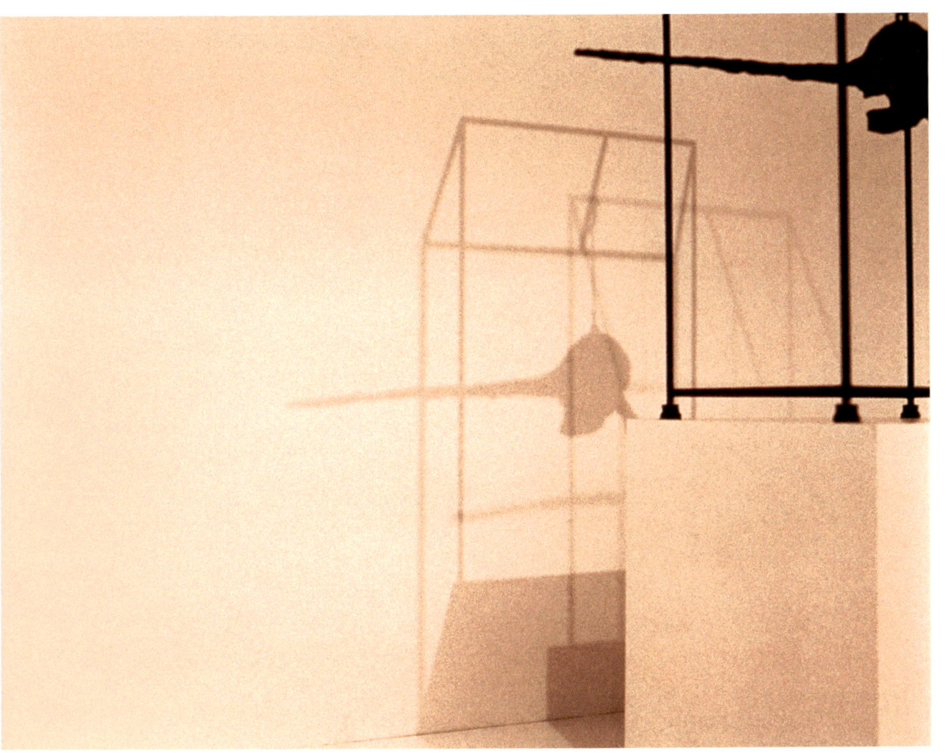

Louise Lawler, **Federal Offense**, 1997/1999

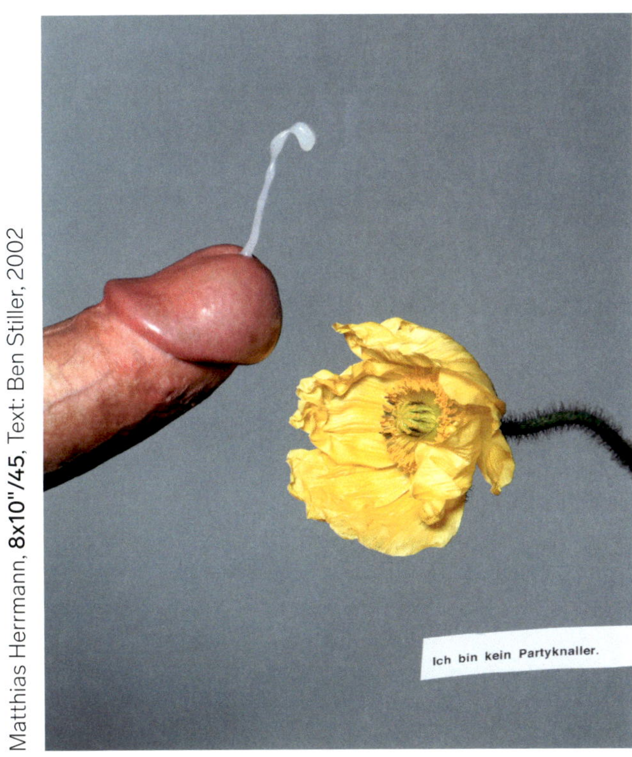

Matthias Herrmann, **8x10"/45**, Text: Ben Stiller, 2002

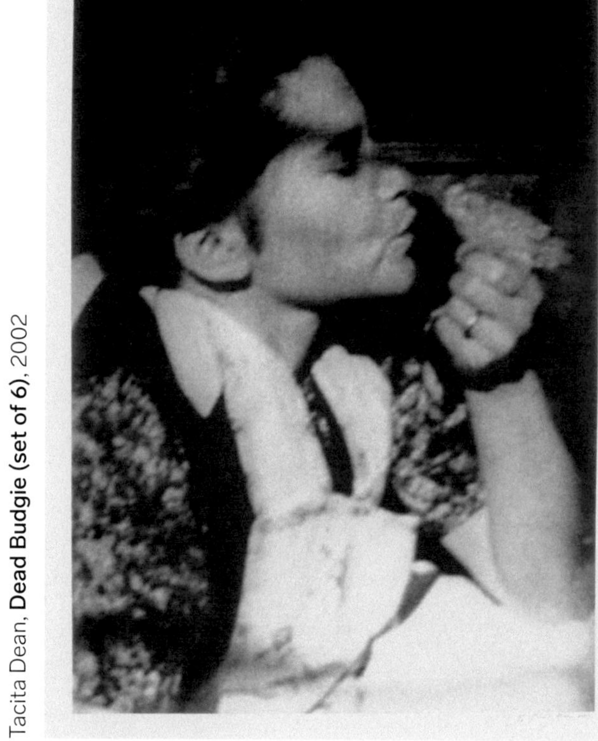

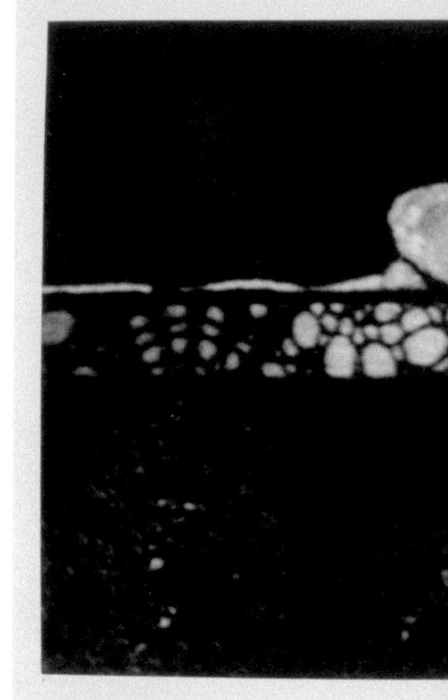

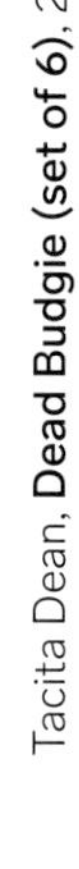
Tacita Dean, **Dead Budgie (set of 6)**, 2002

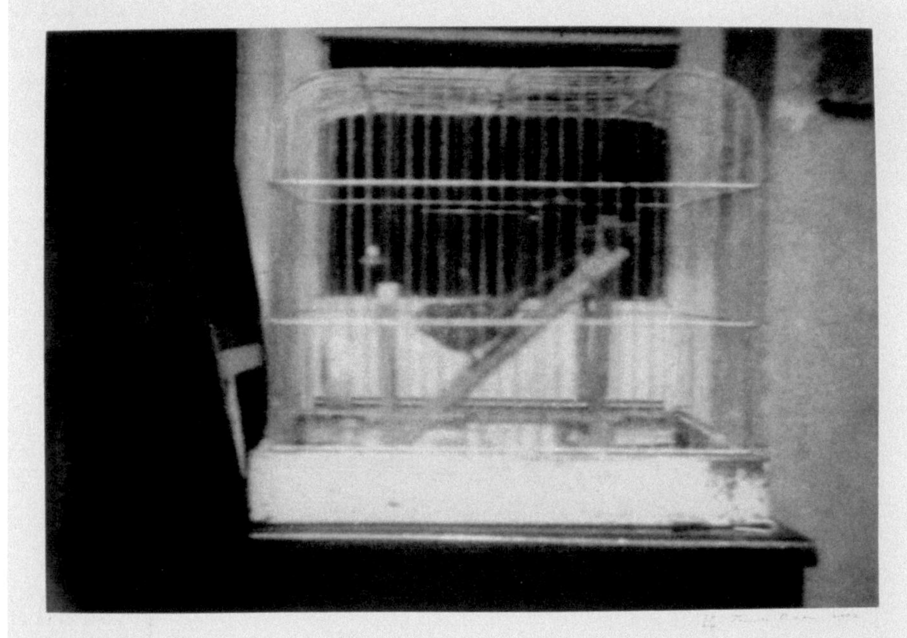

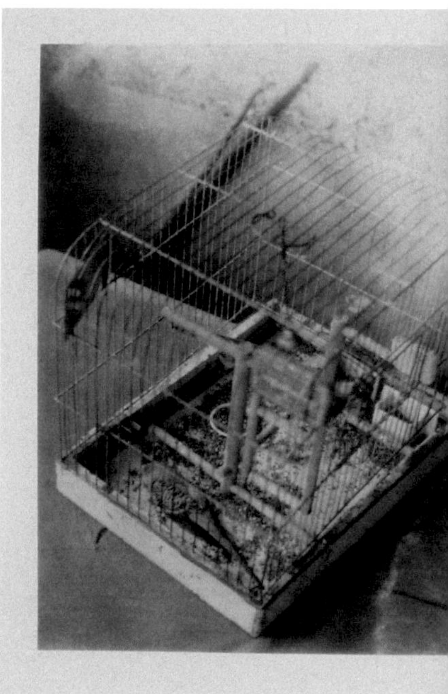

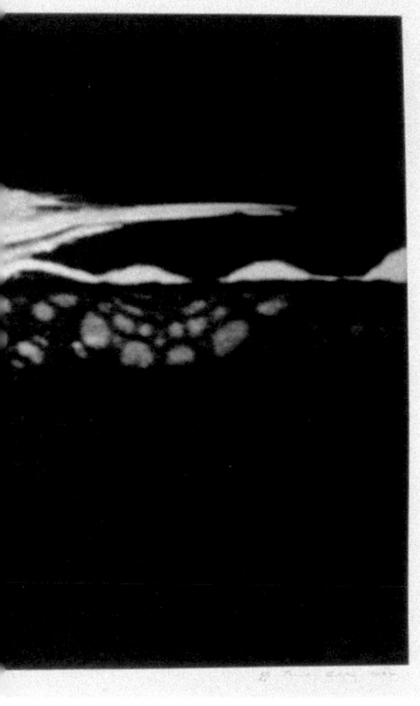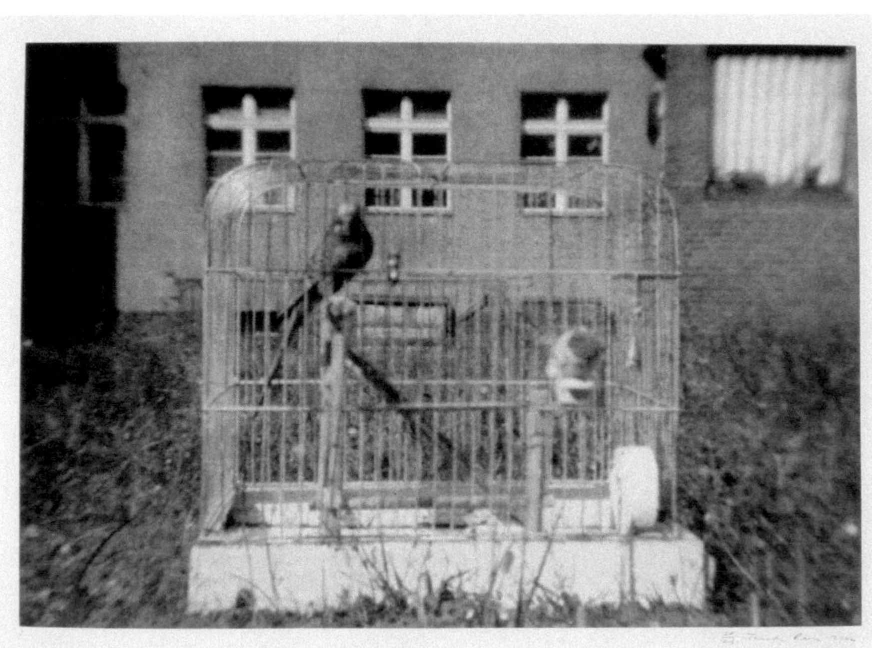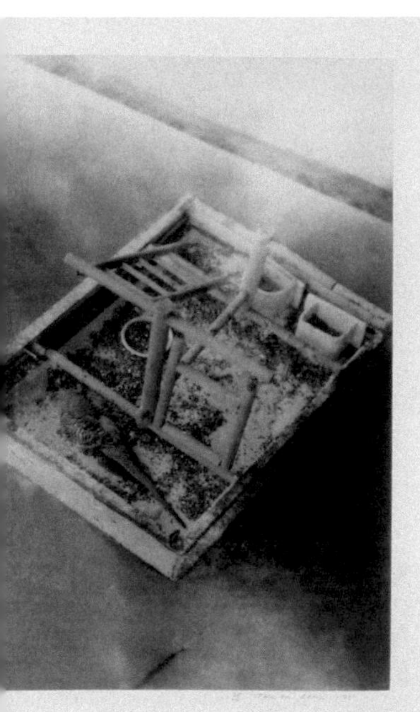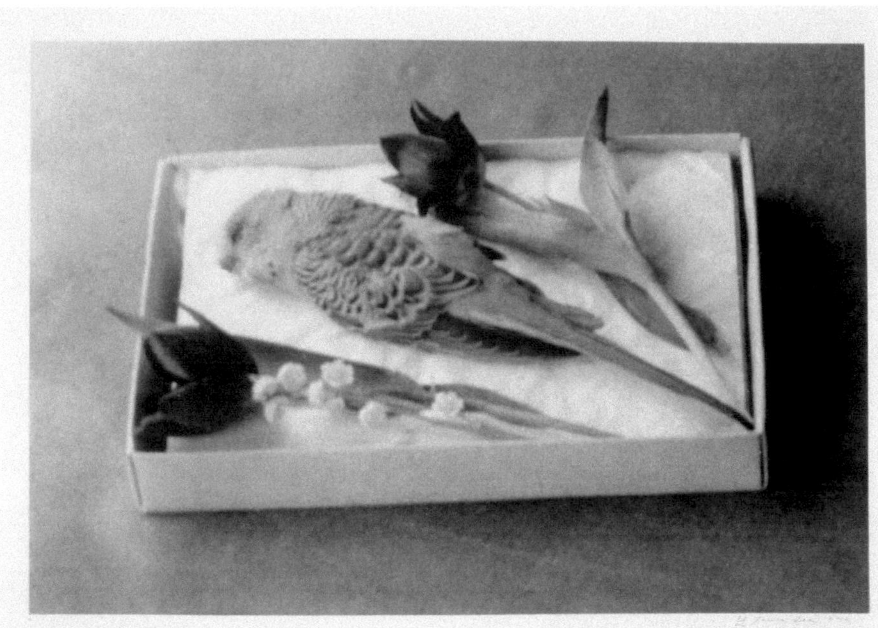

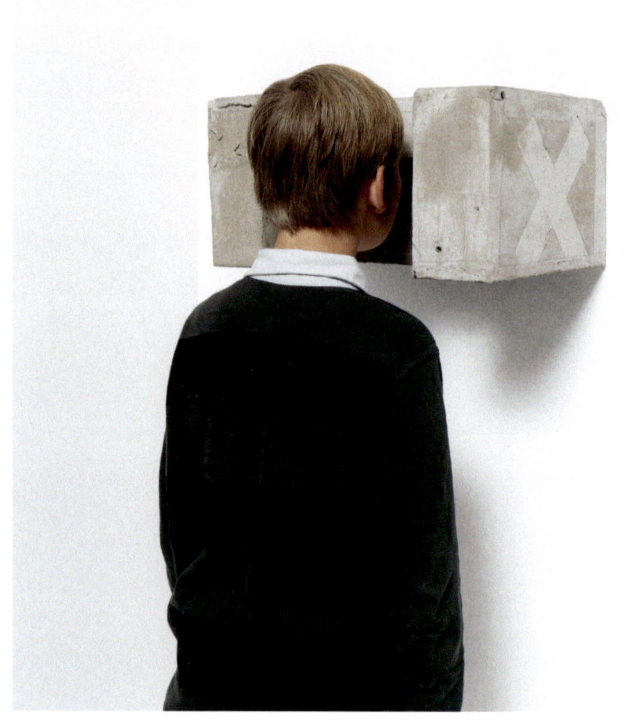

Oliver Czarnetta, **Schmalzkontrolle** (mit / with Jakob), 2010

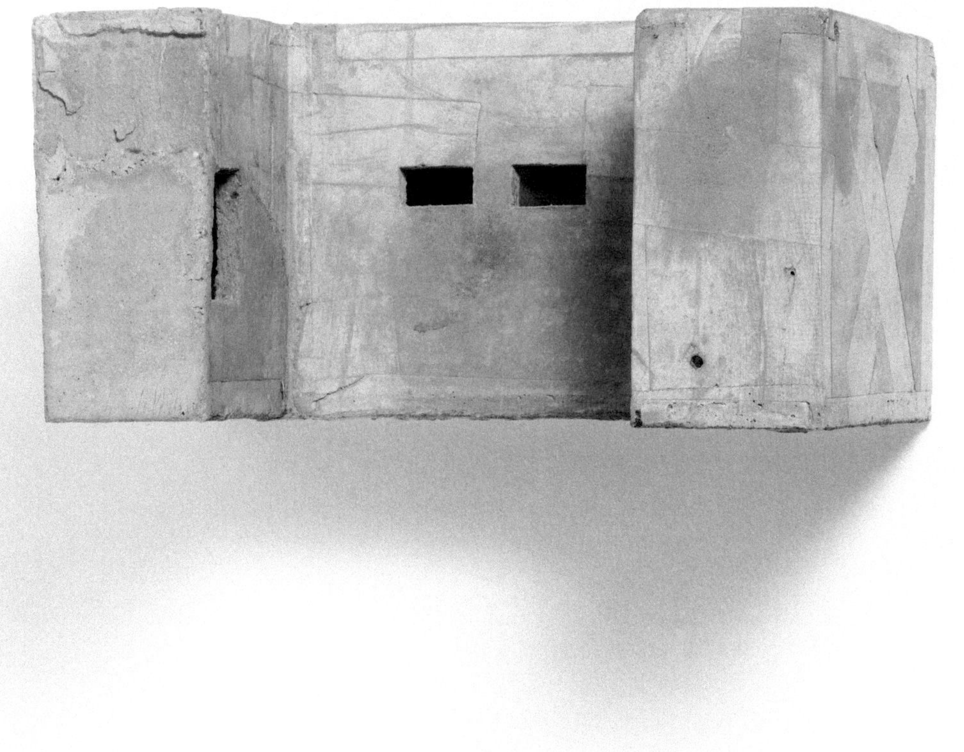

Oliver Czarnetta, **Schmalzkontrolle**, 2010

BÖSEWICHTE UND HAUSGEISTER

Bei Klaus spielen Bösewichter und Unheimliches eine Rolle. Bei mir gibt es eher Kobolde, Zwerge und poetische Clowns: Thomas Schütte, Nina Pohl, Günther Förg, Gereon Krebber, Stephan Balkenhol, Andrei Roiter …

Thomas Schütte, **Wicht (12)**, 2006

VILLAINS AND CLOWNS

For Klaus, villains and the uncanny play a role. I rather prefer goblins, dwarfs, and poetic clowns: Thomas Schütte, Nina Pohl, Günther Förg, Gereon Krebber, Stephan Balkenhol, Andrei Roiter …

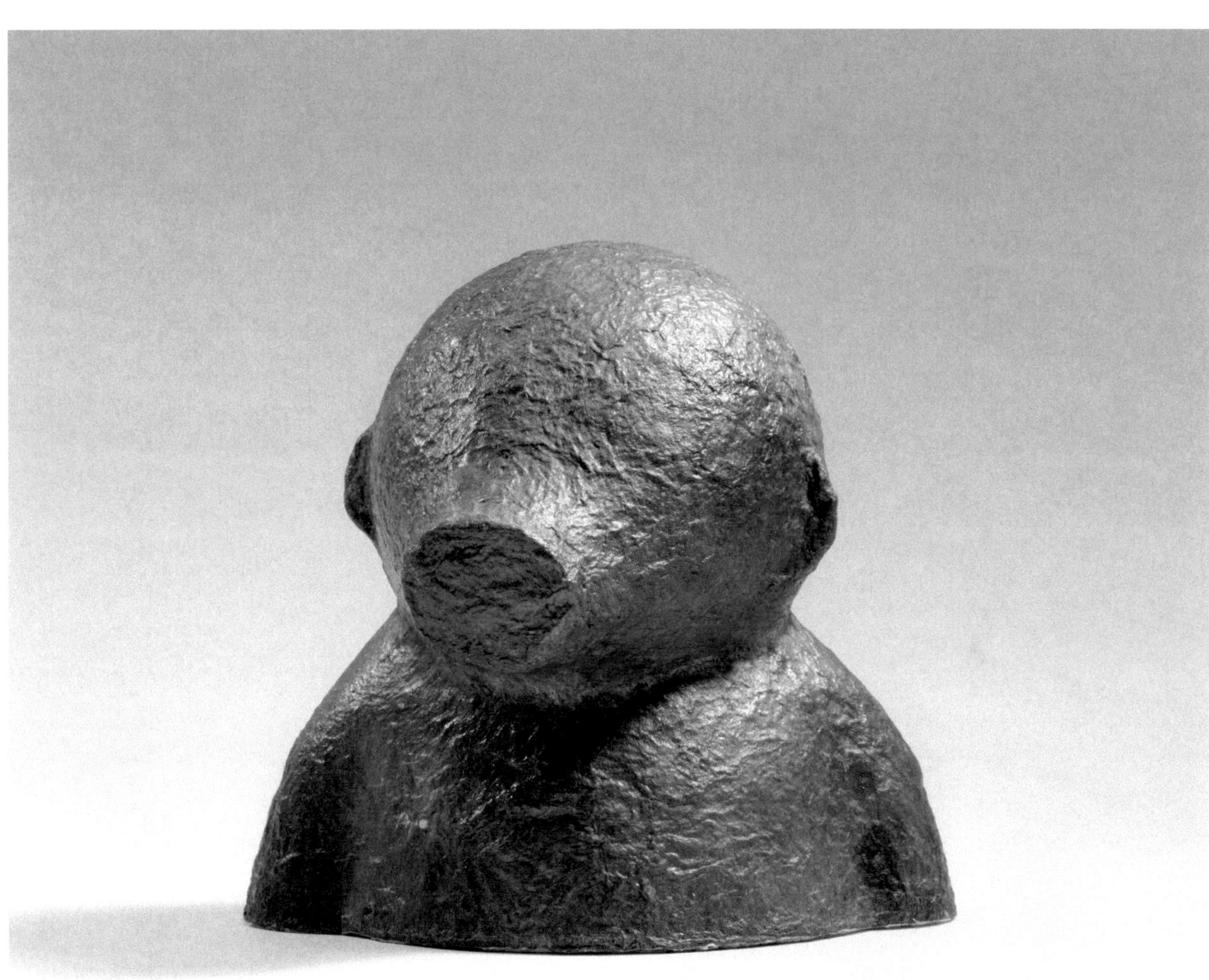

Gereon Krebber, **Köpfe 2002–06**, 2002

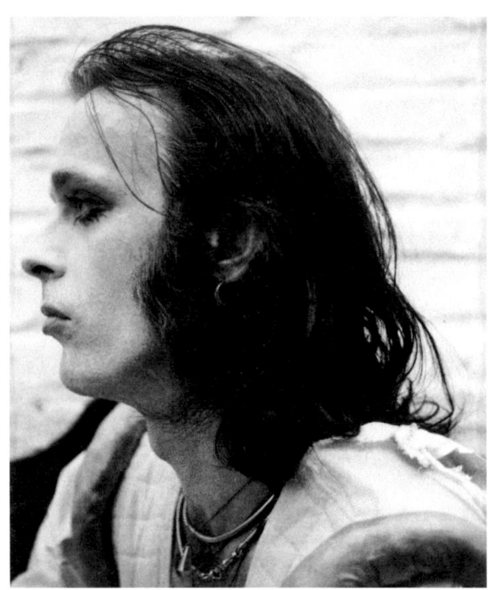
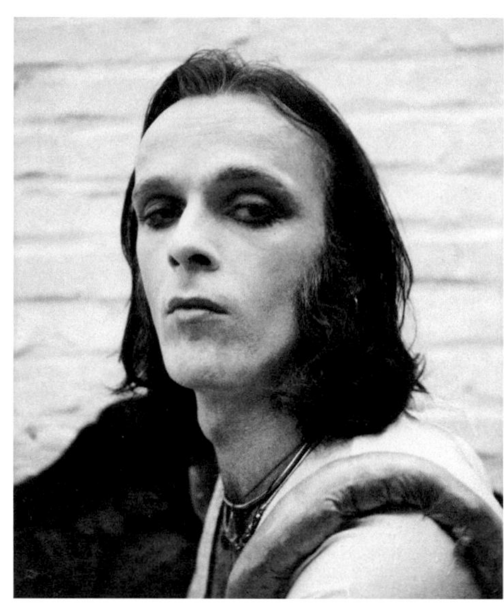
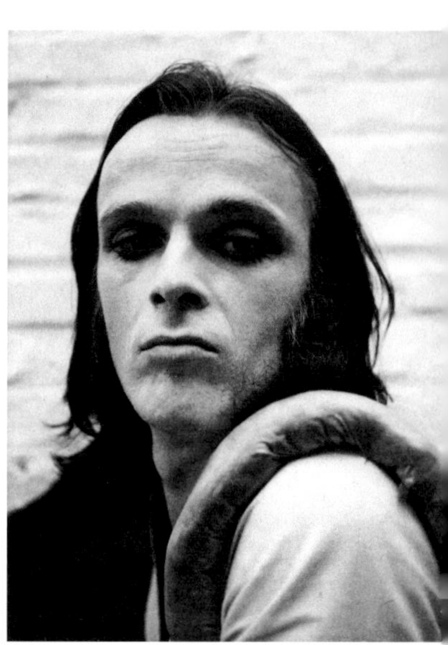
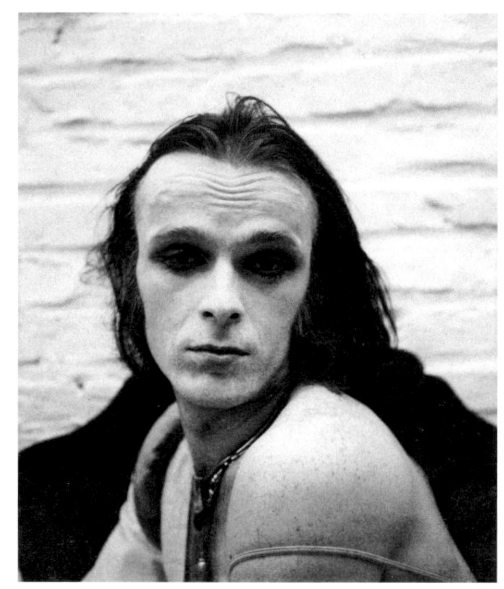
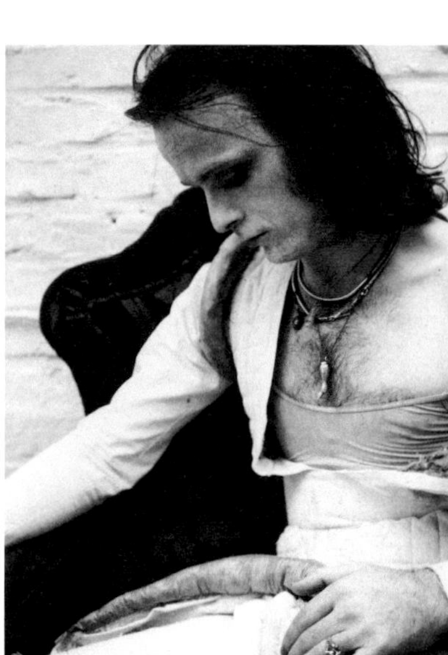

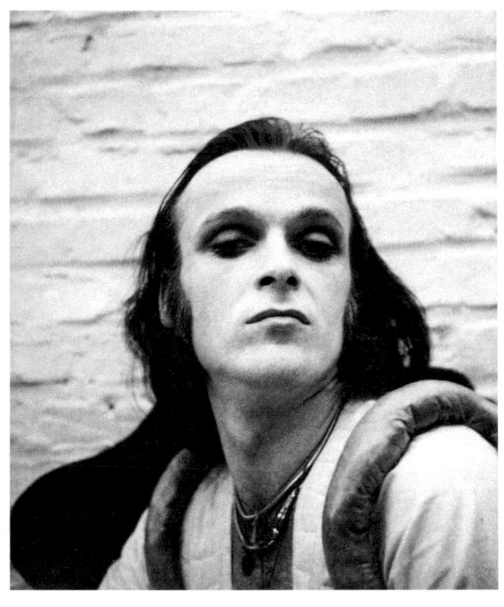

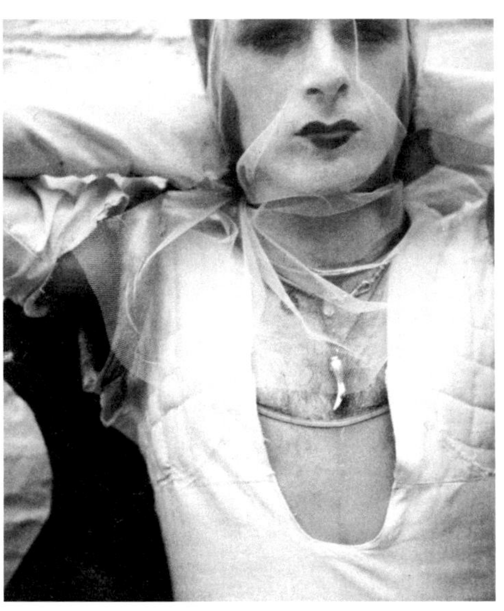

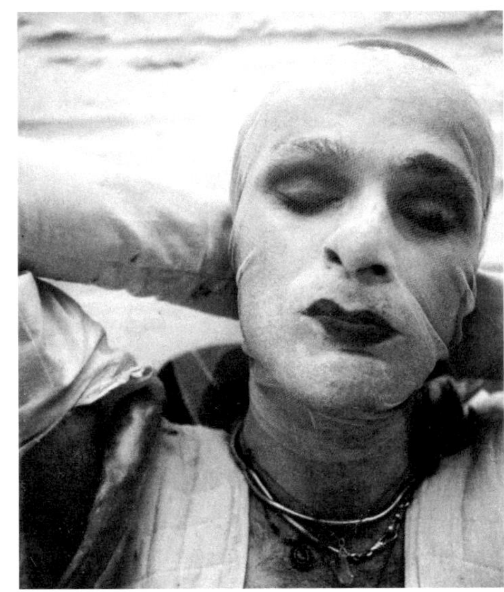

Jürgen Klauke, **Physiognomien**, 1972/73

Wesentliche Überschneidungen finden sich auch in der Neigung zu Arbeiten und ganzen künstlerischen Werken, die sich mit dem eigenen Körper als Ausdrucksmittel befassen: Nan Hoover, Jürgen Klauke, Cindy Sherman, Ulay, Matthias Herrmann …

Dabei geht es nicht nur um Rollenbilder, um Identität, um den eigenen Körper als bildnerisches Mittel, sondern auch um Tanz. Die Kunstform Tanz als Mischung aus Körper- und Technikbeherrschung bedeutet etwas für uns beide — der Körper, der zwischen seiner Rolle als dezidiertes Ausdrucksmittel und bloßer, reiner Körperlichkeit, dem unmittelbaren Ausdruck, changiert. An unterschiedlichen Stellen unserer Biografien haben wir uns mit Tanz befasst. Tanzen ist wie Malen, Tanzen ist Skulptur oder wie Angela Glajcar sagt: Tanz ist Raumkonzept.

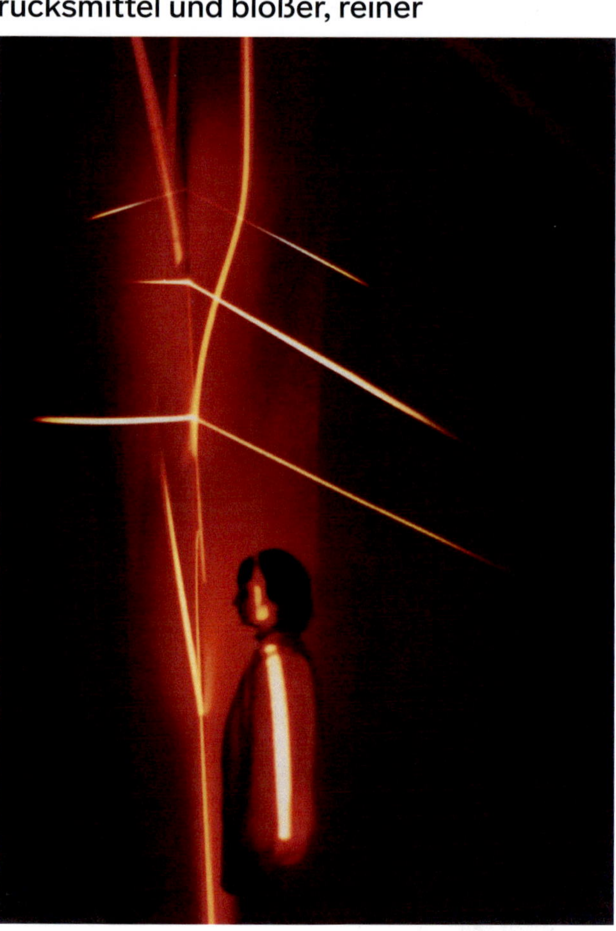

Nan Hoover, **Maeght**, 1981

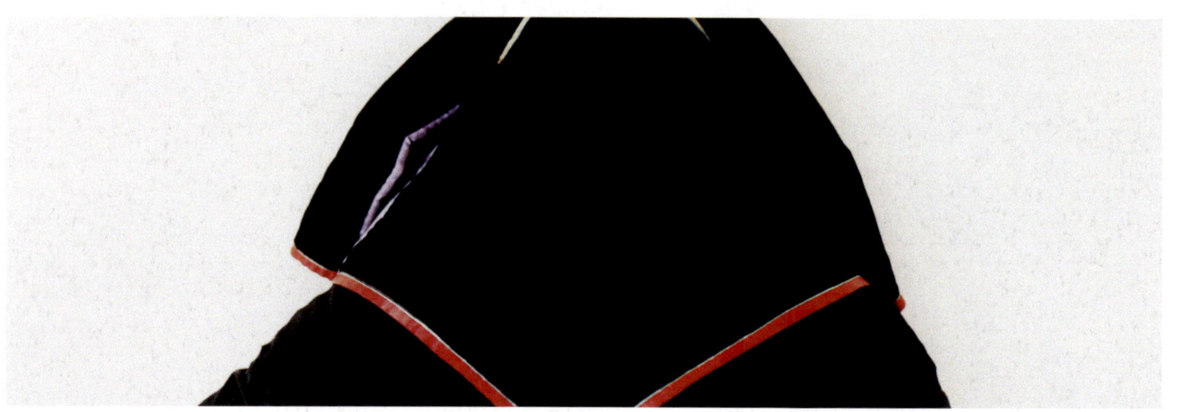

Nan Hoover, **without title**, 1981

PERFORMANCE AND ROLE MODELS

Significant overlaps are also found in a liking for works and entire artistic oeuvres that explore one's own body as a medium of expression: Nan Hoover, Jürgen Klauke, Cindy Sherman, Ulay, Matthias Herrmann …

This does not only involve role models, identity, and one's own body as artistic materials, but also dance. The art form of dance as a combination of body control and technique is significant to both of us—the body as oscillating between its role as a determined means of expression and its purely physical sense, its immediate expression. At different points in our lives we have both explored dance. Dancing is like painting, dancing is sculpture, or as Angela Glajcar says: Dance is a spatial concept.

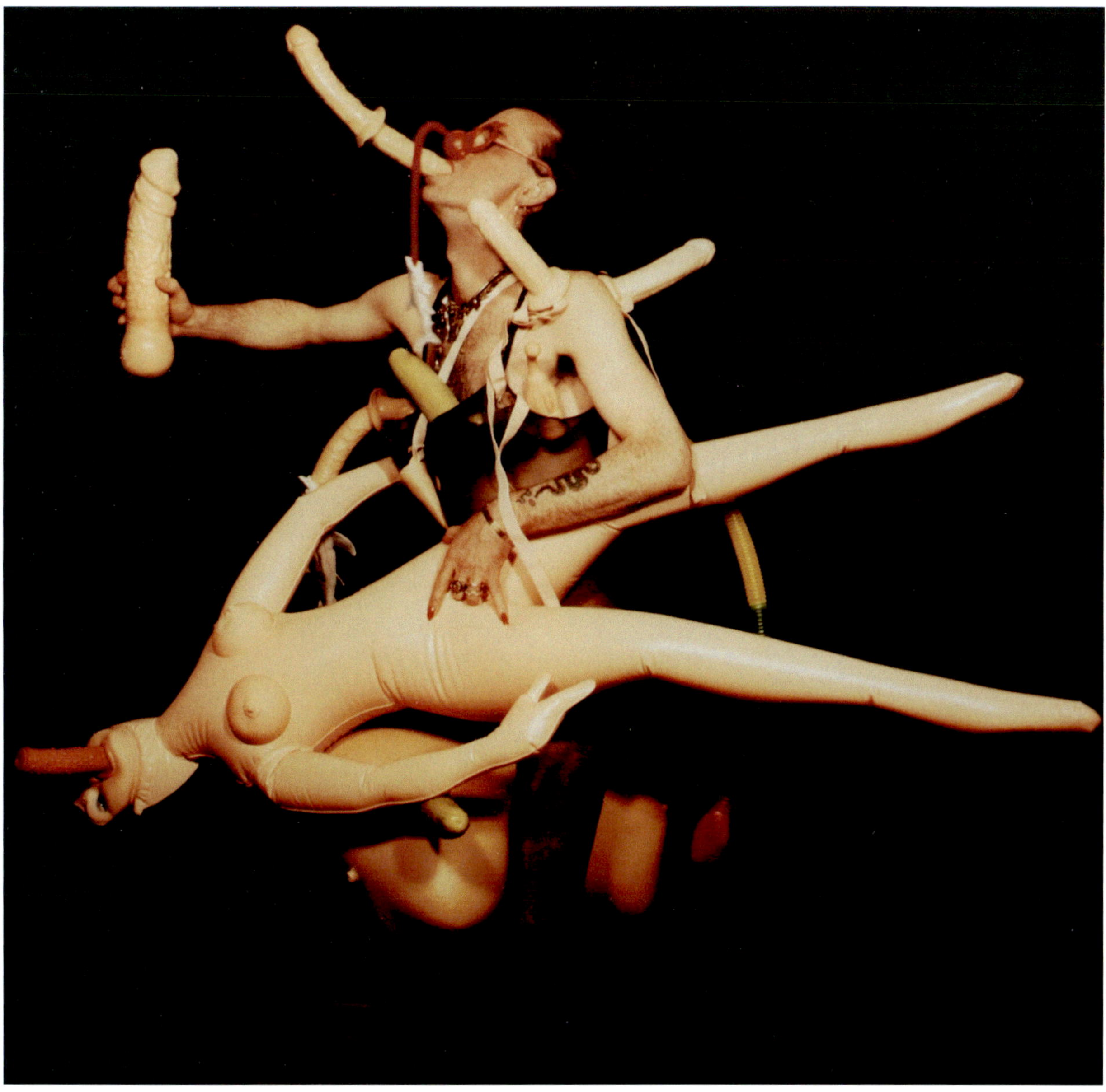

Bei Klaus gibt es eine akzentuierte Neigung zu Papier. Die Neigung zu Serien liegt im Sammeln an sich begründet. Druckgrafik hat mich unterdessen nie besonders gereizt, was wahrscheinlich auch eine professionelle Deformation ist – ich habe schon zu oft das Ausbluten künstlerischer Werke durch übereifrige Verlegerarbeit gesehen. Eigenartigerweise bricht sich da bei mir wohl auch die Sehnsucht

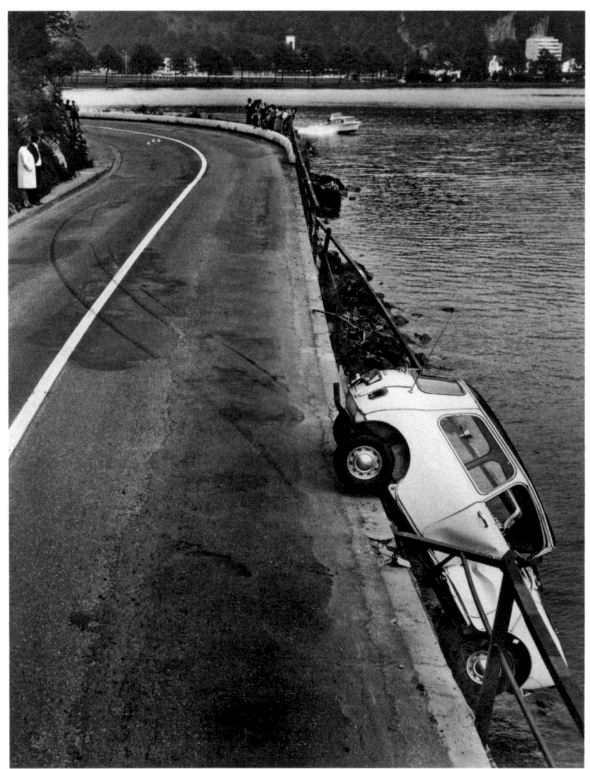

nach der Hand des Künstlers Bahn. Also ein heroischer Aspekt in meiner Wahrnehmung. Papier als Kulturobjekt interessiert uns beide. Das unbeschriebene Papier als Verheißung ist mir wichtig. Für den Künstler oder den Prüfling mag das weiße Blatt Papier auch Drohung und Mahnung sein. Papier und Papierobjekte finden sich daher zahlreich: Günther Förg, Thomas Schütte, Claus Hugo Nielsen, Angela Glajcar, Rose Eken …

Die ephemere Skulptur (auch Roiter) interessiert uns beide: Claus Hugo Nielsen, Angela Glajcar, Rose Eken, Tony Cragg, Markus Draper …

Bei den Bildhauern erstaunt die Überschneidung Martin Willing. Klaus hatte in den 1980ern den Künstler gekauft, dessen Werkverzeichnis ich in den 2000er-Jahren herausbrachte. Ich wusste um die Arbeiten, aber nicht, wo sie gelandet waren. Ein Teil unserer privaten Mythologie sind Entdeckungen wie diese. Andere Überschneidungen ergeben schöne Entdeckungen wie Ausstellungen, die wir beide sahen – aber an unterschiedlichen Standorten –, oder das Kollegengespräch, in dem ich hörte, eine Sammlung aus Dresden habe gekauft und die Messe gerettet, und es war Klaus.

Arnold Odermatt, Stansstad Motiv 130, 1969

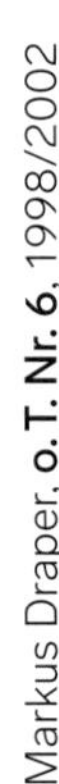

Markus Draper, o. T. Nr. 6, 1998/2002

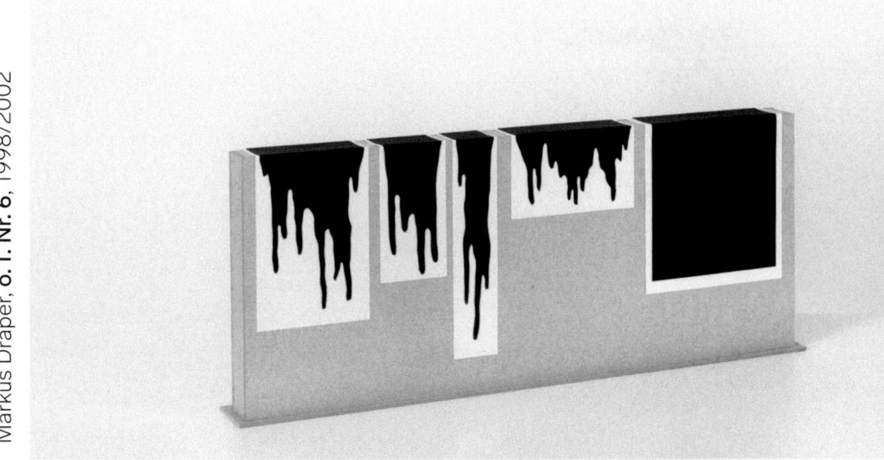

FORM AND TECHNIQUE

Klaus has a distinct inclination toward paper. The inclination for series is inherent to collecting per se. Prints have never particularly interested me, which might be a professional deformation—I have noticed too often how over-zealous publishers can bleed artistic works to death. Curiously, this may be due to a longing for the artist's hand: a heroic aspect in my perception. Paper as a cultural object is interesting to both of us. The blank sheet of paper as a promise is important to me. For the artist or the examinee the white sheet of paper may be a threat and an admonishment. Paper and paper objects can be found in large numbers: Günther Förg, Thomas Schütte, Claus Hugo Nielsen, Angela Glajcar, Rose Eken …

Ephemeral sculpture (also Roiter) interests both of us: Claus Hugo Nielsen, Angela Glajcar, Rose Eken, Tony Cragg, Markus Draper …

In terms of sculpture, the overlap regarding Martin Willing is a surprise. In the 1980s, Klaus bought works of this artist, whose catalogue raisonné I published in the 2000s. I knew about the works, but not where they had gone. Discoveries like this are one part of our private mythology. Other overlaps led to wonderful discoveries like exhibitions which we both saw—but in different locations—or a conversation with a colleague, in which I learned that a collection from Dresden had rescued the fair with a major purchase; and it had been Klaus.

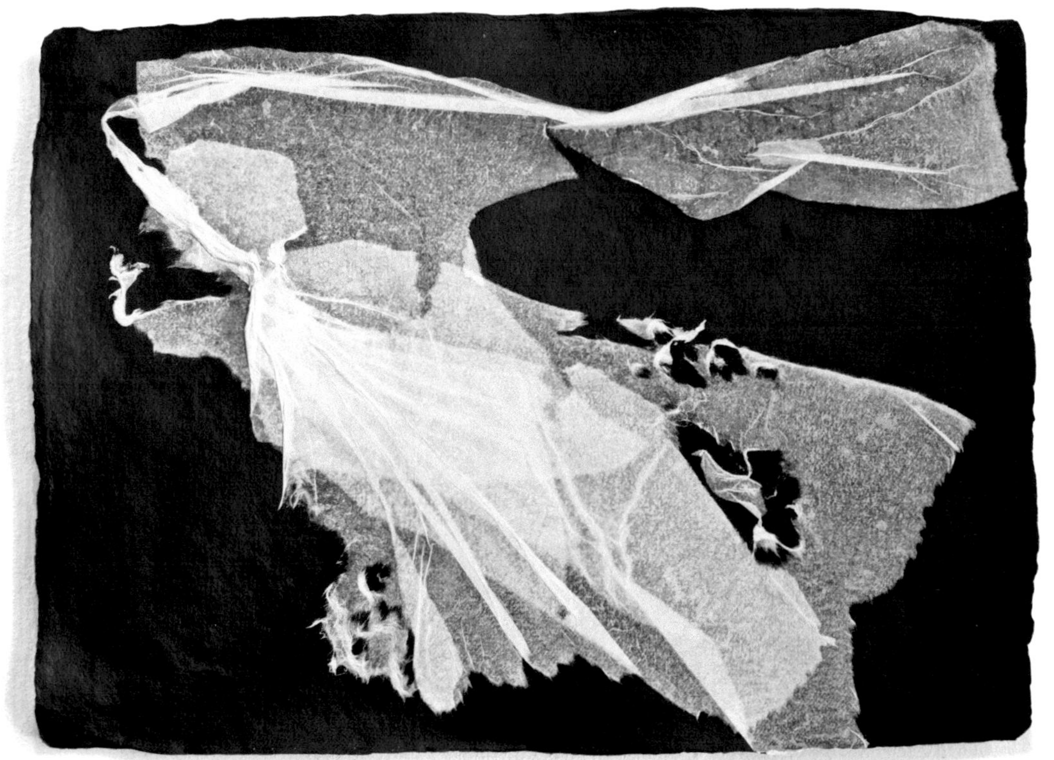

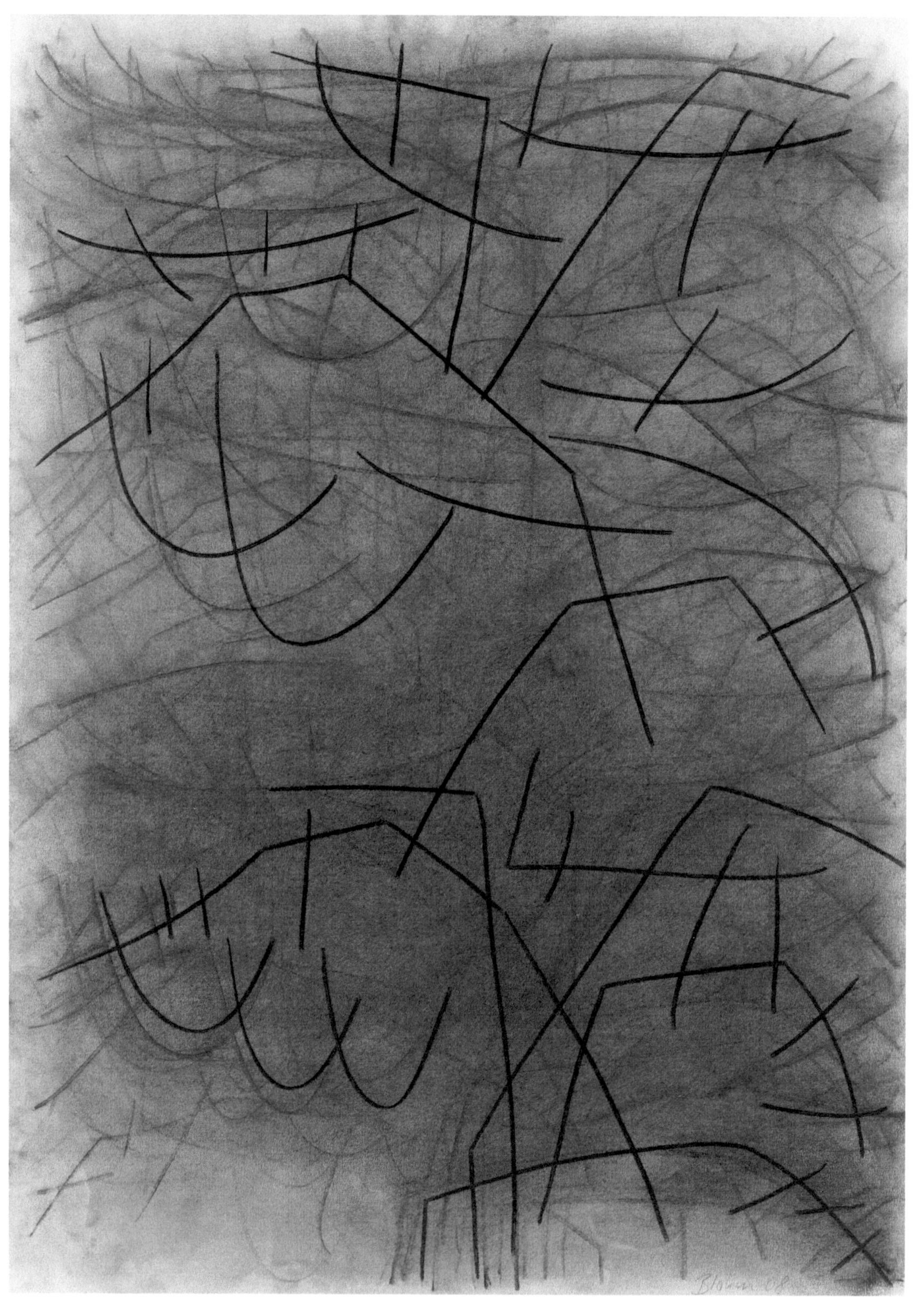

Bettina Blohm, **Ibiza Ghosts**, 2008

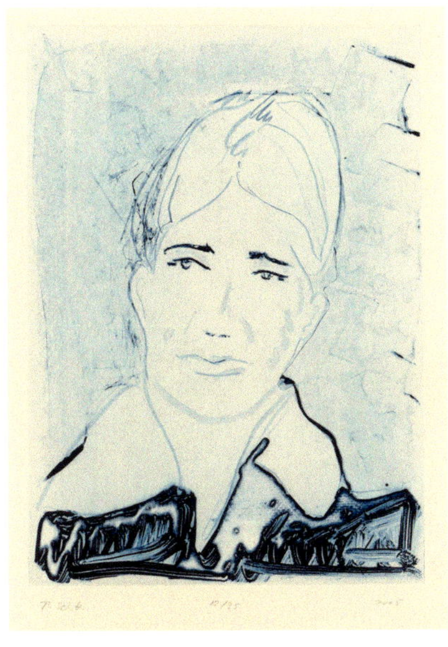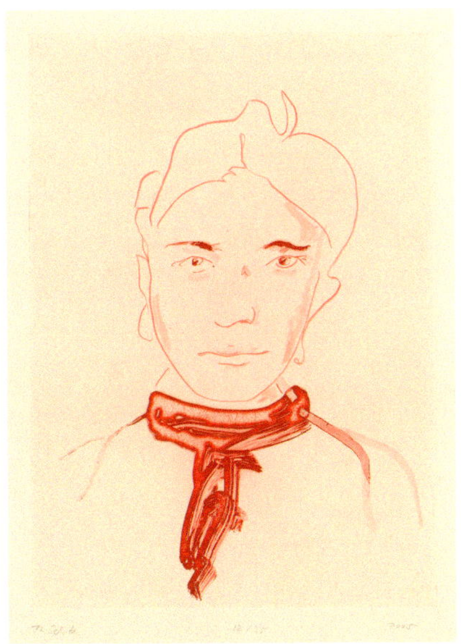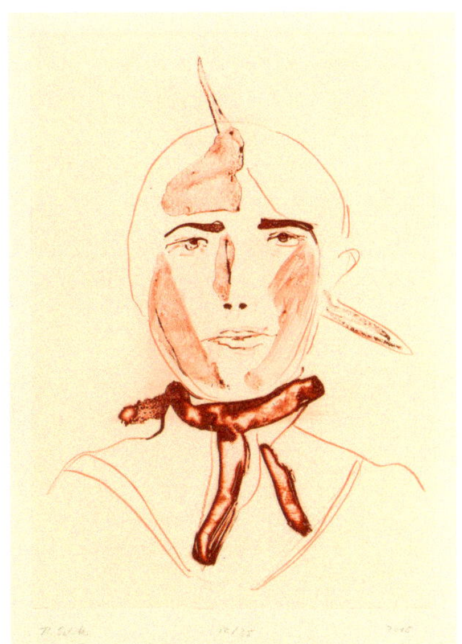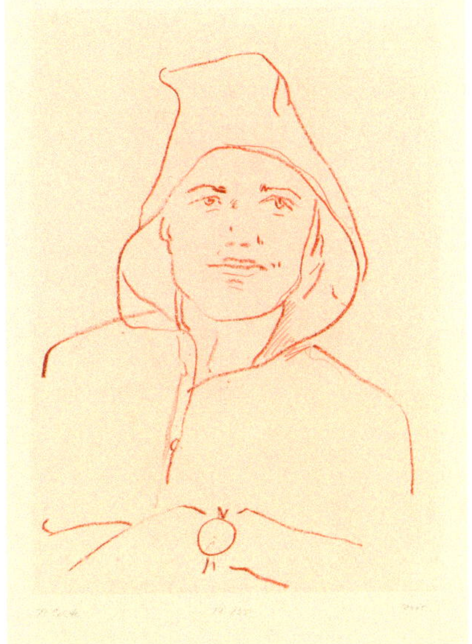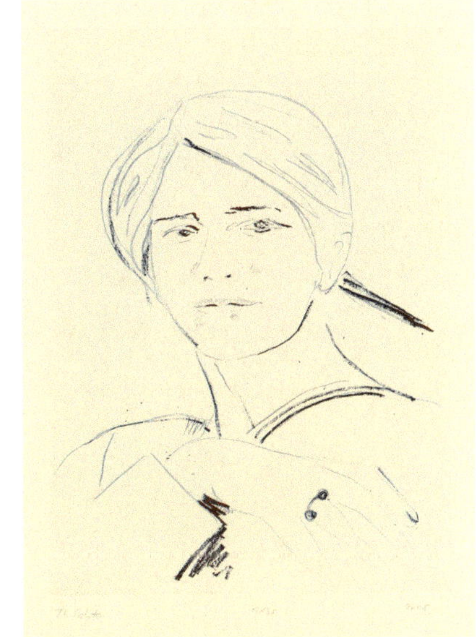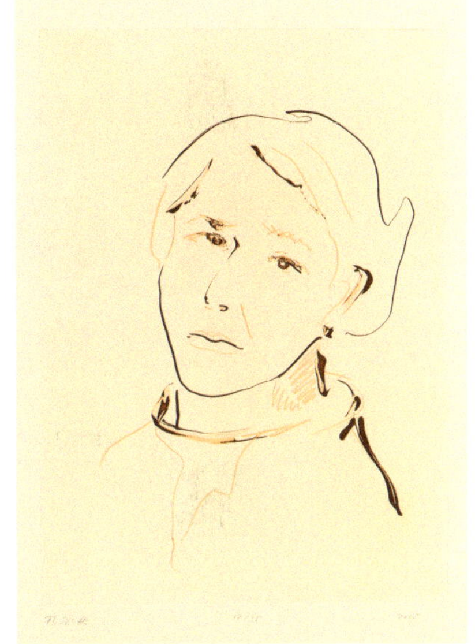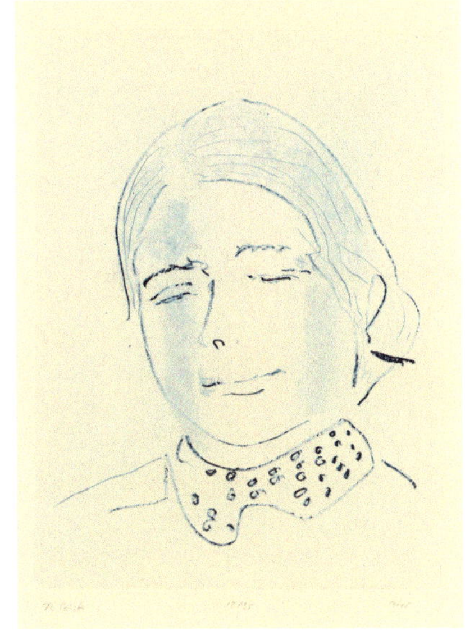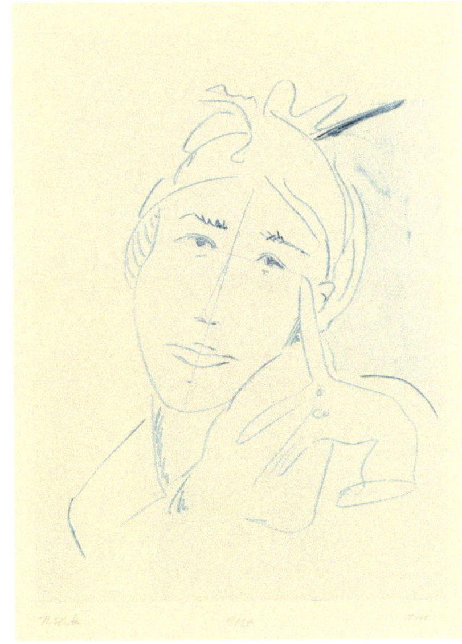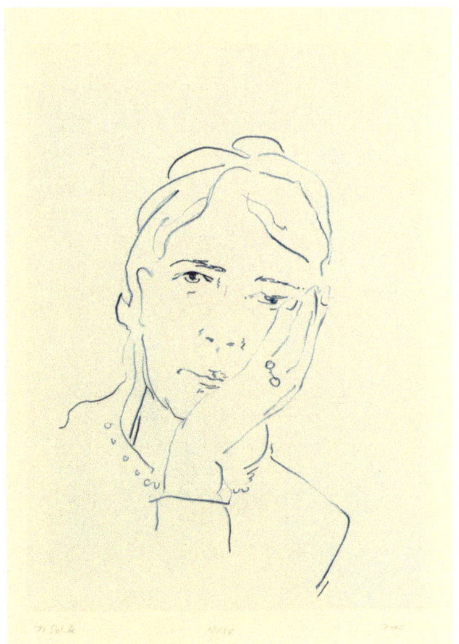

Thomas Schütte, alle **o. T. (Sophie)**, 2005

Das Motto „Sammeln, um zu kuratieren" bedeutet, dass ein Rhizom gebildet wurde — Verbindungslinien zwischen Arbeiten. <u>Nun sollen neue Verflechtungen entstehen.</u> In der Vergangenheit war mein Wohnumfeld kein Austragungsort von Ausstellungsprojekten. Im Gegenteil prägte wohnliche Beständigkeit das häusliche Leben. Klaus hingegen drängte jeden Hinweis auf eine Wohnfunktion zurück, und in ‚neutralen' Räumen, früher weiß, heute grau, wurde emsig neu gehängt. Das Bedürfnis, selbst aktiv zu sein, findet sich dennoch auf beiden Seiten. Klaus empfand das Kuratieren als schöpferischen Akt. Ich sah mich in der Funktion, Künstlern ihre Ideen zu ermöglichen. Meine private Mythologie macht auch die Teilhabe ohne großes Eigentum aus — und der originelle Umgang mit Aufgaben. Für die Zukunft kann eine Auslegung von ‚gemeinsam' bedeuten, das eigene Sammeln zwar als performativen Vorgang aufzufassen, aber die Choreografie stärker zu bedenken.

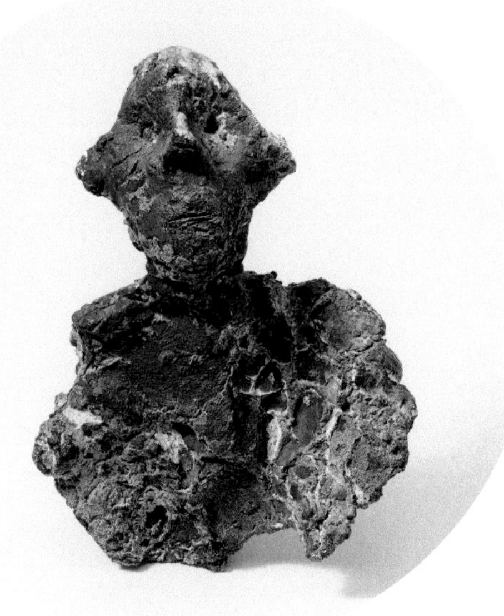

Thomas Lehnerer, Kopf, 1989

Aus der Retrospektive nach der Aufarbeitung der Sammlungsvorläufer ist jedem Sammler, Künstler und Galeristen eine Genealogie des Bestandes zu empfehlen. Ratloses Staunen, das Ertragen von Peinlichkeiten und Friedenschließen mit dem, was war — all das gehört offenbar dazu. Der Vorgang wird umso ergiebiger sein, je mehr man nach innen retardiert. Nicht sofort filtern, nicht sofort nach außen formulieren. Es macht einen Unterschied, ob man für sich feststellt, etwas könne ausgebaut und abgerundet werden, oder ob man ergänzt und strafft, weil Ratschläge oder Mutmaßungen, was zu tun ist, von außen kommen. Wenn sich Sammlungen ein Motto geben, dann gibt es im Bestand regelmäßig eine ganze Reihe von Positionen, die nicht von diesem beschreibenden Alleinstellungsmerkmal erfasst werden. Dieser ‚private', ‚nicht öffentliche' Teil ist für die Sammler oft besonders kostbar. Sich des Schatzes der „Hauskünstler", wie ich dieses Phänomen nenne, zu schämen, erscheint als unnötige Selbstbegrenzung. Durch die Auseinandersetzung mit den Positionen des anderen konnte teilweise so viel Verständnis geweckt werden, dass Arbeiten bleiben und Positionen weiterverfolgt werden, bei denen es nicht unbedingt zu erwarten war:

Thomas Lehnerer, Matthieu Mercier, Rose Eken, Claus Hugo Nielsen …

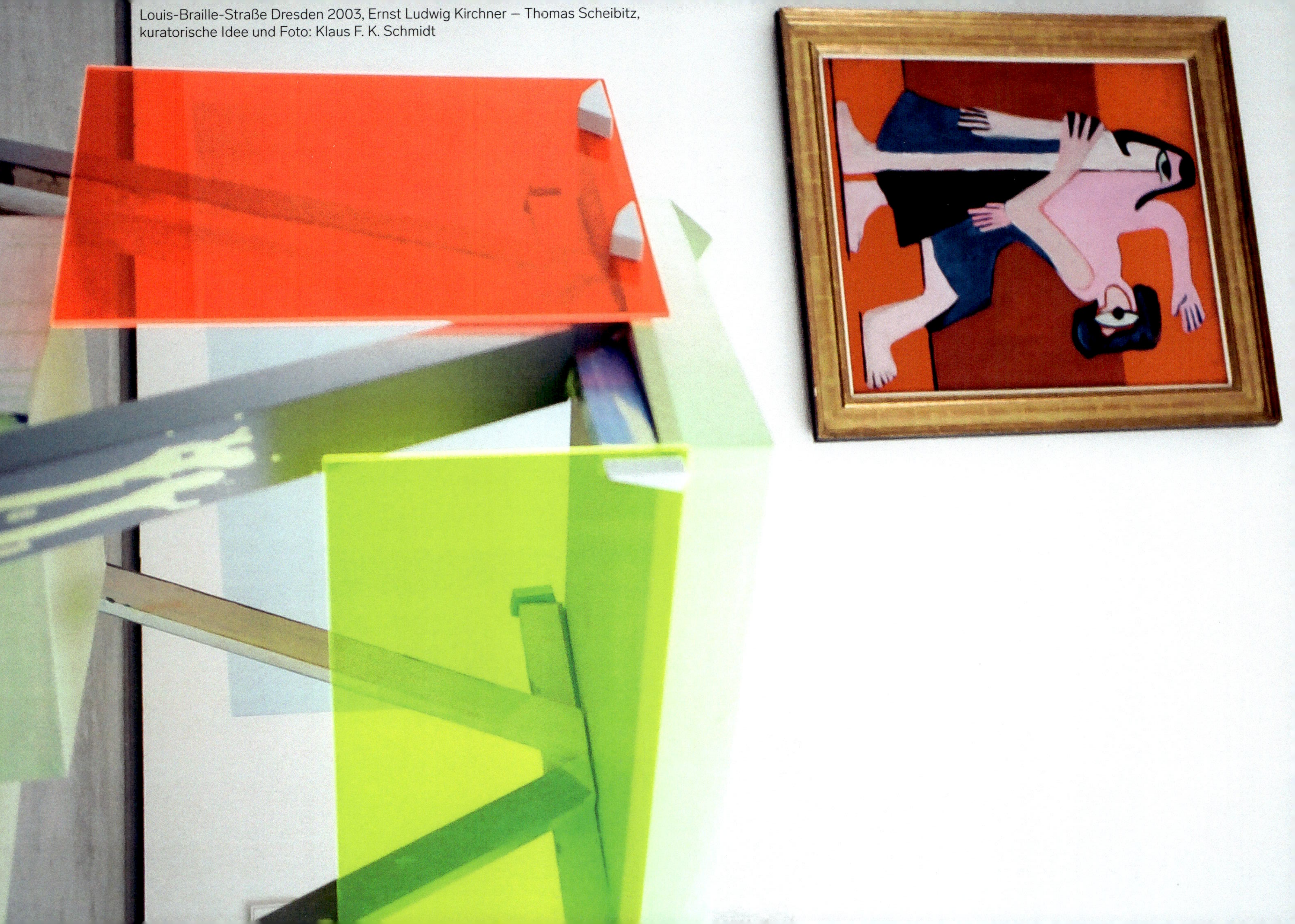
Louis-Braille-Straße Dresden 2003, Ernst Ludwig Kirchner – Thomas Scheibitz,
kuratorische Idee und Foto: Klaus F. K. Schmidt

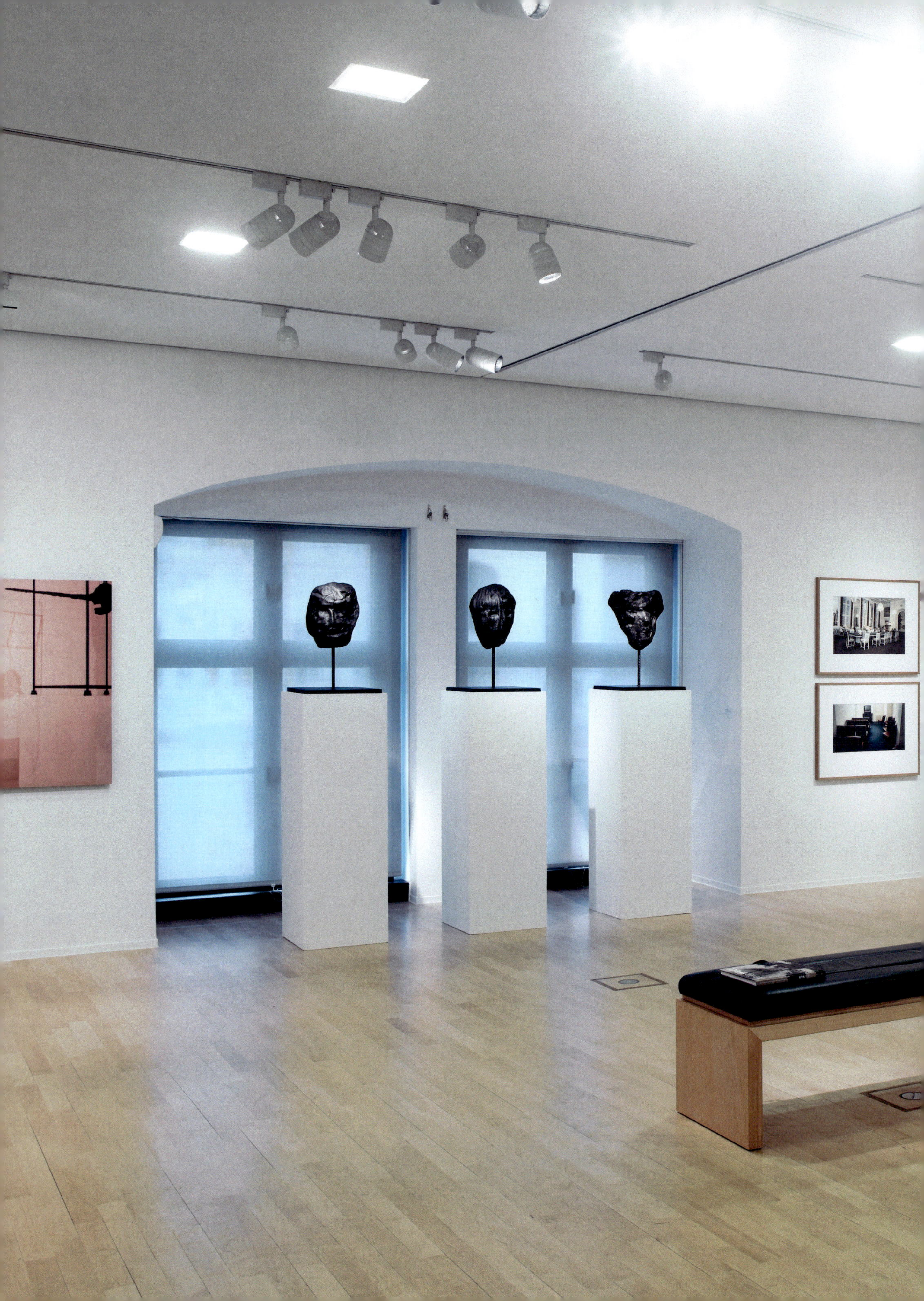

CURATING

The motto "Collect to Curate" means that a rhizome was formed—lines of connection between works. Now new connections should emerge. In the past, my living environment was not a place to host exhibitions. On the contrary, domestic life was characterized by a homely stability. Klaus, however, had suppressed any indication of a living function and had assiduously hung exhibitions in "neutral" rooms—formerly white, currently gray. The need to be active, however, can be found on both sides. Klaus considered curating a creative act. I saw my function as facilitating artists' ideas. My private mythology allows participation without a huge property—and original ways of managing tasks. For the future, one interpretation of "joint" can be understanding one's own collecting as a performative process but reflecting more deeply on the choreography.

In retrospect, after this thorough reappraisal of the precursors of the collection, it is recommended that every collector, artist, and gallerist should establish a genealogy of the inventory. Perplexed astonishment, enduring embarrassment, and making peace with what has been—obviously all are part of the process. This will be all the more productive the more one contemplates. One shouldn't filter or formulate immediately to the outside world. There is a difference whether one determines for oneself that something could be expanded or rounded out, or whether one complements and streamlines because advice and speculation on what is to be done are coming from the outside. If collections give themselves a motto, it can be expected that quite a number of positions will be found in the inventory that do not fall under this unique descriptive label. This "private", "not public" part often is particularly precious to collectors. To be ashamed of the treasure of the "house artists"—as I call this phenomenon—seems an unnecessary limitation. In discussing the other party's positions, here and there so much understanding was found that positions were kept and will be pursued where this had not necessarily been anticipated.

Thomas Lehnerer, Matthieu Mercier, Rose Eken, Claus Hugo Nielsen …

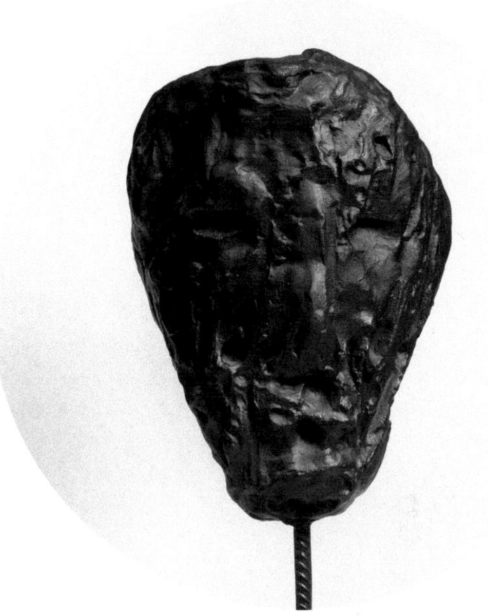

Günther Förg, Maske, 1994

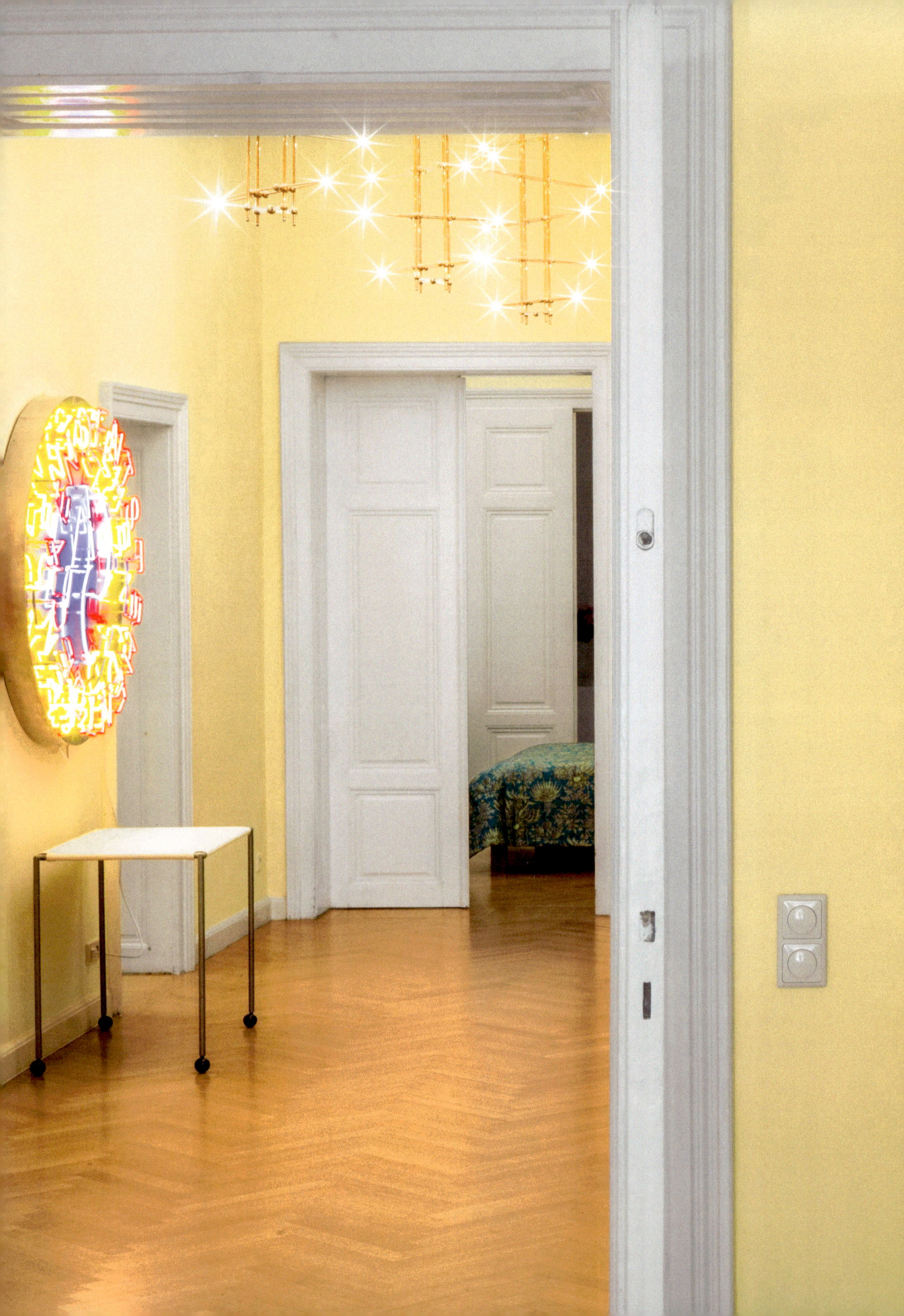

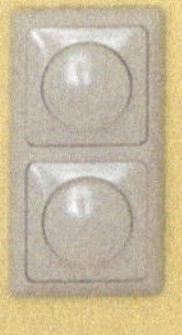

Bartensteingasse Wien 2017, Ferdinand Kriwet – Angela Glajcar, Foto: Werner Lieberknecht

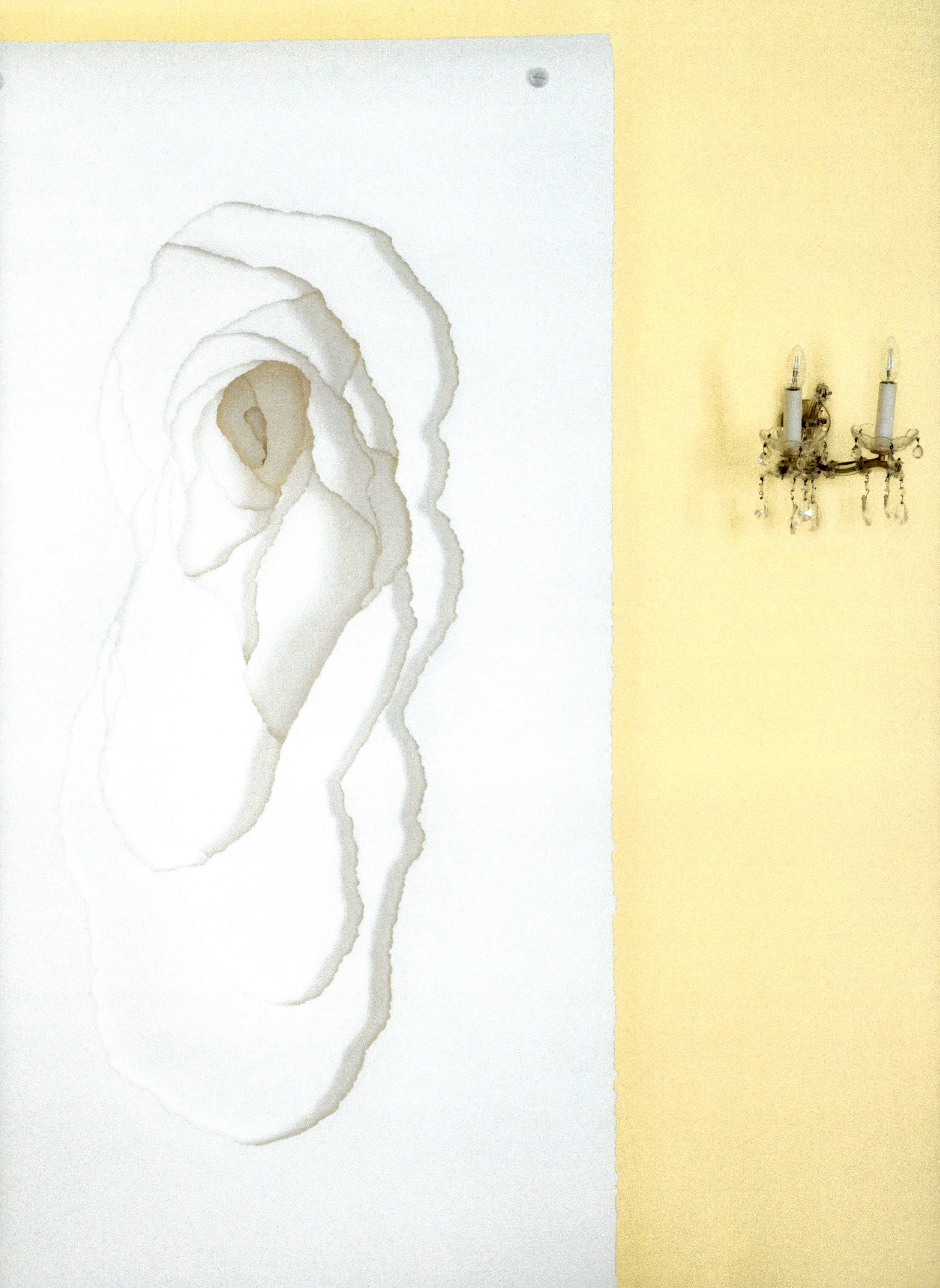

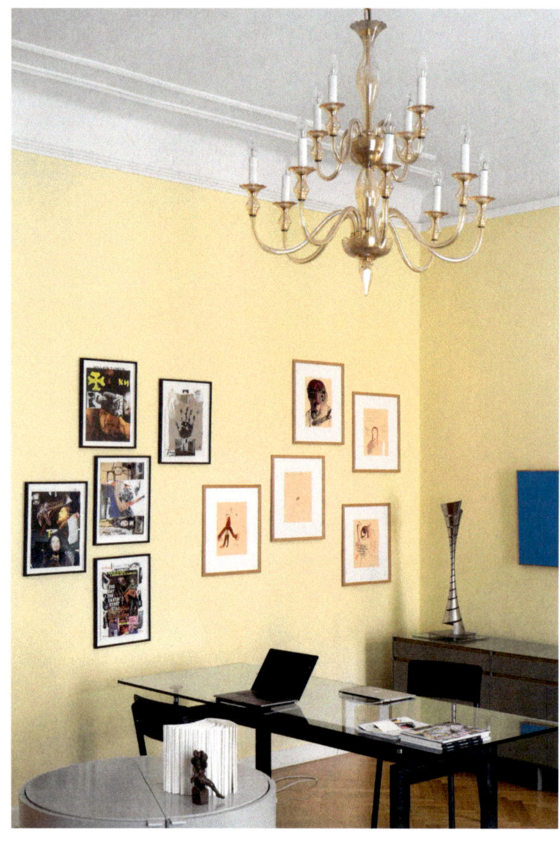

Christina Doll, **kleiner Bobby**, 2007

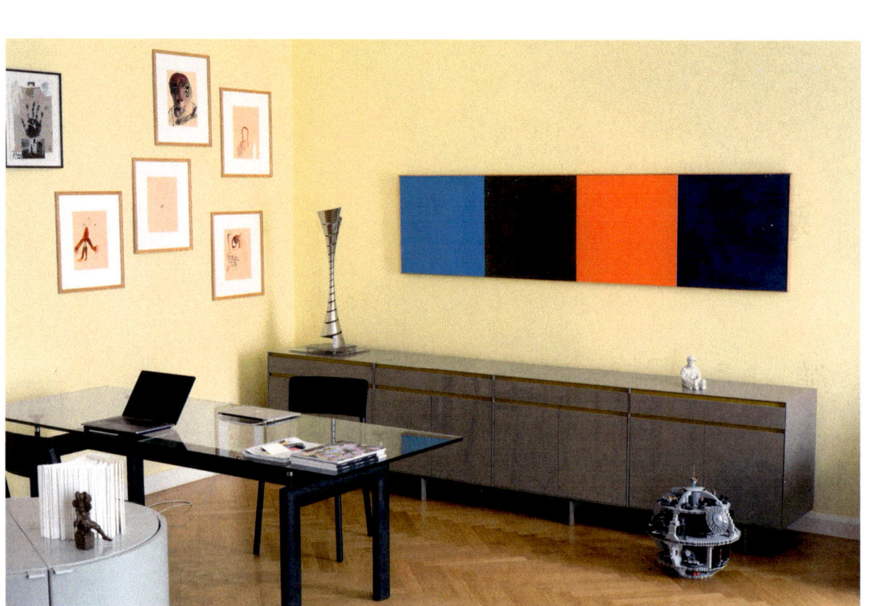

Bartensteingasse Wien 2017, Jonathan Meese (div.) –
Martin Willing – Günther Förg – Angela Glajcar – Bernd Altenstein,
Foto: Werner Lieberknecht

Bartensteingasse Wien 2017, Günther Förg – A. R. Penck –
Christina Doll, Foto: Werner Lieberknecht

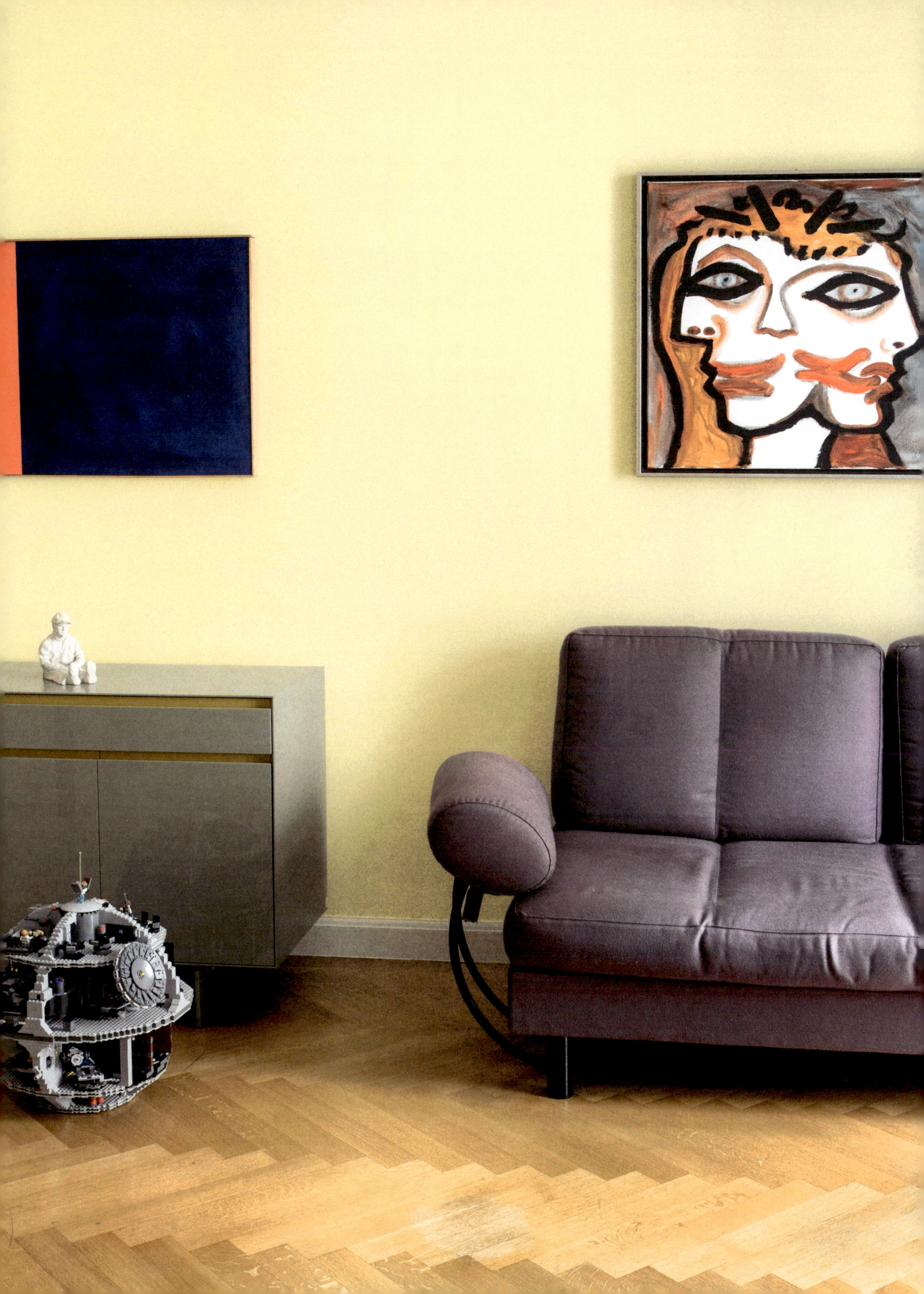

KLAUS: Der Wert der Kunstkäufe lag für mich in der Freude am Kunstwerk, in der Möglichkeit, mit den Kunstwerken selbst Neues zu schaffen, (mir) Impulse zu geben für offenes Rezipieren, für „Gedankenfreiheit".

In der Beschäftigung mit der Kunst die Sehnsucht tatsächlich zu stillen, erscheint als ein privater — ja intimer —, auf jeden Fall persönlicher Prozess. Die Rahmenbedingungen dafür müssen den Akteuren entsprechen. Das öffentliche Sammeln hat strukturierenden Einfluss auf den Bestand, auf die Auswahlentscheidungen. Das Unbehagen Sammler-Händlern gegenüber zeigt, dass Klaus das Spannungsfeld spürte, ohne es benennen zu können. Entsprechend soll künftig die <u>eigene Beschäftigung mit der Kunst zuerst kommen und die Öffentlichkeit an zweiter Stelle folgen.</u> Sammeln, um zu kuratieren, heißt auch, dass die Sammlung

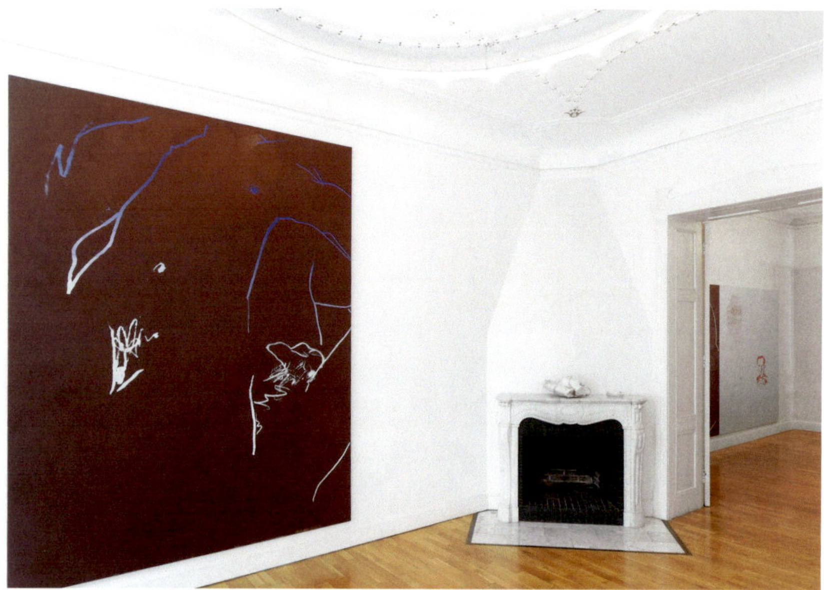

nicht in erster Linie als Eigentumsmanifestation angesehen wird, sondern als Möglichkeit zu rezipieren. Wie im Fall anderer dialogischer Sammlungen geht es um die „wechselseitige Erhellung der Werke" Siegfried Gohr, „Einige Gedanken zur Sammlung Garnatz"; in: „Sammlung Garnatz", Karlsruhe, 1996, 44, 45. Genau wie in der Erziehung bestimmte Erfahrungen nicht vermittelbar sind, sondern nur selbst Erlebtes eine authentische Entwicklung fördert, wird dieser Gedanke für das eigene Wirken aufgegriffen, um mehr Kunst ohne eigenes sichtbares Zutun zu ermöglichen. Kunst ermöglichen, Raum geben für künstlerische Entfaltung: Nur so können frühere Verhaltensnormen aufgebrochen werden, das Werden der Kunst erscheint wieder als das Wunder, das es ist.

Konzentration und Rezeption kosten Zeit und Aufmerksamkeit. Die Wohnsitze mit der Galeriearchitektur sind unwichtig geworden. Es gibt für uns neue — architektonisch gesehen jedoch historische — Räume, die vorrangig Wohnräume sind. Die Kunst soll in unserem Leben ankommen. Die Vorstellung einer „neutralen Präsentation" wird nicht weiter verfolgt, weil es um eine authentische persönliche Rezeption geht. Bisher erscheinen Ansätze zum „Entsammeln" so sperrig, wie der Ausdruck

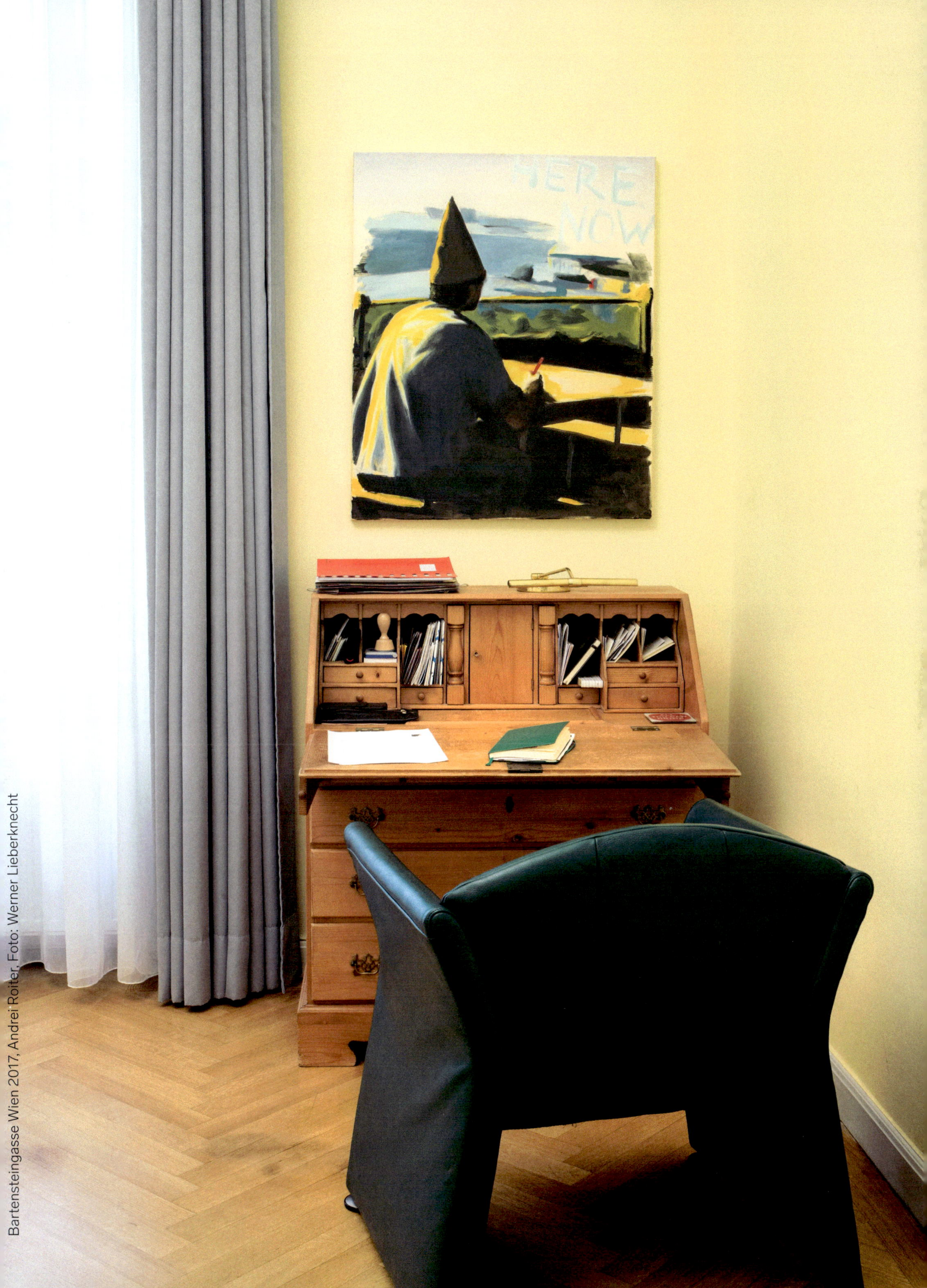

Bartensteingasse Wien 2017, Andrei Roiter, Foto: Werner Lieberknecht

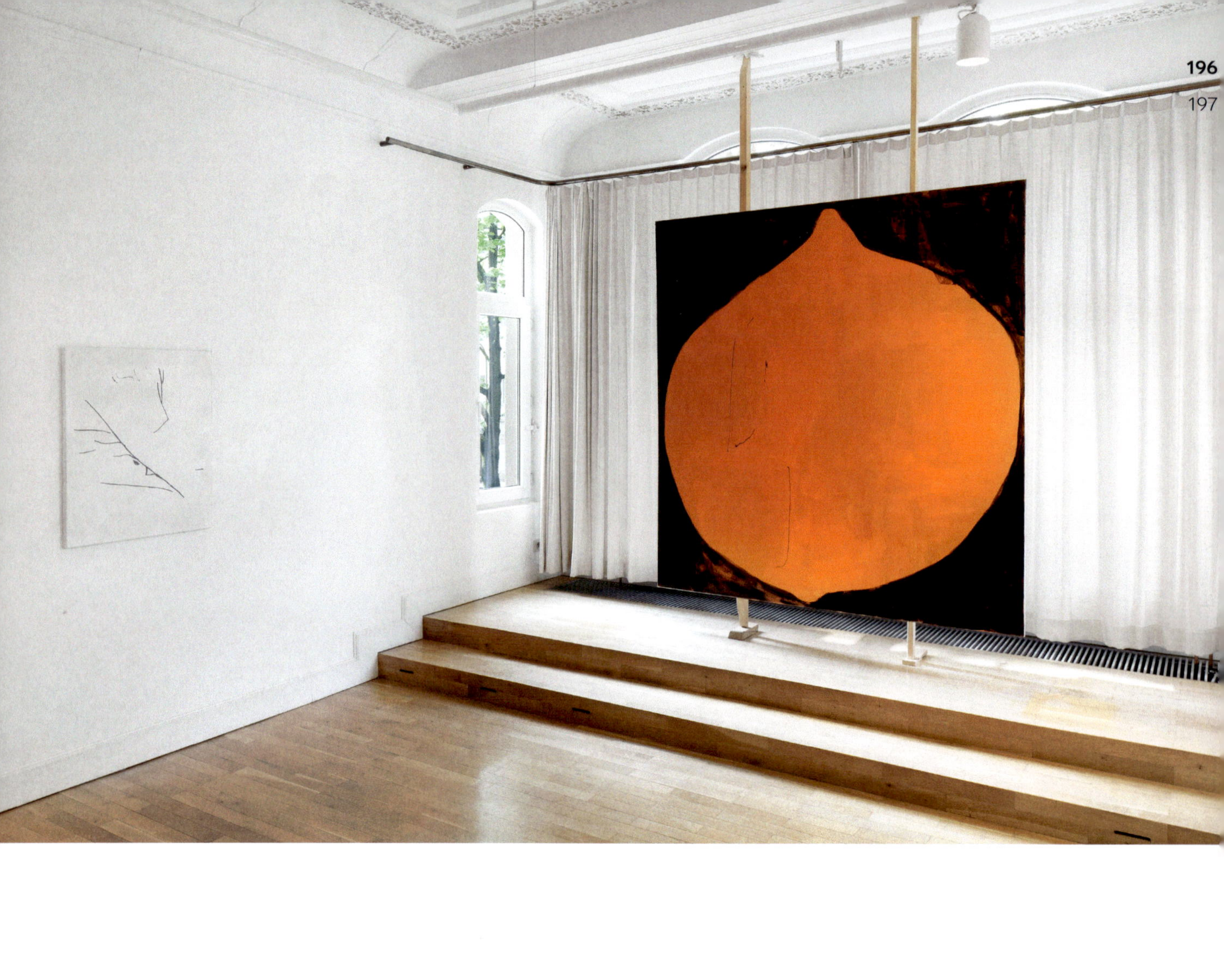

Sudermanstraße Köln 2017, Tom Król, Foto: A. R.

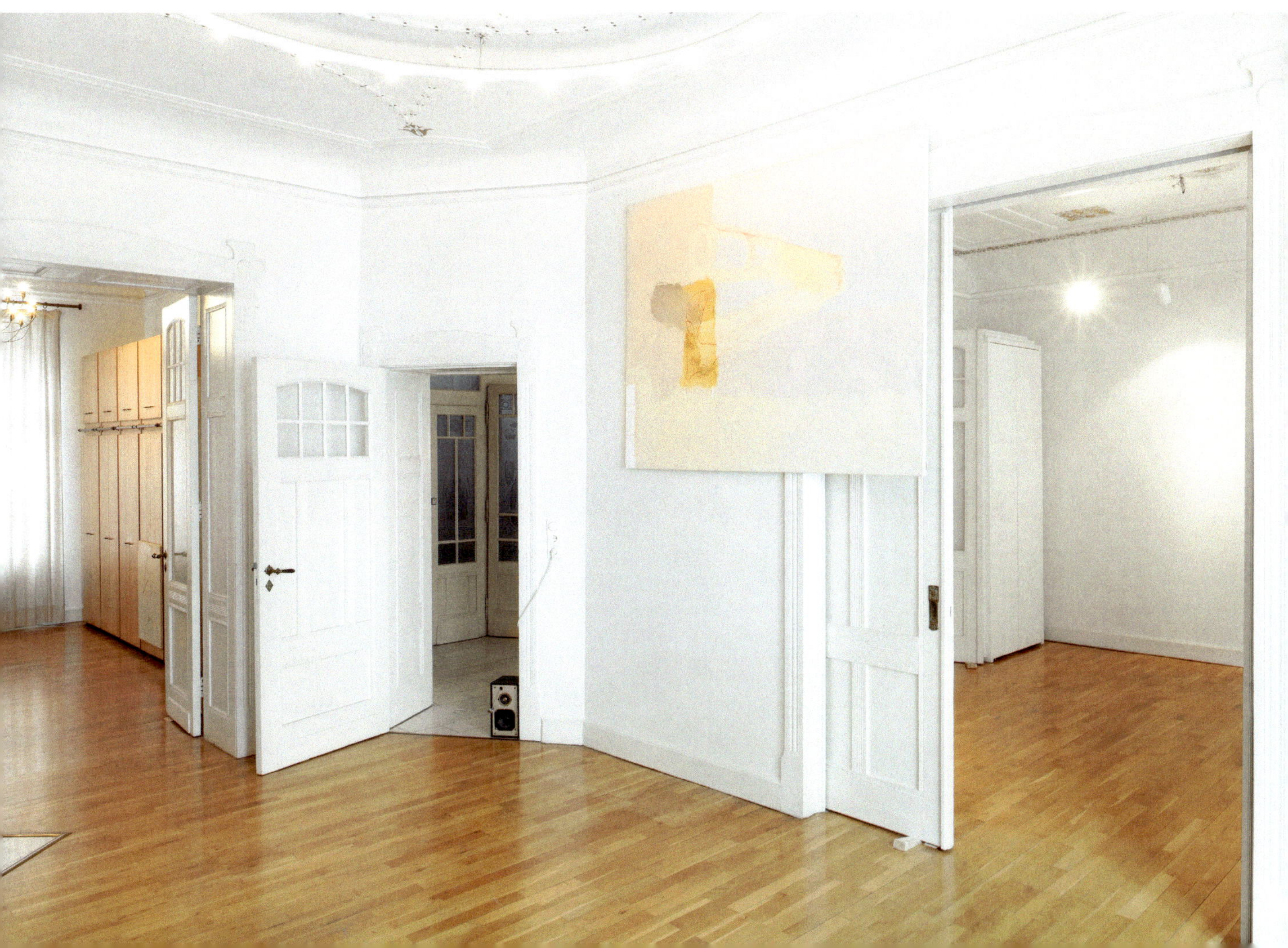

Sudermanstraße Köln 2017, Béla Pablo Janssen – Tom Król, Foto: A.R.

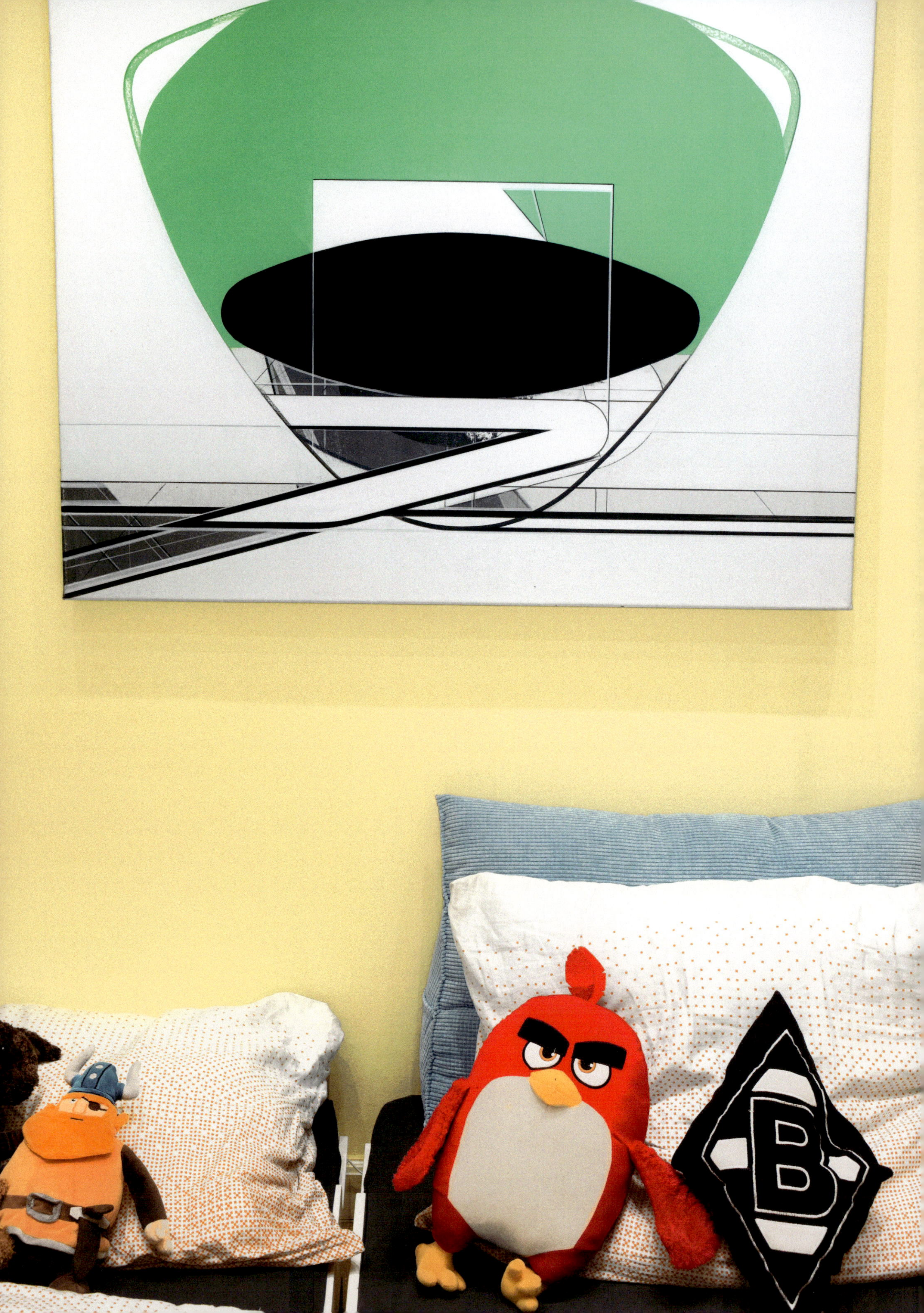

OUTLOOK

KLAUS: For me, the value of art acquisitions lay in the pleasure derived from the artwork, in the possibility of creating something new with the artworks, to give (myself) impulses for open reception, for 'freedom of thought.'

To genuinely satisfy one's desire through art seems a private, even intimate, and in any case personal process, and its context must correspond to the actors. Public collecting has a structuring impact on the inventory, on the selection decisions. His discomfort with collector-dealers reveals that Klaus sensed this tension without being able to pinpoint it. From now on, a personal approach to art will come first, the public will be less important. "Collect to Curate" also entails that the collection is not merely considered a manifestation of property, but rather a possibility for perception. As in other dialogical collections it is about the 'mutual enlightenment of the works.' Siegfried Gohr, "Einige Gedanken zur Sammlung Garnatz" [Some Thoughts on the Collection Garnatz], Sammlung Garnatz, Karlsruhe 1996, 44, 45 [own translation]. In education certain experiences cannot be communicated because experiences have to be made in order to promote authentic development. With this in mind, we will facilitate more art without our visible support. To us, facilitating art and giving artistic development room is a way to break up earlier norms of behavior. The creation of art will again appear as the miracle that it is.

Concentration and reception take time and attention. Residences with gallery architecture have become unimportant. We now prefer new, architecturally histori-cal, spaces, which are predominantly living space. The art must settle in our lives. The idea of a "neutral presentation" is no longer pursued because it is more about a new authentic personal reception. So far, approaches toward "Entsammeln" [de-collect-ing] appear as awkward as the term suggests. We want to orient ourselves inward, we are not looking for the large stage, but for conversation with those who live in our household and are in close personal relationship with us. A pleasurable appreciation of art to us also entails the deliberate decision about what we want to be surrounded by, and by whom. Success should be measured according to internal and not to exter-nal standards. The collection should actually be experienced as a playing field. Those who should be excited will be included in the dialog, and it should not be collected for imagined others. Cf. Cahn, op. cit. A careful approach is intended to save us from becom-ing fatalistic or cynical. We see the tension arising from public withdrawal while at the same time proclaiming "Look at me!". The goal is deliberate absence without feelings of guilt, an attractive feeling of being alive without the need to show off.

Fritz Wojda postulates an obligation to attend certain events. Fritz Wojda, op. cit., 59f.

That is the game of the others.
Our own game. That is the future.

es vermuten lässt. Wir wollen uns nach innen orientieren, wir wollen nicht die große Bühne suchen, sondern das Gespräch mit denen, die im Haushalt und in engen persönlichen Beziehungen mit uns leben. Den genussvollen Umgang mit der Kunst sehen wir heute auch in der reflektierten Entscheidung, womit und mit wem wir uns umgeben wollen. Erfolg soll nach inneren und nicht nach äußeren Maßstäben gemessen werden. Die Sammlung soll tatsächlich als Spielfeld fühlbar sein. In den Dialog müssen die eingebunden werden, die sich begeistern sollen, und es soll nicht für eingebildete andere gesammelt werden vgl. Cahn, a. a. O. Sorgfältiger Umgang soll uns davor bewahren, fatalistisch oder zynisch zu werden.

Wir sehen das Spannungsfeld, diesen Rückzugsprozess öffentlich zu machen und gleichzeitig das „Sieh mich an!" auszusprechen. Das Ziel ist das dezidierte Fernbleiben ohne Schuldgefühle, ein attraktives Lebensgefühl, auch ohne das Bedürfnis, sich gerade damit zu wichtig zu machen.

Fritz Wojda postuliert eine Pflicht, auf bestimmten Events zu sein Fritz Wojda, „Das Sammeln zeitgenössischer Kunst", Wien 2015, 59 f.

Das ist das Spiel der anderen.
Ein eigenes Spiel. Das ist die Zukunft.

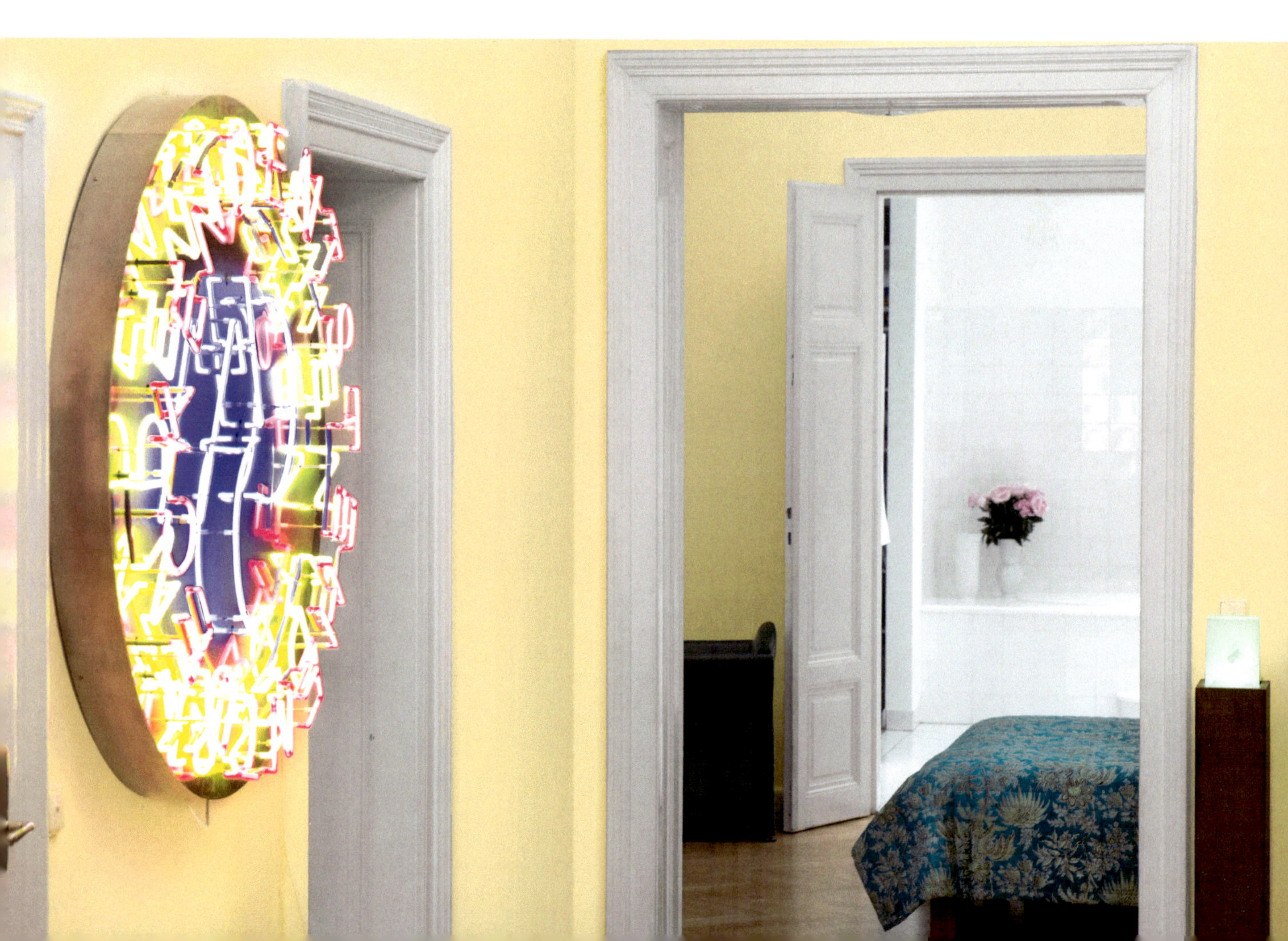

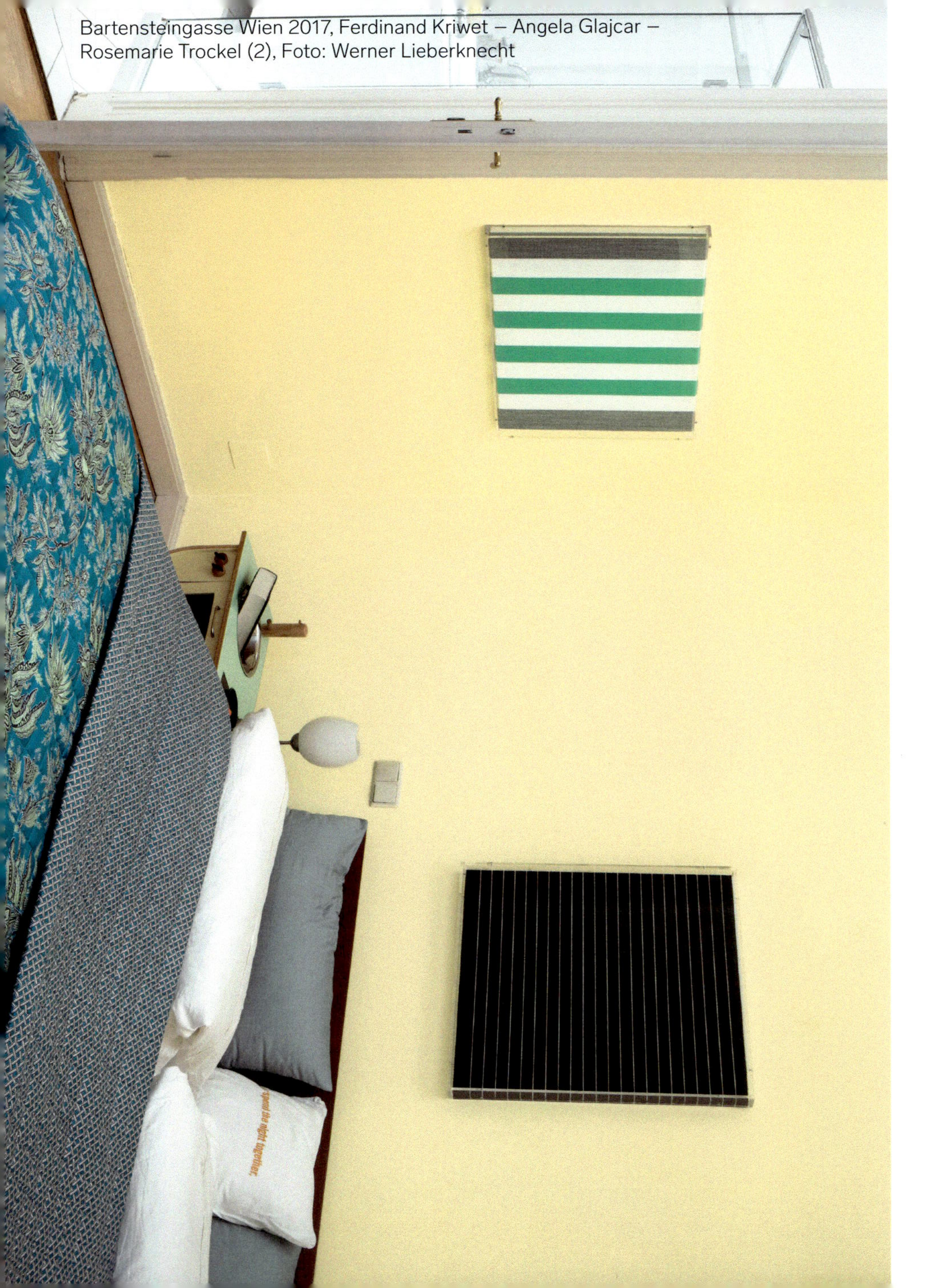

Bartensteingasse Wien 2017, Ferdinand Kriwet – Angela Glajcar – Rosemarie Trockel (2), Foto: Werner Lieberknecht

Bartensteingasse Wien 2017, Helmut Federle – Günther Förg, Foto: Werner Lieberknecht

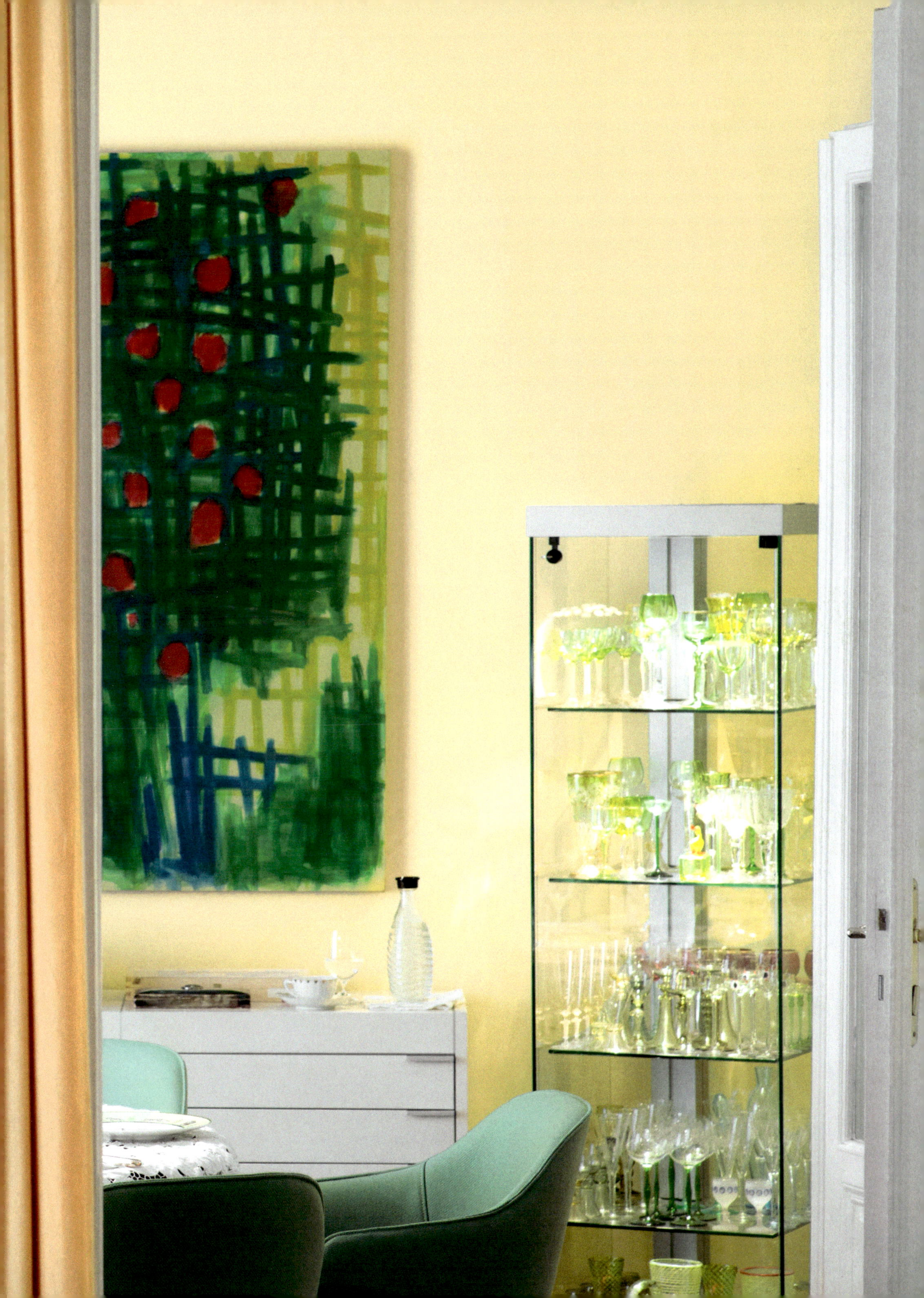

VERZEICHNIS DER ABGEBILDETEN ARBEITEN
INDEX OF WORKS

Thomas Demand
Grube/Pit, 1999
C-Print/Diasec
229 x 167 cm
→ 119

Texte zur Kunst, 2010
Lithografie [lithograph]
122 x 102 cm
→ Cover + 126/127 + 148/149

Thomas Dietz
Mennige, 2013
Lack, Alkydharzölfarbe, Mennige/
Alu-Dibond [lacquer, alkyd resin paint,
Mennige/Alu Dibond]
45 x 75 cm
→ 148/149

o.T. (RAL0606020), 2014
Lack, Alkydharzölfarbe/Alu-Dibond
[lacquer, alkyd resin paint/Alu Dibond]
32,5 x 80 cm
→ 167

o.T. (RAL0808005), 2014
Lack, Alkydharzölfarbe/Alu-Dibond
[lacquer, alkyd resin paint/Alu Dibond]
32,5 x 80 cm
→ 167

Christina Doll
kleiner Bobby [Small Bobby], 2007
Beton [concrete]
16 x 19 x 10,5 cm
→ 192 + 193

Markus Draper
o.T. (Nr. 6) [untitled (no.6)], 1998/2002
Pappe, Papier [cardboard, paper]
15,5 x 36 x 4 cm
→ 182

Rose Eken
Vanitas With Dagger, 2016
Papierlehm [paper clay]
variable sizes
→ 48 + 49

Meg White Drumkit (Red Version),
2015
Mixed Media
12 x 15,5 x 14 cm
→ 122/123 + 165

Glue gun with cord, 2015
Glasierter Papierlehm [glazed paper
clay]
26 x 34 x 3 cm
→ 165

Max Ernst
Head of a bull/Tête de taureau, 1948
Öl auf Leinwand [oil on canvas]
46 x 40,5 cm
→ 156

Helmut Federle
Legion 6, 1996
Öl auf Leinwand [oil on canvas]
53 x 62 cm
→ 113

Cornerfield painting XXX, 1998
Öl auf Leinwand [oil on canvas]
50 x 60 cm
→ 113 + 154 + 202

Günther Förg
Terracina
(Konvolut/convolute von/of
72 Arbeiten/works), 1997
Terracina 1 (WVF.97.P.0688),
Terracina 2 (WVF.97.P.0689),
Terracina 3 (WVF.97.P.0690),
Terracina 4 (WVF.97.P.0691),
Terracina 5 (WVF.97.P.0692),
Terracina 6 (WVF.97.P.0693),
Terracina 7 (WVF.97.P.0694),
Terracina 8 (WVF.97.P.0695),
Terracina 9 (WVF.97.P.0696),
Terracina 10 (WVF.97.P.0697),
Terracina 11 (WVF.97.P.0698),
Terracina 12 (WVF.97.P.0699),
Terracina 13 (WVF.97.P.0700),
Terracina 32 (WVF.97.P.0719),
Terracina 41 (WVF.97.P.0728),
Terracina 15 (WVF.97.P.0702),
Terracina 16 (WVF.97.P.0703),
Terracina 17 (WVF.97.P.0704),
Terracina 18 (WVF.97.P.0705),
Terracina 19 (WVF.97.P.0706),
Terracina 20 (WVF.97.P.0707),
Terracina 21 (WVF.97.P.0708),
Terracina 22 (WVF.97.P.0709),
Terracina 23 (WVF.97.P.0710),
Terracina 24 (WVF.97.P.0711),
Terracina 25 (WVF.97.P.0712),
Terracina 26 (WVF.97.P.0713),
Terracina 27 (WVF.97.P.0714),
Terracina 28 (WVF.97.P.0715),
Terracina 29 (WVF.97.P.0716),
Terracina 61 (WVF.97.P.0748),
Terracina 62 (WVF.97.P.0749),
Terracina 63 (WVF.97.P.0750),
Terracina 64 (WVF.97.P.0751),
Terracina 65 (WVF.97.P.0752),
Terracina 66 (WVF.97.P.0753)
Buntstift oder Tusche und Kaffee auf
Papier [colored pencil or india ink and
coffee on paper]
Alle hier gezeigten Arbeiten [all works
shown here] 20,6 x 15 cm
→ 51

ohne Titel [untitled] (WVF.93.B.0145),
1993
Acryl auf cotton duck [acrylic on
cotton duck]
195 x 160 cm
→ 107

Farbfeld [Color Field]
(WVF.86.B.0554), 1986
Acryl auf Holz [acrylic on wood]
60 x 240 cm
→ 154 + 192 + 193

ohne Titel [untitled] (WVF.93.B.0276),
1993
Acryl auf cotton duck [acrylic on
cotton duck]
195 x 160 cm
→ 155

Maske [Mask] (WVF.94.BR.0785),
1994
Bronze
60 x 40 x 40 cm
→ 188

Maske [Mask] (WVF.94.BR.0786),
1994
Bronze
60 x 40 x 40 cm
→ 188

Maske [Mask] (WVF.94.BR.0787),
1994
Bronze
60 x 40 x 40 cm
→ 188

Maske [Mask] (WVF.94.BR.0788),
1994
Bronze
60 x 40 x 40 cm
→ 189

o.T. [untitled] (WVF.05.B.0153), 2005
Öl auf Leinwand [oil on canvas]
150 x 130 cm
→ 202/203

Christian Frosch
o.T. [untitled]
Farbdosendeckel bemalt [lid of a paint
tin, painted]
Ø 8,5 cm
→ 43

Günter Fruhtrunk
Epitaph pour ARP, 1974
color silkcreen
71 x 69,5 cm
→ 65

Angela Glajcar
Terforation 2015-021, 2015
In Situ-Installation, Papier, Metall [in situ installation, paper, metal]
310 x 290 x 110 cm
→ **Cover + 37**

Lumen 2015-005, 2015
Cortenstahl, Acryl, LED-Beleuchtung [corten steel, acrylic, LED]
120 x 36 x 29 cm
→ **60 + 118**

Wundertier und Zauberelfe 2015-020 [Fabulous Beast and Magic Fairy 2015-020], 2015
Papier 200g gerissen und aufgefächert [paper 200g, torn and fanned out]
20,5 x 16 x 20 cm
→ **154 + 192**

Conballare I/V, 2004-022, 2004
Acryl auf Papier, collagiertes Wenzhou-Papier [acrylic on paper, collaged Wenzhou paper]
56 x 78 cm
→ **183**

Terforation 2017-014, 2017
Papier 350 g, gerissen [paper 350g, torn]
200 x 96 x 55 cm
→ **191**

Lumen 2008-019, 2008
Cortenstahl, Acryl, LED-Beleuchtung [corten steel, acrylic, LED]
117,5 x 24 x 17,5 cm
→ **200**

Hermann Glöckner
Verklammerte Scheiben [Clamped Disks], 1975
Holz, farbig gefasst [wood, polychromed]
Ø 17,5 x 26,5 cm
→ **169**

Karl Otto Götz
o.T. [untitled], 1955
Öl auf Leinwand [oil on canvas]
152 x 121,5 cm
→ **87**

Gotthard Graubner
Farbraumkörper Takyre I, 1974
Kissenbild [cushion object]
200 x 130 cm
→ **158**

Beate Gütschow
o.T. [untitled], 2007
Fotografie [photograph]
30 x 26 cm
→ **80**

o.T. [untitled], 2007
Fotografie [photograph]
30 x 26 cm
→ **80**

S #14, 2005
S/W-Fotografie [b/w photograph]
180 x 267 cm
→ **89 + 121**

Andreas Gursky
Gasherd (Gas Cooker), 1980
C-Print
85,5 x 79 cm
→ **122/123 + 146**

Eberhard Havekost
Inkognito B05 [Incognito B05], 2005
Öl auf Leinwand [oil on canvas]
48 x 35 cm
→ **89**

Sympathie 3 [Sympathy 3], 1999
Öl auf Leinwand [oil on canvas]
30 x 24 cm
→ **89**

Sympathie 4 [Sympathy 4], 1999
Öl auf Leinwand [oil on canvas]
30 x 24 cm
→ **89**

Sympathie 5 [Sympathy 5], 1999
Öl auf Leinwand [oil on canvas]
30 x 24 cm
→ **89 + 103**

Matthias Herrmann
8x10¨/45 Text: Ben Stiller, 2002
Fotografie [photograph]
80 x 100 cm
→ **171**

Karl Horst Hödicke
Jonas, 1988
Öl auf Leinwand [oil on canvas]
280 x 200 cm
→ **20**

Penthouse, zweiteilig [bipartite], 1979
Leimfarbe auf Nessel [distemper on nettle cloth]
Je/each 190 x 130 cm
→ **83**

New York UNO, 1966/7
Leimfarbe auf Nessel [distemper on nettle cloth]
135 x 96 cm
→ **107**

Candida Höfer
Sächsische Landesbibliothek Dresden [Saxon State Library Dresden], 2002
C-Print
20,7 x 20,7 cm
→ **80**

Kuranlage Baden-Baden [Baden-Baden Spa], 1981
C-Print
38 x 57 cm
→ **188**

TV-Lounge Scarborough/Fernsehzimmer Strandhotel, 1980
C-Print
38 x 57 cm
→ **188**

Nan Hoover
Projections, 1980
S/W-Fotografie [b/w photograph], Alu-Dibond
58 x 80 cm
→ **14**

Projections, 1980
S/W-Fotografie [b/w photograph], Alu-Dibond
58 x 80 cm
→ **14**

Projections, 1980
S/W-Fotografie [b/w photograph], Alu-Dibond
58 x 80 cm
→ **14**

Doors, 1980
Fotocollage [photo collage]
63 x 103 cm
→ **70/71**

Mountains, 1990er-Jahre [1990s]
Bronze
25 x 12 x 16 cm
→ **122/123**

head, 2001
Kohle [charcoal]
17 x 17,5 cm
→ **122/123**

movement from either direction montevideo (Porträt Sasa) [(Portrait Sasa)], 2001
Ilfochrome/Alu-Dibond
60 x 90 cm
→ **138**

without title, 1981
Ilfochrome/Alu-Dibond
42 x 124 cm
→ 180

maeght, 1981
C-Print/Alu-Dibond
60 x 40 cm
→ 180

Michael Irmer
o.T. [untitled], 1994
Bronze
15 cm
→ 109

Krümelbild-Bild Knispel, 1989
Mixed Media
200 x 290 cm
→ 160

Béla Pablo Janssen
Fading, 2017
Gouache
280 x 200 cm
→ 194

Mit wenig nach Venedig [With Little
to Venice], 2017
Gouache
80 x 60 cm
→ 196

Martin Kippenberger
Saet dem venlingst ikke pa stolen,
1996/97
Fotogravüre [photogravure]
57 x 47 cm
→ 90/91

Ernst Ludwig Kirchner
Maskentanz [Mask Dance], 1928/29
Öl auf Leinwand [oil on canvas]
82 x 73 cm
→ Cover + 148/149 + 187

Konrad Klapheck
Das Leben [Life], 1962
Öl auf Leinwand [oil on canvas]
85 x 80 cm
→ 42

Vorzeichnung zu: Der Kronprinz [pre-
liminary drawing for: Crown Prince],
1992
Kohle, Buntstift, Transparentpapier
[charcoal, colored pencil, tracing paper]
100 x 81 cm
→ 76

Der Kronprinz/Crown Prince/
Le Dauphin, 1992
Öl auf Leinwand [oil on canvas]
100 x 81 cm
→ 77

Jürgen Klauke
Viva España 1/2, 1976/1979
Fotografie [photograph]
2 x 240 x 110 cm
→ 103

Physiognomien [Physiognomies],
1972/73
S/W-Fotografie [b/w photograph]
8 x je 60 x 50 cm
→ 148/149 + 178/179

Dr. Müllers Sex Shop oder So stell' ich
mir die Liebe vor [Dr. Müller's Sex Shop
or This is How I Imagine Love], 1977
C-Print/Diasec
50 x 40 cm
→ 181

Imi Knoebel
An meine grüne Seite [To My Green
Side], 2009
Mixed Media
25,5 x 18 x 4 cm
→ 68/69

Bernd Koberling
Unter Bäumen I [Under Trees I], 1978
Kunstharz, Öl, Jute [synthetic resin, oil,
burlap]
180 x 180 cm
→ 84

Spannweiten [Spans], 1983
Kunstharz, Öl, Jute [synthetic resin, oil,
burlap]
125 x 125 cm
→ 124

Gereon Krebber
Köpfe 2002-06 [Heads 2002-06],
2002
Ton gebrannt, Pappmaché [clay,
papier-mâché]
30 cm
→ 177

Ferdinand Kriwet
Curriculum vitae, 2013
Neon, Aluminium [neon, aluminum]
Ø 120 cm, 19 cm
→ 102 + 190 + 200

Poem Painting 4, 1964
Öl auf Leinwand [oil on canvas]
121,5 x 201 cm
→ 166

Poem Painting 9, 1964
Öl auf Leinwand [oil on canvas]
121,5 x 201 cm
→ 166

Tom Król
Banane [Banana], 2017
Öl und Lack auf Leinwand [oil and
lacquer on canvas]
280 x 200 cm
→ 196

Beine bis zum Boden [Legs to the
Ground], 2001
Öl und Lack auf Leinwand [oil and
lacquer on canvas]
120 x 180 cm
→ 197

Barbara Kruger
untitled (You transform prowess into
pose), 1984
fotobasierte Technik [photo-based
technique]
185 x 120 cm
→ 88

untitled (You, Me, We), 2003
Siebdruck [silkscreen]
155 x 124 cm
→ 144/145

Louise Lawler
Big, 2002–2004
Fotografie [photograph]
19,6 cm x 16,5 cm
→ 6/7

Federal Offense, 1997/1999
Cibachrome, Diasec
102 x 127 cm
→ 171 + 188

Camill Leberer
o.T. [untitled], 2000
Metall, Glas, Lack [metal, glass,
lacquer]
37,5 x 26,5 cm
→ 168

Thomas Lehnerer
Kopf [Head], 1989
Bronze
11 x 16 x 4 cm
→ 186

Markus Lüpertz
Baumstamm dithyrambisch [Tree
Trunk Dithyrambic], 1966
Öl auf Leinwand [oil on canvas]
190 x 133 cm
→ 157

Melonen-Mathematik XXI [Melon Mathematics XXI], 1984–5
Öl auf Wellpappe [oil on corrugated cardboard]
122 x 97 cm
→ 160

Frank Maasdorf
Ihle & Janus, 1993 od. [or] 94
Bronze
23,8 x 3 x 3 cm
→ 109

Wolfgang Mally
Aschebild [Ash Painting], 1983
Öl auf Leinwand [oil on canvas]
150 x 150 cm
→ 161

Ewald Mataré
Finnisches Rind [Finnish Bovine], 1929
Bronze
19,4 x 24,3 x 19,3 cm
→ 124

Jonathan Meese
Die Erzvitrinerz, 2005/2006
Mixed Media
30 x 100 x 70 cm
→ 38/39

Ohne Titel (Er war einfach zu stark) [untitled (He Was Just Too Strong)], 1995
Kugelschreiber, Acryl auf Papier [pen, acrylic]
32 x 24 cm
→ 94 + 154

Ohne Titel (Enthüllungen einer Person) [untitled (Revelations of a Person)], 1995
Kugelschreiber, Acryl [pen, acrylic]
32 x 24 cm
→ 95 + 154

Blutgral [Blood Grail], 2000
Mixed Media
83,5 x 49,5 cm
→ 134

3 Burschis [3 Lads], 1993–1994
Gouache
41,5 x 29,5 cm
→ 154 + 192

Ohne Titel (Gib mir die Dinger so wie sie sind …) [untitled (Hand Me the Things as They Are)], 1995
Acryl [acrylic]
32 x 24 cm
→ 154 + 192

Ohne Titel (Mr. Goldlippe) [untitled], 1995
Bleistift, Acryl auf Papier [pencil, acrylic on paper]
32 x 24 cm
→ 154 + 192

Georg Meistermann
Onoma, 1956
Öl auf Leinwand [oil on canvas]
61 x 80 cm
→ 109

Mathieu Mercier
Multiprices,
Mixed Media
ca. 81 x 86 x 83 cm
→ 44

Eduard Micus
o.T. 21/1991 [untitled 21/1991], 1991
Acrylfarbe, Holz [acrylic, wood]
28 x 32 (51 x 51) cm
→ 152

Helmut Middendorf
electric night III, 1981
Öl auf Leinwand [oil on canvas]
230 x 380 cm
→ 83 + 162/163

Auf der Kugel [On the Sphere], 1983/84.
Öl und Dispersionsfarbe auf Nessel [oil and dispersion paint on nettle cloth]
300 x 200 cm
→ 84

Der Denker [The Thinker], 1982
Öl auf Leinwand [oil on canvas]
230 x 190 cm
→ 84

Ohne Titel (Akt) [untitled (Nude)], 1982
Schwarze Kreide auf gelblichem Papier [charcoal chalk on yellowish paper]
39,6 x 30 cm
→ 162/163

Reinhard Mucha
Altbau gegen Neubau, 2014
3 Fußbänke Holz, diverse Polsterstück (Fundstücke), 6 Zollstöcke Aluminium
3 footstools wood, varoious upholstery fabrics (found objects), 6 folding rulers aluminium
36 x 75 x 25 cm
→ 24/25

Ernst Wilhelm Nay
Silber-Braun-Schwarz, 1967
Öl auf Leinwand [oil on canvas]
162 + 150 cm
→ 37

Gelb excentrisch [Yellow eccentric], 1960
Öl auf Leinwand [oil on canvas]
160 x 132 cm
→ 82

Carsten Nicolai
chiffre, 1997
Mixed Media, Diptychon [diptych]
Gesamtmaß [total size] 200 x 400 cm
→ 114/115

Claus Hugo Nielsen
Glück, Glanz und gute Geschäfte [Luck, Gloss and Good Deals], 2007
Tusche auf Papier [india ink on paper]
65,5 cm, Ø 20 cm
→ 144/145 + 147

Frank Nitsche
o.T. [untitled], 2004
Lithografie [lithograph]
46,6 x 34,8 cm
→ 81

GUD-17-2016, 2016
Öl auf Leinwand [oil on canvas]
201 x 165 cm
→ 151

o.T. [untitled] (WSG-21-2011), 2011
Öl auf Leinwand [oil on canvas]
135 x 120 cm
→ 198

Arnold Odermatt
Stansstad Motiv 130 [Stansstad Subject Image 130], 1969
Barytabzug [Baryta print]
40 x 30 cm
→ 182

Blinky Palermo
4 Prototypen [4 Prototypes], 1970
Siebdruck [silkscreen]
60 x 60 cm
→ 96/97

Flipper (zweiteilig) [bipartite], 1975
Siebdruck [silkscreen]
2 x 85,5 x 66 cm
→ 120

Blinky Palermo / Gerhard Richter
Telefon [Telephone], 1971
Lithografie [lithograph]
60 x 48 cm
→ 59

Fritz Panzer
Milchpackerl [Milk Carton], 2014
Draht [wire]
30 x 30 x 30 cm
→ 45 + 165

A. R. Penck
o.T. [untitled], 1969
Tinte auf Papier [ink on paper]
38 x 31,5 cm
→ 19

o.T. [untitled], 1969
Tinte auf Papier [ink on paper]
38 x 31,5 cm
→ 19

o.T. [untitled], 1969
Tinte auf Papier [ink on paper]
38 x 31,5 cm
→ 19

o.T. [untitled], 1969
Tinte auf Papier [ink on paper]
38 x 31,5 cm
→ 19

SASA, 1999
Acryl auf Leinwand [acrylic on canvas]
70 x 70 cm
→ 122/123 + 141 + 193

Angelika Platen
Palermo bei der Arbeit [Palermo at
Work], 1972
S/W-Fotografie [b/w photograph]
78 x 119 cm
→ 44

Tobias Rehberger
HM!, 2010
Mixed Media
101,3 x 65,3 x 2,9 cm
→ 43 + 164

G1 studio window, 2004
MDF, lackiert, Plexi [MDF, lacquer,
plexi]
180 x 123 x 7 cm
→ 148/149

Andrei Roiter
ZOO IS CLOSED, 2000
Acryl auf Leinwand [acrylic on canvas]
80 x 65 cm
→ 170

Here and Now (Salzburg), 2000
Acryl auf Leinwand [acrylic on canvas]
95 x 75 cm
→ 195

Thomas Ruff
nudes fee 18, 2001
Lambda Print
112 x 142 cm
→ 48/49

Salomé
Bodies, 1982
Kunstharz auf Nessel [synthetic resin
on nettle cloth]
260 x 190 cm (zweiteilig) [(bipartite)]
→ 84

Thomas Scheibitz
Porträt Dana [Portrait Dana], 2007
Öl auf Leinwand [oil on canvas]
300 x 180 cm
→ Cover + 148/149

o.T. (Nr. 25) [untitled (no. 25)], 1997
Öl auf Leinwand [oil on canvas]
70 x 55 cm
→ 45

o.T. (Nr. 51) [untitled (no. 51)], 1996
Öl auf Leinwand [oil on canvas]
140 x 110 cm
→ 92

Schiff [Ship], 2003
Öl auf Leinwand [oil on canvas]
300 x 180 cm
→ 108

Bühne [Stage], 1998/2001
Mixed Media
63 x 60 x 47 cm
→ 187

Thomas Schütte
Wicht (12) [Dwarf (12)], 2006
Bronze
39 x 43 x 28 cm
→ 122/123 + 176

Ohne Titel (Sophie) [untitled (Sophie)],
2005
Farbradierungen auf Papier, Nylonprint
[color etchings on paper, nylon prints]
76 x 56 cm x 25
→ 185

Cindy Sherman
untitled # 312, 1994
Cibachrome
154,9 x 105,4 cm
→ 103 + 170

Murder Mystery People (The
Daughter) , 1976/2000
S/W-Fotografie [b/w photograph]
25,4 x 20,3 cm
→ 116

Murder Mystery People (The Son),
1976/2000
S/W-Fotografie [b/w photograph]
25,4 x 20,3 cm
→ 116

Katharina Sieverding
Weltlinie [World Line], 1999
fotobasierte Technik [photo-based
technique]
2 x 100 x 100 cm
→ 98/99 + 102 + 103

Frank Stella
The Quarter-Deck, 1989
Collage
191 x 142 cm
→ 111

Norbert Tadeusz
o.T. (Akt auf Plexistuhl) [untitled (Nude
on Plexi Chair)], 1976/78
Öl auf Leinwand [oil on canvas]
146 x 113 cm
→ 161

Gert und Uwe Tobias
o.T. [untitled], 2014
Lithografie [lithograph]
33 x 23,5 cm
→ 81

o.T. [untitled], 2014
Lithografie [lithograph]
33 x 23,5 cm
→ 81

Rosemarie Trockel
Herdplastik [Stove Sculpture], 1989
Stahl, 2 Herdplatten [steel, 2 hot
plates]
80 x 50 x 30 cm
→ Cover + 110 + 121 + 148/149

Ohne Titel [untitled], 2000
Bleistift, Buntstifte [pencil, colored
pencils]
66,4 x 85 cm
→ 6/7

o.T. [untitled], 2004
Lithografie [lithograph]
49,5 x 38,5 cm
→ 7

o.T. (The Face) [untitled (The Face)],
1998
Mixed Media
260 x 210 x 4,5 cm
→ 88

o.T. [untitled], 1987
Bleistift, Pastellkreide [pencil, pastel]
132 x 96 cm
→ 104

Ich kenne mich nicht aus [I Don't Know
My Way Around], 1988
Mixed Media
15,3 x 16,5 x 16,5 (geschlossen
[closed]) cm
→ 110

Das Intus Legere durch die Sonder-
gotik, 1988
Silber, Papier [silver, paper]
12,3 x 10,2 x 5,5 cm
→ 110

Geld stört nie [Money Never Bothers],
1991
Zinkguss, Pappe [cast zinc, cardboard]
28,5 x 15,5 x 13,5 cm
→ 110

Ich wollte schon immer etwas Besonderes sein [I Always Wanted to be
Something Special], 1992
Wolle, Baumwolle, Kunstfaser [wool,
cotton, synthetic fiber]
ca. 90 x 13 cm
→ 110 + 148/149 + 170

o.T. [untitled], 1986
Gouache
20,5 x 14,5 cm
→ 121

o.T. [untitled], 1982
Gouache
20,5 x 14,5 cm
→ 121

o.T. [untitled], 1984
Dispersion und Tusche auf Papier
[dispersion and india ink on paper]
29,5 x 20,5 cm
→ 148/149 + 170

Integration of Shadow, 1991
Mixed Media
28,5 x 13,5 x 13,5 cm
→ 110

Hommage to D.B. (RTR 25302), 2004
Acrylwolle [acrylic wool]
62 x 72 cm
→ 200

Not yet titled (RTR 2981), 2016
Acrylwolle [acrylic wool]
72 x 62 x 5 cm
→ 200

Max Uhlig
Bildnis [Portrait] Klaus F. K. Schmidt,
2000
Öl auf Leinwand [oil on canvas]
160 x 145 cm
→ 107

Kopf [Head] K. F. K. Schmidt, 2000
Öl auf Leinwand [oil on canvas]
140 x 100 cm
→ 107

Kopf [Head] Klaus F. K. Schmidt, 2000
Öl auf Leinwand [oil on canvas]
140 x 100 cm
→ 107

Druckplatte [printing plate of]
für „La Vigne 1", 1993
Metall [metal]
28,5 x 19,7 cm
→ 162

Druckplatte für [printing plate of]
„La Vigne 2", 1993
Metall [metal]
28,4 x 19,8 cm
→ 162

Druckplatte für [printing plate of]
„La Vigne 3", 1993
Metall [metal]
28 x 20 cm
→ 162

Ulay
Iris (Anagramatic Body Series), 2015
Collage
214 x 152 x 5 cm
→ 55 + 122/123

Jacques (de la) Villeglé
Porte de Versailles, 1959
Collage
58 x 89 cm
→ 90/91

Rue Pastourelle, 1971
Collage
130 x 89 cm
→ 90/91

Franz Erhard Walther
Fläche Weinrot [Wine-Red Surface],
1997
Stoff/fabric
16,6 x 23 cm
→ Cover + 148/149

Martin Willing
Sich in den Raum windender Stab,
1987-04
Metall (metal)
Höhe [height] 79 cm, Ø 69 cm
→ 37

Lamellenring aufrecht, 2011-03
Metall (metal)
Ø 87 cm
→ 118

Quadratisches Hyperboloid, Höhen-
achse fünffach 2011-02 [Square
Hyperboloid, Height Axis Five-Fold
2011-02], 2011
Metall (metal)
Höhe [height] 89 cm, Ø 19 cm
→ 148/149 + 154 + 192

SASA HANTEN-SCHMIDT

ist als Rechtsanwältin spezialisiert auf Kunst und öffentlich bestellte und vereidigte Sachverständige für zeitgenössische bildende Kunst.
Seit 1998 arbeitet sie als Atelierleiterin verschiedener Positionen. Mehr als ein Jahrzehnt war sie Kuratorin einer größeren Privatsammlung.
Die Herausgeberin zahlreicher monografischer Publikationen ist Autorin zweier Werkverzeichnisse. Sasa ist mit dem Sammler Klaus F. K. Schmidt verheiratet.

WOLFGANG ULLRICH

geb. 1967, lebt als freier Autor und Kulturwissenschaftler in Leipzig. Er forscht und publiziert zur Geschichte und Kritik des Kunstbegriffs, zu kunst- und bildsoziologischen Themen sowie zu Konsumtheorie.
Buchpublikationen (Auswahl): Mit dem Rücken zur Kunst. Die neuen Statussymbole der Macht, Berlin 2000; Tiefer hängen. Über den Umgang mit der Kunst, Berlin 2003; Gesucht: Kunst! Phantombild eines Jokers, Berlin 2007; An die Kunst glauben, Berlin 2011; Siegerkunst. Neuer Adel, teure Lust, Berlin 2016; Wahre Meisterwerte. Stilkritik einer neuen Bekenntniskultur, Berlin 2017.

SASA HANTEN-SCHMIDT

is a lawyer specializing in contemporary art and a publicly certified expert on contemporary fine arts. Since 1998 she has been working for several artists as their head of studio and for more than a decade she has been curator of a sizeable private collection.
She has published monographs on various artists and two catalogues raisonnés. Sasa is married to the collector Klaus F. K. Schmidt.

WOLFGANG ULLRICH

(born 1967) is a freelance author and scholar of cultural studies based in Leipzig. His research and publications focus on the history and critique of the concept of art, issues regarding the sociology of art and that of image, as well as theory of consumption.
Publications (selection): Mit dem Rücken zur Kunst. Die neuen Statussymbole der Macht, Berlin 2000; Tiefer hängen. Über den Umgang mit der Kunst, Berlin 2003; Gesucht: Kunst! Phantombild eines Jokers, Berlin 2007; An die Kunst glauben, Berlin 2011; Siegerkunst. Neuer Adel, teure Lust, Berlin 2016; Wahre Meisterwerte. Stilkritik einer neuen Bekenntniskultur, Berlin 2017.

IMPRESSUM
COLOPHON

Sieh mich an!
Look at me!

Herausgeber/Editors:
Sasa Hanten-Schmidt
Wolfgang Ullrich

Texte von/Essays by:
Sasa Hanten-Schmidt,
Wolfgang Ullrich

Gestaltung/Graphic design:
Michael Gais

Bildbearbeitung/Lithography:
PPP Pre Print Partner GmbH & Co. KG,
Köln

Lektorat und Korrektur (Deutsch)/
Copyediting and proofreading
(German):
Christian Wöllecke

Fachberatung/Expert advice:
Rita Sander

Englische Version/English version:
Uta Hoffmann, Margaret May,
Nora Riediger, Rebecca van Dyck

Druck und Bindung/Printing and
binding:
DZA Druckerei zu Altenburg

Alle Rechte vorbehalten/All rights
reserved

Autoren/Authors, Künstler/Artists,
Sammlungen/Collections

Fotografen/Photographers:
A. R., Markus Bollen, Herbert Boswank,
Thomas Busch, Saša Fuis, Bettina
Fürst-Fastré, Urs Jäggi, Katja Micus,
Werner Lieberknecht, Tomas Riehle,
Klaus F. K. Schmidt

VG Bild-Kunst Bonn, 2018

Es wurde versucht, alle Rechteinhaber
zu identifizieren. Wo dies nicht gelungen ist, bitten wir um Nachricht.
While every attempt has been made
to identify copyright holders the publishers apologize for any inadvertent
infringement of copyright, and will be
grateful for notification of any errors
or omissions.

Erschienen bei/Published by

Spector Books
Harkortstraße 10
04107 Leipzig
www.spectorbooks.com

Distribution

Germany, Austria: GVA, Gemeinsame
Verlagsauslieferung Göttingen
GmbH&Co. KG,
www.gva-verlage.de
Switzerland: AVA Verlagsauslieferung
AG, www.ava.ch
France, Belgium: Interart Paris,
www.interart.fr
UK: Central Books Ltd,
www.centralbooks.com
USA, Canada, Central and South
America, Africa, Asia:
ARTBOOK | D.A.P. www.artbook.com
South Korea: The Book Society,
www.thebooksociety.org
Australia, New Zealand: Perimeter
Distribution,
www.perimeterdistribution.com

Bibliografische Information der
Deutschen Nationalbibliothek
Die Deutsche Nationalbibliothek
verzeichnet diese Publikation in der
Deutschen Nationalbibliografie;
detaillierte bibliografische Daten sind
im Internet über http://dnb.d-nb.de
abrufbar.

Bibliographic Information published
by the Deutsche Nationalbibliothek
The Deutsche Nationalbibliothek
lists this publication in the Deutsche
Nationalbibliografie:
detailed bibliographic data are available
in the Internet at http://dnb.d-nb.de.

© 2018 Sammlung Hanten + Schmidt;
Spector Books, Leipzig
VG Bild-Kunst Bonn

1. Auflage/First edition

Printed in Germany

ISBN 978-3-95905-161-3